知止齋古稀學術論文自選集

雲崔敬題

念往

古稀一卷差堪慰
亂世餘生應自憐

知止齋主撰書

言志

崑崙水脈通江海
志士書燈會古今

知止齋主撰書

序

　　流水光陰，變亂年代，竟不覺突屆古稀之齡。回憶走過的歷程，各種的險厄、苦難和莫測的變幻、轉機，不意能存活成長，而安然將到生命的盡頭，如露如電，而夢覺般離開一切。在計年或計日以待的時刻，沒有抱怨和太多的留戀。充盈的是憶往、感恩，一些難挽的追悔，夾雜著傷歎、惆悵、無奈，而作知命的收場打算，是這選集出版的主因。不作立言不朽的打算，也無甚自壽紀念的用心，一生碌碌、聊堪是學術園地的工作者，不能命盡而自我蓋棺，只有計算貧乏的收穫作自我論定；且以持贈親朋文友，預作告別的懷思，並資紀念；如有夙緣，希望某些篇章，能產生幾顆種子、一些媒觸的作用；至於在某類學門中，有一位置，則是望外的期盼了。此際追惟生命的直接源頭，父母已不及見，能否黃泉相告？亦不可知；最劬勞而又安排我遠走香港，因而改變了一生命運的母親，除了能思念、感恩之外，一切都惘然了。

　　出生在二十世紀三十年代前後的中國人，幾乎沒有不遭烽火連天，而流離失所、危險困苦而無窮盡的，個人沒有特別的抱怨。以這樣偉大、諸多強大條件的國家，縱然外敵頻侵，甚至亡國喪家，也不能怨天尤人，那只是全中國人的自作自受，只歎自己生不逢辰，幼年時期就成了自作自受中的一份子，因而有特殊起伏的求學過程和坎坷人生。我是湖南衡山鄉村僻壤的農家子弟，換世初期的清算鬥爭時，祖父打成「地主」，父親以「國特」論罪，我在被清算、鬥爭的前夕，遵母親的決定，孤身逃往不知天南地北的香港。當時的學歷是讀了不完整的小學，唸了初中一年級，打了點文學基礎的，是前後約二年多的私塾，熟背過《四書》、若干古文、唐詩，以及《詩經》、《左傳》一些篇目。以後孑然一身，由香港到臺灣，當過學徒和童工，三十二歲以前是常備役的軍人。港九二年餘的苦日子，最遺憾的是現在亞洲大企業之一的屈臣氏，當年在香港以賣汽水、冰棒創業時，我幾乎流口水想嘗試一二，卻不敢入店問價錢而未如願。故升學而入大學，真連夢也不曾做過。可是其後我竟然有高中、專科、大學

的學士、碩士、博士文憑，文官的高考及格證，到日本、美國留學研究各一年，比之於王雲五先生的自學成功，魯師實先以中學肄業而為大學名教授、大宗師，自有雲泥之別。但在學制、官制已制度化之後，一切都由考試得來，則是另一種辛苦和難度。我和很多的朋友要感謝這些，否則那將是沒有天梯可上的「仙境」。如果不是母親，必然留在大陸，是黑五類的農、工而已。一位關心垂愛我的老師對我得學位時下過這樣的考語：「論遭遇和出身，你只能當流氓，卻成了博士。」博士在今日無足誇耀，但我卻是沒有學制的階梯可走，而是在失學自修的基礎上考上去的。乃命中註定的艱難考驗。

政工幹校修補了專科的學分後，插班入淡江大學夜間部中文系，以時間急促，機會偶然，其始連報考都不准，因是軍人而有很多波折，但圓了升學的夢。而引領治學和通曉文理、影響很大的卻是師大的魯師實先，當時在師大夜間部講授《史記》，師大與淡江夜大只有步行十分鐘的距離，景仰之餘，竟然翹課旁聽，之後便由早歸老師門下，我的同窗好友施人豪（以後成大的教授）引領往老師的單身宿舍謁見，時當盛暑，魯師僅穿燈籠白布長褲，赤膊、露著嶙峋的肋骨，不待介紹和行禮如儀，便一揚手說：「好！我沒同鄉觀念，尚少湖南學生，好好跟我學！」還沒坐好，便一拍胸口：「我不賣『祖先牌位』，也沒有『祖先牌位』，全是自己學的。」那濃重的寧鄉口音，我想起了課堂座旁一位女生的抱怨：「怎麼辦？聽了三個月，只聽懂老師罵『王八旦』……」我幾乎失笑，慶幸自己沒有這一障礙。一百五十八人左右的特大教室，正式選課的只有五十餘人，卻天天爆滿，除了極少數的鴨子聽雷的以外，無一不是「魯迷」，沈浸在老師的講授中，析說的每一篇都「活」了起來，內容、人物、史事過程，竟如電影般一一呈現；文章主題章節、義法，尤其是表現技巧，條分縷析；加上出入各家，與《漢書》較長論短，吸住了聽課人的心神；我漸漸通曉了文理，以《史記》的名篇為準繩，而知「法」、「戒」。

　　太史公是龍，變化莫測；相比之下，班固是豬，但不是普通的豬，而是大山豬，許多史家都趕不上。

這一形象化的比較，仍迴盪在耳邊。這一因緣，五年之後讓我成為老師指導碩士

論文的弟子。更親炙了、體會了魯師的治學名言：「思之思之，鬼神通之！」沒有師承指授，除「師心」而思以貫通之外，實別無他法。在淡江四年，磨合我而勤修苦煉的，是廉師永英，所授的《孟子》、《文心雕龍》，極為叫座，無論寒暑，老師都西裝筆挺，卻望之儼然，即之也溫，循循善誘。受了廉師的影響，故以《文心雕龍》為報考研究所的專書。當時同班的黃來發、施人豪學長，感於所學的不足，而且希望最後一張文憑不是淡江的，在大二時倡組了三餘學社，並在星期日於人豪任教的國中和他兼職的圖書室內進修。人豪擔任教文字學的小老師，也收集各校研究所的考古題和有關的資訊，毫不自私自秘地公之於參加的同學，我們的信念是──成功在子何殊我。廉老師悲憫這一苦心，義務擔任了校外導師，每週日轉二次公車而來，中午一同吃吐司麵包，或饅頭夾果醬，二年之久，督促我們。先一週規定《荀子》、《莊子》、《老子》、《禮記》中的篇段，下週逐一背誦；之後依內容要旨，命題限時作簡短的文言文，按交卷的先後批改，當面告示偏誤優劣，並加評語。我已屆而立，到了難於記背的年齡，不得不擠出公餘的休息、娛樂、交際，甚至交女朋友的時間，沒有缺席和不背不作文的紀錄，只恐老師失望。終於達到了目的，也練成快筆。以後在長久的寫社論中，能在一定的時間交稿，從無逾時被催的紀錄，有人說是「倚馬可待」，編老總卻說成「依馬可得」──得稿費。當時教「大一國文」和「歷代文選」的是恩師李宏基先生，是史學專家，也是立法委員，連連推任財經組召集委員，蔣經國先生膺選總統時，親自到府欲邀其出任財長，而藉辭不出；老師以史學的宏觀講文章，不屑、也不擅於細碎的訓詁、考據，卻疏通知遠地切入主題、問題的核心和文心；作文分數扣得極嚴，全班無人得八十分以上的，我僅幾次得七十八分，一篇「讀《四書》問題之我見」，師命試投《孔孟月刊》，竟獲刊出，夢想不到大約十二年後，我竟成為該刊和《孔孟學報》的主編；當老師知道我高考及格的作文有八十分時，呵呵朗笑道：「可見我的分數打得很準，這樣才有向外的競爭實力」。卻不知道是這次命題的高難度也幫了忙──「孔門四教以文為首，孔門四科以文為末，試申其說。」小時候熟讀的《四書》產生效應，得以了解題意，理證畢舉，通貫全文，而有較好成績。傳說考法律科門的竟然有人哭了，因為這一考科，國文不到六十分，其他考科成績全部不算，而這年無望，輿情也譁然，認為不是考高考國文試題，而是考研究所的經論題目，也許閱卷委員受了影響，而降低評分標準，才提升了我的分數。在校時李老師多方面玉成了

我，最主要的是寫作的基本方向，老師多次告誡、鼓勵，有感有得，搖筆便寫，盡才儘量表現，不必責善求全，因為是你這階段的程度，否則永遠眼高手低，不敢動筆。我一生就吃了這虧。而廉老師看見我發表在中央日報副刊的〈龍宮貝殼〉等文，笑著說：「你快成為雜家了！」我怵然知戒，便以知止齋為名，知所警惕。其時諸多老師的教導，特別投緣的師資「啐啄」，同窗的啟勵切磋，才能啟愚蒙，得悟解，走出錯誤，由探索中得路，能用筆去寫。

深深地、懇摯地感謝淡江，提供了我學習的場所；感謝教育部的教育推廣政策，設立了大學夜間部，尤其國防部准許軍人能上大學的政策，才能圓我和很多人的夢。否則永無這發展的機會，將如內子所問：「沒有這些，你會做什麼？」當時我有了誇口的答詞，但實在都是 X 項的未知數。淡江容許我不符報考條件而竟准我報考，是鄉親侯暢叔達先生及令郎建威兄的說項，但仍不能不感謝這一寬大決定，給了我和百數十人的機會。感謝學校優秀學業成績的獎勵，四年之中我三年免了學費，有助學費困境的紓解；夜間部的刊物竟然有稿費，主編有自主權，一位職員抱怨改了他的稿，我們的回答是：「這是學生的刊物，我們可以刪改，不接受可以不投稿！」學校支持了這一立場，這一園地寸土未失；畢業之際，學校舉辦了小說徵文，學術論文比賽我獲首獎，加上畢業時系成績第一名，故頒給我三支六十一型派克鋼筆作獎品；使我不能或忘的，是對我計算學分錯誤的豁免，那是基於不妨礙學生上進的愛的包涵與鼓舞；在畢業的前夕，我剛考完了師大研究所，主持淡大夜間教務的戚主任長誠「召見我」：

「你怎麼漏修了大二英文的四學分？」我答道：

「我有了四個學分的英文科成績，可以免修呀！」

「別胡來，那是大一英文的學分。大二英文是淡江規定的校定必修，學校特別注重，不修、不通過不能畢業！你清楚了沒有？」我很著急，有些要賴和強辯：

「報告主任，我弄錯了！若不能畢業，我考上了研究所怎麼去唸？」心想「完了」，上研究所與畢業是兩回事，何況那能包考上呢？不料竟然有了意外的結果！

「好！你考上了，大二英文四學分免修，中文系第一名也是你的！否則不能畢業，要重修大二英文。」隨即宣示：

「學期和畢業名次告示暫時不張貼，待師大研究所放榜再說！」我沒忘說道謝，但以後等待的日子，真患得患失，充滿了焦慮。發榜了，我吊車尾上了，因為英文只

得十一分，幸好師大沒有英文要考多少分的規定，只有一科零分不取。以喜從天降的心情去找戚主任報告，才踏上學校大門的臺階，先聞到一股雪茄的香味，戚主任正在校門內，不待我開口：

「恭喜你，布告貼出來了，你畢業了！」我眼眶中噙著淚水，淡江這樣讓我踏出校門，得以展開求學的新歷程。不但如此，才上研究所一年，學校聘我以教師的名義回校任教，博士班畢業又聘為專任。這是我練筆和求學的過程，頗絮絮叨叨，一方面是既念逝者，難忘那曲折艱辛、種種的厚我恩情；一方面思及來者，我大去之後，不會立遺囑、遺言，故藉此向我的子孫和大陸的親族晚輩，作一明白的交待，期能有一絲的激勵和啟發，他們之中，如有某種基因，能有引發的蘭因和火花而奮然自立，這是最大的期盼。

我真的似「雜家」，筆耕時寫過小說、散文、新詩、方塊專欄、社論，前三類因才力薄，不夠專業，無些微的成就；專欄有系統的集結出過《禪與詩》、《禪是一盞燈》，《旅日隨筆》，那是《新生報》副刊先後任主編楊震夷先生、林期文學長等的約稿，前一本被出版商在臺灣梓行後代我把版權賣到大陸；後一本進入過金石堂暢銷書的排行榜；最愧對的是《青年日報》副刊主編胡秀先生，《詩與詩學》專欄竟前後寫了七年才集稿成書；其他的自嫌是應景蕪雜之作，連底本也沒有剪存，林林總總以字計大約數百萬字吧，學術論文大約在五、六十篇左右，略蕪存菁，篩選了二十四篇，也許仍有敝帚自珍、自難割愛者在。經過排比之後，大別可分為儒學、禪學、文學理論和批評等類，不奢言有什麼成就和貢獻，聊可自慰的是力求一空依傍，自胸臆中流出；也大致符合了當年斗膽回答魯老師問我博士論文研究取向的答話——「要開路獨行。」不敢雷同抄襲。有人龍行千里，我自認如蟻銜一粒，能事止此。加上年歲逼人，真要如內子所勸：「算了吧！什麼都不要做了。」唉！不算了，又能如何？此外以附錄的方式，收納了一篇小說；一些古體詩；一篇類雜家而又不成熟的半學術性成品——坎井溯源；二篇有紀念師恩性質之作；另方面附錄了所有著作的書目，因為有些可能是不能出版的了，有如古人的未印書；編了《牧牛圖頌彙編》（黎明文化公司出版）、《尚書類聚初集》、《楚辭彙編》、《清詩話訪佚初篇》，是在日本研究時蒐集到的，而國內圖書館的典藏多未具有，其學術資料性頗高，例如二次與香港名學者饒宗頤前輩會晤，他都提到《楚辭彙編》；其實人文科學研究所收集資料最周全，其中日本學

者研究最深入的、個人以為應推《尚書》，他們知道歷代影響中國政治的首推此書，無論是瞭解中國，甚至進而侵略中國，都得研究；此非誇大其詞，在日本八年抗戰之前，人文科學研究所是獨立的，戰敗投降後才併入京都大學；同理我認為美國哈佛大學曾一度專收我國的方志，不是在瞭解我國的各縣邑嗎？純係學術著眼嗎？這三套書均由新文豐出版，我沒有問負責人高本釗先生賠了多少，但對這相關領域的研究者而言，自有相當的方便，我並未珍秘這些資料的用心。更有感於日本學者出國研究時會將國內學界亟欲獲得的資料影印一份繳上，我沒有做到，但也未秘笈自珍。這四本書僅在此附帶提及，因為不是自己寫的書。

　　我的碩士論文——《宋朔閏考》，是魯老師給的題目；也是老師曆法研究系統中的一環，但無數學細胞而又面對二十四次改曆，必須每日由龐大的數位演算出，推步決定每天的干支以至朔閏等又要換二十四次不同的程式推算，費了我極多的時間和精力，磨落了我的不耐，才勉強完成。望外的收穫是送了一本給當時選課的陳君廖安，竟由此激發了他的志趣，成為現代的曆法專家，其博士論文的研究，成果繼魯老師之後，超越了所有的古代曆家，更未忘這點學術上香火之緣，請我擔任論文指導，我先前所有的「折磨」，得到補償；進步的時代，電腦演算提供了最大的方便，不必一一筆算而方便多了。我的博士論文是《禪學與唐宋詩學》。雖然故鄉南嶽是唐宋的禪宗大道場，禪宗二大法系重鎮之一，但我少年時期連進香禮參南嶽的願望也未達成。此一研究的誘因，是上詩選課時一首王維〈過香積寺〉詩：「日暮空潭曲，安禪制毒龍。」老師沒有明白而令我滿意的「說破」，於是苦苦而又執著的追求「什麼是禪」的究竟，在大三時於中副斗膽地發表〈禪宗對王維詩風的影響〉，極為淺薄。其所以收入，在紀念是最初踏出步伐。進入博士班後，一次與魯老師午夜的談話中，問及博士論文的取向，大概是《宋朔閏考》苦頭吃足了，我毅然答道：

　　　老師的路我不走。

魯師勃然變色，揚眉睜目而問：

　　　為什麼？說來聽聽！

我回答說：

> 老師！您的《史記》、曆術、文字學、金文、甲骨等的成就，如大樹參天，我
> 將是樹下一株小草，連一絲陽光、水露都得不到，能突破什麼？

老師臉上的線條柔和了很多：

> 有道理！你的打算如何？

我以軍人破釜沈舟的決斷：

> 我不知道，但是我要開路獨行！

老師點了頭：

> 要得！但是老師的研究成果，你要接受！

　　我欣然應命，能做老師的學生，實是福氣，在研究所前後八年，魯老師在師大任
何年級開的課都不缺席，《尚書》、《史記》、歷代文選聽了多次，除非老師說：「今
年不要來了，不準備多換新篇目了！」在印象中仿佛只一次。類似的情況，後來發生
在博士論文題目的決定時刻，當時的指導老師已決定是林師（尹）景伊，高師（明）仲
華，按二位老師的慣例，論文題目由高老師決定，我早知道老師指導論文的體系，大
多是什麼「考」、「發微」、「補正」之類，扣住某書、某作，並與前期學長相配合
而成系統。所以高師問我論文時，不待其宣示題目，便急急報告：

> 要做佛禪與唐宋詩。

老師未改一慣的微笑，只語帶玄機地問道：

　　做不成怎麼辦？

我毫未猶豫地道：

　　那我認了！

　　論文方面這樣定了下後，一位曾擔任助教的學長好心地提醒：「這樣嘛，指導老師不負你論文的責任了。」才知道我答話的嚴重性——可能失去導師的「導航」和「護航」，大概真的要開路獨行了。幸好其時巴師壺天，由南洋回國，開禪學研究於臺大哲學系，對禪學的公案尤有專精獨擅，其研究禪學恰在抗戰期任湖南省秘書長時，辦公地點有一時期就在南嶽，與南嶽石頭希遷有無淵源，就不得而知了。有了這一年的「開示」，加上以後徧閱了《卍字續藏經》中的全部禪宗典籍和期刊中有關的論文、較權威的有關專著；此外以二年的時間上圖書館，閱遍可看到的唐宋人詩文集，歷代詩話及「沉埋」在叢書中的詩話，搜集資料，如披沙揀金，抄錄了以萬計的卡片，最後確定了《禪學與唐宋詩學》的題目，論文綱要請高老師閱核之後，大約八個月的時間完成了三十五萬餘字的篇章，老師略有修改，便背著我表示：「這篇論文的通過完全沒有問題。」魯老師在我論文通過，呈送一冊請教正時，特別要了二冊，分送給同鄉詩人張齡前輩和徐復觀先生；巴老師也另要一冊，送方東美先生，並以三天兩夜的時間校正了全書的錯漏字，慨嘆地向我說：「這本書我也能寫成，但是現在全無這種精力，特贈詩一首」：有「妙法已傳君」的鼓勵；美國研究韓愈文得博士的哈特門（自取的中文名字為蔡涵墨）在一次文學會議說這是繼劉勰《文心雕龍》、葉燮《原詩》、王國維《人間詞話》之後的一冊好書，並私下相告要撰文向法國漢學刊物《通報》推介評論，但無下文，不過在美國英文《中國文學》第一期上作了推許式的簡明介紹；大陸長春出版社編成的《東方藝術》一書，摘刊了論文的結論和其相關部份，在五萬字左右，待兩岸開放能通訊之後，我戲索版稅，該社李淼先生送了我一巨冊二百三十萬字的《中國禪學大全》；日本京都大學人文科學研究所禪學研究室負責人柳田先生二次面告要翻譯而納入禪學叢書之中，但迄未完成。這近賣瓜式的自誇，因為是兌現了開路獨行的自許；這論文大致被公認是論證、明白唐宋及以後詩與禪的關係，相互之

間的種種影響；釐清了、消除頗多的誤解和偏見；同時在宗教和文學的理論研究上有一些貢獻和影響。就個人的研究而言，其後多種的著述和許多論文，都與禪和詩、禪學和詩學密切或間接相關。一言以蔽之，在治學上有了自己的些許悟解。與這一研究歷程不太相關涉的，是《國學治學方法》，是講授治學方法時長期積累的心得和資料，也是我的教授升等論文；在通過評審會時，有某某代表質疑為「教本」，但公認是國學治學的方法論；因為包涵治學的基本觀念、讀書、辨偽、如何收資料等方法之外，並由思想方法而進求治學方法，以致論文寫作、如何徵引、和作附注、附錄等，較之胡適之博士提出整理國故，在思想方法上只重杜威的實驗邏輯和提倡的結賬式整理，頗有勝出之處，前脩未密，後出轉精，亦理之所當然。又本書在臺灣出版約三十年之後，大陸人民大學出版社主動出版，認為「廣大青年學子定會從中獲益良多」，則頗感意外。我自感能自創一體的，是《佛學思想綜述》，寫了很長的時間，約九十六萬字，扣住在佛學思想上；既是佛學思想綜論、概論而首尾聯貫；又是四百五十九篇的單篇學術論文，每篇之後，列有主要的參考文獻，又可當工具書使用，因每篇題目下附有詞頭，然後編成頗詳細的索引附於書後，以供檢索；被喻為三合一的即溶咖啡。隨著臺灣經濟的滑落，重創了出版業，一家年出一百四十本新書者，竟萎縮到只十四本左右；市場充斥的是漫畫、童畫、發財、風水、醫藥、保健長壽等類，起了某種巨大的排斥效應。我的未印書，大多係此之故而未能出版：其中有約四十餘萬字的禪學思想大系，體例一如《佛學思想綜述》；《開悟與人生》，以各種事例，表顯悟即是聖、是佛、是專家，因為除了思想之外，能使人類有智慧，能解決問題的只有悟了；《論藝術原委與形象思維》，單就形象而言，它是感覺的，生活和活動的經驗，更是藝術產生的根本，我解決形象生起的複雜問題，和中外自古及今未能建立的形象思維方法；《由中華文化論兩岸建政》：是由文化的角度切入，由文化的產生、文化的內涵、文化的定義，十六項中華文化的優文化精神，建議兩岸應如何依文化建政，並懇切批評兩岸違離中華文化的政治亂相和弊病之所在，而企圖如賈誼的〈治安策〉，提出了救治之方。即使不能見用於今，也證明了不是無明白人，由讀冊出版社出版。在本選輯排校和準備出版期間，又完成了《佛慧與齊家》、《智慧的禪公案》，各十餘萬言，乃通佛禪的智慧於世俗。我在收場作總結時，附錄這些書名，略加介紹，可見概要，至少有清單的作用，且以備遺忘和待有心人的查訪，比前人幸運的，我已打製

交付了護持人。

在自選的二十四篇論文之中,最居關鍵性的是〈劉勰的文學批評論〉,乃研究所一年級修「文學理論課」時的期末作業,中副刊出後,產生了重大的影響。先因此受知遇於華仲麐老師,第二學期第一次上課時,便以他獨特的貴州口音找問:

「誰是杜松柏?」而認識我。並主動將原稿送交中副主編孫如陵先生,而且逢人說「項」。刊出之後,任教師大國文系的駢文大家成師惕軒,此前並無拜見識荊的機緣,他特命其已在師大任教的高弟邀宴於家,一桌相陪的全是師大的講師或博士研究生,老師拒絕了我行師生之禮的建議,堅決命我上坐:

> 今天是特別請你的,看了你中副的文章很高興,其他在座的都是我的學生,你就不要推辭了。

我只有遵命,也深知如此才出突出老師的賞識,垂詢對答時方知我高考的國文卷係經其評閱,依古制是我的座師了。成老師正擔任考試委員,負責國文組的閱卷委員延請的重任,碩士班畢業我成了襄試委員。博士班畢業不久,未受教授滿十年的資格限制,被聘為高普考的典試委員,若干次特考的國文科命題人,不勝追思與感念。以我淡大夜校畢業的出身,在師大已「血統不純」,加上是緊挨名落孫山的榜尾,幾乎已注定無成為師大博士生的可能,這篇文章和其他類似的作業,扭逆了頹勢,而有了高評價。有人說:

> 可惜這篇文章發表了,不然可作碩士論文。

然而我滿足了,苦讀《文心雕龍》,得到了收穫。其後未再作這一學門的研究,因為曾多次自問:劉勰在今天還會如此寫嗎?要加些什麼?要改些什麼?所有的「龍學」,後人只是就其所說的,說成研究者自己所說的,但站在巨人的肩上,只是受牢籠、襲成說,而無開創,有何種價值呢?自認難於再切入,且無新感發而未再研究。能小題大做,而出入古今,有所解決的,應是〈由「一以貫之」章探論孔聖「道」的體用觀〉和〈王船山詩論中情景說探微〉;稍有成就感的算〈絕句的結構研究〉,不

僅是把前人所說的，說成了合理有據的道理，而前人所說的幾乎是有字天書，經苦思之後，得出了究竟；有展望性的是〈直覺本能與禪宗開悟後「形上世界」之體現〉，「直覺本能」探究所得，就是「佛心」、「佛性」的開悟本能。它不是感官所得的認識本能，如眼能見而有形象認識、耳能聞而有聲認識等；也不是心能思的理性本能等，而是不經由認識、思知以外的本能，經由直感本能而能悟得者，簡而言之，是形成宗教的悟解本能，即今所發現的遺傳基因。待將來遺傳基因的進步研究和深入解構時，方能豁然明白其奧秘；因為宗教、神通、奇異功能，究其根本都非認識和思考所能得到；至於〈幾番風雨到紅樓〉是大陸四人幫以前《紅樓夢》研究的學術研究概況，一葉落而知天下，可顯見政治顧忌、意識形態所產生的影響；現在大有割除，惟餘響猶在，積習猶存，完全清消，仍有待彼岸現代學者的努力；錢鍾書氏《宋詩選注》之評論，也有些上述的用意，更歸納了應如何選一代之詩和作注的見解；錢先生是大師級的學人，受其《談藝錄》的啟示很多；為文之時，特別慎細，惟恐唐突前輩；論文宣讀時，先生的弟子——臺大張敬教授當場發言抗議：

　　我的老師不是這樣的！

　　我早檢查過全篇的字句，沒有毀詆之處，這篇蕪文，據文友相告，其後經過了錢先生的過目，並無任何的意見。據我在日本所知，這一選注得到日本漢學界某一大師級人物的為文推獎，其時他才免於因此書被鬥；我在文中有極多的推崇，只未諱言其短而已，「未免前賢畏後生」，我也同情了錢先生在「文革」時的艱難處境，而作了原情之論；〈魯先生實先《史記》治學的特殊成就〉是由有限的文獻，研索老師如何無師自通，不但讀懂、讀通了《史記》，而竟能根柢於此，成為多方面的大家的。「雖無文王猶興」，嘆服之餘，既傷老成凋謝得太早，更期能成為後人的榜樣。其他的篇文，無特別要說明的原因，有雅興的可以「按圖索驥」。以上的陳敘，真是長之又長的裹腳布，但包裹了三十餘年之久的往事；事外人也許嫌長、嫌其自誇，而我在搦筆時只感傷在回憶中的「翻江倒海」，我要特別強調的，個人沒有特別的才情，但只盡了一些能力範圍內的努力；很多是運氣玉成了我，在求學、治學的路上，雖不是荊棘重重，卻實是多障礙的空間，例如不在大二考上高考，大四時軍職外調到總統府任文

職，便無「自由之身」可上研究所；而總統府的需要文書組及格的始於這一次，此後便長久未空出職缺而未進用，不是運氣嗎？

在整理、改正這二十四篇文章時，幾乎所有篇章的錯漏字以前未曾改正過，連李師漁叔在剪報中所賜的諭教也仍夾存未動，走過了再未回顧，是我的大毛病，但也未自賞自憐，在長久的歲月中，陳教授廖安以細密的「校讎」，改正了很多的錯失，不但收集了我重要的書和文篇，並主動要為我在身後作總編整合，怎能不感此高誼？內子李宜玉三十餘年與我一路走來，治家主事，生兒育女，得以毫無內顧之憂；她是最好的「財政部長」，不但能量入為出，又極能開源節流，對我扣得準卻毫無吝嗇，對親友設想週到，包容了我的缺失；我所堅持的多半會順從；在戲言身後事時，她寸步不讓，只肯來生做我的女兒，最主要的原因，是不羅曼諦克，連騙一下的恩愛假話也不肯說。當我要出這自選集時，她交給一本筆記簿，詳載了我的書和重要文章的出版資訊，論文發表在何刊物？何期何卷？真感動極了，但未說出一謝字，其時她已轉身忙家務去了，彷彿早知道了我的反應。所以把謝字寫在這卷尾，而又特別的慎重。

本書承學生書局的出版，而未斤斤於市場行銷的考量：師大陳廖安教授、淡大中文系崔成宗前主任的耗時細校，雖有一日之長，而此盛情與寶貴時間的犧牲，誠非一謝字所可表示，然只能銘謝而感念了。

杜松柏 於臺北知止齋
二〇〇六年二月十二日

知止齋古稀學術論文自選集

目　次

壹、由卜辭探論殷人的鬼神觀念

　　古代民智未開，對於日月運行，四時交遞，風雨時至，閃電迅雷，花開果結，禾黍成長等等的大自然現象，尚無法瞭解。即對人的疾病生死，福禍休咎，下而至漁獵的有無，收穫的多寡，攻伐的勝負，亦復認為冥冥之中有主宰的存在，這神秘的存在，主宰人世間的一切，這一神秘的主宰，就是神。由神而產生鬼。而依殷人的卜筮記載，我們得以探論其時的鬼神觀念。殷人是透過占卜活動，藉獸的胛骨與龜的腹甲為媒介，灼之以火使裂而顯示兆象，並透過「巫」的觀察解釋，建立了人與神鬼之間的交通，鬼神於是對於人的詢問，能作無言的回答，記載這種人神交通，由卜問到鬼神的回答到事後的吉凶的徵驗，而鍥刻於卜問的獸骨龜甲上，就是所謂殷墟卜辭——俗稱的甲骨文。在已發現的十萬餘片甲骨中，大都是記錄這種占卜內容的，完全證實了「殷人尚鬼」的傳說，為確切不移的事實。茲就占卜的進行，占卜的紀錄，占卜的作用，占卜的內容及祭祀的名稱，祭祀鬼神及祭品等方面，來探論殷人的鬼神觀念。

一、占卜的進行

　　《史記·龜策列傳》云：「王者決定諸疑，參以卜筮，斷以蓍龜，不易之道也。」又云：「灼龜觀兆，變化無窮，是以擇賢而占焉。」蓍筮之物，現已不可詳知。卜龜則可徵於殷墟的卜辭，而且這種占卜的進行，確是一種以火灼龜而觀其兆象的占卜方法。殷人占卜的時候，是用龜甲或牛的胛骨，用龜時先將背甲與腹甲鋸開，用腹甲的時候多，用背甲的時候少，用背甲時，則從中剖成兩半，用腹甲時，則削去表面之膠質，將骨面磨平，用牛的胛骨時，先鋸出臼骨一端之凸出骨，再將骨面磨平。占卜的時候，先於甲骨的背面鑿一長槽，而不穿透，然後以焦火灼之，於是正面則剝裂見兆象，以察吉凶。也許是由於牛骨較龜柔軟，所以牛骨有的僅用鑿，此外則用鑽，而且是龜甲多於牛骨。據胡厚宣在〈甲骨學緒論〉一文中的統計，在已出土的甲骨中，龜

甲約有七萬三千片，牛骨約有二萬七千片，至於使用牛骨作占卜的材料，當係殷人以牛為太牢，祭祀時常以為祭神祭祖之物，且就地取材，極為方便。至於使用龜甲，據胡厚宣所言，謂北方不產龜，殷人占卜所用的龜，均係來自南方的貢品。此一說法，雖不足信，但殷人的多用龜甲占卜，恐係由於龜極長壽，且係四靈之一，能通神的緣故：

《大戴禮・曾子天圓》：「介蟲之精者曰龜。」

《禮記・禮運》云：「麟鳳龜龍，謂之四靈。」

《史記・龜策列傳》云：「龜千歲，乃遊蓮葉之上，蓍百莖共一根，又其所生，獸無虎狼。草無毒螫，江傍家人常畜龜，飲食之，以為能導引致氣。」

《抱朴子・論仙》云：「觀龜鶴之千祀，年能富而情少。」

龜為長壽的動物，又極靈異，故以之卜筮，能產生極好的效果。如：

《史記・龜策列傳》云：「周公卜三龜，而武王有瘳，紂為暴虐，而元龜不占；晉文公將定襄王之位，卜得黃帝之兆，卒受彤弓之命；獻公貪驪姬之色，卜而兆有口。象其禍，竟流五世。楚靈將背周室，卜而龜逆，終被乾溪之敗。」

與殷墟出土的龜甲相印證，可見龜卜是歷古相傳的占卜方法，而殷人尤甚。根據胡厚宣的統計，殷墟出土最完整的龜甲，最大者長四十五公分，廣三十五公分，而以長二十八公分，寬二十公分為最普遍，證以《尚書》的所謂寶龜，《莊子》的所謂楚有神龜，卜龜當係愈大愈好。

龜甲經鑿鑽以後，以焦火灼之，於是現出裂紋，這就是占卜家所說的兆象，粗的裂紋，或主要的裂紋，名之曰墨。細的裂紋，或旁出的裂紋，名之曰坼，董作賓〈商代龜卜之推測〉云：

卜字意義為灼龜見兆，故《周禮》註云：「問龜曰卜」，孫希旦《禮記集解》云：「凡卜以火灼龜，視其裂紋，以占吉凶，其鉅紋謂之墨，其細紋旁出者謂之坼。謂之墨者，卜以墨畫龜腹而灼之，其從墨而裂者吉，不從墨而裂者凶，

故卜吉謂之從，裂紋不皆從墨，以其吉者名之，故總謂之墨也。」《周禮》鄭註亦云：「墨兆廣也。坼兆璺也。」則兆可分墨與坼之二名，是卜字實包括墨與坼而言之。（見《安陽發掘報告》第一冊）

由出土的龜甲中，雖不能見到「以墨畫龜腹而灼之」的痕跡。但是灼龜使裂的紋路，不外粗細、縱橫、主要的和旁出的而已，如何由這些簡單的裂紋中，觀察出兆象的凶吉，則是「專家」巫的事情。

從卜辭的記述。參加占卜的，至少有卜人，有貞人，卜人不記姓名，貞人則多有記姓氏者（或釋為貞人之名）：

辛卯卜，袞于蚰。（《殷契粹編》第七一片。以下簡稱《粹編》）

已未貞：袞於兌十豕。（《粹編》第六九片）

癸巳卜貞：今夕亡卜（禍），八月。（《粹編》第一三四二片）

第一辭記在辛卯日舉行占卜。是否行袞祭於蚰。第二辭記在己未日貞問，是否行袞祭於兌。用十豕作祭品。第三辭記在癸巳舉行占卜、貞問，今夜有無禍害。或貞卜連稱，或稱貞、或稱卜，在卜辭中多見，均不記卜人的姓氏。但多有記貞人之姓氏者。如：

己亥卜旅貞，今夕亡卜（禍），在十二月。庚子卜旅貞，今夕亡卜（禍）。在十二月。辛丑卜旅貞，今夕亡卜（禍），在十二月……。（《粹編》第一三四五片）

亦有王自卜貞者。如：

癸巳王卜貞，旬亡卜尤（咎）。王乩曰吉。

癸卯王卜貞，旬亡卜尤（咎）。王乩曰吉。（《粹編》第一四六二片）

兩辭均記王在癸巳、癸卯日占卜貞問，來旬是否有災咎，王乩問的結果，獲得吉祥之兆。可見除卜人貞人之外，王亦親自卜貞。證以《周禮·春官·敘官》所說，有大卜，掌大兆之法。有卜師掌開龜之四兆，有龜人，掌六龜之屬。有華氏掌共燋契（供

給灼龜鑽鑿之物），有占人掌占龜。殷人掌占卜之官，是否如此，不能獲得更明白的證據，但至少有卜人，相當於卜師，有貞人，相當於占人或大卜，或許有負責占卜總責的長官、相當於大卜。依理推之，如果分工精細的話，可能有負責龜的選擇、飼養、供應的龜人，也可能有負責供應灼龜的木物、鑽鑿龜甲器具的華氏。至於王的參加占卜，當係業餘或客串性質，且有以見王室的重視。

由以上的敘說，可見㈠殷人極度相信鬼神，認為鬼神可預示吉凶，應依作行止的決定。㈡人不可能與鬼神直接交通，要藉龜甲牛骨所占卜的兆象，以顯示鬼神的意旨。㈢龜久壽通靈，最能顯示鬼神的意旨，故用龜極多。㈣視龜兆，問吉凶，非一般人都可進行，故設有專官，占卜已專門化，如《尚書·洪範》所說：「擇建立卜筮人」。㈤王親自參加占卜，卜辭記貞人的姓氏。可見統治者的崇信鬼神，崇信占卜的一斑。

二、占卜結果的紀錄

殷虛卜辭完全是殷人的占卜紀錄。這種紀錄因為是用刀鍥刻在甲骨上的，所以辭極簡略。卜辭均刻在卜兆的左方或右方，記錄的方式據胡厚宣的研究，可分為敘辭、命辭、占辭、驗辭四種，他的〈甲骨學緒論〉云：

> 一完全之卜辭，約分四部分，曰敘辭，曰命辭，曰占辭，曰驗辭，如《殷虛書契菁華》第二片，有武丁時卜辭曰：「癸巳卜，㱿貞，旬亡禍。王占曰：有祟，其有來艱。迄至五日丁酉，允有來艱自西，沚㘓告曰：土方征於我東鄙，戈二邑，舌方亦侵我西鄙田。」「癸巳卜」記貞卜之日期，「㱿」為貞卜之史官，此敘辭也。「貞旬亡禍」，乃問次一旬日之內，有無災禍，命龜之辭也。「王占曰，有祟，其有來艱。」乃既卜之後，殷王視兆而判其吉凶，結果以為有祟，當有國難來臨，占辭也。「迄至五日丁酉」以下，乃記徵驗，略謂自癸巳卜後之第五日丁酉。果然有國難來自西方，有對於西方之侯伯沚㘓來告曰，西邊土方之國，征討我東邊，陷我二邑之地，舌方之國，亦侵犯我西邊之土地，是即所謂驗辭。……（《甲骨學商史論叢》續集）

卜辭之中，並非全有這四部分之紀錄，而是以記敘辭，記命辭二部分者最多，有

記敘辭，命辭而兼有記驗辭者次之，四部分具全者最少，記有證驗辭的如：

丁酉卜，戊戌雨？允雨。丁酉卜，戊戌雨？允雨。丁酉卜，辛酉至癸即雨？允雨。

癸丑卜，乙卯雨，不雨？允不雨。（《粹編》第六六五片）

甲戌卜，乙亥雨？允雨。
甲戌卜，丙子雨，不雨？（《粹編》第六八一片）

夕不雨，夕其雨？允雨。（《粹編》第七七二片）

丙寅卜雨，丁卯攸（晴）？丁允攸（晴）。（《粹編》第六四四片）

丙子貞，丁丑又父丁，伐卅繞，歲三牢？絲用。（《殷墟文字甲編》六三五片，以後簡稱《甲編》）

所謂允雨，真下雨了；允攸（晴）真是天晴。絲（茲）用，真用三十繞人，三牢行又（祐）祭於父丁。皆徵驗的記載。卜辭之中，幾乎每事必卜，而且有一事多卜的記載，有多達二十次者，可能是未能由兆象得其吉凶，更可能是由多人占卜之故，如《尚書·洪範》所云：「三人占，則從二人之言。」其所以如此，當係加強判斷施行的決斷力。

殷人用龜甲占卜，有的一龜二三兆，有的或至百餘兆。超過《莊子》所說的：「七十二鑽。」又一龜骨內，所記錄的刻辭，有連續逾半年之久的，而且卜後尚待事後的徵驗，加上卜辭的鍥刻，極為費事費時，當係以便收藏查驗，由中央研究院十五次的發掘，其中有二、三坑係有意埋藏，其餘係任意的拋棄。有意的埋藏，當係出於占卜之官的作為（陳邦福謂龜為乞靈之物，殷人失國，不忍其淪落，故發之於卜室，就朝歌隙地埋藏之）。至於任意的拋棄，則可能係陵谷變遷，或因宗廟圮廢，或由人事變化之所致，然則《史記·龜策列傳》所云：

略聞夏殷欲卜者，乃取蓍龜，已則棄去之，以為龜藏則不靈，蓍久則不神，至周室之卜官，常寶藏蓍龜，又其大小先後，各有所尚，要其歸等耳。

證之卜辭，則殷人亦藏龜，非用已則棄去，殷人用龜，有大小的不同，史公不知

殷用骨卜的事實。至於周人藏龜，但迄未發現，也許是尚未發掘出來，也許是周人已不鍥刻占卜之辭的原故。

由以上的敘說，可見㈠殷人的記錄貞卜之辭，在尊重鬼神顯示的吉凶兆象。㈡卜辭之中，記載證驗之辭，也許在考察占卜者交通鬼神的能力，也許是對鬼神所顯示兆象的無驗，已有懷疑。㈢每事必卜，足以顯示殷人對鬼神的信賴。㈣一事多卜，顯示占卜的人員不止一、二人，亦可見其對卜問事項之慎重。

三、占卜的作用

綜合殷墟出土的卜辭，可以看出殷人占卜的作用，不外下述三項：

㈠卜以資選擇：「國之大事，惟祀與戎。」卜辭以卜祀卜戎為內容的，幾不勝列舉，所謂卜祀，即占卜祭祀的日期，用牲的種類、數目，甚至牲的顏色，及應否祭祀何神，舉行何祭，均透過占卜，是否為鬼神所接受，所喜悅。所謂卜戎，即占卜應否出兵，應否攻伐某方國，應否使某方國協助攻伐，占卜的結果，使人在行為上有所選擇。例如：

　　丙戌卜𣪘貞，翌丁亥屮於祖丁？（《粹編》第二六二片）

　　□貞，翌乙巳，祭於小乙，亡祟，在九月。（《粹編》第二八〇片）

　　己亥卜旅貞，翌庚子盋於大庚，亡祟？八月。（《粹編》第二〇一片）

所謂翌，指翌日，殷人於後一日、後二日，至後一旬之間，都名之為翌，翌丁亥，即謂來日丁亥，是否行屮祭於祖丁。以上三辭，均為卜祭祀之日。

　　一宰一牛。二宰。又𠫩。茲用。（《粹編》第五六五片）

　　二宰。三宰。（《粹編》第五六六片）

　　十牛，十五牛，卅牛。（《粹編》第五八五片）

　　蚩白牛。……（《粹編》第五四八片）

……幽牛（黑牛）。（《粹編》第五四九片）

其用莫牛（赤色牛，即騂牛）。（《粹編》第五四九片）

王卜，王受又（祐），十人，王受又（祐）。（《粹編》第五五五片）

所謂牢、十牛、十五牛、三十牛，而一牢包括牛一、羊一、豬一，殷人以二牛或二羊、或二豕為一牢，與周人太牢說異（另謂為二牛、二羊、二豕。前者為周人的太牢。）皆用牲的數目，白牛、黑牛、騂牛，均係用牲的顏色，甚至殺人以祭，均在占卜之列：

戊午卜，宁貞，王从（從）沚馘伐土方受又（祐）。（《殷墟書契後編》上第一七、五片，以後簡稱《後編》）

貞，王从（從）沚馘伐土方。（《後編》上第一七六片）

貞，乎（呼）伐舌。（《粹編》第一〇八七片）

勿乎（呼）伐舌。（《粹編》第一〇九二片）

貞□王往伐舌方。（《粹編》第一〇八五片）

貞，王勿令卓氏眾伐舌方。（《殷墟書契後編》上一六、一〇片）

以上所錄，均係應否征伐舌方，或令其他方國往征，或單獨令一國往征舌方。

以上所舉，均係殷人以占卜而定其選擇。由於卜祭祀的日期，用牲的數目、種類、顏色，可見殷人視鬼神如人一樣，有所好所惡，而透過占卜，投鬼神所好，用兵征伐，不視形勢的需要與否，而決之於鬼神所顯示的占卜，可見殷人的崇信鬼神之深切。

(二)卜其是否：人類非常希望有前知的力量，殷人亦不例外，而借占卜以定將來是否如此。例如：

貞，舌方其出（出兵）？（《後編》上一六、七片）

貞，舌方不其出？（《續編》三、七、七片）

貞，我其喪眾人？（《殷契佚存》第四八七片，以後簡稱《佚存》）

▯卜我弗受季？受年。（《粹編》第八七四片）

其隻（獲）生鹿？（《粹編》第九五一片）

丁巳卜，翌日戊，王其田？不冓（遘）大囗，其冓（遘）大雨，不冓（遘）小雨。
（《粹編》第九九七片）

貞，今王出？（《粹編》第一〇五四片）

湄（彌）日不雨，其雨？小雨。（《粹編》第六九三片）

由敵方的是否出兵，我是否會失師眾，我是否受年（豐收）的大事，至於是否獲鹿，
是否出獵，是否遇雨，下雨的大小，都在占卜之列，可見殷人認為鬼神是能前知的，
而且不論事情的大小，都會顯示出前知的兆象。

㈢卜得吉凶：上古之時，風雨水旱，疾病災害，敵我攻伐，行旅往來，田獵時的
猛獸，隨時可能帶來災禍，而趨吉避凶的方法，殷人乃求於鬼神，決之於占卜，例如：

辛亥卜貞，王其田（獵）孟，亡戋（災）？壬子卜貞，王其田（獵）向，亡戋（災）……？
（《粹編》第九八三）

庚辰卜行貞，今夕亡（無）卜（禍）？在六月。己卯卜行貞，今夕亡（無）卜（禍）？」
（《粹編》第一三五四片）

癸卯卜㫃貞，旬亡（無）卜（禍）？三月。癸丑卜㫃貞，旬亡（無）卜（禍）？（《粹
編》第一四一九片）

己丑▯二牢，王受又（福祐）。（《粹編》第五九〇片）

▯貞：翌乙巳，祭於小乙，亡祟（無祟害）？在九月。（《粹編》第二八〇片）

大吉。五牢，吉。卅人，大吉。（《粹編》第五五八片）

乙卯卜貞，王室小乙羙日（帝祭之日）無尤（咎）？（《前編》一、一七、一片）

旬业（有）希（祟）王疒（疾）首，中日羽（雪）。（《前編》六、十七、七片）

甲午卜告貞，王伐舌方，我受又（祐）。（《續編》三、七、五片）

由行獵、居處、祭祀、疾病、至征伐的吉凶，均問之於占卜，決之於鬼神，可見殷人信仰鬼神，認為有無上的權威，故崇拜，祭祀，恭謹小心，不敢懈怠。

四、占卜的內容及祭祀的名稱

殷人的占卜，涉及甚廣，綜合卜辭，分析其內容，如陳夢家《卜辭綜述》第四章〈斷代〉一文中所歸納者，可分六類：

1. 祭祀：對祖先與自然神祇的祭祀與求告。
2. 天象：風、雨、啓（晴），水，及天疫等。
3. 年成：年成與農業等。
4. 征伐：對外戰爭與邊鄙的侵犯等。
5. 王事：王之田獵、遊止、疾、夢、生子等。
6. 卜旬：來旬今夕的卜問。

大致已將卜辭所涉及的內容，包括無餘，（少數記貢物之詞除外）可見占卜的範圍，包括了鬼神、天時、人事，至於祭祀的名稱，則有：

酌（酒祭）祭：祭祀各種鬼神，均可用之。

賓祭：祭上帝、祖先、大臣、祭日。

尞祭：祭山川、祖先、日月（東母、西母）、雲雪。

罒（寧）祭：祭風、雨之神。

御祭：祭土地、日神、祖先。

又（侑）祭：祭祖先、日神、河神。

峚（求）祭：祭雨神，四方之神，山川之神。

帝（禘）祭：祭宗廟、山川、四方之神。

沉祭：祭河川之神。

埋祭：祭山川土地之神。

剛祭：祭山川、祖先之神。

炎祭：祭山神。

肜祭：祭祖先。

雩祭：求雨之祭。

烄祭：求雨之祭。

歲祭：祭祖先、祭日。

方祭：祭於四方、上帝。

劦祭：祭祖先、祭風神。

其他少見之祭名，尚有旦、菁、勺、般、旅、即等和翌、酓等常祭，可見殷人祭祀名目之多。由卜辭所載的祭名及祭祀的對象，糾正了《尚書·高宗肜日》，鄭玄解為「祭之明日又祭」的說法，肜為祭名，為後人祭高宗，而非高祖祭成湯。燎，並非衹祭天，祭山神。亦可祭祖先、河神，沉祭並非衹祭河神，亦可祭社神、祖先。有以補正經傳記載的闕誤。由於祭祀名目的繁多，祭祀的頻仍，可見殷人認為某種祭祀，較適合於某類的鬼神。祭祀為事神求福免禍的主要方法。

五、祭祀的鬼神及祭品

「殷人尚鬼」，見之載籍，自卜辭出土，其崇拜之神鬼，已可概見，關於天神的崇拜，首曰帝神，殷人敬畏特甚，認為「帝」可以降雨、授年、降暵（旱）、缶（保）王、授祐、降若（順）、降禍。例如：

貞今三月，帝令多雨？（《前編》三、一八、五片）

帝令雨足年？帝令雨，弗其足年？（《前編》一、五〇、一片）

庚戌卜，貞帝其降暵（旱）？（《前編》三、二四、四片）

貞帝弗缶（保）于王？（《鐵雲藏龜》一九一、四片）

∣伐舌方，帝受（授）我又（祐）？（《鐵雲藏龜》一、一一、一三片）

∣我其已賓，乍（則）帝降若（順）？（《前編》七、八三、一片）

貞卯帝弗其降卜（禍）？十月。（《佚存》三六片）

　　類此的卜辭甚多，可見帝神的赫赫威靈。在帝神之左右，又有其隨從之神，曰帝臣，曰帝五臣，亦在從祭之列。

于帝臣又（侑祭）雨。（《甲編》第七七九片）

王又歲（祭名）于帝五臣，正隹（惟）亡（無）雨。（《粹編》第一三片）

　　後世之五行、五帝，可能道源於殷人。次有日神、月神、星神、雲神、山川社土之神、風神、虹神、四方之神，皆在祭祀祈福之列。至於鬼的方面，有先公、有先王、有先大臣。先公、先王，為世所週知，至於祭祀的大臣，則以伊尹、巫咸為多，殷人認先公、先王，不祗是指示吉凶，保佑子孫，也會作祟，如：

隹（惟）王亥祟雨。……丁未卜，惟伊祟雨。（《後編》下三八、六片）

　　鬼神既能顯示吉凶，降禍福，如是有各種的祭祀，每祭之時，必有供祭的祭品，包括牛、羊、豕、犬、羌人、人、玉、珏、璧（壁）、鬯，在數量上，由一牛開始，自一牢，至十五牢（牛、羊、豕），用牛有至二百頭以上，有牢鬯合用，用鬯有至百鬯以上的，用羌人有至三百的，也有稱作人，一次用至三十，乃係以人作祭祀的人牲，用牲的種類、數量的使用，亦由占卜決定，故有：

三牢？五牢？十牢？（《粹編》第五八一片）

其一牛？其二牛？（《粹編》第五八二片）

十牛，十五牛？卅牛？（《粹編》第五八六片）

　　皆係卜用牢用羊的數目，祗要為鬼神所喜，沒有不如數以祭的。甚至沉埋玉石、珏，以至玉璧，亦不吝惜。由所祭之神言之，殷人相信有至高至大的帝神的存在，其

他的各種神祇，也都是對大自然現象的不能瞭解，認由係神的存在，故日月山川雲雨風都認為神，所祀之神雖多，然並非庶物崇拜，並不認為每一種事物都有神的存在，殷人所祭的先公、先王及先大臣，當屬後人所謂鬼的一類，如《說文解字》所云：「鬼、人所歸也。」由殷人的多祀多卜看來，認為鬼亦有無上的威靈，故頻頻祭祀，乃在以祈福免禍，而不是「慎終追遠」之意；祭祀多用牲，代表殷人以肉食為尚，用牲的眾多，至用珍貴的玉石為祭，足見殷人的竭力事神，對鬼神的畏懼。

綜合以上的敘說，可見殷人是確信有鬼神的存在，屬於迷信的成分多，屬於宗教的崇拜少。以占卜來建立人神間的交通，乃係以人的智力，難以瞭解鬼神，為一種不得已的方法；所祀的鬼神甚多，顯示並沒統一的鬼神的觀念，祭祀繁多，祭品豐盛，乃係取悅鬼神的手段，認為人的禍福休咎都操之於鬼神，這種神權思想，距孔子所云：「未能事人，焉能事鬼」的人本思想，尚有很長遠的差距，也是人類進到文明的必須過程。我們要感謝記載占卜的甲骨，保留了殷人祭祀鬼神的素材，深埋地下，得以保存至今；更應銘記我們的文字，能永行不悖，如果似西方的標音文字，則必然無法認識而能讀懂了。素材再多，只是骨董，頂多只是揣測、猜謎而已。

貳、儒家的體用觀

一、前　言

　　有體有用，是理學家的一致看法，所謂體是本體、是大全、是至高無上之道；所謂用，是由體而起之作用、作為、變化等。程子《易傳·序》云：「體用一元，顯微無間。」正是體用觀念的最佳說明。所以儒家之學，注重明體達用，以最高的境界而言，所謂天人合一，即在明悟此大全、本體，於是發而為作為、變化，方能與天地合其德，而與天地參；就其次焉者而言，明形而上之道，成形而下之器，由道出術，由原則得方法；以今之科學發達而言，由原理得技巧，由理得術，斯皆體用觀所當探明者。有體無用，有用無體，體與用異，則難謂之通人，亦俗儒之學而已。儒家、思想家、甚至宗教家之重體用，其故在此。蓋體既不明，用由何起？不有此體，何得此用？縱使苟有此用，未有其體，乃其體未明而已，非無其體也。

二、由熊十力論體用探索儒家的體用觀

　　古今的思想家和學者，幾無不承認有形而上的道的存在和有形而下的器的存在，《易·繫辭》云：「是故形而上者謂之道，形而下者謂之器。」《周易正義》疏云：

　　　道是無體之名，形是有質之稱，凡有從無而生，形由道而立，是先道而後形，
　　　是道在形之上，形在道之下，故自形外以上者謂之道，自形內而下者謂之器也。

　　合形而上之道與形而下之器，便是宇宙大全、或全體大用，二者有相互依存的關係，故曰「形由道而立」，「形在道之下」，道是無形體的存在，而又係超越萬有的，故曰「形而上」，故曰「道在形之上」。簡而言之，形而上是抽象的存在，形而下乃

具體的存在，二者構成了哲學上和宗教上的體用問題，道與器的劃分，似乎是對立的，其實應該是以道包器，以體賅用，朱子云：

> 道者，兼體用，該隱費而言也。（《朱子語類》卷六）

道是「其大無外，其小無內，」所以是包括了形而上與形而下，而又即體起用的，論體用的依存關係，作用變化，當推熊十力先生所說，最為完備：

一、實體是具有物質、生命心靈等復雜性、非單純性。

二、實體不是靜止的，而是變動不居的。（不居者，言其變動，剎那剎那，捨故生新，無有一剎那暫停也。剎那亦省言剎。）

三、功用者，即依實體的變動不居，現作萬行，而名之為功用（原自注甚長，故略）所以說體用不二。（實體變動，即成了功用。而功用以外，無有存在的實體。譬如大海水騰躍，即成了眾漚。而眾漚以外，無有獨存的大海水。）

四、實體本有物質心靈等複雜性，內部有兩性相反，所以起變動，而成功用。（物質性是凝結、沈墜。心靈性是健動、升進、炤明。相反故起變動。）功用有心靈物質兩方面，因實體有此兩性故也。（實體元有物質心靈兩種性質，故其變動，成為功用，便分心物兩方面。）

五、功用的心物兩方，一名為闢，（闢，有剛健、開發、升進、炤明等德性，易之所謂乾也。）一名為翕。（翕，有固閉和下墜等性。《易》之所謂坤也。）翕是化成物。不保守其本體。（化猶變也，《易》曰，坤化成物。）闢，是不化為物。保任其本體的剛健、炤明、純粹諸德。（純有二義。一、無有雜染。純一而不可破析，無在無不在。粹猶美也。可詳玩乾卦。）一翕一闢，是功用的兩方面，心物相反甚明。（闢即心也。翕，即物也。）

六、翕闢雖相反。而心實統御乎物，遂能轉物，而歸合一。（轉者，轉化之也。）故相反所以相成。（見《明心篇》一一〇頁）

這一詳明確鑿的體用論說，為古之儒者所未能言，未敢言，其正確與否，暫不究論，可是由熊氏此論，引發了不少的問題，㈠儒家的體用觀是什麼？熊氏的體用理論，至少是紮根在《周易》上，《周易》所言，是否如此？㈡熊氏認為孔子作大易，創明

體用不二（見《明心篇》二十一頁），其言確否？孔子之體用論究竟如何？㈢熊氏指斥宋明諸儒，染於禪道，非孔子之嫡傳，有不辨體用之嫌（同上），其說然否？㈣如熊氏所言，先秦儒者與宋明諸儒之體用論有何不同？㈤宋明諸儒的論體用，常多別異，其故安在？㈥哲學家與宗教家於體用之認知，有何不同。經過這樣由本至末的分析，儒家的體用觀，庶幾才能明白。

一、孔子以前之體用觀：先秦儒家之體用觀，散見於《詩》、《書》、《左傳》，然片語隻句，無以見其全，言之最詳，後儒依託最多者，厥惟《易經》。

《易經》本為卜筮之書，經往聖之述作，後儒之闡明，乃成為儒家的重要經典，其〈乾卦·文言〉，〈坤卦·文言〉，《易·繫辭》中，誠然有體用觀念，如：

> 大哉乾元，萬物資始，乃統天。雲行雨施，品物流形，大明終始，六位時成，時乘六龍以御天，乾道變化，各正性命。（〈乾卦·象辭〉）

所謂「乾元」，既有「萬物資始，乃統天」的能力，又能「雲行雨施，品物流形，大明終始。」似亦與本體的作用無殊，可是象辭的作用，是在統論一卦之義，故所釋說的，是乾卦的卦義及作用。非純然為本體而發，〈乾卦·文言〉所云，亦具有本體的意義：

> 大人者，與天地合其德，與日月合其明，與四時合其序，與鬼神合其吉凶，先天而天弗違，後天而奉天時，天且弗違，而況於人乎，而況於鬼神乎？

這裏所謂的「大人」，似乎能為「萬物主」，到了「先天而弗違」的地步，可是仔細探論，大人與天地、日月、四時、鬼神，仍然是一種相對的對立，不是絕對的涵容，仍然只有本體觀念的傾向，而非本體論。同理〈坤卦·象辭〉：「至哉坤元，萬物資生，乃順承天，坤厚載物，德合無疆，含弘光大，品物咸亨。」亦只能說有本體觀的傾向，而且依其所云，是乾元、坤元，都有發生的力量，是有二本體了，熊先生教人細玩乾元、坤元，以為係孔子的體用不二理論，實在難有這種發現。又〈繫辭〉上云：

> 天尊地卑，乾坤定矣；卑高以陳，貴賤位矣；動靜有常，剛柔斷矣；方以類聚，

> 物以群分，吉凶生矣；在天成象，在地成形，變化見矣；是故陽陰相摩，八卦
> 相盪，鼓之以雷霆，潤之以風雨，日月運行，一寒一暑，乾道成男，坤道成女，
> 乾知大始，坤作成物，乾以易知，坤以簡能……

　　從引錄之文句中，截取一二，可能解釋為有本體觀的涵義，但是通貫全文，乃敍
「易」所以建立之理，由天地、卑高、動靜、而達人事，解為易之體用則可，解為本
體的體用觀則欠當。又〈繫辭〉上所云：「精氣為物，遊魂為變，……範圍天地之化
而不過，曲成萬物而不遺，通乎晝夜之道而知（應作無不知），故神無方而易無體，一
陰一陽之謂道，繼之者善也，成之者性也，仁者見之謂仁，知者見之謂之知，百姓日
用而不知，故君子之道矣。顯諸仁，藏諸用，鼓萬物而不與聖人同憂，盛德大業至矣
哉！」亦可解為有本體論的體用觀，尤其是「一陰一陽之謂道」，「顯諸仁，藏諸用」，
似在論體用的道理。因為道統陰陽，又有「顯仁」「藏用」的作用，可是上面的「範
圍天地之化而不過，曲成萬物而不遺」的「精氣」「遊魂」，依文氣求之，似在「一
陰一陽之謂道」所包涵之外。又〈繫辭〉下云：「是故易有太極，是生兩儀，兩儀生
四象，四象生八卦，八卦定吉凶。」一方面係「易」產生的理論，一方面只是「易」
的體用觀，若強以後來發生的體用觀附會，加以闡說，乃舊酒新裝，不得視為《易經》
中所顯示本體上之體用觀矣。同理〈繫辭〉上又云：

> 子曰：聖人立象以盡意，設卦以盡情偽，繫辭焉以盡其言，變而通之以盡利。
> 鼓之舞之以盡神，乾坤其易之縕邪！乾坤成列而易立乎其中矣，乾坤毀則無以
> 見易，易不可見則乾坤或幾乎息矣。是故形而上者謂之道，形而下者謂之器，
> 化而裁之謂之變，推而行之謂之通，舉而錯之天下之民，謂之事業。

　　以上所引，是前人認為《易》中有體用觀的文句。㈠如果割裂文句，斷章取義、
並予以詮釋和新的界定，誠然可以說成後儒所謂的體用觀。㈡統合前後文句觀之，《易
經》有體用觀之文句，皆為闡明《易》之理而發，與後儒所謂之體用觀，差距甚大。
㈢由《易經》以言《易經》，誠然有《易經》本身之體用觀，然乾元、坤元、太極、
道，皆係對立或對等之名詞，並不能尋覓到一如後儒絕對獨立而超越的本體名相及理
論。㈣根據《史記·孔子世家》，有「孔子晚而喜易、序、彖、繫、象、說卦、文言」

之說，可是自歐陽脩已疑之，崔述已就文體之不類、稱名之不當、引文之可疑，認為乃通《易》之後儒所為也。是以尤不當以《易經》中之體用觀，斷為孔子之體用觀。㈤《易經》中已有體用觀之意識，惟言之欠精密、精純。僅可目為體用觀之濫觴及啟動。

二、孔孟之體用觀：孔孟是不世出的聖人，其智慧遠出常人，足以體會最高的境界，有此體方能有此用，決無無體之用的可能，所以孔孟二聖，應具有本體觀，孔子云：

> 志於道，據於德，依於仁，遊於藝。（《論語·述而》）

是把道列在最高層次，雖未明言道係形而上的本體，但是夫子以仁形成其思想中心，以德行、言語、政事、文學分為四科，乃以德與仁列於道之下，可見道是超越二者，朱子解道云：「道則人倫日用之間所當行者是也。」固然不是誤解，蓋「人倫日用之道」，應包括在德與仁之中，此處所云之道，應有形而上之意，否則「子曰：『朝聞道，夕死可矣』」，解之為「人倫日用之道」，則極不妥貼了，所以朱子注云：「事物當然之理。」由此而推論，夫子告曾子，吾道一以貫之，曾子解為「夫子之道，忠恕而已」，猶未為得也，朱子注云：

> 聖人之心，渾然一理，而泛應曲當，用各不同。曾子於其用處，蓋已隨事精察而力行之，但其知其體之一耳！夫子知其真積力久，將有所得，是以呼而告之，曾子果能默契其指，即應之速而無疑也……夫子之一理渾然，而泛應曲當，譬則天地之至誠無息，而萬物各得其所也，自此之外，固無餘法，而亦無待於推矣！曾子有見於此而難言之，故借學者盡己推己之目以著明之，欲人之易曉也。蓋至誠無息者，道之體也，萬殊之所以一本也，萬物各得其所者，道之用也，一本之所以萬殊也，一以貫之之實可以見矣！（《論語集註·里仁》）

朱子以體用觀念解「吾道一以貫之」，誠然無誤，曾子以忠恕解釋「一以貫之」，實在欠妥，朱子認為這一境界難以言說，曾子才以易知的忠恕二者為解，仍然是無證據的推論，孔門諸高弟；曾子被目為「參也魯」，縱然諸人的所得，下於曾子，難道這一境界的解說，也不能領會嗎？所以曾子的解答頗有問題，至少僅答在道之用的某

一方面上。至於朱子以理解道，又以至誠為譬解，深有未當，因為「理氣」乃朱子之體用觀，至誠無息，乃《中庸》之體用主張，不宜牽合為孔子之體用觀也。

以上所引，可見孔子所云之道，誠然有本體之意義，一以貫之，尤明確可見，又：

> 子曰：「予欲無言」，子貢曰：「子如不言，則小子何述焉？」

> 子曰：「天何言哉？四時行焉，百物生焉，天何言哉？」

> 朱子云：「學者多以言語觀聖人，而不察其天理流行之實，有不待言而著者。」

誠然得到了此章之意，此乃夫子行不言之教，有諸內而形諸外，有體而顯用也，至於「天」是否「天理流行」，仍有問題，蓋乃孔子取譬之詞，然亦必有此觀念，方有此譬喻，至此方可確定，孔子有體用觀，乃以道為體，而以德行仁義等為用，見之人倫日用中，證以子曰：「不怨天，不尤人，下學而上達，知我者，其天乎！」大有盡性知天，與天道冥合之意，其體用觀，在「下學而上達」，已泄漏無餘，上達則以知體，下學在以成用，唐以前的《論語》注家，已得此意，孔安國云：「下學人事，上知天命。」何晏曰：「聖人與天地合其德，故曰惟天知己！」皇侃疏云：「下學學人事，上達達天命！」夫能冥合於天，故能知天，自信亦能為天所知，此上達之功效也。由體起用，人不能知，亦不尤人，方可無怨懟，否則僅能歸於胸襟廣大，修養功深，而不見聖人自信合道，有悲憫世人之情矣！上達達天命，非無據之言，孔子云：

> 吾十有五，而志於學，三十而立，四十而不惑，五十而知天命，六十而耳順，七十而從心所欲不逾矩。（《論語·為政》）

此乃夫子自述成聖之歷程，知天命乃知根本或本體，由此而起用，方能「耳順」——「聲入心通，無所違逆」，方能「從心所欲不逾矩」——不勉而中。又《論語·堯曰》：

> 子曰：「不知命，無以為君子也，不知禮，無以立也，不知言，無以知人也。」

更有以見其體用，知命，體也；知禮、知言，用也！孔子的體用觀似隱而實顯，所以孔子才說：「天生德於予，桓魋其如予何？」有此知天，與天合德之功，才可以

有此自信。而崔述以為語近傲慢，疑非夫子之言，乃無見於此，而有誤也。

孟子之體用論亦近於孔子，亦以知天為主。

> 孟子云：「盡其心者，知其性也，知其性則知天矣！存其心，養其性，所以事天也，殀壽不貳，修身以俟之，所以立命也。」（《孟子·盡心上》）

朱子解之云：

> 心者，人之神明，所以具眾理，而應萬事者也，則心之所具之理，而大又理之所從以出者也，人有是心，莫非全體，然不窮理，則有所蔽，而無以盡乎此心之量，故能極其心之全體而無不盡者，必其能窮夫理而無不知者也。（《孟子集註·盡心》）

朱子以心所具之理解「盡心」，雖然無誤，但實際上是孔子所云的上達功夫，由盡人之心，而知性，由知性而知天，證以孟子所云：「心之官則思，思則得之，不思則不得也！」應是知天的方法，知天自然是根本的、本體的意義，孟子之體用觀，由其深造一章，更彰彰明著：

> 孟子曰：「君子深造之以道，欲其自得之也，自得之，則居之安，居之安，則資之深，資之深，則取之左右逢其原，故君子欲其自得之也。」（《孟子·離婁》下）

前人於此章，多以學貴自得，或教學之法解之，然細玩之，深造之以道，明體之意也，明乎道體，而又自得，則居之安而資之深，故於應用之際，能由體生用，而左右逢原矣！又：

> 孟子曰：萬物皆備於我矣，反身而誠，樂莫大焉，彊恕而行，求仁莫近焉。

萬物皆備於我，係指人倫物理具於我之心性中，本體之事也，彊恕而行，求仁莫近焉，用之事也，孟子之體用觀，較孔子更為明確。

此外，《大學》以三綱為體，八目為用。而《中庸》則以至誠為體，由體生用。《中庸》云：

　　唯天下至誠，為能盡其性，能盡其性，則能盡人之性，能盡人之性，則能盡物之性，能盡物之性，則可以贊天地之化育，可以贊天地之化育。則可以與天地參矣。

　　誠者自成也，而道自道也。誠者物之始終，不誠無物，是故君子誠之為貴；誠者非自成己而已也，所以成物也，成己，仁也；成物，知也，性之德也，合外內之道也，故時措之宜也。

　　前段言誠之體，後段言誠之用，故朱子即以體用觀以為注釋：「誠以心言，本也，道以理言，用也。」就「誠者自成也，而道自道也」而言，誠然係以誠為體，而道為用，合上下二章而言，則誠固為體，而尤有由體起用之意，因為「誠者非自成己而已也。成己仁也，成物知也，性之德也，合外內之道也，時措之宜也」，非用而何？而用由體起，皆由誠而發，體用一如的觀念，灼然可見。《中庸》一書，是否係「子思恐其久而差也，故筆之於書，以授孟子」，固然見仁見知，但為孔門儒家之言，則極可信，故儒家之體用觀，至此而形成較完密之系統。是必以孔子為先導，然後轉密轉精也。

　　三、宋明理學家之體用觀：宋明諸儒，各有建樹，造道有得，其言體用，較詳盡而明確，亦博雜而相異，謹就周濂溪、張橫渠、二程子、朱子、陸象山、王陽明等大家，就其體用觀，鉤稽釋說，以見大要。

　　周濂溪以誠為本體，有取於《易》與《中庸》，其言曰：

　　誠者，聖人之本，大哉乾元，萬物資始，誠之源也，乾道變化，各正性命，誠斯立焉，純粹至善者也，故曰一陰一陽之謂道，繼之者善也，成之者性也，元亨誠之通，利貞誠之復，大哉易也，性命之源手。（《通書·誠》上第一）

　　劉蕺山云：「乾元亨利貞，乾天道也，誠者天之道也，四德之本也。誠之者，人之道也。主靜，所以立命也，知幾其神，所以事天也。」可見濂溪是合《中庸》之誠，與《易經》中之乾元，而建立以誠為本，由誠而至「誠之者，人之道也」，「主靜」，「知幾」，乃由誠而起用。

　　聖，誠而已矣，誠，五常之本，百行之原也，靜無而動有，至正而明達也，五

常百行，非，誠非也，邪，暗塞也，故誠則無事矣，至易而行難，果而確，無
難焉，故曰一日克己復禮，天下歸仁焉。（《通書·誠》下第二）

於天曰誠，於人曰聖，聖者之精義；亦在於誠，誠乃本體本原，故曰誠則無事矣，
元亨利貞、動靜以至克己復禮，乃用也，由體而起，其說至明。

張橫渠之體用觀，見之於〈太和篇〉，歸本於易之一陰一陽之謂道，而形成其體
用觀。

太和所謂道，中涵浮沉升降動靜相感之性，是生絪縕，相盪、勝負、屈伸之始，
其來也幾微易簡，其究也廣大堅固，起知於易者乾乎，效法於簡者坤乎，散殊
而可象為氣，清通而不可象為神，不知野馬絪縕，不足謂之太和，語道者知此，
謂之知道，學易者見此，謂之見易，不如是，雖周公才美，其智不足稱也已。
（《張載全集》）

高忠憲云：「太和陰陽會合沖和之氣也。……陰陽二氣，自然相感之理，是其體
也，絪縕交密之狀，二氣摩盪、勝負、屈伸，如日月寒暑之往來，是其用也。」（見《宋
元學案·橫渠學案》）最能得橫渠之意，且橫渠亦自言體用云：

神、天德，化、天道，德其體，道其用，一於氣而已。（《張載全集·神化篇》）

是張氏之有體用觀的明證，所謂「德其體，道其用」非有二體用，乃謂人之由「太
和」而起體用，故云：「一於氣而已。」一氣仍不外陰陽二氣也。又曰：

神不可致思，存焉可也，化不可助長，順焉可也。存虛明，久至德，順變化，
仁之至、義之盡也，知微知彰，不舍而繼其善，然後可以成性矣。（同上）

此乃言人由太和而起用，深寓用由體生之意，張氏並開出了悟本原之法：「自明
誠，由窮理而盡性也，自誠明，由盡性而窮理。」雖取於《中庸》，而於致用達本，
則更進一層。由上所紋，可見橫渠以太和為體，因而起用之意矣。

明道亦明言體用，其言曰：

蓋上天之載，無聲無臭，其體則謂之易，其理則謂之道，其用則謂之神。……

（《二程遺書·明道語錄》）

此就易之卦體，以明天道，而以易之神妙乃係用而言也，大程子之體用觀，則在識仁：

> 學者須先識仁，仁者，渾然與物同體，義禮智信皆仁也，識得此理，以誠敬存之而已，不須防檢，不須窮索，若心懈則有防，心苟不懈，何防之有？理有未得，故須窮索，存久自明，安待窮索？此道與物無對，大不足以明之，天地之用，皆我之用，孟子言萬物皆備於我，須反身而誠，乃為大樂，若反身未誠，則猶是二物有對，以己合彼，終未有之，又安得樂。……（《河南程氏遺書》卷第二上）

此與前人言仁之意有別，故曰「渾然與物同體」，「此道與物無對，大不足以明之」，無對待，又其大無外，本體之義也；義禮智信皆仁，皆統於仁而起用也，不然，則此四者，固不與仁相同，顧涇陽云：

> 顧涇陽曰：「程伯子曰，仁者渾然與物同體，只此一語已盡，何以又云義禮智信皆仁也，始頗疑其為贅。及觀世之號識仁者，往往務為圓融活潑，以外媚流俗，而內濟其私，甚而蔑棄廉恥，決裂繩墨，閃鑠回互，誣己誣人，曾不省義禮智信為何物，猶偃然自命曰仁也，然後知伯子之意遠矣。」（《宋元學案·明道學案》）

顧氏以為贅者，未明由體起用之意也，至於末流識仁之弊，豈明道言「義禮智信皆仁」之意哉！

至於伊川，則以陰陽為本體，其言曰：

> 天地之化，雖廓然無窮，然而陰陽之度，日月寒暑晝夜之變，莫不有常，此道之所以為中庸。（《河南程氏遺書》卷第十五）

> 鑽木取火，人謂火生於軋木，非也，兩物相戛，用力極則陽生，今以石相軋，便有火出，非特木也，蓋天地間無一物無陰陽。（同上）

離了陰陽更無道，所以陰陽者，是道也，陰陽氣也，氣是形而下者，道是形而上者，形而上者，則是密也。（同上）

小程子認為陰陽既充塞於天地之間，無一物無陰陽，陰陽相磨而起作用，於是成為天地萬物，宇宙的起源和變化，是否如此，乃另一問題，而伊川乃確認如此也，陰陽統於太極，太極有動有靜，生陰生陽，伊川論之云：

太極自是涵動靜之理，卻不可以動靜分體用，蓋靜即太極之體也，動即太極之用也。（同上）

太極之有動靜，是天命之流行也，或疑靜處如何流行，曰，惟是一動一靜，所以流行，如秋冬之時，謂之不流行可乎，若謂不能流行，何以謂之靜而生陰也，觀生之一字可見。（同上）

陰陽只是一氣，陽之退，便是陰之生，不是陽退了，又別有個陰生。（同上）

陰陽只是一氣，陰氣流行，即為陽，陽氣凝聚，即為陰，非直有二物相對也。（見〈答楊元範書〉）

如其所言，是當以太極為本體，而不以陰陽為本體，認為靜乃太極之體，動乃太極之用，如其所言，靜而生陰，是陰亦體也，動而生陽，是陽亦用也，有二體用矣。言體言用，未能允當。

朱子則以理氣形成其體用觀，其論理氣云：

問：昨謂未有天地之先，畢竟是先有理，如何？曰：未有天地之先，畢竟也只是理，有此理，便有此天地，若無此理，便亦無天地，無人無物，都無該載了。有理便有氣，流行發育萬物。曰：發育是理發育之否？曰：有此理便有此氣，流行發育，理無形體。曰：所謂體者是強名否？曰：是。曰：理無極，氣有極否？曰：論其極將那處做極淳。（《朱子語類》卷一）

問先有理抑先有氣，曰理未嘗離乎氣！然理形而上者，氣形而下者，自形而上下言，豈無先後，理無形，氣便粗，有渣滓。淳或問：必有是理然後有是氣，

> 如何？曰：此本無先後之可言，然必欲推其所從來，則須說先有是理，然理又
> 非別為一物，即存乎是氣之中，無是氣，則是理亦無挂搭處，氣則為金木水火，
> 理則為仁義禮智。人傑（同上）

> 或問：理在先，氣在後？曰：理與氣本無先後之可言，但推上去時，卻如理在
> 先，氣在後相似。又問：理在氣中發見處如何？曰：如陰陽五行錯綜，不失條
> 緒，便是理；若氣不結聚時，理亦無所附著，故康節云性者道之形體，心者性
> 之郭郭，身者心之區宇，物者身之舟車。問：道之體用，曰：假如耳便是體，
> 聽便是用，目是體，見是用。祖道（同上）

朱子之論理氣，後人以為理氣二元，理先氣後，故為王陽明等學者所反對，理有
物理，有心內認知之理，不能統合為一，如是則即物窮理，即成逐物矣（詳見唐君毅先
生之《中國哲學原論·原道篇》一四○八頁）馮友蘭則以西洋哲學為比附，馮氏云：

> 形而上之理世界中只有理，至於此形而下之具體的世界之構成，則賴於氣，理
> 即如希臘哲學中所說之形式（Form），氣即如希臘哲學所說之材質（Matter）也。

藉如其言，則朱子為理氣混之二元論者矣！可是朱子云：

> 天地之間，有理有氣，理也者，形而上之道也，生之本也；氣也者，形而下之
> 器也，生物之具也。是以人物之生，必稟此理，然後有性，必稟此氣，然後有
> 形。（《朱文公文集》卷五十八，〈答黃道夫書〉）

是朱子以理為體，以氣為用明矣，理猶今所謂之精神，氣猶今所謂之物質，以心
統物，故曰「理則為仁義理智，氣則為金木水火，無是氣則是理亦無挂搭處」，熊十
力先生於《新唯識論》中，認為朱子係以本體說理，以氣說用，誠明確無誤也。然亦
有把體用打成二截之失。

至於陸象山，則以道為本，用由體生，即道起用，體用不異：

> 此理塞宇宙，所謂道外無事，事外無道。舍此而別有商量，別有趨向，別有規
> 模，別有形跡，別有行業，別有事功，則與道不相干，則是異端，則是利欲。

謂之陷溺，謂之舊窠。說即是邪說，見即是邪見。（《象山全集》卷十五頁五十五）

道塞宇宙，非有所隱遁。在天曰陰陽，在地曰柔剛，在人曰仁義。故仁義者，人之本心也。……愚不肖者，不及焉，則蔽於物欲而失其本心。賢者知者過之，則蔽於意見而失其本心。（《象山全集》卷一頁十二，〈與趙監書〉）

道塞宇宙，無所不在，而又明白昭顯，當然是體。道既為體，由體生用，於是在天曰陰陽，在地曰柔剛，在人曰仁義，道之所在，即用之所由起，故曰性質、形體之不同，而用各別，非道有異也，體用一如故也。陸氏言體用最為渾成而無滯隔。

王陽明則以良知為本體，其言曰：

先生曰：良知是造化的精靈，這些精靈，生天生地，成鬼成帝，皆從此出、真是與物無對，人若復得他，完完全全無少虧欠，自不覺手舞足蹈，不知天地間更有何樂可代。（《傳習錄》卷下）

是謂「良知」有發生一切的本能，故曰「生天生地，成鬼成帝，皆由此出」，而又係超越一切，「故曰真是與物無對」，良知之上，加一致字，則由體起用也！

故邇來只說致良知，良知明白，隨儞去靜處體悟也好。隨儞去事上磨鍊也好。良知本體原是無動無靜的，此便是學問頭腦，我這個話頭，自滁州到今，亦較過幾番，只是致良知三字，無病醫經折肱，方能察人病理。（同上）

其論用由體起，便是在一致字，至於體用一如，由體起用之理，則以下所云，更為詳明：

先生曰：仙家說到虛，聖人豈能虛上加得一毫實，佛氏說到無，聖人豈能於無上加得一毫有，但僊家說虛，從養生上來，佛氏說無，從出離生死苦海上來，卻於本體上加卻這些子意思在，便不是他虛無的本色了，便於本體有障礙。聖人只是還他良知的本色，更不著些子意在，良知之虛，便是天之太虛；良知之無，便是太虛之無形。日月風雷山川民物，凡有貌象形色，皆在太虛無形中，發用流行，未嘗作得天的障礙，聖人只是順其良知之發用，天地萬物俱在我良

知的發用流行中，何嘗又有一物超於良知之外，能作得障礙。（同上）

陽明之體用觀，更較象山為明確，他認為以良知為本體，其所謂良知，即仙家之虛，佛家之無，惟不雜養生與離生死苦海於其間也。聖人依良知而起用，即萬物亦莫不然也。

綜上所述，可見㈠各家之體用觀，均有不同。㈡各家之體用觀，多附麗於《易》與《中庸》、《孟子》，然亦有獨創者。㈢各家之建樹不同，乃其體用觀之不同，各家之體用不同。雖名相有異，亦有精神相通者。㈣漢以前之儒家論體用極質略，唐宋以後方極詳明。

四、宋明諸儒，是否染於道與禪，而有不辨體用之嫌：綜上所述，由濂溪以至陽明，均有體用觀，而熊十力先生，認為宋明諸儒，染於道與禪，有不辨體用之嫌，熊氏云：

> 西洋唯心論、以心為萬有之元。（元、猶原也、即本體之謂。）是體用無辨也。中國先哲有養心之學、本無唯心之論。但道家守靜存神。（神即心。心靜定而不散亂，明覺湛然。禪師謂之靈光獨耀。）亦近於以心為絕對、有不辨體用之嫌。（道家稱谷神為天地之根。故云近於以心為絕對。參考《老子·上篇》第六章。）宋明諸儒染於道與禪。其過、同二氏也。（二氏，謂道、禪。）孔子作大易、創明體用不二。道家起而首離其宗。（老聃後於孔子。其學出於易、而復反易。）後儒（宋明諸師）名宗孔、而實非其嫡嗣也。道家在晚周、幾奪孔子之席。漢以後、猶與儒佛鼎立、稱三大學派。佛家大乘學、如羅什門下諸賢、皆深于玄義也。（玄義、謂道家要旨。）華嚴在佛法中自開學統。其得力於玄者不可掩。禪有與玄合流之派、亦足珍怪。世士疑理學之儒雜禪、不必本於道。實則濂溪、明道、皆從柱下轉手、而上托孔孟以開宗耳。（《明心篇》三十一頁）

理學諸儒雜道與禪，亦反道反禪，乃世人之恆言，至於其體用論，而違反了孔子的體用不二論；或者是有不辨體用之嫌，則值得進一步之探求。以個人之見，理學諸儒之言體用，雖有取於道家，尤有取於禪宗，茲就禪宗之體用觀，加以探究，進而較論，庶幾易得真象：

㈠何期自性，本自清淨。何期自性，本自具足。何期自性，本無動搖。何期自性，能生萬法。（《六祖壇經》）

㈡諸佛與一切眾生，唯是一心，更無別法，此心自無始以來，不曾生、不曾滅、不青不黃，無形無相，不屬有無，不計新舊，非大非小，越過一切限量名言蹤跡，當體便是，動念即乖，猶如虛空，無有邊際，不可測度，惟此一心是佛。（《黃檗山斷際禪師傳法心要》）

㈢法身無窮，體無增減，能大能小，能方能圓，應物現形，如水中月，滔滔運用，不立根栽，不盡有為，不住無為，有為是無為家用，無為是有為家依。……（《馬祖道一語錄》）

㈣一物上拄天，下拄地，黑似漆，常在動用中，動用中收不得。（《洞山悟本禪師語錄》）

　　此四人皆禪宗祖師，影響深遠，其論體用，可歸納為㈠本體無形無質，不生不滅，沛然充塞於宇宙之間，常依體起用。㈡本體是非空非有，亦空亦有，能大能小，應物現形，為萬物萬法之主，用與體有不二的關係。㈢本體是無是無非，無善無惡，無憂無喜，本自清淨。㈣本體係作用不絕，攝兼動用，動用中收不得。㈤本體超過一切限量、名言、蹤跡，不可智知，不可理求。理學諸家的言體用，與禪宗所揭示者，均極近似，所極不同的，是上舉的理學諸儒以「誠」，「太和」、「識仁」、「陰陽」、「理氣」、「道」、「良知」為本體，而禪家則歸之「心」、「性」、「法身」、「一物」為本體，理學諸家依體起用，在於人倫日用，期於成聖人；禪家之由體起用，在於照察動靜證悟本體，歸於成佛。其差異表現在本體上的，如陽明所說：「仙家說虛，從養生上來，佛氏說無，從出離生死苦海上來，卻於本體上加卻這些子意思在，便不是他虛無的本色了，便於本體有障礙。」與熊十力先生所云：「道家厭世，佛氏出世，此二家之人生意義，所以反乎生命的正常也。」語異而意同，道、禪（佛）的本體觀，儒家所不許的，是在這一點上。事實上陽明與熊十力先生所論，均落在人生論上，與本體無關，就本體的意義而言，「養生」和「出離生死苦海」的意思，是無法附加在本體之上的，當然更不會使本體有障礙。至於由體起用，熊先生認為佛儒極有分別的地方在：

渾然充塞，無為而無不為者，則是大用流行的本體，無為者，言其非有心造物
也。無不為者，言其生生化化自然不容已止也。無不為三字，是余與印度佛家
根本不可同處。汝試熟思佛家三藏十二部經，其談到真如，可著無不為三字否。
（真如即性體之名。已見前。）佛氏祇許說無為，斷不許說，無為而無不為。（《體
用論》）

　無為而無不為，誠然是本體上的體用問題，其觀點出於道家，《老子》云：「道
常無為而無不為。」是熊先生亦有取於道家矣；至於禪宗於真如性體，正著無不為三
字，前引馬祖道一語云：「不盡有為，不住無為，有為是無為家用，無為是有為家依。」
其言較老子所云為詳盡明白，而其無不為，正係由無為之體起用而言，走筆及此，若
起熊先生於地下，不知何以為解也。可見理學諸家之體用觀，是雜了道與禪，於儒之
體用觀，產生了重要而明白的作用，但也未嘗不辨體用，更談不到背不背離孔子「體
用不二」的問題，因各家各自有其體用，未統一或被含攝於孔子的「道」或「天命」。

　五、宋明諸儒的論體用，常多別異，其故安在：宋五子及象山、陽明，其論體用，
各有不同：當然是其所見所得各異所致，依陸象山所云「東方有聖人出，此心同此理
同，西方有聖人出，此心同此理同」以例之，殊有不然。此同為東方之聖賢，於同一
的本體，為何所見所言，相去懸遠？其故何在？㈠係本體之究竟難明乎？㈡本體涵容
廣大，諸家所云，雖見仁見智，均係本體之一面乎？㈢諸儒之體認有差，均未得本體
之正乎？於是牽涉到了對本體的能否認知和如何認知的問題。

　就本體的絕對性和超越性而言，是不能認知的，因為本體是其大無外，其小無內，
無形體可見，當然無法認知，故馮友蘭云：

　有人謂：哲學所講者當中，有些是不可思議，不可書說者，此點我們亦承認之。
　（見《貞元六書·新理學》）

　而本體正不幸，係哲學上所認為不可思議，不可言說者，宋儒諸人所言之本體，
各有不同，乃係對此不可思議，不可言說者，予以思議，言說，故各自為說，而非本
體之究竟，於是此心不同，此理不同矣，當係最可能之事。

　至於人類認知的方法，則如馮友蘭所說：

我們有能感之官能，對於實際的物，能有感覺；我們有能思之官能，對於真際中之理，能有概念。（同上）

依其所說，感覺官能，對於實際上存在的有形體、色彩、動靜、重量、味道等等的物體，我們能感覺而知；我們有思考的官能，對於形體以外，實際中的理，能由概念而知。可是本體是真際，而又超乎概念，名言之外，我們仍要以理則的方法求認知的話，那是對於不可思議者加以思議，對於不可言說者加以言說了，當然這是哲學家之事，可是用這種方法而得的結論，未免太危險了。邵康節云：

夫所以謂之觀物者，非以目觀之也，非觀之以目而觀之以心也，非觀之以心，而觀之以理也。（見《觀物篇》）

所觀的既然是理，當然是訴之於心營意想的思考，不過是加以澄心靜慮，求使此心之特別清明而已，不管態度如何的公正，思考如何周密，可是對那不可思議的而加以思議，其結果當然是由推論、判斷而得，各人的心路歷程不同，所觀的物不同，所得的理就各異了，於是各人所推論之本體均有不同；由體而起用，亦各有差異了。諸儒言體言用，其所以互有別異，應是認知方法的不同，所以才有相去懸遠之差異，此亦不能徒責理學家諸儒，蓋理則方法，至今仍不能解決形而上學之問題。（參見《新知言·論形上學之方法》）

六、哲學家與宗教家於體用之認知，有何不同：認知的方法，除了感覺和思想以外，尚有一種直覺的方法，即一念不起的方法，以直感直覺本體上的事，所以禪宗云：「一念不起全體現。」又云：「心行處滅。」故於本體的證悟，捨棄了思議的方法，《碧巖錄》云：

銀山鐵壁，擬議則髑髏前作鬼，尋思則黑山下打坐。（卷四二）

在哲學而言，認為是反經驗，反理則，甚至反科學的，故多摒除了這種「認知」的方法。而部分的哲學家與宗教家則大加援用，莊子的心齋、坐忘、物化，正係不以思議而知的例證，《中庸》亦云：「誠者不勉而中，不思而得。」亦係說明此理，可惜註疏家認為聖人才有此境界，常人則不能不思而得（見朱子注），有了這種誤解，才

用錯了方法，可見孔子、孟子、老子、莊子對本體的「認知」，是用了不思而得的直覺方法，故其於本體的領悟，直接明瞭，得禪宗此一求道悟道的方法，才得到證明。《碧巖錄》又云：

> 出一言半句，不是心機。意識思量，鬼窟裏作活計。（卷一）

說明了「認知」本體以後，出一言半句加以表示，不是「心機」的思議作用，證以禪宗的語錄公案中，無一理則學一類的著作，也無一主張以思議求悟的人，可以知道這一宗派是徹底反對「知解」的，證悟以後的禪人，在表示其本體觀念時，雖有名言上的差異，卻無實際上的不同，與理學家諸儒大異，可見其所「認知」，是同歸一揆的。故其悟後所「認知」的本體，值得我們特別重視。更應認識其以直感的證悟本體的方法的重要性。

三、結　論

漢以後諸儒的體用論，人各不同，而思惟擬議方式，又不足以「認知」本體，然其所言，其玄微之處，又與道與禪合，其故何在？最大的可能，是引道與禪所言本體種種，入其體用觀念中，此熊十力先生所謂「宋明諸儒染於道與禪」之處也。即以熊氏而言，亦未能免於此病，熊氏論本體云：

一、本體是萬理之原，萬德之端，萬化之始。（始、猶本也。）

二、本體即無對即有對，即有對即無對。

三、本體是無始終。

四、本體顯為無窮無盡的大用，應說是變易的，然大用流行，畢竟不曾改易其本體固有生生、健動、乃至種種德性，應說是不變易的。（見《體用論》九頁）

試以比較筆者歸納之禪祖師的本體觀，立即可以發現，相似相同相通之處太多了。又熊先生所闡述之本體，未說明是「思得」、或「悟得」，卻自言「余平生之學，本從大乘入手」，然則其所得是從「人得」——從佛家而得到的了。似乎借用道與禪對本體之實證實悟，以明儒家之體用，亦無不可？果能如此？果能無誤嗎？

　　孔孟之體用觀，乃由直覺直感而得，故極簡明而扼要，於本體之究竟，未說明，而於用則多有論及，意謂能言說者，此一部份也。先秦儒家之言本體，其法在「不思而得」，「不勉而中」，後儒不達，多由思議以求，因而所得不同，故所言本體，甚多歧異。且不免於依託附會，且援引道與禪，以成其說矣。理學陽儒陰佛之處，其在斯矣！

　　儒家之體用觀，究竟何在？曰內聖外王而已，內聖為體，外王為用，合天人，一內外，成人我，《大學》之三綱八目盡之矣。

參、由「一以貫之」章探論
孔聖「道」的體用觀

一、前　言

　　孔子被孟子推崇為聖之時者，太史公論而許為至聖云：「凡中國言六藝者，皆折中於夫子，可謂至聖矣。」（見《史記·孔子世家贊》）這一「至聖」的稱號，是代表著學術思想的權威地位，由古迄今不能用任何力量加以動搖。毛澤東傾其全力發動「批孔揚秦」，「批林批孔」，亦如蚍蜉撼大樹，多見其自不量力，故身死不久，即被翻案，復行「祭孔」、「尊孔」，就共產黨思想意識形態的立場而論，是無異於承認舶來的馬、恩、列、史的思想，與以孔子為思想中心的中國傳統思想，極不相容，故要「批孔」；經過「批」、「鬥」之後，而復又「尊孔」，是證明這些外來的「學術思想」，人地不宜，不合乎傳統，已敗挫於孔子思想之下。因此證明了孔子的學術思想，構成了中國人的基本思想結構之後，經得起外來的衝擊和任何政治上的打擊。當然是其學術思想中有其可大可久，歷久彌新，不可摧折者在，故難加以變革，方能易世歷劫而不能改移。

二、「一以貫之」章之重要性及其誤解

　　記載孔子的學術思想最直接、最可信的，莫過於《論語》，雖有極小的部份受到懷疑，認為有誤入和雜揉，但是絕大多數的記載，是無問題的。可是吾人誦讀《論語》時，受到這本書是語錄式和條記式的影響，在形式上感覺到缺乏文體、文法上應有的條理、次第和連貫一體的完整性，在內容上又涉及多方，記載時又無時間先後、人物

背景，事件發生經過的說明，以至難於得到體要和貫通。但是我們深信這牢籠和影響
百代的集大成的至聖，其學術思想，一定有其完整的思想體系和學術體系。換言之，
是在思想上有體有用，由至當不移的原理原則的秉持，發揮到應時適事的方法、解決；
在學術上有條貫、系統的理之體，和述論肆應的不同之用。當然這樣的理由和證據在
《論語》一書都可找到，可是由於原始記敘不夠詳明和充足，加上後來各家經說的歧
異和因學派而有立論的別異，引起了很多的爭議，也增加了無謂的混淆，當然也有極
正確的見解和發現，可是由於有些問題尚未提出，有的仍然沒有得到較可信從的結論，
最顯著的即是《論語》裏「一以貫之」章了。這是孔子自言「一以貫之」的本體觀念，
關涉重大，可是卻注釋紛歧，誤解甚多，要體認孔聖的體用觀，必首加辨析，以求正
本清源：

> 一、子曰：參乎！吾道一以貫之。曾子曰：唯。子出，門人問曰：何謂也？曾
> 　子曰：夫子之道，忠恕而已矣。（《論語‧里仁》）
> 二、子曰：賜也，女以予為多學而識之者歟？對曰：然。非與？曰：非也。予
> 　一以貫之。（〈衛靈公〉）

這二條極為重要的記載，卻因為記載過於簡單，缺乏了時間、人物背景、事情始
末的記述，加以後人有關這些方面的補充、說明，有很多是臆想、揣測之詞，不足構
成解釋論斷這二條資料真實原意的證據。其次是曾子所答的「夫子之道，忠恕而已。」
是沒有經過孔子的認可，所以這一答語有沒有問題？合不合乎孔子的原意？應該懷
疑，最低限度要根據孔子的言論加以求證才是。可是後儒認為曾子是接孔子嫡傳的弟
子，因而不予置疑，只是就「忠恕而已」與「一以貫之」之間作解釋和牽合圓成。又
「門人問」，在場的門人為誰？能不能深切的瞭解曾子所答，合不合乎孔子所言？曾
子解答之後，同門友有無懷疑？均無原始記載。後人如果憑情臆想，應該僅是「一家
之言」，難以確信。基於以上問題的提出，所以撰為本篇論文，期能有所解答和發現，
從而究明孔子的體用觀。

孔子之道的「體用觀」，這一名詞，不見於《論語》，而此觀念則見於前面所引
的「一以貫之」一二兩章，可是要得到這二章確實的論定，必然要撥除一些遮蔽以及
解經者圓成調和之辭，當然要對著名而被大多數人接受的經說，加以通觀論析，以見

古人已有的成就和產生的優劣缺失，發為持平的論釋，得到可以共見共許的建立，謹先將有名的解說，加以抉述爬梳。邢昺於「參乎吾道一以貫之」章云：

> 吾道一以貫之者，貫、統也。孔子語曾子，言我所行之道，唯用一理，以統天下萬事之理也。……門人，曾子弟子也。不曉夫子之言，故問於曾子也。曾子曰：夫子之道忠恕而已矣者，答門人也。忠謂盡中心也。恕謂忖己度物也。言夫子之道，唯以忠恕一理，以統天下萬事之理，更無他法，故云而已矣。（見《論語註疏》）

邢昺關於一以貫之的解釋，徐復觀氏認為採自《皇侃義疏》❶：「貫猶統也，譬如以繩穿物，有貫統也。」惟皇疏在訓詁上語意更為明確，其言甚是。邢昺云：「唯用一理，以統天下萬事之理。」殊堪玩味，一理顯指「理一」之理，而萬事之理，則分殊之理也，已有就體用以解釋「一以貫」的傾向。惟將忠恕二者視為「一理」，則甚有不當，如其所言，忠恕能「統天下萬事之理」乎？不待論證而知其誤。且又將「門人」指實為曾子之門人，尤為無據，蓋必須考定曾子授徒講學始於夫子在世之時而後可。以體用的觀念釋「一以貫之」，事實上是始於何晏，說在〈賜也章〉，何氏《論語集解》云：

> 善有元，事有會。天下殊塗而同歸，百慮而一致，知其元則眾善舉矣，故不待多學以一知之。

知其元，「體」之意也，則眾善舉矣，「致用」之義也。至朱子則顯言體用之理，以解釋一貫之道，《論語集註》云：

> 貫，通也。……聖人之心，渾然一理，而泛應曲當，用各不同，曾子於其用處，蓋已隨事精察而力行之，但未知其體之一爾。夫子知其真積力久，將有所得，是以呼而告之，曾子果能默契其指，即應之速而無疑也。……夫子之一理渾然，而泛應曲當，譬則天地之至誠無息，而萬物各得其所也，自此之外，固無餘法，

---

❶ 註一：見徐復觀氏〈論語「一以貫之」語義的商討〉，徐氏此文，深入各家，甚有評斷。見《孔孟月刊》第六卷第十二期。

而亦無待於推矣！曾子有見於此而難言之，故借學者盡己推己之目以著明之，欲人之易曉也。蓋至誠無息者，道之體也，萬殊之所以一本也，萬物各得其所者，道之用也，一本之所以萬殊也。以此觀之，一以貫之之實可見矣！故曰：忠心為忠，如心為恕，於義亦通。

朱子以體用觀念解「吾道一以貫之」，誠為有理。又朱子注〈賜也章〉云：

說見第四篇，然彼以行言，而此以知言也。謝氏曰：聖人之道大矣。人不能徧觀而盡識，宜其以為多學而識之也，然聖人豈務博者哉！

是朱子認為孔子告曾子，是「以行言」，告子貢是「以知言」，顯未得其當，此二章非論知行，蓋前章屬思想體系方面，後章屬於學術體系方面，不宜混一而論。朱子引謝氏之言，蓋同意此章是「聖人多識」，被人誤解，而不知其「一以貫之」之精微處。然孔子實已盡博學之功，而以博學為時人所稱譽，為弟子所知推，則聖人豈務博者哉之說，不符事實，亦未深契孔子垂教之旨。至堪遺憾者，朱子既以體用觀念釋「一以貫之」，曾子所答顯然係用而非體，朱子未加疑議，反而為之圓成調和云：「曾子有見於此而難言之，故借學者盡己推己之目以著明之，欲人之易曉也！」未深契問題之核心，亦未將此一問題提出，致後人多於忠恕的解釋上多用功夫❷，未免捨本而逐末矣。尤令人不解者，何、皇、朱子以體用觀念注釋「一以貫之」，多未為後人接受，例如徐復觀氏云：

貫穿一切的一貫知識，這是形而上學的知識。何晏、皇侃們所說的一貫的理，即是形而上的理。他們是受了老子的影響，以形而上的知識來解釋孔子一貫之道。形而上的知識是否真？形而上的一貫是否真？當然是可以爭論的？……我們縱使反對形而上的一貫；但不能反對一般學問知識上的一貫；因為是如此，

---

❷ 歷代註疏《論語》之學者，多踵繼前人之說，於此二章之註釋，多依違於何晏、皇侃、邢昺、朱子之間，偶有發抒己見者，罕能由體用觀念著手，綜合《論語》全篇以見意。近人有關此一問題之探討，如楊一峰氏之〈「吾道一以貫之」臆解〉，薛春章氏之〈孔子「一以貫之」的道究竟是甚麼？〉徐復觀氏之作（見註❶），王開鍾氏之〈孔子學說之一貫與忠恕之道〉，王大千氏之〈忠恕探原〉，均在探解此一問題。（以上論文，均見《孔孟月刊》。）

便反對了學問的本身，反對了知識的本身。❸

　　徐氏的論證，極有見解，何晏、皇侃受了老子的影響，以形而上的知識來解釋孔子一貫之道，是可能的，但是不構成問題，因為這是方法上的援用，如近人以西方思想學術的分類方式如：宇宙論、人生論、知識論等，以析論我國學者的思想學術，只要運用得當，自無不可。問題是在孔子有沒有形而上學？何、皇是否把孔子的形上學，與老子的形而上學混同。依個人的淺見，孔子是有其形而上學的。而何、皇至少未在此二條的疏注上把孔子的形上學與老子的混同。然則徐氏所云：「形而上學的知識是否真？形而上學的一貫是否真？當然可以爭論。」是懷疑孔子有無形而上學？孔子的形而上學是否真了。也懷疑何、皇是牽合老子的形而上學以詮釋孔子有形上學的傾向。他但承認了孔子學問知識上的「一以貫之」係較下層的體用觀。因為徐氏又云：

> 　　在孔子，仁是功夫，是一切學問的總行動力。又是本體，是一切學問的總歸宿。……但孔子則要求將仁貫通於見聞之中，亦即是使知識融入於人格之中，所以他便向曾子、子貢加以提醒；而曾子應門人之間，當下即將一貫的內容——忠恕，具體指出來。忠恕是為仁之方；其本身也是仁之體；仁是一種精神狀態，忠恕也是一種精神狀態。一以貫之，即是以仁——忠恕的精神，貫通於求知與立（力）行之中。這是孔子把平日分提的話，在此處作一總提，本無所謂一悟，也無所謂把自己最高的界境剖示出來以傳道的意思。此語與「君子無終食之間違仁。」及「主忠信」等語，並無兩樣。所以我說朱元晦把層次說得太高了一點。❹

　　這是徐氏承認了孔子有「本體」，但是只限於一種精神狀態——仁，忠恕的精神，所以否定了朱子有體有用的高層次體用觀。又把忠恕與仁，牽合混論，相互為體，是使孔子的「一」以貫之，變成非「一」以貫之了，認同於曾子的解說。然而徐氏最大的成就，是辨正王念孫釋貫為行的訓詁上的錯誤，連帶地澄清了阮元、劉寶楠、焦循等對「一以貫之」的偏差論說。他得的結論是「皇疏：貫、猶統也。」朱注：「貫，

---

❸　同註❶。
❹　同註❶。

通也。」這在訓詁上的基礎，非王、阮之說所能動搖於萬一。❺經詳考其論證之後，接受這一論斷，作為「一以貫之」的訓詁基礎，而提出個人的看法和探討。

三、新問題之提出

曾子雖為孔門高弟，後人尊為宗聖，但這一章的回答，以忠恕為夫子「一以貫之」之道，顯然未愜人意，因而異說甚多，近代黃式三氏云：

> 先儒於忠恕之外，而謂自有一道，或以「天」言，或以「心」言，或以「性」言，或以「理」言，或以「靜」言，或以「中」言，或以「敬」言，或以「格致」言。戴東原曰：「一以貫之，非以一貫之。」諸說失之矣。❻

其所以如此，楊一峰氏認為是「後儒認以忠恕釋孔子之道，未免太淺；孔子之道，決不僅是忠恕。」❼筆者認為理由決不止此，因為㈠曾子所言之忠恕，未經夫子認可。在《論語》中，有一條情況相當近似的記載，子貢問曰：「有一言而可以終身行之者乎？」子曰：「其恕乎！己所不欲，勿施於人。」（見〈衛靈公〉）子貢問「一言」，孔子未答以「忠恕」，而且把恕作了明確的解釋，依孔子的恕的解釋，是不可通於忠恕。㈡曾子所言忠恕，是「多」而非一，不合乎孔子所言一貫的本意。因為忠恕不是德之全，道之體，縱然把忠恕合而言之為仁，仁也不能取代一切而為德之全，道之體。㈢用曾子所言的忠恕，以釋說孔子在論語所說之道，凡是屬於「道理」、「原則」、「本體」意義的❽，均有不合，例如孔子云：

> 朝聞道，夕死可矣。（見《論語·里仁》）

---

❺ 同註❶。
❻ 見楊一峰氏〈「吾道一以貫之」臆解〉引，《孔孟月刊》第三卷第十期。
❼ 同註❻。
❽ 蔡仁厚氏之〈論語中所謂「道」的綜合研討〉，總算《論語》全書用「道」字者有五十四章，依其意義，可分六類，其用「道」字作「道理」，如今世所謂「定理」、「原則」者為一類。見《孔孟月刊》第六卷第六期。

此一「道」字，可全以忠恕或仁字釋之乎？亦不可以諸儒所言之「天」、「心」、「性」、「理」、「靜」、「中」、「敬」、「格致」釋之也。孔子又云：

> 志於道，據於德，依於仁、遊於藝。（見《論語·述而》）

是孔子以道為最高層次，仁為「德」中的德目之一，忠恕亦德目之一耳，此外尚可增加「孝」、「信」、「智」、「勇」等，是為「多」而非一矣。何得遂以為一以貫之之「一」乎？如果忠恕乃仁之一體，曾子何以不直言仁乎？雖仁為德之本，孔子主仁重仁，然非德之全，苟無知仁之智，行仁之勇，具此「仁」德，亦何足貴乎？是以孔子云：「君子道者三，我無能焉？仁者不憂，知者不惑，勇者不懼。」（見《論語·憲問》）足見仁非全德，縱使忠恕與仁為一體，亦不足為「一」——代表全德也。合此數者，有以見曾子忠恕之答，後儒依從曾子之非，未足以契聖人之意矣。以上所提之問題，前人甚少探討。

四、孔聖體用觀之探究

孔子有無體用觀，應由《論語》全書加以探索，以盡由體觀用，由用索體之功。孔子云：

> 吾十有五而志於學，三十而立，四十而不惑，五十而知天命，六十而耳順，七十而從心所欲，不逾矩。（見〈為政〉）

四十而不惑，是孔子已得一體之明，無惑無疑，有泛應曲當的能力了，到了「七十而從心所欲不逾矩」時，則純明之極，到了朱子所說的「安而行之，不勉而中也」的地步了，體用的觀念，已灼然可見。又：

> 子謂顏淵曰：用之則行，舍之則藏，唯我與爾有是夫？（見《論語·述而》）

此孔子之自言其用也，而又以之自許與許顏子，其他高弟，不足語此。是可以仔細玩味的，蓋孔子此章言用，乃依體起用，用不違體之意，必其體能明徹圓融，方有依而起用，無誤失的顧慮。是以子路問曰：「子行三軍則誰與？」是子路有勇於軍陣

的致用的自信，而孔子答其問卻以：「暴虎馮河，死而無悔者，吾不與也。必也臨事而懼，好謀而成者也。」是謂子路之勇，為無體用之勇，故所不取。又：

> 子曰：吾有知乎哉？無知也。有鄙夫問於我，空空如也。我叩其兩端而竭焉。
> （見〈子罕篇〉）

孔子既已自言「空空無知」矣，卻能叩其兩端竭盡答問之能事，非依體起用，如明鏡高懸，應物現形，而泛應曲當嗎？應是孔子自言其用而顯示了如朱子所云：「聖人之心，渾然一體，而泛應曲當」的實例，謹就孔子的言論行為作更具體的舉例及論證，例如孔子自言其教育的原則是「有教無類」，是「自行束脩以上，吾未嘗無誨焉。」這是孔子教育上的原理原則之「體」了，而其方法則是「子以四教，文行忠信」，於眾弟子，因材施教，因人成就，同一問孝，而所答不同❾，同一問仁，而訓誨各異❿，子路問聞斯行諸，則告以有父兄在，如之何其聞斯行之，冉有問同一問題，則答以聞斯行之，蓋因性情之急緩不同（見〈先進篇〉）。這類的實例太多了，也曾斥責子路的暴虎馮河，野哉由也，於冉求更要鳴鼓而攻，於子貢、子夏則許其可以言詩，於顏淵則嘉其聞一知十，美其好學，贊其簞食瓢飲而不改其樂，而使七十餘弟子，有了很傑出的成就，尤以十子為最：「德行：顏淵，閔子騫、冉伯牛、仲弓；言語：宰我、子貢；政事：冉有、季路；文學：子游、子夏。」（見〈先進篇〉）顏子讚美孔子的教化云：

> 仰之彌高，鑽之彌堅，瞻之在前，忽焉在後。夫子循循然善誘人，博我以文，約我以禮，欲罷不能，既竭吾才，如有所立卓爾，雖欲從之，末由也已。（〈子罕篇〉）

這是顏子的親切感受，博文約禮，循循善誘，正是孔子教育上的「用」——方法、手段。

又政治上，孔子主張德治為體，所以他說：

> 為政以德，譬如北辰，居其所而眾星拱之。（見〈為政篇〉）

---

❾ 孔子於門弟子之問孝，答語因人而異，詳見〈為政篇〉。
❿ 孔門弟子問仁者甚多，孔子所答不同，於〈顏淵篇〉可見大略。

道之以政，齊之以刑，民免而無恥。道之以德，齊之以禮，有恥且格。（同上）

　　前一章提出了「為政以德」，則民將感化而歸心，後一章明顯地指出德治的層次，在政刑之上。所以齊景公問政，孔子答以「君君、臣臣、父父，子子。」不是混政治與倫理而為一，乃是依其德治的主張，認為施政要着眼於此一根本。孔子指齊桓公正而不譎，晉文公譎而不正，仍然是為政以德的觀點而置評的。而「子帥以正，孰敢不正。」「其身正，不令而行；其身不正，雖令不從。」「苟子之不欲，雖賞之不竊。」「子為政，焉用殺，子欲善而民善矣。」又曰：「苟正其身矣，於從政乎何有？不能正其身，於正人何？」正是德充於內，以德化民，以德為體的發揮，子路不明此理，致遭受了夫子的斥責：

> 子路曰：衛君待子而為政，子將奚先？子曰：必也正名乎！子路曰：有是哉！子之迂也，奚其正？子曰：野哉由也！君子於其所不知，蓋闕如也。名不正，則言不順；言不順，則事不成；事不成，則禮樂不興；禮樂不興，則刑罰不中，刑罰不中，則民無所措手足。故君子名之必可言也，言之必可行也。君子於其言，無所苟而已。（〈子路篇〉）

　　而注家多以「名實相須」，「名當其實」解之。竊以為苟不歸本於孔子的政治主張，恐將與名家合流，或與法家同轍矣。又由夫子所云「事不成則禮樂不興」以推求之，仍歸本於為政以德，而求「君君臣臣父父子子」之名實相符也，如此方能貫通禮樂不興，則刑罰不中，蓋刑罰之用，以與此倫理道德之名實之正否為依歸，否則禮樂不興，與正名的關係太遠了。在以德治為本的情況下，所有的政治措施，刑賞禮樂，都是方法，而要歸本於體的，所以才有「禮云禮云，玉帛云乎哉！樂云樂云，鐘鼓云乎哉」的感歎！由孔子的為魯司寇以論，其墮三都，不是正名嗎？正名的實際，卻是黜三家，強公室以尊魯君，而歸於君君臣臣的分際。此一主張不行，於是在膰肉不致的藉口下，而去父母之國了。

　　孔子在人格的完美境界上是聖人，在學問的通達上，是通人、是大家。必然是有體有用，執一以御多，所以夫子才說：「下學而上達。」錢穆氏認為下學是術，上達

是道⓫，極有見地，道與術，即體與用之意。顧炎武的《日知錄》釋「予一以貫之」云：

> 六爻之義，至賾也；而曰：「知者觀其象辭，則思過半矣。」三百之詩，至汎也；而曰：「一言以蔽之」，曰「思無邪。」三千三百之儀，至多也；而曰：「禮與其奢也，寧儉。」十世之事，至遠也；而曰：「殷因於夏禮，周因於殷禮，雖百世可知。」百王之治，至殊也；而曰：「道二，仁與不仁而已。」此所謂予一以貫之者也。⓬

此顧氏釋「多學而識」的「予一以貫之」，蓋言「大人之學，舉本以該末」。顧氏所言，深明孔子之學，係由體以起用，然卻非「予一以貫之」的「一」之意。蓋此言仍係「多」而非「一」。就孔子之詩學而言，其「體」在「思無邪」，其用在「興」、「觀」、「群」、「怨」，在「邇之事父，遠之事君」，在「使於四方」的「專對」。在「不學詩，無以言」，在多識於草木鳥獸之名。然而這只是《詩經》的體用，非一切學問的體用，細味之，足以證明孔子在治學上是有體用觀了。尤其下面的記載，更是有體有用的明證：

> 子曰：君子義以為質，禮以行之，孫以出之，信以成之，君子哉！（見〈衛靈公篇〉）

義以為質不是體嗎！「禮」、「孫」、「信」正是由「義以為質」引起的用，所以程子曰：

> 義以為質，如質幹然。禮行此，孫出此，信成此。此四句只是一事，以義為本。（見《論語集註·衛靈公篇》）

即係以體與用的觀點作釋說的，惟此一「君子」，是孔子的夫子自道，抑係是一般人而言，則不能斷言，然「義」並非孔子最高的「道體」，則可斷言。又：

> 子路問君子。子曰：脩己以敬。曰：如斯而已乎？

⓫　見錢穆氏《中國學術通義》，三民書局出版。
⓬　見《日知錄》卷九。

曰：脩己以安人。曰：如斯而已乎？曰：修己以安百姓，脩己以安百姓，堯舜其猶病諸。（〈憲問篇〉）

當然是修己以敬為體、安人、安百姓為用了。以上所引，顯然係體用連言，然有僅自言其用者，如子路曰：「願聞子之志？」子曰：「老者安之，朋友信之，少者懷之。」此僅言其用，亦必有所以使「老者安之，朋友信之，少者懷之」之「根本」在也。又子曰：

吾自衛反魯，然後樂正，雅頌各得其所。（〈子罕篇〉）

樂正的實際，今已不可詳考，是孔子返魯以後的重大成果，如何使樂正？如何使雅頌各得其所？必然有其所憑藉之體也。又：

子曰：出則事公卿，入則事父兄，喪事不敢不勉，不為酒困，何有於我哉！（同上）

此係夫子自道，細味其言，蓋依體而行，而見於行事日用之中。以上數者，孔子僅言其用，然必有其體，否則無異於常人之冥行亂作矣。

綜上所述，可見夫子有由體見用者，有體有用者，由用見體者，是孔子確有其體用觀矣！然此乃易見易知者，至於「一以貫之」之道之體，則殊難探究也。

五、孔聖的體用觀之要旨

朱子以「譬則至誠無息」，以解釋孔子的一以貫之的「體」，因為是一種譬喻，加以「至誠」為「體」，是中庸的觀念，並不等於孔子的主張或觀念，所以未引起各家的爭議，根據孔子所言，依個人的歸納，孔子是把「道」置於最高層次的，孔子云：

子曰：朝聞道，夕死可矣。（〈里仁篇〉）

子曰：士志於道，而恥惡衣惡食者，未足與議也。（〈里仁篇〉）

子曰：道不行，乘桴浮於海。（〈公冶長篇〉）

　　子曰：篤信好學，守死善道。（〈泰伯篇〉）

　　子曰：人能弘道，非道弘人。（〈衛靈公篇〉）

　　子曰：道不同，不相為謀。（〈衛靈公篇〉）

　　子曰：道之不行，已知之矣。（〈微子篇〉）

　　子曰：隱居以求其志，行義以達其道。（〈季氏篇〉）

　　子曰：志於道，據於德，依於仁，游於藝。（〈述而篇〉）

　　蔡仁厚氏云：「綜合《論語》全書所有的道字，共五十四章，除解作說道、稱道、引導、道路各章不計外；所謂「某某之道」，皆屬於原理、原則方法的居多。」❸

　　以上所引各章，均屬於原理和原則，尤其是最後二條，可見孔子所言之「道」，是在「義」和德、仁、藝的層次以上的，隱然有根本道理，最高原則之意，例如「朝聞道，夕死可矣。」如「朝聞德」或「仁」、或「藝」，均有不當，推之於以上所引其餘八章，亦係如此，足以證明孔子是有其體用觀，是以道為體，德、仁、藝等其他為用，而曾子所答的忠恕，皆落在用上，不足以稱夫子之意，未合「一」以貫之之旨了。

　　由以上的論證，廓清了很多的疑惑之後，再行探論孔子所謂「吾道一以貫之」之道為何，方切實際。竊以為孔子之「一」以貫之，乃指「天命」，孔子云：

　　吾十有五而志於學，三十而立，四十而不惑，五十而知天命，六十而耳順，七十而從心所欲，不逾矩。（〈為政篇〉）

　　此乃孔子成聖歷程之自述❹，以理推之，聞道已可不惑，而後特言「知天命」，是其層次必高於不惑矣，則「天命」之意，吾人可不特加注意乎？朱子注云：

---

❸　同註❽。

❹　程子謂「聖人生知安行，固無積累之漸」，謂孔子為「生而知之也，言亦由學而至，所以勉進後人也。」崔東壁非之，孔子之成聖，亦由學行積累之漸而至，其言甚是，見《考信錄》、《洙泗考信錄》。

天命即天道之流行而賦於物者，乃事物所以當然之故也。知此，則知極其精，而不惑又不足言矣。

這一解釋極為有理，而且說明了其層次在不惑之上。然而關於天命的意義為何？雖然為孔子所罕言，親如門弟子貢等，亦有不可得而聞之歎，然而並非無言無說，仍可探論，以彰顯知天命之義。孔子的知天命不但其層次甚高，而且是與畏天命連言的：

> 子曰：君子有三畏，畏天命，畏大人，畏聖人之言。小人不知天命而不畏也，狎大人，侮聖人之言。（〈季氏篇〉）

這一章孔子仍未說明天命何義，但小人不知天命而不知畏，君子知天命方能畏天命，此一認定，應無可疑。朱子注此章之天命云：「天命者，天所賦之正理也。」與五十而知天命，所釋已有不同，「天所賦之正理」，未足以盡「天命」之意。此處之知天命，與堯曰篇之「知命」，其義相同：

> 子曰：不知命，無以為君子也。

此處之知命，應即知天命，不知天命無以為君子，正與上章君子有三畏，畏天命可相互印證，孔子認知天命乃成為君子之必要條件，然則五十而知天命，是夫子確認自己有了君子的必具條件——已經知天命了。由以上的引述，可見「知天命」，孔子極為重視，且係一極高深的境界，惜孔子未有明確界說，但仍有線索可尋：

> 子曰：莫我知也夫？子貢曰：何為其莫知子也？子曰：不怨天，不尤人，下學而上達，知我者，其天乎！（〈憲問篇〉）

何晏云：「聖人與天地合其德，故曰惟天知己！」這一解釋，似乎太高妙了，然而細思之，孔子既已到了「知天命」的境界，已能知天，自信亦能為天所知，天人相合，豈非與天地合其德乎？朱子注云：

> 然深味其語意，則見其中自有人不及知而天獨知之之妙。蓋在孔門，惟子貢之智幾足以及此，故特語以發之，惜乎其猶有所未達也。

　　朱子所言，深切事理，是孔子造道的境界，不獨不為時人所知，亦不為門弟子所知，雖子貢智足以知孔子為聖人，然仍不足以知此聖人與天地合其德的極高境界，子貢尚且如此，而況曾子乎？益有以知曾子答語之未契聖心了。這一境界應當懷疑嗎？答案是否定的，因為第一我們要相信聖人之言，第二人類是有此極高境界的存在，我們不懷疑佛陀的悟道、老子的言「道」，莊子的「至人」、「神人」，當然也不能懷疑孔子此一境界了。然而孔子畢竟不同於宗教家，知天命不是一種絕對離言說的神秘境界，而是由「下學而上達」以得，下學與上達的意義，由孔安國以來，都解為「下學人事，上知天命。」皇侃云：「下學學人事，上達達天命。」（程子以為係上達天理）雖切中聖人之微旨，可是有增字解文的可疑性，不能不再求證明：

　　　　子曰：大哉堯之為君也，唯天為大，唯堯則之，蕩蕩乎，民無能名焉。（〈泰伯篇〉）

　　孔子言必稱堯舜，堯之則天，無文獻可考，其內容如何？不得而知，但顯示了孔子的崇敬堯舜，而且堯的則天，應該是孔子上達的準則，可見孔安國等的上達「天命」，雖無確證，卻甚有道理而合聖心，當然這一至高的境界，是不容易言說的，甚至是不容易領會的：

　　　　子曰：予欲無言。子貢曰：子如不言，則小子何述焉？子曰：天何言哉！四時行焉，百物生焉，天何言哉！（見〈陽貨篇〉）

　　孔子的「子欲無言」的境界，子貢不能領受，因而有「子如不言，則小子何述焉」的疑問，孔子的回答，雖然是一種譬喻，然而引的是「天何言哉，四時行焉，百物生焉，天何言哉？」應與孔子所領會的「知天命」有關係，朱子注云：

　　　　四時行，百物生，莫非天理發現流行之實，不待言而可見。聖人一動一靜，莫非妙義精義之發，亦天而已。豈待言而顯哉！此亦開示子貢之切，惜乎其終不喻也。

　　子貢在孔子門下，有聞一以知二的敏慧，而孔子許之以「達」，且在十哲之列，尚不能領略「子欲無言」的境界，而且也不能明瞭孔子的「知天命」，才有夫子之言

性與天命，不可得而聞也之歎。當然是領略不易，知之甚難的緣故。然而程子云：

> 蓋凡下學人事，便是上達天理，然習而不察，則亦不能以上達矣。（見《集註》
> 引）

人事、天理，固有難知者在，可是以子貢的聰敏，有孔子的啟導訓誨，何以至於不能領會喻曉乎？是則孔子之「下學而上達」，有非人事、天理所能盡者矣。錢穆氏解下學為術，為方法，上達為道，較為圓活有理，在孔子而言，道的最高境界便是「知天命」了。由以上的探論，可見孔子的知天命的大概。

這一「知天命」的重要，在孔子的生命歷程，每當困阨憂愁之際，往往有極明顯的流露，例如：

> 子畏於匡。曰：文王既沒，文不在茲乎？天之將喪斯文也，後死者不得與於斯
> 文也，天之未喪斯文也，匡人其如予何？（見〈子罕篇〉）

此章極見孔子自許之高，自信之極，謂天之未喪斯文，將後死者得與於斯文的責任，命托於己，則自信匡人不能害。與「天生德於予，桓魋其如予何！」是同樣的意義，可見其因知「天命」而自信至極——匡人不能害，桓魋不能賊，而又果如其言，是誠能與天地合德了。又：

> 公伯寮愬子路於季孫，子服景伯以告曰：夫子固有惑志於公伯寮，吾力猶能肆
> 諸市朝。
> 子曰：道之將行也與，命也，道之將廢也與，命也，公伯寮其如命何？（見〈憲
> 問篇〉）

此一事件，其詳已不可考，然必關係重大，與孔子能否得行其道，大有關係，孔子卻歸之於「命」——天命。又子見南子，子路不悅，夫子矢之曰：「予所否者，天厭之，天厭之！」是又指天為誓，以昭其慎重。「獲罪於天，無所禱也。」，亦係此意，可見夫子之尊天、畏天，自然與其知天命有重大關係，又：

> 顏淵死，子曰：噫！天喪予，天喪予。（見〈先進篇〉）

　　朱子注此章云：「悼道無傳，若天喪己也！」深得孔子傷悼之意，然孔子為至聖，此一呼天，自與常人的呼天呼地以表其傷慟，而大有不同，蓋傷顏子之死，乃天命的顯示，天意不欲孔子弘揚其道，故而悲歎也。又：

　　　子曰：鳳鳥不至，河不出圖，吾已矣夫！（見〈子罕篇〉）

　　是亦以「鳳鳥不至，河不出圖」，為天無祥瑞顯命，孔子知天命如此，傷道之不行也。而朱子引張子云：

　　　鳳至，圖出，文明之祥，伏羲、舜、文之瑞不至，則夫子之文章，知其已矣。

　　孔子之傷，豈文章而已耶？由以上所引，可見孔子於生死的嚴重關頭，遭逢巨大挫折之際，極為沮喪失意之時，則歸命於「天意」，由其所云之「知天命」以探論之，實寓有重大意義，蓋聖人與天合德，既知天命，故能順乎天命而行也。

六、結　論

　　聖人非眾人所易知，天命又聖人之所罕言，當然不易窺知，綜合以上的論述，可得到較明白的結論如下：
　　一、孔子所言的天命，意境在道之上，道的層次，又在仁、智、信、勇、忠、恕、孝等之上。
　　二、孔子所言之「天命」，方能貫通夫子一以貫之之道，與夫子之學，無其他可以取代者。
　　三、孔子之「天命」，雖無明白的釋說，但稱美堯為則天，又云：「天何言哉，四時行焉，百物生焉。」復有「天生德於予」，「天之未喪斯文也，匡人其如予何？」則自信與天合德，宋儒往往以「天理」釋之，頗為不當。
　　四、孔子於生死窮厄之際，輒無憂無懼，聽於天命，自與宿命論者有所不同，蓋自信其窮通禍福，繫之於天，非人力所可左右者。
　　五、知「天命」，則所思所行所學的學術思想，能順天應天，其道不違於天命、天意與天理，而以此一以貫之，端在乎是矣，而其功夫則在下學而上達。

六、孔子以「天命」為道體，則仁、智、勇、信、忠、恕、孝等，皆為其用矣。

七、孔子此一知「天命」之境界，極為難言，門弟子雖智如子貢，亦不能知，故於「予欲無言」、「予一以貫之」，均有所不知不識。

孔子主體用觀，應如上述，而又能由體起用，《論語》云：

> 子曰：君子不器。（見〈為政篇〉）

朱子註此章云：「器者各適其用，而不能相通，成德之士，體無不具，故用無不周。」以孔子所謂君子之境界論之，其言誠不為過，其由體起用的觀點，《論語》記之云：

> 蓋有不知而作者，我無是也。多聞擇其善者而從之，多見而識之，知之次也。
> （見〈述而篇〉）

不知而作，朱子解為「不知其理而妄作」，固然不誤。然以孔子的知「天命」而論之，則不但不惑於理，而且依天命而行，自與眾人之亂為妄作不同，故云：「我無是也。」「多聞，擇其善者而從之，多見而識之」，方是知理的境界，孔子認為是「知之次也」，則顯然其所言「不知」而作，不是不知理，而是不知「天命」，孔子之去魯，在匡不畏，在陳不憂，不懼桓魋，係知理所以致之乎？抑知天命有以致之乎？是不待辯而明矣。

不惑是體道而通貫的結果，可以正確地詮釋孔子的「悟道一以貫之」的意義；而「知天命」則是此「一」此「道」的本原、本體，「知天命」而得道，由所得之道而成其用，而見「一以貫之」的實際，而得其內容，是則孔子「知天命」的意義也。而全然難知，乃在「知天命」的境界，所以朱子云：「推求其本，則見其出於人心，而非人力之所能為，故曰「天和命」，知天命是「知本」、知道體，故而不惑也。如何而知天命？則有其神秘者在，故其所言「知我者其天乎」，非指此而何？因為其言行學術至德、門弟子應能知之，亦足以知之，方能成德達材，而有以知孔子為聖人也，于孔子知天命則不能知矣。

肆、宋代理學與禪宗之關係

一、前　言

　　全祖望於《宋元學案·廬陵學案》云：「楊文靖公言：佛入中國千餘年，祇韓歐二公立得定耳。說者謂其因文見道，夫見道之文，非聖人之徒，亦不能也。」佛教傳入中國之後，由魏晉以迄於宋，經過長期間與中國固有學術思想，相激盪、相排斥之後，而產生了相融合、互為影響的作用，在中國的學術思想方面，起了全面而深入的影響，而又注入了新的內容，楊文靖認為韓歐二公在這一巨流衝擊之下，立得定，只是就韓愈的〈原道〉及〈諫迎佛骨表〉，歐陽脩作〈本論〉以反佛，修《新唐書》時把《舊唐書》中有關佛教活動的記載，全部刪去，二公在行動及思想上，有攘斥排阻之功。然而歐陽文忠公晚年自號六一居士，韓文公貶斥於潮州時與大顛禪師往返，則非與佛教絕無淵源，亦非毫不受影響。時至今天，佛教幾絕於其發源的本土，而傳入中華之後，卻各宗並起，大盛於我國，並進而東傳日韓，影響於世界，如果我們超出文化上的國界及地域觀念，予以正確的評估，以發現其正確的價值和貢獻，當為從事學術研究的切要之事。

二、禪宗的「佛教中國化」

　　佛教影響中國文化甚深，尤以禪宗為甚，宋代的理學，更是在禪宗的刺激和影響下，甚至吸收了禪宗的部分內容而形成的。因為禪宗是南傳佛教的各宗派中，最中國化的一宗，從下列各項的探討，可以得到確切的證明：

　　一、就體道及境界而言，與莊子合源：禪宗在思想的根源上雖不背大乘佛教的基本原理，從體道方面來說，已與莊子合流，印順的《中國禪宗史》論牛頭宗云：

無住、無著、無欲、無所執、無所得、無分別，這些都是佛法所常說的（小乘經也不例外）。佛法說因修得證：第一義不可安立，無修無證，無聖無凡，而世俗諦──緣起如幻（唯心者依心安立）中，一切都是成立的。所以佛法方便，是「不依世俗諦，不得第一義」；「第一義皆因言說」；依言說得無言說，依分別入無分別，由觀慧而達境智並冥，由心境而達不能（心）不所（境）。這樣，才能理會「聞思修」在佛法中的必要意義。牛頭禪的「無心合道」、「無心用功」，是從道體來說的。以為道是超越於心物，非心境相對所能契合，不能發現分別觀察的必要意義，不能以分別觀察為善巧方便，但見心識分別的執障，於是「無心合道」、「無心用功」──發展出一種無方便的方便。其實，這是受了莊子影響的。莊子說：玄珠（喻道體），知識與能力所不能得，卻為象罔所得。玄學化的牛頭禪，以「喪我忘情為修」。由此而來的，如「絕觀論」說：「高臥放任，不作一個物，名為行道。不見一個物，名為見道。不知一個物，名為修道。不行一個物，名為行道。」發展所成的，南嶽、青原下的中國禪宗，與印度禪是不同的。印度禪，即使是達摩禪，還是以「安心」為方便。印度禪蛻變為中國禪宗──中華禪，胡適以為是神會。其實，不但不是神會，也不是慧能。中華禪的根源，中華禪的建立者，是牛頭。應該說，是「東夏之達摩──法融」。

　　這種改變不管是屬於禪宗的那一宗派，但其改變確係受了莊子的影響（此一問題，除了宗教與哲學上的異同之外，可作如此認定）但有可議者，佛教經典之中於──理入、行入的論說解釋、所謂的三乘典籍，不知凡幾，何以要待達摩？要待莊子的簡單的玄學喻說呢？至少慧能未受這種影響，於不會寫字讀書的打樵漢而言，大概連莊子的姓字都不知道。《莊子·天地》云：「黃帝遊乎赤水之北，登乎昆侖之丘，而南望還歸，遺其玄珠，使『知』索之而不得，使『離朱』索之而不得，使『喫詬』索之而不得也，乃使象罔，象罔得之，黃帝曰：異哉，象罔乃可以得之乎！」象罔謂若有形若無形，而能得此玄珠。所謂道──（玄珠）宇宙的本體，哲學家都認為㈠是無對待的絕對體，㈡是有恆的、無限的，㈢是自因的。我們面對此一「絕對體」，只能直觀體受，不能論說云為，故言語道斷，心行處滅之餘，只能於無形無象中求之。

　　就修行悟道的境界言，禪宗有三關之說，蓋由「凡」入「聖」為初關，自「聖」

入「凡」為重關，不滯於「聖」「凡」，而「聖」「凡」俱泯為牢關，故《五燈會元》
有三關之說：「一鏃破三關」。《莊子·應帝王》云：

> 鄭有神巫曰季咸，知人之生死存亡，禍福壽夭，期以歲月旬日若神，鄭人見之，
> 皆棄而走，列子見之而心醉，歸以告壺子，曰：始吾以夫子之道為至矣，則又
> 有至焉者矣。壺子曰：吾與汝既其文，未既其實，而固得道與？眾雌而無雄，
> 而又奚卵焉，而以道與世亢。必信。夫故使人得而相女，嘗試與來，以予示之。
> 明日，列子與之見壺子，出而謂列子曰：嘻！子之先生死矣！弗活矣！不以旬
> 數矣！吾見怪焉，見濕灰焉。列子入，泣涕沾襟，以告壺子。壺子曰：鄉吾示
> 之以地文，萌乎不震不正，是殆見吾杜德機也（此為第一示）。嘗又與來。明日，
> 又與之見壺子，出而謂列子曰：幸矣！子之先生遇我也有瘳矣！全然有生矣！
> 吾見其杜權矣！列子入以告壺子，壺子曰：鄉吾示之以天壤，名實不入，而機
> 發於踵，是殆見吾善者機也（此為第二示）。嘗又與來，明日又與之見壺子，出
> 而謂列子曰：子之先生不齊，吾無得而相焉，試齊，且復相之。列子入以告壺
> 子，壺子曰：鄉吾示之以太沖莫勝，是殆見吾衡氣機也，鯢桓之審為淵，止水
> 之審為淵，流水之審為淵，淵有九名，此處三焉（此為第三示）。嘗又與來，明
> 日，又與之見壺子，立未定，自失而走，壺子曰：追之。列子追之不及，反以
> 報壺子曰：已滅矣！已失矣，吾弗及也。壺子曰：鄉吾示之以未始出吾宗，吾
> 與之虛與委蛇，不知其誰何，因以為弟靡，因以為波流，故逃也（此為第四示）。

巴壺天先生於《藝海微瀾》中〈禪宗三關與莊子〉一文中析之云：

> 《莊子·應帝王篇》中四示一段，頗具有三關意義，唐西華法師成玄瑛，明憨
> 山大師釋德清，清末楊仁山（文會）居士，及民國胡淵如（遠濬）教授等所為註疏，
> 均曾抉微發隱，……按壺子四示，以本文所用名相釋之，則第一示即空，第二
> 示即有，第三示即雙照之中，第四示即雙遮之中，雖有四示，實為三關，此與
> 禪宗三句，可謂巧合。

禪宗的三關，今之學者認為與莊子（四示）有關，是中華哲學中有此境界。但與其
他各宗的四禪八定，以至證阿羅漢果所顯示的境界，層次意義，頗有不同，頗堪注意。

二、修行生活的平民化：佛教的各宗，必立修行之所於名山勝境，伽藍精舍，清淨道場，由外在的環境，以協助內修，故僧人不事操作，而受八方的佈施供養，完全沿襲了印度的方式，可是至禪宗卻改變了這種方式，如宋吳泳《鶴林集》卷二十六〈徑山寺記〉所云：

> 予嘗聞瞿曇氏之為教也，旅泊三界，木下一宿，穴土為廬，編茅為庵，達磨之不屋也，德山之無殿也，包攝之不設佛像也，楊岐之不蓋僧堂也，風穴之不葺破院也，林洋泰布衲之不飾，寺塔不占檀那地也。瓦石擊竹無非道，山桃花開無非禪，地上水、庭下柏無非佛，安得有宮殿之華哉！

釋迦牟尼求道時，是沒有道場的，可是成道以後，跟隨的僧徒，乃是貴族階級之一，故有宮殿樓觀之屬。傳來中土，佛寺之華麗，媲美帝王宮闕。一至禪宗，禪客不僅是穴居岩處，而且有隱於市廛的，其事多見於《景德傳燈錄》，不止於吳泳所言而已。這顯出了禪宗的精神，悟道在內心的修持，不受環境的影響，也不必借助於佛像經卷梵唱頌佛等等他力的依恃，而顯示了不受形式拘束、不迷信木偶的真精神。雖然百丈懷海確立了清規，為禪宗建立了禪堂及僧眾的管理制度，但這一基本精神，仍未喪失，百丈更跳出了僧眾受人佈施供養的圈子，「一日不作，一日不食」。修行不只是坐禪入定行之，亦可在勞作中行之，這種最根本的改變，可以說是禪的中國化，或平民化。也因為這樣，在會昌毀佛之後，其他各宗因寺廟被毀，經像消亡，無法修鍊，禪宗反能不受影響，乘時發展，如果毀佛的時間再長些，可能其他各宗，完全消亡，只有禪宗仍然屹立。

三、名相的中國化：一家哲學的發展，與其使用的「名言」——也就所謂名相之學相關甚大，佛教東傳，譯經的工作隨之急速的展開，無論意譯、音譯、或音意合譯，所形成的譯名，多少會離於文字的原來意義，例如佛經使用最多的：心、性、無住、有、空、真如、如如，往往不能以我國約定俗成的意義來瞭解，而形成了文字上的障礙。可是禪宗闡揚宗風教義時，除了根本的名相，是承之於佛經的譯述，而大多數的名言，幾已全面中國化，一方面由於禪宗的基本經典甚少，一方面由於其主張「教外別傳，不立文字」，對於名相的使用，認為是不得已的事，故在使用的時候，極力求為對方所懂，所以都是中國的、當時的，就禪宗留下來的語錄來考察，除了特殊的少

數幾種理論性的著作如《師資承襲圖》、《宗鏡錄》而外,都是當時人所能瞭解的名相文字,即使記錄成書的人,已予以相當的美化,但仍然不能改移這種事實。名相的中國化,袪除了一層神秘的外衣,減少了知解的障蔽,也消除了這種哲理是「外來的」的歧視心理。更有甚者,禪宗大師們的開示人,不但從實際的生活事物取材,而且對於歷史的故事,共知共曉的事例,不避引用,在語言的「色彩」上,已全與中國文化合而為一,遺憾的是語錄公案都是以當時的口語記錄而成,可是由於後世語言的變化甚大,影響了後人的瞭解,當非禪宗的過失,現引《古尊宿語錄》一段,以明禪宗使用名相的中國化,下面所引乃是南嶽懷讓與大鑑和尚會晤的記載:

> (師)乃直詣曹溪,禮六祖,六祖問:什麼處來?師云:嵩山安和尚處來。祖云:
> 什麼物與麼來!師無語。遂經八載,忽然有省,乃白祖曰:某甲有箇會處。祖
> 云:作麼生?師云:說似一物即不中。祖云:還假修證也無?師云:修證即不
> 無,污染即不得。祖云:此不污染即諸佛之護念,汝既如是,吾亦如是⋯⋯。
> (卷一)

幾全是口語化,除了諸佛一語辭之外,無一任何印度或佛家的名相。

四、佛理表達的形相化與詩語化:哲學家將人類的知識分為三大類,一類是感性知識(含實踐知識),一類是推理知識,一類是直覺之知識。感性知識由感覺器官攝取外境存在具體事物而得,推理知識經過邏輯推理而得,直覺之知,是由直覺體驗而得。佛教的理論,雖是由釋迦牟尼的直覺開悟而得,可是佛的宣化,完全是以推理的知識形式而說法,佛教的經、論、律,幾乎無例外,所以佛教中甚重因明,因為這是瞭解佛經佛理的鎖鑰,可是禪宗在中國發展的結果,已違離推理知識的途徑,其說法教人,已走上直覺之知,例如《古尊宿語錄》所引:

> 馬祖居南嶽傳法院,獨處一庵,唯習坐禪,凡有來訪者都不顧,師(懷讓)往,
> 彼亦不顧,師觀其神宇有異,遂憶六祖讖,乃多方而誘導之,一日,將磚於庵
> 前磨,馬祖亦不顧,時既久,乃問曰:作什麼?師云:磨作鏡。馬祖云:磨磚
> 豈得成鏡?師云:磨磚既不成鏡,坐禪豈能成佛。祖乃離座云:如何即是?師
> 云:譬牛駕車,車若不行,打牛即是,打車即是?又云:汝學坐禪,為學坐佛,

> 若學坐禪，禪非坐臥，若學坐佛，佛非定相，於無住法，不應取捨，汝若坐佛，即是殺佛，若執坐相，非達其理。……（卷一）

懷讓和尚以磨磚不能成鏡，喻坐禪不能成佛，又以牛駕車，以車喻身，以牛喻心，而均脫去喻說的形式，乃佛理表現不走邏輯推理而走直覺之知的緣故，所以揚眉瞬目，豎拳揚拂，捧喝交馳，幡動鴨飛，乃成為悟入之途，外人觀之，固駭怪而視為神秘不可思議，就其實際觀之，乃其佛理形相化，如《傳法寶紀·僧（慧）可傳》所說：「隨機化導，如響應聲，觸物指明，動為至會。」

觸物指明，正是佛理形相化的最好說明。這種情形，據《楞伽師資記》所說，則已起於禪宗傳入之初：

> 求那跋陀羅，「從師而學，悟不由師，凡教人智慧，未嘗說此，就事而徵。」

菩提達摩大師又指事問義：但指一物喚作何物，眾物皆問之，迴物換名，變易問之。

同書記載禪宗北派的神秀大師，也已應用此類方法：

> 又云：汝聞打鐘聲，只在寺內有，十方世界亦有鐘聲不？
> 又云：未見時見，見時見更見（不）？
> 又飛鳥過，問云：是何物？

由此上溯，僧肇的《肇論》云：

> 苟能契神於物，斯不遠而可知矣！
> 道遠乎哉！觸事而真。聖遠乎哉！體之即神。

再者佛說法時，天雨花，發金光，拈花微笑，不可說，不可說之記載，亦係佛理形相化，雖然如此，黃河之始，其源不過濫觴，但是佛不過以此顯示一種境界，求那跋陀羅的就事而徵，菩捉達摩的指事問義，與僧肇的觸事而真，乃是就事明理，與佛理之形相化不同。因為前者是悟道開化的工具，而後者是寓道的本體。柯羅齊在《美學原論》第一章將人類的知識總歸納為二類云：「人類的知識總不外產生心象的和產

生概念的兩種。」而禪宗乃以產生心象智識的直觀方式──借形相化的語言，以表達由論理而產生的概念知識，這確實是一大轉變。

隨著佛理形相化而來的，就是形之於文字而寓禪理於詩。佛經之中，原自有偈，形式近於詩，然為概念的表現，而非心象的表達，質言之，不過說理文的韻文而已。可是禪宗卻不然，根據禪宗的多種書籍的記載，由達摩以至六祖，在傳付心法心印之際，皆有詩偈，五祖以前，其偈與佛經之頌偈無異，至六祖之後，乃以禪喻詩，已達「文質」相齊，詩味禪趣相等了，詩家哄傳的神秀六祖之作，不過肇其始端而已：

身是菩提樹，心如明鏡台。時時勤拂拭，莫使有塵埃。（神秀詩）

身非菩提樹，心鏡亦非台。本來無一物，何處有塵埃。（六祖詩）（據《祖堂集》）

二詩已用「比」的方法，已含蘊有文采，與達摩至五祖的傳法偈不同：

本來緣有地，因地種華生。本來無有種，華亦不曾生。（慧可偈）

華種雖因地，從地種華生。若無人下種，華地盡無生。（僧燦偈）

華種有生性，因地華生生。大信與緣合，當生生不生。（道信偈）

有情來下種，因地果還生。無情既無種，無性亦無生。（弘忍偈）（據《景德傳燈錄》卷一）

以禪寓詩，六祖而後，文采日彰，聲律益嚴，不加諦審，甚至有不知其為寓禪之詩：

一擊忘所知，更不假修治。動容揚古道，不墮悄然機。處處無蹤跡，聲色外威儀。諸方達道者，咸言上上機。（智閑擊竹開悟偈）

摧殘枯木與寒林，幾度逢春不變心。樵客見之猶不顧，郢人何得苦追尋。（曹山本寂卻南平王鍾延諸偈）

金鴨香銷錦繡幃，笙歌叢裏醉扶歸。少年一段風流事，只許佳人獨自知。（圓悟

　　呈法演悟道偈）

　　尤其是最後二首，置之唐宋人詩集中，亦係最好的詩，一方面是受唐宋近體詩發展的影響，一方面是禪宗的佛理形相化的緣故，才借詩喻禪。

三、禪宗與宋代理學的關係

　　以上是禪宗將佛教的佛理，由意境內容與乎形式中國化的緣故，所以禪宗乃為中國人所樂於接受，尤以智識份子為甚，是以韓文公雖排佛而與大顛禪師相交接，不是無原因的，因而禪宗對中國唐宋的學術思想，產生了極大的影響，宋代理學的產生，尤最直接，如果下一「無禪宗即無宋代理學」的斷語，似亦不為太過。

　　宋代理學的發展，宋元學案，全祖望以為係始於安定（胡瑗）泰山（孫復），《宋元學案・序錄》云：

> 宋世學術之盛，安定泰山為之先河，程朱二先生皆以為然。安定沈潛，泰山高明，安定篤實，泰山剛健，各得其性稟之所近，要其力肩斯道之傳則一也。

　　站在以人為主而編定學案的立場而言，全氏之言，自甚允當，然就以學術思想的流傳蛻變言，則全氏所言，頗嫌短狹，理學的發展，勢必推至李唐以上，僅就學術典籍的一方面而言，亦足以證明。

　　一、禪宗於經籍的影響：唐以前士大夫最注重的是五經，但至佛教東傳，至唐大盛，諸宗並起，禪宗挺秀之後，因佛氏皆言心言性，而心性之談，形成士大夫最注意的問題。然在五經之中，談心性的問題最少，是以韓愈推崇孟子、荀子，因孟荀二書言心言性最多，可以與佛書抗，由是因書及人，孟子的地位，由與先秦諸子相等的地步而躋升於孔子之次，荀子以言性惡，故受擯落，至宋更將《禮記》中的〈大學〉、〈中庸〉，提與孔孟的二書相等，列為經學要典，壓倒諸經。平心論之，〈中庸〉、〈大學〉，除了在內容上偏重心性之談和較有系統外，其重要絕不會超過〈儒行〉、〈大同〉、〈檀弓〉等篇，故馮友蘭《中國哲學史》第十章云：

> (一)韓愈於此（〈原道〉一文）極推尊孟子，以為得孔子之正傳。此為宋明以來之傳

統的見解。而韓愈倡之。周秦之際，儒家中孟荀二派並峙，西漢時荀學為盛，僅揚雄對孟子有相當之推崇，此後直至韓愈，無有力之後繼，韓愈一倡，此說大行，而《孟子》一書，遂為宋明道學家之重要典籍焉。蓋因孟子之學，本有神秘主義之傾向，其談心談性，談「萬物皆備於我，反身而誠」以及「養心」、「寡欲」之修養方法認為可與佛學中所討論，時人所認為有興趣之問題，作相當之解答，故於儒家典籍中，求與當時人所認為有興趣之書，《孟子》一書，實其選也。……

㈡韓愈於此特引〈大學〉，〈大學〉本為《禮記》中之一篇，又為荀學，自漢以後至唐，無特別稱道之者，韓愈以其中有「明明德」，「正心」，「誠意」之說，亦可認為與當時所認為有興趣之問題有關，故特提出……此後至宋明，大學亦為宋明道學家所根據之重要典籍焉。

由上所述，可見由五經至十三經，雖係學術研究，隨時代而繁衍，但某些經籍的忽受重視，則顯係此一宗教因素之故，然此一因素，尚可委歸於整個佛教，而非禪宗一宗之力，但於經學內容之改變，其影響則非禪宗莫屬。

由漢至唐初，以孔穎達等人注各經正義，其解經之精神，無不在維護經說，篤守師說家傳，所表現的事實，乃係注不悖經，疏不悖注，注於文字名物的訓釋，疏於義理的尋求，故儒家之學，光彩銷歇。道家盛於魏晉，佛盛於南北朝及唐宋，非無內因。禪宗大盛之後，以其主自力成佛，不立文字，明心見性，頓悟成佛，敢視佛經為拭瘡紙，以佛的偶像作用大，使人迷執，故敢呵佛罵祖，要打殺佛與狗吃，佛是乾屎橛，達摩是碧眼胡。知識份子接受了這種影響，於是對經籍的內容及注釋由絕對的崇信，改為相對的懷疑，如〈衡麓學案〉中的領袖胡寅所說：

> ……惟鄒魯之學，由秦漢隋唐，莫有傳授，其間名世大儒，如佛家者流，所謂戒律講論之宗而已，至於言外傳心，直超佛地，則未見其人，是以聖道不絕如線，口筆袞袞，異乎身踐，其書徒存，猶無書也。……（《斐然集・進先公文集序》）

胡氏欲以禪宗「言外傳心，直超佛地」的精神，視秦漢隋唐的註疏成就不屑一談，認為猶無書也，其實，反對秦漢隋唐的註疏的，柳宗元已肇其端，他已懷疑《論語》

非孔子弟子所記，韓愈答張籍書謂「孟軻之書，非軻自著。」已懷疑註疏家有關作者的記載，至宋歐陽公以迄於朱晦庵，則進而懷疑註疏的當否，經籍內容的可靠性，宋學的形成及蔚為大觀，一方面是增益了新的內容，一方面是跳出了前人解經說經的窠臼甚至而師心，甚至由師心以知聖，並進而疑古，後者很明顯的是受禪宗影響。

　　二、禪宗語錄與宋代理學家的語錄：禪宗主張不立文字，可是哲理的講求傳授，見心見性的悟入，仍不能脫離這載道之器，其後乃下一轉語：不離文字或不廢文字，故禪宗大師語錄之多，代代增益，超淩各宗。禪宗語錄之起，據《傳法寶紀·僧（慧可）傳》云：「隨機化導，如回應聲，觸物指明，動為至會，故門人竊有存錄。」

　　據《祖堂集》的記載，慧可生於魏孝文帝永宜大五年，示寂於隋文帝開皇十三年，案《景德傳燈錄》所記，二祖出生年月不詳，卒於開皇十三年則與祖堂集同，魏孝文帝無永宜之號，但其僧徒之存錄，當必在隋也，然此一最早之語錄，惜已無存，現禪宗語錄最早之存者，當為《六祖壇經》、《神會和尚語錄》，二者皆見敦煌石室所藏，足為確證，而語錄的作用，則如《古尊宿語錄·序》所云：

　　　　人根有利鈍，故機語有開斂，鍼砭，藥餌，膏肓，頓起，縱橫展拓，太虛不痕，
　　　　雖古人用過，時無古今，死路活行，死棋活著，觀照激發，如龍得水，故曰言
　　　　語載道之器，雖佛祖不得而廢也。

這與胡宏〈與彪德美書〉所云，異曲同工。胡氏云：

　　　　又形而上者謂之道，形而下者謂之器，更曾細觀語錄，入思慮否？陰陽亦形而
　　　　下者，此語如何，理趣須是自通，慣隨人言語，是不可也，某見俟先生說，此
　　　　句，信以為是，更不敢思前日頓省猶未是也。……（《五峯集》）

　　禪家的閱語錄，在死棋活著，理學家在細觀語錄，以入思慮，言殊而怡歸則一。惟胡宏所指為理學家之語錄而已。或者以為《論語》、《孟子》，亦語錄耳，然而在古代書寫工具不便之世，《論語》、《孟子》乃記孔孟思想學術之大綱，自與理學家語錄不同，況語錄之重起，又在去孔孟二聖近二千年之後乎；所以近人錢穆氏斷定理學家的語錄，起於禪宗，錢氏云：

……最著名的如「傳燈錄」，禪宗各祖師思想的傳授、分派、分宗都在這裏。
宋代的理學受了禪宗很大的影響，至少如宋代理學家的語錄，便是從禪宗祖師
們的語錄轉來。（見《文藝復興》第三十期〈黃梨洲的明儒學案〉、〈全謝山的宋元學案〉）

錢氏雖混《傳燈錄》與各家語錄為一體，但理學家的語錄，出於禪宗祖師的語錄，
則所見甚確。也是說宋理學家的語錄典籍，受禪宗的影響而興，當不為武斷了。

三、禪宗的公案與理學家的學案：禪宗有了語錄之後，方有公案。以後的禪師，
披閱了以往祖師的語錄，對坐化的大德的禪理，入道的門徑，表示了不同的看法，藉
以垂訓後學，或者令門徒就某禪祖師的語示故事，參究其內容，明白其宗主，有助於
自己的開悟，才形成公案，例如《碧巖錄》第二則公案的趙州至道無難——有下面的
記載：

> 不見僧問香嚴，如何是道？嚴云：枯木裏龍吟。僧云：如何是道中人？嚴云：
> 髑髏裏眼睛？
>
> 僧後問石霜，如何是枯木裏龍吟？霜云：猶帶喜在。如何是髑髏裏眼睛？猶帶
> 識在。
>
> 僧又問曹山，如何是枯木裏龍吟？山云：血脈不斷。如何是髑髏裏眼睛？山云：
> 乾不盡。什麼人得聞？山云：盡大地沒有一個不聞。僧云：未審龍吟是何章句？
>
> 山云：不知是何章句，聞者皆喪，復有頌云。……

案香嚴智閑屬溈仰宗，系出百丈懷海→溈山靈祐→仰山慧寂而香嚴智閑。石霜慶
諸禪師系出青原行思→石頭希遷→藥山惟儼→道吾圓智。曹山本寂禪師屬曹洞宗，為
開宗派之人物，系出洞山良价，他們對同一句語，作了不同的解釋，更有互相否定，
以見道真的。禪宗祖師這些橫說豎說，不可啐啄的語句，即是公案，蓋如法曹案例，
各自據款了結，其作用則如《碧巖錄》卷一所云：「所以道，參則一句透，千句萬句
一時透。自然坐得斷，把得定。古人道：粉骨碎身未足酬，一句了然超百億。」

這是公案的精神和作用，《傳燈錄》等書，不過是禪宗祖師語錄的縱的彙編，首
揭公案之名，而最為禪林所重的，當推圓悟禪師的《碧巖錄》了。其序云：「百則公
案，從頭串穿來。」其成書在宣和七年，出書在建炎二年，理學已在發展階段，語錄

在形成之中，陸游〈跋兼山先生易說〉云：「郭立之從程先生遊最久，程先生病革，猶與立之有問答語，著於語錄。」最早的理學家語錄，當推二程子，而學案則晚至清初，黃宗羲《明儒學案・序》云：「於是為之分源別派，使其宗旨歷然，由是而之焉，固聖人之耳目也。」

雖然黃氏以前，已有學案一類的書，但仍源於禪宗，錢穆氏〈黃梨洲的明儒學案全謝山的宋元學案〉（《文藝復興》第三十期）一文云：

> 今說到學案，其實學案兩字，也就是禪宗裏邊用的字，而語錄起於禪宗，「學案」也起於禪宗，明代人第一個最先做的學案，叫做《聖學宗傳》，寫這書的人是周海明，周海明就是一個學禪宗的人，從周海明的《聖學宗傳》下面繼起的有孫夏峯的《理學宗傳》，此兩書都在黃梨洲《明儒學案》之前，《明儒學案》則是接著此二書而來。……
> 明人講學，一家有一家的宗旨，其實這也都是跟著禪宗來的。……
> 禪宗有語錄之後，理學家方有語錄，禪宗有了語錄以後約二百餘年方有專門公案之書，理學家有了語錄之後約二百餘年方有學案之書，當非巧合，顯係受禪宗的影響。

由以上三點，可見禪宗使宋代的學者，轉移了經典的重心，改變了對經籍的態度，並使經學的研究由註疏而趨向於義理的探求，宋代理學的能放一異彩，誰能否定這些由典籍形成的基本因素呢？而這三者全與禪宗有關。

禪宗於宋代理學的關係，並不止於外在的影響，而影響到宋代理學的內容，錢穆氏在《文藝復興》第三十期有文云：「這種語錄，當然起於唐代的禪宗，所以我們絕不能說宋人的理學和唐五代的禪宗沒有關係。但我們也不能換一句口氣，說宋人的理學即是佛學，或即是禪宗，這話又根本不對，但我們也不能說理學是講孔孟儒家思想的，和佛家禪宗絕無關係，可見一切學問不能粗講，應該有個仔細的分別，此所謂『明辨』。」

錢氏「明辨」的提撕，令後學非常佩服，但其同其異之處何在？也許是問題鉅大，不能在短文內詳明細說，也許別有述作，未能寓目，但個人深信宋代理學與禪宗的關係必有可明辨之處，不致說成亦禪亦儒，或陽儒陰佛。試粗為探論述說如下：

四、禪宗的宗統與儒家道統說的完成：禪宗自達摩於中華創教，流布迅速，由二祖慧可，至六祖慧能，枝派旁出，惟傳衣付法，迄無爭議，至於六祖，以出身微賤，世俗知識淺陋，不但在僧衲中無地位，且未出家受戒取得僧衲身份，一旦授以宗主之位，不饜眾望，謀奪遂起，以至被逼隱於四會懷集之間，其所以如此，在避奪位的逼害，如《神會集》所云：

> 因此袈裟，南北僧俗極甚紛紜，常有刀棒相向。

六祖為避免逼害，不但隱於獵人之間，而且只在廣韶行化達四十餘年，致讓神秀的北派漸門，大盛於北地，以後由於神會的北上廓清，南派頓門才得行化於北方，後來為了息止爭端，止衣不傳，至七代以後，改以壇經傳宗。禪宗至少在寶林傳以後，建立了印度二十八祖，中華六祖的說法，《神會集》記載神會召開的僧俗大會云：

> 神會今設無遮大會，兼莊嚴道場，不為功德，為天下學道者定（宗）旨，為天下學道（者）定是非。

同時定宗旨、定是非，必涉及宗主、宗派的承襲及旁正，其時北派的普寂，已以七祖自稱，如《圓覺經大疏鈔》卷三之一所記：

> 能大師滅後二十年中，曹溪頓旨，沈廢於荊吳；嵩嶽漸門，熾盛於秦洛。普寂禪師，秀弟子也，謬稱七祖，二京法主，三帝門師，朝臣歸崇，勅使監衛。

在這種情形下，神會以宗主的傳遞，宗統的旁正攻之，《神會集》云：

> 從上已來，具有相傳付囑，……唐朝忍禪師在山東，將袈裟付囑於能禪師，經今六代，內傳法契以印證心，外傳袈裟以定宗旨。從上相傳，一一皆與達摩袈裟為信，其袈裟今見在韶州，更不與人。

> 今言不同者，為秀禪師教人凝心入定，住心看淨，超心外照，攝心內證。……從上六代以來，無有一人凝心入定，住心看淨，起心外照，攝心內證，是以不同。……我六代大師，一一皆言單刀直入，直了見性，不言頓漸，夫學道者，須頓見佛性，漸修因緣，不離是生而得解脫！

　　神會取得了這場宗統之爭的勝利後，便立碑鐫銘，形諸文字，以取代北宗普寂的「在嵩山豎碑銘，立七祖堂，修法寶紀，排七代數」的行為。如《宋高僧傳》所云：

> 會於洛陽荷澤寺，樹崇能之真堂，兵部侍郎宋鼎為碑焉。會序宗脈，從如來下西域諸祖外，震旦凡六祖，盡圖續其影，太尉房琯作六葉圖序。（卷八）

　　由是曹溪居禪宗之正統，神秀為旁出，能大師之學，大播天下，這場宗統旁正之爭，大約是開始於開元二十年而止於天寶十一載，這件禪宗的大事，當時的政要及詩人如宋禮、房琯、王弼、王琚、王維都是參與其事的人，後此的韓愈，當不致無所知，故原道一文，有云：

> 曰：「斯道也，何道也？」曰：「斯吾所謂道也，非向所謂老與佛之道也。」堯以是傳之舜，舜以是傳之禹，禹以是傳之湯，湯以是傳之文武周公，文武周公傳之孔子，孔子傳之孟軻，軻之死，不得其傳焉。……

　　這與禪宗的排七代祖，又有何區別？不過韓氏的立道統是在排佛老，恐其害道而已！至宋代的理學家們，接受了道統的觀念，不少的學者，更以「為往聖繼絕學」自負，濂、洛、關、閩的弟子，往往視此五子，認為能桃聖學的心傳。儒家的道統，乃為之確定。反觀韓愈氏以前，無有是說，僅孟子「五百年必有王者興」之說而已。儒家的道統，與禪宗的宗統，主要的差別，前者能隔世相承，後者乃代代傳燈，不但此也，禪宗建立了教外別傳，不立文字的宗風，而理學家們也在建立道統之後，取《偽古文尚書》的「人心惟危、道心惟微。惟精惟一，允執厥中」為心傳，於是道統的建立，乃告完成，以時代及學術發生的背景揆之，二者的關係，當非偶然的巧合。

　　五、禪宗與宋代理學家治學精神及方法之關係：紀昀氏《四庫全書總目·經部總敘》論漢學宋學之別云：

> 其初（漢京）專門授受，遞稟師承，非惟詁訓相傳，莫敢同異，即篇章字句，亦恪守所聞，其學篤實謹嚴，及其弊也拘。……洛閩繼起，道學大昌，擺落漢唐，獨研義理，凡經師舊說，俱排斥以為不足信，其學務別是非，及其弊也悍。……

　　其間雖有「王弼、王肅稍持異議」，似為學風轉變的過渡時期的現象，然前者稍

傾向於援儒合道，後者稍近於違眾自異，皆在古文經學與今文經學爭議大定以後。但宋儒在唐代經學註疏集大成之後，而有這種轉變，實殊堪驚訝，而禪宗影響的痕跡，灼然可見。初唐以前，儒者的治學，在學思並重，在師聖人，聖人已逝，在師其書，可是自禪風流播之後，已主張師聖不如師心，吳興宗《九華集》論求心云：

> 儒之師者皆師聖人，師聖人者不如師其心，蓋師聖人而得其心，心得則雖不必聖，未嘗不近聖也。失其心而師其言，雖謂於聖人有得而實無得也。夫先王之道滿門，然聖人傳之，至諸儒失之何也，知求聖言，不知求聖心也。故學者之學，莫非求心，何者？經之光華，可以言遇，而不可以言執也，執之而求聖，則聖淺矣：揚雄無得於《論語》，而僭《論語》，東晳無得於《詩》而僭《詩》，陸長源無得於《易》而僭《易》，王通無得於書、禮、樂而僭於書、禮、樂，彼不得於心而大為之名，故賢者識而譏之，不賢者不識而感之，嗚呼！於是聖人之門求言過而用力微，若舉一羽之不能，而謂能負九鼎也哉。（卷二十一）

認為為學在師心以師聖，不在執經典之言以求聖，求聖在於師心，則為以心悟得，與宋釋居簡〈跋誠齋為譚氏作一字經堂記〉之言，若合符節，居簡云：

> 致力於工，成於工師者，庸工也，必得於規矩之外。
> 致力於書，成於經師者，俗儒也，必得於文字之表，工則良工，名則名儒。（《北澗集》卷七）

宋代儒者在治學態度上有此轉變，故敢於疑古，敢於創新，而有「擺落漢唐，獨研義理」的成績。所以朱子的《大學章句》及《中庸章句》，敢於碎裂《禮記》的形式，分章立經立傳。程子敢為《中庸》下定義，斷為孔門之心傳。其言曰：

> 子程子曰：不偏之謂中，不易之謂庸，中者天下之正道，庸者天下之定理，此篇乃孔門傳授心法，子思恐其久而差也，故筆之於書，以授孟子。其書始言一理，中散為萬事，末復合為一理，放之則彌六合，卷之則退藏於密，其味無窮，皆實學也。善讀者玩索而有得焉，則終身用之有不能盡者矣。（《四書集注·中庸章句·序》）

　　試取《集註》、《大學章句》、《中庸章句》注釋與《禮記》原篇比讀，不難見其巨大差異，蓋由師心之求聖，其治學之法，已重於求理，而略於求證，故後人易見其悍，而難見其悟入也。由這一瞭解的同情，進而窺宋代理學家言心言性，言理言氣，而有異於孔孟之言及先儒的註疏，則將不致過於駭異矣。故朱子弟子度正〈送徐生遊成都序〉云：

> ……至性命之際，軏不能通，遂啟問曰：性相近，習相遠何也？余應之曰：孔子之言，言稟性也，非言性，且性一也，何嘗相近？若稟性則萬殊焉，蓋氣清濁不同也。（《性善堂稿》卷十）

　　把孔子所言之性，區分為本體之性，稟受之性，雖近於悍，然在度正觀之，則必自信其合理，故以之告人而著之文字。與禪宗祖師的雖不依重佛經，而敢於發揮經義，殊無二致，如《祖庭苑事》之教外別傳云：

> 正宗記曰：其所謂教外別傳者，非謂黃卷赤軸聞言聲字色樅然之有狀者，直與實相無相一也。亦非果別於佛教也，正其教跡所不到者也。按《智度論》曰：諸佛斷法，愛不立經書，亦不莊嚴文字。如此，則大聖人其意何嘗必在於教乎。經曰：我坐道場時，不得一法，實空拳誑小兒，以度於一切。是豈非大聖人以教為權而不必專之乎！又經曰：修多羅教，如標月指，若復見月，了知所標畢竟非月。是豈使人執其教跡邪？又經曰：始從鹿野苑，終至拔提河，中間五十年，未曾說一字。斯固其教外之謂也。然此極且（其）奧密，載之於經，亦但說耳，聖人驗此，故命以心相傳，而禪者所謂教外別傳乃此也。……（卷一）

　　宋代理學家的治學精神與方法，實與此無殊，既已標月，何必執指，既在得理，何必執言，既在求理，何必守證，此其精神方法之所在，若徒目之為悍，實不足以服之。若曰《關尹子》已有師心不師聖之言，先於禪宗，則此書已確定為偽託（詳見《偽書通考》子部道家）。不必引辯。

　　六、禪宗與宋代理學家修為接引方法之關係：漢唐以前的儒家，雖然希聖希賢，以臻聖賢的境界為最高目的，但於作聖人的方法，卻付闕如，頂多不過守著孔子告顏淵之言，以克己復禮，非禮勿動，非禮勿聽，非禮勿言為入聖之途，至孟子則出養氣

之說，但無作聖人的具體方法，至宋代理學家，則有具體實踐之途，朱子之說曰：

> 孔子之所謂「克己復禮」，《中庸》所謂「致中和」，「尊德性，道問學」，
> 《大學》所謂「明明德」，書曰：「人心惟危，道心惟微。惟精惟一，允執厥
> 中。」聖人千言萬語，只是教人存天理、滅人欲。人性本明，如寶珠沈溷水中，
> 明不可見，去了溷水，則寶珠依舊自明。自家若知道是人欲蔽了，便是明處，
> 只是這上便緊緊著力主定，一面格物，今日格一物，明日格一物，正如遊兵攻
> 圍拔守，人欲自銷鑠去。所以程先生說敬字，只謂我自有一箇明底物事在這裏，
> 把個敬字抵敵，常常存個敬在這裏，則人欲自然來不得，夫子曰：「為仁由己，
> 而由人乎哉？」緊要處正在這裏。（《宋元學案·晦翁學案》上）

朱子的話，幾乎是宋代理學家作聖理論的總代表，理學家認為滅人欲以去外物的
誘染，心中的蔽障，廓除乾淨，則人所受的本性，自如明珠出於濁水，還於本來的清
淨光明，而天理得以存全，其極致則與天地合德，如橫渠《正蒙·太和篇》所云：「聖
人語性，與天道之極。」則優入聖域矣。修為的方法，一在求之於外，格物以明理，
一在求之於內，敬靜以明本，如伊川云：「涵養須用敬，進學則致知。」（《二程遺書》
卷十八）

至於內修的功夫，不管是濂溪主靜，二程主敬，朱子的兼敬靜，其基本的著手修
治方法，則在靜坐，如《宋元學案·晦翁學案》上云：

> 問：伯羽如何用功？曰：且學坐，痛抑思慮。曰：痛抑也不得，只是放退可也，
> 若全閉眼而坐，卻有思慮矣！
> 人也有靜坐無思念底時節，也有思量底時節，豈可畫為兩途。說靜坐時與讀書
> 時功夫，迥然不同，當靜坐涵養時，正要體察思繹道理，只此便是涵養，不是
> 說喚醒提撕，將道理去卻那邪思妄念，只自家思量道理時，自然邪念不作……。
> 今人之病，正在其靜坐讀書時，二者工夫不一，所以差。

可見理學家對靜坐的重視，靜坐是佛家所謂定的功夫，打坐乃印度佛家及外道的
共同法門，傳入中國，道家亦復用之，不過是以後禪宗有的特別重視，而名之曰坐禪，
自不能全算是禪宗的影響，但靜坐靜心，而到達了一個了悟的境界時，則與禪合，如

《景德傳燈錄》卷十所記：

> 異日（趙州從諗）問南泉，如何是道？南泉曰：平常心是道。師曰：還可趣向否？
> 南泉曰：擬向即乖。師曰：不擬時如何知是道？南泉曰：道不屬知不知，知是
> 妄覺，不知是無記，若是真達不疑，猶如太虛廓然虛豁，豈可強是非耶？

所謂平常心，即是不思善、不思惡、無擬議、不以理性做作為之分辨，所以才說
「道不屬知不知」亦即雪竇釋趙州之至道無難云：

> 至道無難，唯嫌揀擇，纔有語言，是揀擇？是明白？……（見《碧巖錄》卷一）

但至道亦非為無知、無知無識則渾渾噩噩，所以才又說「不知是無記」。這與橫
渠《正蒙·正道》所云：

> 氣有陰陽，推行有漸為化，合一不測為神，其在人也，知義用利，則神化之事
> 備矣。德盛者窮神則知不足道，知化則義不足云……。
> 神化者，天之良能，非人能，故大而位天德，然後能窮神知化。
> ……易謂窮神知化，乃盛德仁熟之致，非智力能強也。神不可致思，存焉可也。
> 化不可助長，順焉可也……。

橫渠的論神化，乃人了徹本體之後，所直感的境界，亦非思慮言語所可擬議，朱
子贊橫渠云：「早悅孫吳，樂逃佛老。」朱子自云：「熹舊時亦無所不學，禪道、文
章、《楚辭》、詩、兵法，事事要學。」至少在修治達於極致，與天合德，與禪宗開
悟後之境界，則無二致。

漢唐以前之儒者教人，惟重學思，孔子則學思並重，荀子偏重於學，自禪宗頓悟
之說大行以後，宋代理學家亦特重悟，如橫渠云：

> 學貴心悟，守舊無功。
> 觀書解大義，非聞也，必以了悟為聞。……
> 書須成誦，精思多在夜中，或靜坐得之，不記則思不起，但通貫得大原後，書
> 亦易記，所以觀書者，釋己之疑，明己之未達。……（見《橫渠理窟》）

當然悟亦不能廢學思之功，理學家既以求學者之了悟為上，如是接引學者的方法，亦如禪宗祖師於日常生活語言行為之中開悟學者，故揭出隨事觀理之方法，如伊川所云：「隨事觀理，而天下之理得矣。天下之理得，然後可以至於聖人。君子之學，將以反躬而已矣，反躬在致知，致知在格物。」理學家為使學者開悟，教人有似禪宗祖師之教人參悟公案，如：

> 《林拙齋紀問》曰：天游嘗稱王信伯（蘋）於釋氏有見處，後某因見信伯問之，信伯曰：非是於釋氏有見處，乃見處似釋氏。初見伊川，令看《論語》，且略通大義。乃退而看之，既于大義粗通矣，又往求教，令去玩索其意味。又退而讀之，讀了，又時時靜坐，靜坐又忽讀，忽然有個入處，因往伊川處吐露，伊川肯之。某因問其所入處如何？時方對飯，信伯曰：當此之時，面前樽俎之類，盡見從此中流出。
>
> 先生（王蘋）昔在洛中，晚坐，張思叔誦「逝者如斯夫」。范元長曰：此即是道體無窮。思叔曰：如是說，便不好。先生曰：道須涵泳，方自有得。范伯達云：天下歸仁，只是物物歸吾仁。先生指窗問曰：此還歸仁否？范默然。（見《宋元學案·震澤學案》）

這與禪宗的參學，又有何分別呢？又如「曾吉甫問文定（胡安國）甚處是精妙處，甚處是平常處。曰：此語說得不是，無非妙處。徐憲曰：亦無非尋常處。」其問答實與禪師們的對答無殊，所差別的，禪家於一件事取決，而理學家則不專守一事而已。如伊川云：

> 思曰睿，思慮久後睿自然生，若於一事上思未得，且別換一事思之，不可專守著只這一事。蓋人之知識，於這裏蔽著，雖強思亦不通也。
>
> 百家謹案，釋氏止於一件上取決，不他換。（見《宋元學案·伊川學案》上）

所謂釋氏，實指禪家，禪師之開悟否，由一件事或一件公案，可以悟入印知，此「一件上取決」之所指也。又：

> 問：如何是萬物皆備於我？先生（王蘋）正容曰：萬物皆備於我，某於言下有省。

　　祖望謹案：此亦近禪家指點之語。（見《宋元學案·震澤學案》）

　　全祖望氏於這一則學案所加的案語是對的，這與《指月錄》所載的公案，毫無二致：

　　　　玄則禪師問青峯：「如何是學人自己？」峯曰：「丙丁童子來求火。」後謁法眼，眼問「甚麼處來？」則曰：「青峯。」眼曰：「青峯有何言句？」則舉前話。眼曰：「上座作麼生會？」則曰：「丙丁屬火，而更求火，如將自己求己。」眼曰：「與麼會又爭得？」則曰：「某甲祇與麼，未審和尚如何？」眼曰：「你問我，我與你道？」則問：「如何是學人自己？」眼曰：「丙丁童子來求火。」

　　　　慈明禪師問翠巖：「如何是佛法大意？」巖曰：「無雲生嶺上，有月落波心。」明瞋目喝曰：「頭白齒豁，猶作這個見解，如何脫離生死？」巖悚然求指示。明曰：「汝問我。」明震聲喝曰：「無雲生嶺上，有月落波心。」

　　以學人己知己信，再回答學人，也就是以學人所問，作為答問的答案，無非在加強學人的信心，使其堅信不移，而更契入事理。可知理學家接引後學，常師效禪家的方法。

　　七、禪宗對宋代理學家的思想影響：宋明理學即近人所謂新儒學，所謂新儒學，乃就漢唐以前的儒學，增加了新的內容，故有新的面貌，而有以別於舊學。宋代理學所加入的新內容，乃融合儒釋，而又加入道教中一部分內容，理學家取道教的太極先天之圖而構成太極圖，由周濂溪以至朱子，蓋無不以之構成其宇宙間構，至於其形而上之本體觀念，雖有取於道家，而尤有取於佛教中之禪宗。

　　㈠禪宗對宋代理學家形而上學的影響：漢代以前的儒學中，雖有形而上的本體觀念，如《中庸》所云：

　　　　天命之謂性，率性之謂道，修道之謂教。道也者，不可須臾離也，可離非道也，是故君子戒慎乎其所不覩，恐懼乎其所不聞，莫見乎顯，莫顯乎微，故君子慎其獨也。

　　「道不可須臾離」，「戒慎乎其所不覩」，「恐懼乎其所不聞」，已隱約寓有本

體不可見、不可聞、無時不存在之意，及後受佛道之影響，而本體的觀念益趨於明顯。至於以人為的修證，而明徹本體，則漢以前的儒家，似未措意於此，即道教之下者亦不過欲藉燒丹修鍊，以求長生而已。禪宗以不立文字，於形而上學的本體方面，少有推理的論說，而其修行方法，實有形而上學之根據，其所主之頓悟，悟此本體，悟證真如也，其動作、其語言、其詩偈，無一不在顯示此境界。如此之宇宙本體，禪宗以為不能講，如圜悟禪師所云：

> 設使三世諸佛只可自知，歷代祖師全提不起，一代藏經詮註不及，明眼衲僧自
> 救不了。（《碧巖錄》卷一）

此一真如，待修行證悟後，自可知之，故不必講，因為「蓋天蓋地，又摸索不著。」雪竇禪師頌云：「二十年來曾辛苦，為君幾下蒼龍窟。」可見其探究證悟之功，所以在建立本體的觀念，闡明及顯示上，禪宗並非無特別的成績。尤其在修行證體方面，禪宗的各代祖師，無不是實踐的人，故至宋代的理學家，不但各自在建立其形而上的本體論，而且認為人可以了徹本體，所以陸象山才說：「宇宙便是吾心，吾心便是宇宙。」（《全集》卷三十六）而「宇宙不曾隔限人，人自隔限宇宙。」實乃宋儒所共有的概念，去此人隔限宇宙的東西，即可證悟本體，也就是禪宗要去形體的、概念上的執，以還本我來，徹證真如的意境相同，所以王蘋才說：「當此之時，面前樽俎之間，盡見從此中流出。」（見上引）又陸象山云：

> 今一切去了許多繆妄勞攘，磨礱去圭角，浸潤著米精，與天地合其德云云，豈
> 不樂哉。（見《語錄》）

如果不瞭解陸氏人可了悟宇宙本體的意境，則他所說：「仰首攀南斗，翻身依北辰。舉頭天外望，無我這般人。」可能會誤為理學家的神話。被宗朱者詆為狂禪的陸氏如此，而朱子呢？其論無極之真云：

> 詳來諭，正謂日用之間，別有一物，光輝閃爍，動盪流轉，是即所謂無極之真，
> 所謂谷神不死，二語皆來書所引。所謂無位真人，此釋氏語，正谷神之酋長也。
> 學者合下便要識得此物，而後將心想像照管，要得常在目前，乃為根本功夫……

（〈答廖子晦書〉）

以上係朱子引述廖子晦來書之意，無位真人，正是禪宗公案，朱子雖以「論孟之言，無此玄妙之談。」但不否認此本體，故云：

> 但推其本，則見其出於人心，而非人力之所能為，故曰天命，雖萬事萬化之所流出，而實無形象之可指，故曰無極爾。……（〈答廖子晦書〉）

此一無極，亦由人心之察體而得，朱子云：

> 所以明道說，聖賢千言萬語，只是欲人將已放之心，收拾入身來，自能尋向上去。今且須就心上做得主定，方驗得聖賢之言，有歸著自然有契，如《中庸》所謂尊德性，致廣大，極高明。蓋此心本自如此廣大，但為物欲隔塞，故其廣大有虧，本是高明，但為物欲係累，故於高明有蔽，若能常自省察警覺，則高明廣大者常自若，非有所損益之也。……（見《宋元學案·晦翁學案》上）

朱子的所謂「尋向上去」，「自然有契」，非謂人能契入本體乎？故曰：兩宋理學家的本體觀，雖非淵源於禪宗，人可由了悟以明徹本體，則顯係受禪宗的影響。然本體論亦非與禪宗毫無關係，如《二程遺書》云：

> 所以謂萬物一體者，皆有此理，只為從那裏來。「生生之謂易」，生則一時生，皆完此理。人則能推，物則氣理，推不得。不可道他物不與有也。人只為自私，將自家軀殼上頭起意，故看得道理小了它底。放這身來都在萬物中一例看，大小大快活！……（下〈評釋氏〉）

> 「萬物皆備於我」不獨人爾，物皆然。都自這裏出去，只是物不能，人則能推之。雖能推之，幾時添得一分？不能推之，幾時減得一分？百理俱在，平鋪放著。幾時道堯盡君道，添得些君道多，舜盡孝道，添得些孝道多？元來依舊。

黃百家於《宋元學案·明道學案》此條下加案語云：「此則未免說得太高。人與物自有差等。何必更進一層，翻孟子案，以蹈生物平等，撞破乾坤，只一家禪詮。」黃氏詆其違儒家平正之論，而謂之為一家禪詮，細玩二條之內容，非無因也。

　　八、禪宗體用說於宋代理學家的影響：禪家雖少直接論說本體，但證悟後，時時隨機借物，以顯示此義，謂本體與現象，如水如漚，即用顯體，「性」遍周沙界，用亦徧周沙界，故「僧問香嚴，如何是道？嚴云：枯木裏龍吟。」（《景德傳燈錄》卷十七）香嚴智閑之意，謂道無所不在，而且即體涵用，故香嚴悟道，乃因瓦礫擊石而開悟，就本體涵融一切而言，則如雪峯義存所云：「盡大地撮來如粟米粒大。」就「性」遍周沙界而言，則如洞山守初禪師答僧問如何是佛為麻三斤，就即體顯用而言，則如「雲在天空水在瓶」。本體誠有：「細細處細如米末，深深處佛眼難窺，密密處外魔莫測。」若非即用顯體，用涵於體，則何以知之乎？如黃檗希運禪師所說：

　　　萬類中個個是佛，譬如一團水銀，分散諸處，個個皆圓。（《傳心法要》）

　　黃檗禪師的話，與六祖所說：「本無動搖，能生萬物。」若與車合轍，體用的關係，則以馬祖道一說得最透：

　　　體無增減，能大能小，能方能圓，應物現形，如水中月。（見《五燈會元》）

　　唐以前的儒家雖已有體用觀念，然不如道家源流的早，可是至宋代理學家，才說得更明白、更具體，如濂溪先生所云：

　　　寂然不動者，誠也。感而遂通者，神也。（《通書·聖》第四）

　　　天道行而萬物順，聖德修而萬民化，大順大化，不見其跡，莫知其然之謂神，
　　　故天下之眾，本在一人，道豈達乎哉？術豈多乎哉？（《通書·順化》第十一）

　　「不見其跡，莫知其然」乃本體，萬物順、萬民化乃由本體天道所顯示之作用，其〈太極圖說〉，由無極而太極，以至萬物化生，即由體以至用也。其後的理學家雖於〈太極圖說〉的解釋體認有異，但於體用的觀念則無不接受，關於理學家以陰陽釋道，劉蕺山論之曰：

　　　宋儒之言曰：道不離陰陽。則必立於不離不倚之中，而又超於不離不倚之外，
　　　所謂離四句，絕百非也。幾何而不墜於佛氏之見乎？（《劉子全書》卷十一）

離四句，絕百非，正禪宗之體用觀，四句謂：空、有、非空、非有。體用不離於空、有、非空、非有之中，亦不住於空、有、非空、非有。更不能執此四句以求，故曰離四句也。宋儒言「道不離陰陽，亦不倚陰陽，則必立於不離不倚之中，而又趨於不離不倚之外。」正與禪宗之離四句相合，至於絕百非，則禪宗之解釋各殊，未有定論，不能碎細拘牽以論，由此可見禪宗的體用觀，影響宋代理學家甚鉅。

九、禪宗言心性與宋代理學家言心性之關係：禪宗稱為教外別傳，其宗旨在「不立文字，直指人心，見性成佛。」謂人人皆有佛性，如趙州從諗禪師所云：

> 金佛不度爐，木佛不度火，泥佛不度水，真佛內裏坐。（《趙州語錄》）

禪宗所謂佛性，亦稱自性、真心、真如，異名甚多，而審查所謂性的內涵，非指生理上的心，亦非能思辨的心思，性非自然之性，亦非欲念情性之意，而是指微達本原的本體之意，而且人人具足。如《傳燈錄》所云：「道源不遠，性海非遙，但向己求，莫從他覓，覓即不得，得亦不真。」這是禪宗所謂心性的意義。我們細讀宋代理學家的哲理著作，其言心言性，均多非常識上、生理上的心性之義，也就是說其涵義已非以往的界定所能包括，無他，只因宋代理學家的言心言性，已有形而上的哲學意義，亦有時與常識上的、生理上的心性之義相混用而已。雖然中庸有天命之謂性，已有哲學上的意味，但仍不明顯，故宋理學家心性的內涵，實另有來源，如橫渠所云：

> 太和所謂道，中函浮沉、升降、動靜相感之性，是生絪縕相盪勝負屈伸之始。
> （《正蒙·太相篇第一》）

> 太虛無形，氣之本體，其聚其散，變化之客形爾。至靜無感，性之淵源。有識有知，物交之客感爾。客感客形與無感無形，惟盡其性者一也。（同上）

其所謂性，均係形而上之本體之謂，為闡明他所言之性，有以別於釋家，故又云：

> 若謂萬象為太虛中所見之物，則物與虛不相資，形自形，性自性，形性天人不相待，而有陷於浮屠以山河大地為見病之說。此道不明，正由懵者略知體虛空為性，不知本天道為用，反以人見之小，因緣天地，明有不盡，則誣世界乾坤為幻化，幽明不能舉其要，遂躐等妄意而然。

這完全是對佛家言性之攻擊，夫以儒家的實有宇宙觀，來評倫佛家的「緣起性空」的宇宙觀，自然認為佛家的「形性天人不相待」和「誣世界乾坤為幻化」之失，但以性為形而上的哲學內涵，則不相異。同樣朱子之仁說云：

> 天地以生萬物為心者也，而人物之生，又各得夫天地之心以為心者也，故語心之德，雖其總攝貫通，無所不備，一言以蔽之，曰仁而已。……

心之德，既有總攝貫通的能力，自具有形而上的意義，然朱子恐人誤認所說與禪家無異，所以他的〈觀心說〉云：

> 或問：佛者有觀心說，然乎？曰：夫心者，人之所以主乎心者也，一而不二者也，為主而不為客者也，命物而不命於物者也，故以心觀物，則物之理得，今復有物以反觀乎心，則是此心之外，復有一心，而能管乎此心也。然則所謂此心者，為一邪？為二邪？為主邪？為客邪？此亦不待教而審其言之謬矣。……釋氏之學，以心求心，以心使心，如口齕口，如目視目，其機危而迫，其理虛而勢逆，蓋其言雖有若相似者，而其實之不同，蓋如此也。……

朱子之言，實不足以服禪家，因其已誤解禪宗釋心之內涵，觀心調心，乃禪師之修行證悟功夫。況儒者亦有人心道心之分，是一乎？是二乎？朱子又未明言「其言雖有若相似者」之相似之處何在？顯見朱子之觀心說，乃在恐使人認為理學者之治心功夫，同於禪宗也。然心之存主，亦有偏失，朱子云：

> 為學當以存主為先，而致知力行亦不可以偏廢，縱使己有一長，未可遽恃以輕彼，而長其驕吝克伐之私，況其有無之實，又初未可定乎。凡日用聞知此一病，而欲去之，則即此欲去之心，便是能去之藥，但當堅守，常自警覺，不可妄意推求，必欲捨此拙法而別求妙解。（《宋元學案·晦翁學案》上）

存養為治心之功夫，去心上的驕吝克伐，即禪宗所謂「大生我慢」。而去病之方，朱子乃取禪師之方法。朱子云：

> 得知如此是病，卻便不知此是藥，若更問何由得如此，則是騎驢覓驢，只是一

場聞話矣。騎驢覓驢，《傳燈錄》云：參禪有二病，一是騎驢覓驢，一是騎驢
不肯下，此病皆是難醫，若解下，方喚作道人。又云：不解即心是佛，真是騎
驢覓驢。（《宋元學案·晦翁學案》上）

朱子直以為「心病」所在即是「心藥」之方，而有取於禪師的方法。

四、結　論

由上所述，可見宋代理學家於本體、體用、心性思想發展的痕跡，不能說與禪宗
無關，因為任何一種學術思想的發生及蛻變，均有其內因外緣，「因風起浪」不是無
原因的，所以說宋代理學家為陽儒陰佛，也不是無根之談，不過不直指禪宗，因為「佛」
所代表的較廣泛。

牟宗三氏於《心體與性體》一書云：

> 吾今只明言，中國文化生命發展至北宋，已屆弘揚儒家內聖之學之時，此為歷
> 史運會之自然地所迫至者。因是歷史運會之自然所迫至，故濂溪之學，雖無師
> 承，而心態相應，出語即合。……（第二部分論第一章）

認為濂溪是面對典籍，「默契道妙」。其原因在「運會成熟，心態相應，一拍即
合」。那麼會運成熟，是應包括學術思想發展的條件在內的。牟先生認為：「凡宗教
真理皆有其廣被性與普遍性。」北宋自仁宗以後，士大夫無不參禪言禪近禪，然濂溪
雖無師受，而環境之刺激，禪宗正反方面的引發，因其廣被性已足籠牢士大夫，故方
能面對典籍，「默契道妙」，在此以前之王弼，雖有玄思，而未能有此成績者，如牟
先生所言，其「心態非儒家型」可能係原因之一，而宗教上無禪宗的思想廣被，則必
係其原因之一也。

至於宋代理學家受佛家的影響而反佛家，則如近人所云：

> 然李翱所說，實亦可為儒家之說者，因其仍講修身齊家治國平天下，不離儒家
> 之立場也。李翱及宋明道學家皆欲使人成儒家的佛，而儒家的佛必須於人倫日
> 用中修成，此李翱及宋明道學家所以雖援佛入儒而仍排佛也。（《中國思想史》第

十章）

其理頗當，今略去儒家反對佛家反於人倫日用的一方面不談，述宋代理學家受禪宗的影響及關係，以見宋代理學的發展，其因緣會運之有自。（此文為寫「禪學與唐宋詩學」之前的論文，可視為「輔論文」，自有粗疏偏失之處，而大要主旨，則不悖於事理也。）

伍、禪宗的體用研究

一、前　言

有體有用，體用不二，由體起用，是哲學家的共同觀念，明體達用，更是宋以後儒者的基本觀念，例如：

> 體用一元，顯微無間。（《程子·易傳序》）

> 道者，兼體用，該隱費而言也。（《朱子語類》卷六）

這一體用一元，或者道兼體用的觀念，不但是哲學家的共見，也是宗教家所共許的，尤其是禪門子弟，不止是論說本體，而且是耗盡一生願力以求證悟本體，然後經勘磨印可，證驗無差誤，又保任功成之後，才由體起用，出而救世渡人，如此潛符默證，有了對本體的真實領悟，沒有絲毫的隔限與差別，在「明心見性」之後，真正的達到了「體用一元」的境地，於是才能由體起用，而體用不異。其言體用，更是最真切的見道之言。無論由宗教或哲學的立場以論之，禪宗最偉大最寶貴的貢獻在此。而其證悟的方法，更是卓絕的貢獻，比之儒門，可謂已開了一條「成聖」之路。可是這些傑出的成就，受到了近代學者的誤會與曲解，馮友蘭云：

> 中國所謂禪宗，對於佛教哲學中之宇宙論，並無若何貢獻。惟對於佛教中之修行方法，則辯論甚多。（《中國哲學史》第二篇第九章〈隋唐之佛學下〉）

馮氏又云：

> 禪宗所注重，大端在修行方法。……禪宗雖無形上學，而其所說修行方法，實皆有形上學之依據，蓋其所說之修行方法，為如何使個人與宇宙合一之方法，

必其心目中有如此之宇宙，然後方講如此之方法也。（同上）

禪宗真的無形上學嗎？於宇宙論沒有貢獻嗎？是一值得重視與澄清的重大問題。又熊十力先生批評禪宗有不辨體用之嫌：

> 西洋唯心論，以心為萬有之元。（元猶元（原）也，即本體之謂。）是體用無辨也。中國先哲有養心之學，本無唯心之論。但道家守靜存神。（神即心。心靜定而不散亂、明覺湛然，禪師謂之靈光獨耀。）亦近於以心為絕對，有不辨體用之嫌。（道家稱穀神為天地之根。故云近於以心為絕對。參考《老子》上篇第六章。）宋明諸儒染於道與禪，其過同二氏也。（二氏謂道、禪。）……（《明心篇》三十二頁）

「以心為絕對，有不辨體用之嫌」，這一斷定可能是見仁見智的問題，但是禪宗有「不辨體用之嫌」嗎？筆者感於以上二家之言，故致力探求禪宗的體用研究，以期得出明確的結果，以辨正然否，撥除迷霧。

二、禪宗的成立與修行方法

禪宗由菩提達摩自印度來華建立，成為中國禪宗的開派人物——中華初祖，唐釋道宣《續高僧傳》云：

> 菩提達摩，南天竺婆羅門種，神慧疏朗，聞皆曉悟，志存大乘，冥心虛寂，通微徹數，定學高之。悲此邊隅，以法相導，初達宋境南越，末又北度至魏，隨其所止，誨以禪教。……（卷十六〈習禪達摩傳〉）

關於達摩的籍貫、年代、行跡，其後隨著禪宗的光大，傳說愈多，訛變愈甚，道宣所記，應為較早，較可信者，道宣又云：

> 藉教悟宗，深信含生同一真性；客塵障故，令捨偽歸真，凝住壁觀；無自無他，凡聖一等；堅住不移，不隨他教；與道冥符，寂然無名，名理入也。（同上）

道宣又云：「然則入道多途，要唯二種，謂理行也。」可見達摩初期的弘法，仍

不外唸經求解的「理入」和著重修持的「行入」，所差別的是「藉教悟宗」和「不隨他教」，肇啟了禪宗這一宗的別異風格，這一風格的形成，在道宣的〈慧可傳〉中，有較多的泄漏：

> 從學六載，精究一乘。理事兼融，苦樂無滯，而解非方便，慧出神心，可乃就境陶研，淨穢埏殖。（卷十六〈僧可〉卷）

「就境陶研，淨穢埏殖」，已有脫出佛教修持途徑的傾向，《景德傳燈錄》卷三記慧可的開悟云：

> 光曰：諸佛法印，可得聞乎？師曰：諸佛法印，匪從人得。光曰：我心未寧，乞師與安！師曰：將心來與汝安。曰：覓心了不可得。師曰：我與汝安心竟。

光乃慧可的俗家名字，亦名神光，安心公案，應係「就境陶研，淨穢埏殖」的最好例子，因慧可的心不安，乃凡塵的平常事，而達摩點化之，指出向上一路，待其自悟，覓心既不可得，如何安？何用安？亦不必安，故曰「安心竟」也。至如如何藉教明宗，道宣記之云：

> 達摩宣教，特重楞伽，以授慧可，殆僅四卷，亦合其以簡易宣化之旨，而適合中土人情。……（《續高僧傳》卷十六〈慧可傳〉）

由達摩至四祖，均以《楞伽經》為主，至五祖弘忍，始代以《金剛經》，印順法師論此期之禪風云：

> 達摩禪「藉教悟宗」。重教的，流衍為名相分別的楞伽經師。重宗的，又形成不重律制，不重經教的禪者。護持達摩深旨的慧可門下，那禪師，粲禪師等，以「楞伽經」為心要，隨說隨行，而助以嚴格的，精苦的頭陀行。道宣時，一顆光芒四射的慧星，在黃梅升起，達摩禪開始了新的一頁。（《中國禪宗史》第一章）

可見禪宗建立之初，仍是偏重經典和修持的「理入」與「行入」，於教下為近，未顯露出禪宗的特別宗風，自弘忍以後，已多頭宏傳，南宗北宗，各樹宗旨，六祖慧

能一系，更開出五宗——臨濟、曹洞、雲門、溈仰、法眼，臨濟法嗣，又別出黃龍、楊岐二派，非立異標新，良由門庭設施，各有不同之故。就其共同樹立的特色而言，大致合於「教外別傳，不立文字。直指人心，見性成佛。」此外最明顯的差異，是名相的中國化，語錄公案，幾乎取代了佛教的經典，復能迅速地壯大，不但在佛教諸宗之中，形成獨大的局面，而且「宗門」、「教下」，相峙相抗，由「附庸」而蔚成大國。

禪宗的壯大，五宗二派的展開，考其基本的原因，是在「門庭設施」的不同，而教下諸宗的別異，多在信奉經典的有別；教下各宗不外由理入的講求經論，行入的持戒修行，依恃他力的道場師資，而禪宗在修行的方法上，全然不同，約而言之，係重視自力，不重視他力，因而有騎驢覓驢的公案，臨濟「殺佛」，雲門打殺佛祖，均係此意；也反對由講求經論的理入，所謂「一句合頭話，千載繫驢橛」，指佛經是拭不淨的故紙，認為思而知，慮而解，是鬼窟裏作活計；復反對持戒修行的行入，所謂「滔滔不持戒，兀兀不坐禪。」臨濟把打坐的弟子，斥為打瞌睡，認為以上的求道方法，均係「定法」，「定法」有死水浸殺的危險，故開出活法——無定法一路，例如臨濟因「老婆心切」悟道，洞山因渡水覩影開悟，香嚴擊竹明心，靈雲見桃不疑，越山覩日光頓曉，楚安聞鄉人大叫有省，分庵主聞官司喝道大悟等，皆係不主定法，而係由無定法之活法入道的最好例證。

所謂活法或無定法，由表面察探，似甚微妙，就實際而言，亦有可探論者。因求道之人而期其能徹悟至道，見性成佛，如馮友蘭氏所說：「使個人與宇宙合一。」其難誠如「蚊子上鐵牛，無下嘴處。」因為此一「大事」，既不可智知，也不許不知，更不能流於情識意想。其基本在「不污染」，保持純然潔淨的初心，以無分別差等的平常心，無心合道，於是靈光內蘊，以待時節因緣，在偶然氣機觸發之下，聞人誦《金剛經》，涉水覩影，見桃花盛開，浴日光，聞喝道，聞青蛙入水，甚至聞廁所臭味等等，都能徹悟，開出千千萬萬悟道的方便法門，所以不向佛求，不向僧求，不由理入，也不由行入，而又不全然背離，以釋迦牟尼佛為例，也不是覩明星出時而大悟成佛的嗎？至於禪祖師其所以主張如此之修行悟道方法，則與本體觀——「心」「性」的體認，息息相關。

三、禪宗的體用觀

禪人在求道期間,雖然於所求之「道」,避免言語論說,因為「言語道斷,心行處滅」的關係,以免墮入「思而知,慮而解」的推理尋思的「知解」之中。可是在明心見性,人與道合一以後,於本體——「心」「性」,非無言說也,例如六祖慧能大師云:

> 何期自性,本自清淨;何期自性,本不生滅;何期自性,本自具足;何期自性,本無動搖;何期自性,能生萬法。……(《六祖壇經·般若品》)

> 本性是佛,離性無別佛。何名摩訶?摩訶是大。心量廣大,猶如虛空,無有邊畔,亦無方圓大小,亦非青黃赤白,亦無上下長短,亦無嗔無喜,無是無非,無善無惡,無有頭尾。(同上)

六祖慧能是禪宗祖師中最傑出、最偉大的人物,僅有他的語錄,被尊為經,當然是明心見性的宗主,其悟道以後有關本體的言說,不僅是深悟有得,而且係確然可信,根據六祖所言,此一至道,在形而上的性質上是超越的、是絕對的、是恆久的、是根本的、是能自主的,就其特徵言,其大無外,故曰心量廣大,猶如虛空,無有邊畔,無形跡色相可見,故曰亦無方圓大小,亦非青黃赤白,亦無上下長短!且非世俗觀念所可及。故曰:無善無惡,無是無非,無嗔無喜,無有頭尾,而且此一「心」「性」,是絕對的,獨一無二的,六祖又云:

> 無二之性,即是實性。實性者,處凡愚而不減,在賢聖而不增,住煩惱而不亂,居禪定而不寂,不斷不常,不來不去,不在中間及內外,不住不滅,性相如如,常住不遷,名之曰道。(《六祖壇經·護法品》)

六祖的話,簡而言之,不二的「實性」,就是「道」,是本體,實性遍及一切,卻又不凝住於一切,能為萬物主,是一切作用生滅的根源,卻又「不斷不常」、「不來不去」、「不生不滅」、「常住不遷」,綜合六祖所言,他所建立的本體觀,不是很明顯了嗎?其後參訪有悟的禪人,例如青原行思參六祖:

問曰：當何所務即不落階級？祖曰：汝曾作麼來？師曰：聖諦亦不為。師曰：

落何階級？曰：聖諦尚不為，何階級之有？（《景德傳燈錄》卷五）

「不落階級」，正是本性不分凡聖、善惡之意，與六祖所云「處凡愚而不滅，在
聖賢而不增」意義相通。又黃檗希運云：

諸佛與一切眾生，惟是一心，更無別法。此心自無始以來，不曾生，不曾滅，

不青不黃，無形無相，不屬有無，不計新舊，非大非小，超過一切限量名言蹤

跡，當體便是，動念即乖，猶如虛空，無有邊際，不可測度，惟此一心是佛。

（《黃檗山斷際禪師傳心法要》）

黃檗希運所云，與六祖慧能師所言的本體，並無實質上的殊異，只有名言上的不
同，而又有所補充，此一本體，不可言語論說，不可思量推論，故曰：「超過一切限
量名言蹤跡，當體更是，動念便乖，無有邊際，不可測度。」以後的禪人，均多能證
明此意，例如：

……洞山云：說取行不得的，行取說不得的。雲居云：行時無說路，說時無行

路，不行不說時，合行什麼路？洛浦云：「行說俱不到，則本分事在。」……

（《請益錄》卷下）

均以為本體非言說所可及和行為所可到。綜合以上所述，禪人於本體的宣明，誠
然證說已多，何可謂無本體論乎？至於體用之關係，禪祖師之言，亦甚為詳明，六祖
慧能云：

善知識，心量廣大，遍周法界，用即了了分明，應用便知一切，一切即一，一

即一切。（《六祖壇經·般若品第二》）

用即遍一切處，亦不著一切處，但淨本心，使六識，出六行，於六塵中無染無

雜，來去自由，通用無滯，即是般若三昧，自在解脫。（同上）

應用隨作，應語隨答，普見化身，不離自性。（同上）

　　六祖於體用的關係，敍說得極為明白，六祖云：「心量廣大，遍周法界。用即了了分明。」謂本體之至道，遍周法界，無所不在，無不涵攝，而且由此本體起用，「用即了了分明。」用既由體而起，何以起用，如何生「用」，無不明白，此有體之用也。「一切即一，一即一切」，顯示了體用不二的關係，永嘉禪師亦云：

　　　一性圓通一切性，一法遍含一切法。一月普現一切水，一切水月一月攝。（《證
　　　道歌》）

　　天上明月一輪，普現於一切水中，一切水中的月，總歸於天上一月所涵攝，充分證明了「一切即一，一即一切」的體用不二觀念。六祖又進一步說明體用不二，可是「體」並非黏著於用上的道理：「用即遍一切處，亦不著一切處。」於是在修行上才能「但淨本心，使六識，出六門，於六塵中無染無雜，來去自由，通用無滯，即是般若三昧，自在解脫。」在悟道之後，一切更是由體起用，而用不離體，故六祖又云：「應用隨作，應語隨答，普見化身，不離自性。」六祖所宣示的體用關係，以後的禪人，亦有證悟後而著語，例如：

　　　法身無窮，體無增減，能大能小，能方能圓，應物現形，如水中月，不立根栽，
　　　不盡有為，不住無為，有為是無為家用，無為是有為家依。……（《馬祖道一語
　　　錄》）

　　馬祖道一係六祖以後最傑出的禪宗祖師，他除指出本體的性質「法身無窮，體無增減」之外，並闡明體的作用是「能大能小，能方能圓，應物現形，如水中月。」本體不但是「萬物之主」，而且妙用無窮。「能方能圓，能大能小，應物現形。」更進一步指出本體的作用，係「滔滔運用，不立根栽。」有為固然是本體的作用，而又不止住於無為，蓋無為而無不為也；故曰「不盡有為，不住無為，有為是無為家用，無為是有為家依。」一切有為，依傍無為而起，故本體似無為而有為，而實無不為矣。至於本體何以「不盡有為」，蓋本體是超越一切的，雖由體起用，而非寓體於用，亦非體止於用，尤非攝體歸用，與六祖所云：「用即遍一切處，亦不著一切處。」脈絡一貫，言語雖殊，意無不合，而且有更明確的發揮。然近世大儒熊十力先生云：

渾然充塞，無為而無不為者，則是大用流行的本體，無為者，言其非有心造物也。無不為者，言其生生化化自然不容已止也。無不為三字，是余與印度佛家根本不同處。汝試熟思佛家三藏十二部經，其談到真如，可著無不為三字否。（真如即性體之名。已見前。）佛氏只許說無為，斷不許說無為而無不為。（《體用論》）

可是依馬祖所言：「不盡有為，不住無為……」正係無為而無不為之意。又洞山論本體云：

一物上拄天，下拄地，黑似漆，常在動用中，動用中收不得。（《洞山悟本禪師語錄》）

洞山良价，為曹洞宗的建立者，他所謂的「一物」，即係「本體」。「本體」的作用，拄天拄地，自係萬物的本源之意，「黑似漆」謂冥冥而不能見也，主體常在動用起作用，而不為動用所收攝，故曰「常在動用中，動用中收不得。」豈非無不為乎？於六祖及黃檗、馬祖所言之外，略有補苴。又為仰的體用公案云：

潭州溈山靈祐禪師，……普請摘茶，師謂仰山曰：「終日摘茶，只聞子聲，不見子形，請現本形相見。」仰山撼茶樹，師云：「子只得其用，不得其體。」仰山云：「未審和尚如何？」師良久。仰山云：「和尚只得其體，不得其用。」師云：「放子二十棒。」（《景德傳燈錄》卷九〈溈山良祐〉）

此一公案，乃哲理的形相化，溈山仰山乃為仰宗的建立者。靈祐請仰山「現本形相見」，乃叩詢其對本體之見解，仰山撼搖茶樹，乃就地取材，以物示境，本體無形，所可顯示者，惟作用而已。故溈山指其「只得其用，不得其體。」溈山的「良久」，謂「默然良久」，意謂「本體無形相」也，故仰山謂其「只得其體，不得其用。」事實上二人所顯示者為體用不二的至理。又智門光祚的蓮花出水公案云：

僧問：「蓮花未出水如何？」師曰：「蓮花。」曰：「出水後如何？」曰：「荷葉。」

智門光祚,為雲門一系的鉅匠,此一簡單的對話,亦係哲理形相化,而且較上述為仰的摘茶公案,更為有趣。筆者曾論釋云:

> 蓮花未出水以前,所見的應該為荷葉,而光祚答為蓮花,甚具深意,因為蓮花雖未出水,但蓮花的性質又完全具備,以後出水成為蓮花,不過是其潛在性質的引發,意在比喻自性妙體未發作用以前,一切妙用已經存在,以後由體起用,現象界的一切,均係自性妙體的作用。蓮花出水以後,所看到的應該是蓮花,而光祚答以荷葉,荷葉是根本,荷葉是圓的,而禪宗常以○相,代表自性妙體,以比喻蓮花,乃以荷葉為根本,現象界一切變化,仍為此一自性妙體所涵攝。
> (見《禪與詩》)

足見此一公案,乃體用觀念的寓說,惟借托蓮花以為比況,隱而不露耳。至於宗風峻烈的臨濟,於本體的直接論說雖小,他的所謂「秘密」,便是洞山的「一物」。

> 無形無相,無根無本無住處,活潑潑地,應是萬種施設,用處祇是無處,所以覓著轉遠,求之轉乖,號之為秘密。(《鎮州臨濟慧照禪師語錄》)

臨濟所云:「無形無相,無根無本無住處。」是指本體的性質而言的。至於「活潑潑地,應是萬種施設,用處祇是無處。」則言其用,他認為本體在活潑潑地發揮作用時,相應的萬種設施,由是而生,而且得用之處由「無處」而來,由上所舉可見禪宗認為用由體生,體用不二,頓悟要門下說得更為明確:

> 淨者本體也,名者跡用也,從本體起跡用,從跡用歸本體,體用不二,本跡非殊。

這一觀念,是禪宗確認無異的。

綜合禪祖師所言的體用觀,可得如下的歸納:

㈠禪人隨言說的方便,所謂「心」、「性」、「體」、「一物」等,都是「本體」的異名。㈡本體是無是無非,無善無惡,無憂無喜,本自清淨。㈢本體超過一切限量、名言、蹤跡,不可智知,不可理求。㈣本體無形無質,不生不滅,不來不去,沛然充塞於宇宙之間,常依體起用。㈤本體是非空非有,亦空亦有,能大能小,應物現形,

為萬物萬法之主，體與用因而有不二的關係。㈥本體係作用不絕，攝兼動用，動用中收不得，不盡有為，不住無為而又能無不為。㈦本體於人，係在凡愚而不減，在聖賢而不增，不斷不常，不亂不寂，用處祇是無處。以上七項是禪宗簡明扼要的體用觀，全由證悟而得。

四、禪宗體用觀的特性

言體言用，是宗教家和哲學家的恆言，而且其所謂永恆的存在，絕對的真實，均係指本體而言的。可是如何能自信其言？讓我們能確信其所言？則涉及其認知本體的方法問題，以本體的絕對性、超越性、根本性、恆久性而言，本體是其大無外，其小無內，無形體、形相、形跡可見，無思量論說的餘地，當然是難於認知，甚至於無法認知，馮友蘭氏云：

> 有人謂：哲學所講者當中，有些是不可思議，不可言說者，此點我們亦承認之。
> （見《貞元六書·新理學》）

本體正是哲學中所認為不可思議，不可言說的部份。可是人類認知的方法，不外感知和思知，馮氏又云：

> 我們有能感之官能，對於實際的物，能有感覺；我們有能思之官，對於真際中之理，能有概念。（同上）

依其所說，人的感覺官能，對於實際上存在的有形體、色彩、動靜、輕重、味覺等等，能由感覺而知；我們有思考的官能，對於超出形體以外概念、理由，能由思索而知。可是對於不可思議、判斷、推論的本體，又如何以能感、能思的方法去知解呢？宋代理學家對於本體觀念的建立，甚有成績，幾乎各有建樹，其獲致的方法如何？邵康節云：

> 夫所以謂之觀物者，非以目觀之也，非觀之以目而觀之以心也，非觀之以心而觀之以理也。（見《觀物篇》）

所觀的是理，自係訴之於心營意想的思考判斷，頂多在思考時加以澄心靜慮的虛靜功夫，以求心的大清明，可是面對的本體，是不可思議而加以思議，其結果當然是由推論判斷而得了。朱子的求知方式，取《大學》致知在格物之法，他注《大學》的格物云：

> 格，至也，物，猶事也，窮至事物之理，欲其極處無不到也。（《四書集注·大學章句》）

於是開出「即物窮理」一法。由邵康節至朱子以下，每一名儒於本體有所體認時，都係由學問、思考、推論而得，每個人的心路歷程不同，所據理證不同，對於本體的究竟和體用觀念，便各不相同了。例如周濂溪以誠為本體：

> 誠者，聖人之本，大哉乾元，萬物始資，誠之源，乾道變化，各正性命，誠斯立焉。……（《通書·誠》上第一）

其論「誠」為本體，灼然可見，其體用觀亦由此而建立：「聖，誠而已矣。誠，五常之本，百行之原也。靜無而動有，至正而明達也。」是由誠而建立之體用觀也。張橫渠的體用則建立於「太和」，張載云：

> 太和所謂道，中涵浮沈升降動靜相感之性，是生絪縕、相盪、勝負、屈伸之始……。（《張載全集》）

他的「太和」，就是本體，由本體而產生的「浮沈升降動靜相感之性」，就是由體而產生的用。至於明道、伊川則以仁或陰陽而言體用：

> 學者須先識仁，仁者，渾然與物同體，義禮智信皆仁也。（《河南程氏遺書》卷第二上）

> 離了陰陽更無道，所以陰陽者，是道也，陰陽氣也，氣是形而下者，道是形而上者，形而上者，則是密也。（《河南程氏遺書》第十五）

明道以仁為本體，以義禮智信為用，伊川則以陰陽為本體，而陽氣、陰氣乃係形

而下者之用。由他所說：「天地間無一物無陰陽」，陰陽非物的體嗎？朱子以理氣形成體用觀：

> 天地之間，有理有氣，理也者，形而上之道也，生之本也。氣也者，形而下之器也，生之具也。是以人物之生，必稟此理，然後有性，必稟此氣，然後有形。
>
> （《朱文公文集》卷五十八〈答黃道夫書〉）

依朱子此言，是以理為體，以氣為用，而形成其體用觀，由以上的簡述，可見各家的體用觀，均有不同（詳情見〈儒家的體用觀〉）。由本體的絕對性而論，則不宜有此殊異，既有此殊異，則此數者孰是孰非呢？可見以上五子的體用觀，當然是思想推論的結果了。而本體正是不能思議的，以此方法求之得之，能純正無偏誤嗎？不能令人無疑。如果無差誤，何以有五種「體用」呢？

關於本體的認知，禪祖師是摒除了感覺和思議、推論的方法，而是以渾然直覺，去證悟領受，所以才說：「一念不起全體現。」百丈懷海云：

> 問：如何是頓悟法要？師曰：汝等先歇諸緣，休息萬事，善與不善，世出世間，一切諸法，莫記憶，莫緣念，放捨身心，令其自在，心如木石，無所辨別，心無所行，心地若空，慧日自現，如雲開日出相似，但歇一切攀緣貪嗔愛取，垢淨情盡，對五欲八風不動，不被見聞覺知所縛，不被諸境所惑，自然具足神通妙用，是解脫人；對一切境，心無靜亂，不攝不散，透過一切聲色，無有滯礙，名為道人；善惡是非，俱不運用，亦不愛一法，亦不捨一法，名為大乘人；不被一切善惡、空有、垢淨、有為無為、世出世間、福德智慧之所拘繫，名為佛慧；是非好醜、是理非理，諸知見情盡，不能繫縛，處處自在，名為初發心菩薩，便是登佛地。（《五燈會元》卷三）

這是禪宗修行體道方法的最佳、最簡要的說明，完全不由思議，而係渾然直覺的「無分別心」，「平常心」以待開悟，以無定法的「活法」，以待時節因緣，故涉水觀影，見桃花盛放，沐日光等等，均可頓悟了，是以《碧巖錄》云：

> 出一言半句，不是心機，意識思量，鬼窟裏作活計。（卷一）

銀山鐵壁，擬議則髑髏前作鬼，尋思則黑山下打坐。（卷四）

完全是摒除思議上的「智知」，不以思想推論去求知本體。這一方法，應是正確的，因為本體既如前所說，是超越的，是絕對的，無形相形體形跡可觀，非思維擬議名言論說所可及，亦惟有此一渾然直覺，當下薦取頓悟之一法了。方法既然正確，其頓悟所得的體用觀是否可靠呢？答案應該是正確的，因為禪祖師頓悟之後，於體用皆有著語，縱然是避免「口過」的繞路說禪，在體用的基本體認上，並無違乖與不同；即使名言寓說有所差別，而實際上均相符合；禪人的頓悟，是經過千辛萬苦，耗費一生精力，不是憑一時的想像推論而得，其證悟應屬可信；禪人的頓悟，要經過開眼師資的參證勘磨，無蒙混過關，以未悟為悟的可能；禪人忌憚稗販語言，又避免言語論說，故悟後著語，各自不同，沒有以「體用」作講授的可能，故禪祖師的體用觀，非由師資以言語講說所建立；禪人入道頓悟，悉見於不同的公案，入道的「路徑」千差萬別，而於體用則見歸一揆，可見其證悟所得的體用觀，是真實的、正確的。

五、結　論

由體用不二的觀念以論，欲求用的無差無誤，必求本體論的純正無偏。禪宗言心言性，所顯示的本體，歸於一致，且係以頓悟的正確方法而入道獲致，自係正確而無誤無偏，故而由體起用，體用不二，則其論用，亦必無誤無偏了。哲學家的言體用，多出自思議推論，而所言的本體，又言人人殊，人各異道，苟如其所言，將道為天下裂，無所依從了。宋五子的不同道，朱陸的是非相攻，其故在此。所以禪宗所建立的體用觀，應是真實不妄的，若斷其為絕對的惟心論者而揚棄之，將不免於愚妄矣。可見馮友蘭、熊十力二氏的評論，甚有偏誤，未得情實。

（一九八六年七月於美國聖地牙哥第五屆世界中國哲學會宣讀，同年九月《青年日報》刊載。）

陸、直覺本能與禪宗開悟後 「形上世界」之體現

一、禪宗頓悟的要義

禪宗主頓悟，蓋頓悟無餘，則由凡入聖，即以平常的眾生，而一超直入，立即成佛，如六祖慧能所云：

> 善知識！不悟，即佛是眾生，一念悟時，眾生是佛。故知萬法盡在自心，何不從自心中，頓見真知本性。……（《壇經·般若品》）

> 一念愚即般若絕，一念智即般若生。……前念迷即凡夫，後念悟即佛；前念著境即煩惱，後念離境即菩提。（同上）

可見悟的重要，不悟是凡夫俗子，悟則成聖而達佛位，除盡煩惱而得菩提，是以禪人無不以求開悟為目的，故宗門老宿自言本宗的特性云：「直指人心，見性成佛。」如何「見性成佛」？六祖慧能云：

> 若開悟頓教，不執外修，但於自心常起正見，煩惱塵勞，常不能染，即是見性。
> （《壇經·般若品》）

> 頓悟者，不離此生，即得解脫。何以知之，譬如師子兒，初生之時，即其師子，修頓悟者，亦復如是，即修之時，即入佛位。……（同上）

頓悟是心悟慧生，因而「見性」——人與道合，是以能斷除塵勞煩惱，達到不懼污染的地步，所謂「本來無一物，何假惹塵埃」，即是此意；又頓悟功成，如獅子兒

之初生，已完全是獅子，以形容頓悟即是佛，在頓悟之時，即已完成，故謂之無欠無餘。至於一知半解悟，或大悟數十回的世俗知識事務之悟，如果不能頓見真如本性，都不是禪宗的頓悟境界。

二、禪人開悟方法的探求

禪宗頓悟之難，因為是「發明大事」，是求人與道合的「向上一路」，不是哲學上思悟頓明，可以言語論說的層次，如錢鍾書所云：

> 由學思所得之悟，與人生融貫一氣，可落言說，可見應用。而息思斷見之悟，
> 則隔離現世人生，其所印證，亦祇如道書所謂視之不見，聽之不聞，搏之不得，
> 佛書所謂不可說，不可說而已。（《談藝錄》第三四二頁）

很明白地道出了這宗教「頓悟」的特性，與哲學和世俗學問的貫通之悟的大不同，前者是思惟可到，言議可及的，而能見之於行為規範，人生社會應用的實際的；後者則是「真如」、「本體」形而上的，以至超越哲學家的思慮所可達的境界；但是頓悟的結果或境界，又不是「不識不知」，如南泉普願所云：

> 道不屬知，不屬不知，知是妄覺，不知是無記，若真達不疑之位，猶如太虛廓
> 然洞豁，豈可強是非也。❶

蓋謂其所謂的「道」，以其是超越的存在，所以有非世俗「智知」的特殊性，「智知」指的是想像力，思考力所可達到的認知思考範疇，但是也不是「無記」──無知無識的愚魯，這一似乎前後矛盾之處，由黃檗希運之言，應能求得合理的解釋，矛盾之中，有其通貫融釋者在：

> 此心自無始以來，不曾生，不曾滅，不青不黃，無形無相，不屬有無，不計新
> 舊，非大非小，超過一切限量名言蹤跡，當體便是，動念便乖，猶如虛空，無

---

❶　見釋道元《景得傳燈錄》卷二。此乃南泉普願告趙州從諗語。趙州乃南泉弟子。

有邊際，不可測度，唯此一心即是佛。❷

黃檗所謂「此心」，乃「真如」、「本體」之意；「不曾生、不曾滅、不青不黃……」乃其形而上性質、意義之闡明；「當體即是，動念即乖」，謂證悟之時，惟能當下直入，一涉思惟擬議，便與之乖離；因為此一「真如」、「本體」，雖係如實的存在，但是並非實有，故曰「猶如虛空，無有邊際」；要證入這一「空無」的境界或至道，自係難之又難，禪祖師比之於「蚊子上鐵牛，無下嘴處」，又曰「虛空中釘橛」，所以反對佛教的「定法求悟」，認為係「死水裏浸殺」，佛法的戒、定、慧三學，認為係定法，難有證悟，禪家宗師云：

> 若悟至性，亦不立菩提涅槃，亦不立解脫知見，無一法可得，方能建立萬法。
> （《六祖壇經·頓漸品第八》）

> 我宗無言句，亦無一法以與人，若有一法以與人，亦成斷常之法，非正法也。……
> 或於十二分教明得者；或於教外明得者；或有未舉先知者，未言先領者；或有
> 無師自悟者。（《兀庵和尚語錄·示松島圓海長志書》）

六祖慧能的「無一法可得」，說明了此「真如」、「本體」超越了「法」的範圍，證悟所到，不過是形而上的「空無」；既無一法可得，自無一法可資傳授；兀庵普寧更明言「無一法以與人」，尤係最直接的說明；至於所舉的證悟的種類「或於十二分教明得者，或於教外明得者……」則是不由「定法」，而由活法求悟的顯示。而開悟的根本，不在他求，而在內求，不在外力，而在自力，如枯崖圓悟云：

> 經是佛言，禪是佛心，初無違背。但世人尋言逐句，沒溺教網，不知有自己一
> 段光明大事。故達摩西來，不立文字，直指人心，見性成佛，謂之教外別傳，
> 非是教外別是一個理。只要明瞭此心，不著教相，今若只會佛語而不會歸自己，
> 如數他人珍寶，自無半分錢。……（《枯崖和尚漫錄》卷中）

---

❷ 見《黃檗山斷際禪師傳心法要》。黃檗希運，乃百丈懷海之法嗣，以住福建之黃檗山而得名，「斷際」乃其諡號。

　　明確地指出了禪宗、佛教的最大差別，是教下信徒沒溺在經、論、律和佛、法、僧的教網中。最多只是佛法、佛理的追求，最能得到的是法樂、法味。不知自己本具佛性，自可成佛，「有自己一段光明大事」；而禪宗則「直指人心」，知有佛性的本具，可以自力、內求，以見性成佛；如果只重經、論、律的佛語，不能回歸自己，則如數他人珍寶，而自己並無半文錢，縱有所得，亦是「小滋味」，「法愛之見」。

　　大概而論，禪人的證悟，是貴活法，而不守死法、定法；活法的基本意義，是先由定法入手，在熟習了規矩方法之後，而變化不測，由定法而達於活法，或無定法，禪人謂之「死蛇活弄」，其不廢佛教的讀研佛典，也不廢依戒、定、慧以修行，便是此意；而其積極的意義，是無法，或不主一法，以無法之法，而得一切法的活法之用，其後的禪宗師，根據自己的開悟經驗，建立其門庭設施——亦即引導學人開悟之法，惟未依照佛教定法的方式：而秉持此活法、無定法的精神，如用棒、用喝，以建立其宗風；至宋以後，看話禪，默照禪興，逐漸喪失活法求悟的精神，而歸於定法，此一佛禪的教法融合，而禪宗衰微，乃其特性消失之故。

　　活法或無定法的意義為何？其基本的意義，是秉持佛性本具之心，不向外馳求，不修為造作，依平常心是道的原則，以得脫除習氣、業累，如臨濟義玄所云：

> 道流！佛法無用功處，祇是平常無事，屙屎送尿，著衣吃飯，睏來即臥。愚人笑我，智乃知焉。古人云：向外作工夫，總是癡頑漢。爾且隨處作主，立處皆真，境來回換不得，縱有從來習氣，五無間業，自為解脫大海。……（《鎮州臨濟慧照禪師語錄》）

　　如果是無知無識的平常無事，則不過是喫飯穿衣的常人，而此一平常無事，乃向上一路不用功的用功方法，以冥達「隨處作主」，「立處皆真」，如何能如此，即活法求悟——以本具的佛性，平常心的渾然，氣機具於內，以待外境外緣的觸發，所以見桃可以悟道，觀影可以明心，聞雷、聞青蛙入水、聞喝道可以頓悟，這類悟道的方法，實乃不專一法的活法，實乃無法之法，以靈雲志勤的見桃花盛開而悟道，作了一首偈語：

> 三十年來尋劍客，幾回落葉又抽枝。自從一見桃花後，直至如今更不疑。

後經溈山靈祐❸的勘驗，與之符契，並加印可道：「從緣悟達，永無退失，善自護持。」可惜「從緣悟達」並未形成公案，為禪人所注意，筆者曾以專文探論，予以釋說道：

> 由見桃悟道的可能性而言，桃花的開落，是現象界的「有」和本體界的「空」的顯示，「空」、「有」一如，由「空」而「有」，由「有」而「空」，不斷地交替或一體地進行，故靈雲能見「色」明「心」──由現象界的「有」，證悟本體界的「空」；但是這一事象，不限於桃花，任何花卉均有此可能。而且在靈雲的看桃花的三十年過程之中，年年均有可能，何必待「三十年」之後呢？當然這是一種偶然性和突發性，一方面是「時至自悟」，一方面是「可遇而不可求」，這是從緣悟達的外層意義；就靈雲的開悟過程而言，是經過「三十年」的尋求過程，氣機具於內，是為開悟的主因，見桃花而開悟，桃花只是引發的外緣，這與阿基米德在洗澡時發現了浮力定理，其原因相同。洞山良价的因過水覩影而開悟，正係「從緣悟達」一類的例證……❹

禪宗的活法，實應以此為主，即使禪人行腳參訪，也是在覓求從緣悟達的引發外緣或機緣，所以燈史的記載，多有「機緣不契」，或「子機緣不在此」的答話，可見「從緣悟達」，是活法或無定法以求悟的最大法門，也許不足以概括活法或無定法，但外緣的引發或觸發，極關重要。更可以見出活法或無定法，的確超越了戒、定、慧、和經、論、律的定法範圍，而且較之遠為有效。

三、禪人開悟係由「直覺本能」之探究

禪人的悟道，在求人與道合，其所謂的道，不是一般的事理，可理解，可思悟的物件；而是一種超越、絕對的存有，即真如、本體、其大無外──包含萬有；其小無

---

❸ 見釋普濟《五燈會元》卷四，溈山靈祐、為仰山慧寂的弟子，以住湖南寧鄉的溈山而得名，二人開創禪宗的溈仰宗。

❹ 見筆者《知止齋禪學論集·禪宗的從緣悟達》（文史哲出版社·民國八十三年初版）。

內——不能作任何的割分；故而泯除了主客、能所的對待，所以無法以人的感覺官能，以求了悟，因為「非目耳之所到」，雖然就真如、本體的依體起用而言，固然「色心一如」，形而上的「道」，與形而下的「器」，有「不一亦不異」的一體關係，可是「大用現前，不存軌則」，目擊道存，是開悟後的境界，未開悟以前，見山只是山，見水只是水，欲憑感官的辨識知覺，以達人與道合，殊不可能，所以唯識百法，要立超乎六識以外的第七識、第八識，甚至第九識，以起道種智，可見感覺官能的辨識知覺，於人與道合的開悟而言，是無能為役的。故牛頭法融云：

> 靈通應物，常在目前，目前無物，無物宛然，不勞智鑒，體自虛玄。❺

「目前無物」，即「非耳目之所到」，非感官所能認知，「無物宛然」，謂其非「耳目之所到」，仍如實而存在；所以又云：「實無一物，妙智獨存」，於是提出了「絕觀忘守」的悟道方法。如無名僧的〈息心銘〉所云：

> 關爾七竅，閉爾六情，莫現於色，莫聽於聲，聞聲者聾，見色者盲。（釋道原《景德傳燈錄》卷三十）

正足說明「絕觀」之意，而「絕觀」非止於「視覺」，乃「關爾七竅，閉爾六情」，即一切視、聽、嗅、聞、觸等的感官認識作用，都要絕止，不能以之識道而悟道。何以如此，只緣「真如」、本體，是形而上的超越存在，不能由一切形體存有的形而下者，予以認識感知。故而七竅、六情，無用武之地，如牛頭法融云：「六根對境，分別非識」，六根——眼耳口鼻身意六根，所對的聲色味香觸識六境而起的六識，這種分別辨識，不能領會「至道」。

禪人開悟的「真如」、本體，除了無形無相，是超越的存有，不能用六識的感覺官能由形體的存有作認識之外，復因其係其大無外，其小無內，泯絕主客能所的對待，故而無思惟言說之可能，如禪祖師云：

> 多言多慮，轉不相應，絕言絕慮，無處不通。（《景德傳燈錄》卷三十，三祖僧燦〈信

---

❺ 見釋道原《景德傳燈錄》卷三十〈心銘〉，牛頭法融為牛頭宗之開創者，相傳為四祖道信旁出一系。

心銘〉)

> 至理無詮，非解非纏。靈通應物，常在目前。目前無物，無物宛然。不勞智鑒，
> 體自虛玄。（同上，牛頭法融〈心銘〉）

> 無多慮，無多知。多知多事，不如息意，多慮多失，不如守一。（同上，僧無名
> 〈息心銘〉）

「至理無詮」，應是「真如」，本體不能由言語思量的總說明，所以揭示了「多言多慮，轉不相應」的開悟法則，和「不勞智鑒」的法要，以後的禪宗師，不失宗旨，發揮此意道：

> 出一言半句，不是心機，意識思量，鬼窟裏作活計。
> 銀山鐵壁，擬議則髑髏前作鬼，尋思則黑山下打坐。❻

說明了禪宗的悟道是絕對性的禁止思惟擬議，根本上不許「智知」，因為這一層次和境界，不但不許思惟擬議，亦非思惟擬議之可及，明乎此，則禪宗「不立文字」的理論基礎和原因，方能明瞭。

在世俗的世界裏，基於人的共具之天賦本能，即能感覺的五官六識，和能思考的理性——邏輯推理，於是形成了「感覺世界」和「理念世界」，如馮友蘭所說：

> 我們有能感之官能，對於實際的物，能有感覺；我們有能思之官能，對於真際
> 之理，能有概念。（見《貞元六書・新理學》）

能感之官，指的是五官六識所起的認識作用，認識實際環境中的事物，如方圓、大小、色彩、高低聲音、音質、香臭、味覺，以起形象認識，記憶和思考；人的神經組織，有理性本能，以進行邏輯推理，故能形成概念，歸類分類，綜合統一，以至思考判斷，這就是柏拉圖據以建立的「二重世界」——「理念世界」和「感覺世界」，有如韓水法所云：

---

❻　見《圓悟佛果禪師碧巖錄》卷一、卷四，此書乃禪宗最早之公案書。

　　柏拉圖把知識和存在分別劃為四個等級。知識的四個等級是：理性、理智、信念和想像。理性和理智是指有關理念和數理學科方面的知識，信念和想像是指有關可感事物的知識，它們實際上都可分別合併為一種知識。存在的四個等級是：理念、數理學科，可見可感的事物和影像。與知識的劃分相對應。存在前二個等級和後二個等級實際上也可分別合為一種類型，第一種構成理念世界，而第二種則是感覺世界。❼

　　可見理念世界是由理性、理智所創獲而成。❽根據前文所論敘，禪宗人與道合的「真如」、本體，不屬於「理念世界」和「感覺世界」的範疇，故不可由能感之官以感知，由能思之官以思知，已可確定無疑。然則禪人的悟道本能為何？簡言之：即「直覺本能」，悟道以後的所得為何，即「本體世界」的呈現，證明釋說如下：

　　禪宗的悟道，因為不許「思知」，不許「識覺」，因為「禁錮」了人類本具常用的本能，所以形容為「鐵圍山」，「銀山鐵壁」，和「蚊子上鐵牛，無下嘴處」，然而禪祖師和開悟的禪人，畢竟開悟了，當然突破了「鐵圍山」，或「銀山鐵壁」，所依憑的為何？必然是他們具有這種本能，所以悟道以後才說是「現成事」，「自家珍寶」，根本不待外求，有了這一基本方向的掌握，再作進一步的追尋，便不難而能窺其端倪：

> 心王亦爾，身內居停，面門出入，應物隨情，自在無礙，所作皆成，了本識心，識心見佛。（《景德傳燈錄》卷三十，傅大士〈心王銘〉）

> 虛明自照，不勞心力。非思量處，識情難測。真如法界，無他無自，要急相應，唯言不二。（同上，三祖僧燦〈信心銘〉）

---

❼　見韓水法《康德物自身學說研究》第一章，臺灣商務。

❽　柏拉圖所謂的「理念」，雖然有形而上的本體意味，他認為理念是單一的，是絕對的、不動的、永恆的，但是係對可感事物而言，因為柏拉圖將理念規定為「由一種特殊性質所表明的類」，一類事物有一個理念，所以實際的內涵，等於概念，概念對每一類事物而言，有形而上的意義。（見苗力田、李毓章主編《西方哲學事新編》六五頁，人民出版社）。

靈知自照，萬法歸如。無歸無受，絕觀忘守。（同上，牛頭法融〈心銘〉）

不思議，解脫力，此即成吾善知識。（同上，永嘉真覺大師〈證道歌〉）

　　傅大士的「心王」，三祖僧燦的「虛明自照」；牛頭法融的「靈知自照」；永嘉真貴的「解脫力」，都指出了悟道的本能，本自具有，而又不是「理性本能」，和「認識本能」，這一本能為何？即不經由「思知」「識覺」的「直覺本能」，連一般的動物也能具有，例如抗戰時衡陽大會戰時，衡陽大火的前幾天，衡陽城中的老鼠首尾相銜，成千上萬，逃出衡陽城，渡過湘江，竄泳至江東岸，不久而大火焚城；共軍渡江陰的前日，守軍也發現烏龜成群游逃的異象，以至本省颱風草的傳聞，尤其雄雞至天明日出而啼，天天如常，含羞草的一經觸及則收縮，進而如前人奇異事件的傳述，近人奇異功能的表演，證明了人和物有直覺的本能，這種本能是「思知」、「識覺」以外的能力，這種本能的發揮，和天賦獨厚者，即形成悟道的本能，即所謂的「心王」、「虛明」、「靈知」、「解脫力」等，也就是不思而知，不慮而得的夙具「直覺本能」，如果沒有這種本能，又不許「智知」，「識覺」，豈有能悟道之理。明乎此，則百丈懷海的頓悟法要，可得而明：

　　問：如何是頓悟法要？師曰：汝等先歇諸緣，休息萬事，莫記憶，莫緣念，放捨身心，令其自在，心如木石，無所辨別，心無所行，心地若空，慧日杲杲自現，如雲開日出相似。（《五燈會元》卷二）

　　細會其意，「汝等先歇諸緣，休息萬事，莫記憶，莫緣念」，即不「識覺」之謂：而「心如木石，無所辨別，心無所行，心地若空」，即不「思知」之意；阻遏了這些，即斬斷了世俗的情識意想，而達「心如木石，無所辨別」的狀態，此一夙具的直覺本能，方能自然地呈現：「心地若空，慧日自現，如雲開日出相似」。此一開悟的「直覺本能」，即馬祖道一所開示的平常心：

　　若欲直會其道，平常心是道。謂平常心無造作，無是非、無取捨，無斷常、無

凡無聖。❾

　　既「無造作」，乃本能夙具，非後天修持所成：「無是無非、無凡無聖」，顯非「思知」——思量推斷的範疇；無取捨、無斷常，非感覺欲求之事，這一「平常心」、實即「直覺本能」之義，如果不以「思知」，又不以「識覺」，苟無第三種本能，則何能悟道？所以「直覺本能」的開悟，是禪宗師所共許的，只是無統一的名相、明白的界說，加以表顯而已。又如臨濟義玄云：

> 赤肉團上有一位無位真人，常從汝等諸人面門前出入，未證據者看看！時有僧出問：如何是無位真人？師下禪床把住云：道！道！其僧擬議，師托開云：無位真人，是什麼乾屎橛！（《鎮州臨濟慧照禪師語錄》）

　　筆者以前認為係馬祖「平常心是道」的形相化，其實乃「直覺本能」之形相化（直覺本能正可以釋說平常心），而且此一「直覺本能」，常在發生作用，催動修道人，而本具於修道人的內心，所以才說「赤肉團上有一位無位真人，常從汝等諸人面門前出入」！當時僧人中似有所直覺者，出而問話，臨濟不予答話解釋，下禪床把住而著其「道！道！」蓋欲以外力、外緣，引發此一「直覺本能」，可是問話的僧人陷於思惟擬議之中時，則時機已逝，此一直覺本能，已無由發揮，故臨濟即云：「無位真人，是什麼乾屎橛」，以泯除其「妄想」。這一「直覺本能」，是人人潛存本具的，既不涉及思惟擬議，也與感覺辨識不同，所以才能「一超直入」，指的是在這一「直覺本能」激發之時，在「無著力處」的情況下，通透無餘，豁然領悟，不知其然而然，故以「慧日自現」和「如雲開日出相似」以形容之！例如臨濟義玄的開悟：

> （臨濟）初在黃蘗，隨眾參侍，時堂中第一座勉令問話，師乃問：如何是祖師西來的的意，如是三問、三遭打，……來日師（臨濟）辭黃蘗，黃蘗指往大愚，師遂參大愚，愚問曰：什麼處來？曰：黃蘗來！愚曰：黃蘗有何言教？曰：義玄

---

❾ 見《景德傳燈錄》卷十八〈江西大寂道一禪師語‧「平常心」〉，筆者曾誤以為是不起分別心的「初心」，包括了人心與道心，深入析辨，始知有誤，人心道心，應涉入知解、認識的範疇，而此之「平常心」，則超出知解、認識，而無知解、認識。

親問佛法的的意，蒙和尚便打，如是三問三遭被打，不知過在什麼處？愚曰：
黃檗恁麼老婆，為汝得困徹，猶覓過在，師於言下大悟。（《景德傳燈錄》卷十二
〈臨濟義玄章〉）

此為臨濟義玄的開悟過程，臨濟義玄的問「佛法的的大意」，黃檗希運在其三問
而三次打之，不是義玄有過失而加責打，乃是最直接，最親切的接引，激發其「直覺
本能」，不予言語解說，至高安大愚的提示，遂機緣巧合，引發了這「一直覺本能」，
因而大悟，因為大愚的答話中，並無玄微之理，神奇的接引方法，其關鍵所在，不過
是使義玄得到了機緣——引發直覺本能，故而一超直入。又如洞山良价因過水覩影而
開悟，其偈云：

切忌從他覓，迢迢與我疏。我今獨自往，處處得逢渠。渠今正是我，我今不是
渠。應須恁麼會，方得契如如。（宋釋普濟《五燈會元》卷十三）

過水覩影而能開悟，似乎太不可能，其實乃時節因緣，激發了「直覺本能」，此
一本能，正如影之從形，洞山良价的偈語所謂「切忌從他覓」，可見不在他而在己，
所謂的渠，正是「直覺本能」，因其激發契合，方得證悟，而「方得契如如」。此外
如香嚴智閑，勞作時以拋瓦礫擊竹作聲，忽然省悟；越山師鼐，因赴官齋，坐久舉目
忽覩日光，豁然頓曉；神照本如嘗以經王請益四明尊者，尊者震聲曰：「汝名本如」，
師領悟；楚安方禪師於舟中聞鄉人厲聲云叫「那」，由是有省；分庵主因行江干，聞
階司喝「侍郎來」，忽然大悟；應是時節因緣等外緣而引發此直覺潛能而開悟的，亦
謂「從緣悟達」，如靈雲志勤見桃花而開悟之例，溈山靈祐結其所悟，與之符契，而
告之曰：「從緣悟達，永無退失，善自護持。」看桃花竟然能悟道，當然有其理由，
如溈山所云：「從緣悟達」，桃花是外緣的引發，引發的自係這一潛存、本具的「直
覺本能」，此一本能，即自性、佛性，神秀弟子信州智常禪師，參六祖，述神秀之言，
及六祖、智常之偈語，可明此意：

（智常）於中夜獨入方丈，禮拜哀請，大通乃曰：汝見虛空有相貌否？對曰：虛
空無形，有何相貌？彼曰：汝之本性猶如虛空，返觀自性，了無一物可見，是
名正見；無一物可知，是名真知；無有青黃長短，但見本源清淨，覺體圓明，

即明見性成佛，亦名極樂世界，亦名如來知見。學人雖聞此說，猶未決了，乞
和尚誨示，令無疑滯。祖曰：彼師所說，猶存見知，故令汝未了，吾今示汝一
偈曰：不見一法存無見，大似浮雲遮日面。不知一法守空知，還如太空生閃電。
此之智見瞥然興，錯認何曾解方便？汝當一念自知非，自己靈光常顯見。師聞
偈已，心意豁然，乃述一偈曰：無端起知解，著意求菩提。情存一念悟，寧越
昔時迷？自性覺源體，隨照枉流遷。不入祖師室，茫然趣兩頭。（《景德傳燈錄》
卷五）

大通係神秀的諡號，信州智常原為北宗神秀弟子，後參謁六祖慧能，而轉述神秀
的說法要旨，「汝之本性猶如虛空，返觀自性，了無一物可見，是名正見」。正足以
說明此一「直覺本能」即是自性，「返觀自性」，即是反求自性以作觀照，以求此一
本能的激發，不是神秀的所知說錯了，而是進入了思惟擬議的路頭，為此一本能所不
許，此一「猶存見知的」的過失，故為六祖所非；六祖所開示於智常的，除了指出「無
見」「空知」的不當外，開示的是「汝當一念自知非，自己靈光常顯見」。只是點撥
智常去「知見」之非，讓本有的「直覺本能」──自性、佛性的靈光顯見，而一超直
入。大概是機緣的巧合，智常竟然在剎那之間而豁然入了，他的主要體會是「自性覺
源體，隨照枉遷流」，這一本具的「直覺本能」，是「自性覺源體」，如果不直接激
發，而由「知見」以求，便不能發抒，而一超直入，以致隨世俗之知見而枉然陷於遷
流的無常中。經過了以上的體會和對禪宗師開悟的觀照結果，於禪人的開悟，有了下
述的總結：

一、禪人的開悟，一定有其本具潛存的本能，此一本能，是在理性本能、感覺本
能之外，故名之為「直覺本能」，不但與前二者顯然不同，而且有排斥作用。

二、「直覺本能」，即人人本具的「自性」、「佛性」，此一「自性」、「佛性」，
不涉及人心、道心的是非善惡和認知，在時至和外緣之下，而自覺自悟，故曰「慧日
自現」，故曰「自己靈光常顯現」。

三、「直覺本能」發揮作用而開悟時，不是「思知」，不是「識得」，是直接的
覺悟，故曰「一超直入」，而又有悟則成聖的效果，而不能言說，故神秘而難知難測。

四、「直覺本能」是在不以「思知」，不以「識得」的前提下，以「從緣悟達」

為方便；而且是排除了「思知」、「識得」之後，愈有激發的可能，如是才能「心如木石」、「心地若空」、「如雲開日出相似」。

五、「直覺本能」是自然的激發，非做作可得，所以反對一切造作的有為法；也反對落於「思知」、識得的「定法」；而貴無方法的方法——從緣悟達的活法；若修行的定法，有作有為的方法，如能達到激發「直覺本能」的地步，而一超直入，亦不反對，甚至無其他方法時，尤可採用這些方法，故謂之死蛇活弄，以後的看話禪，默照禪的產生，其故在此。

六、「直覺本能」，雖然人人本具，個個現成，但有所得薄厚多寡天賦之不同，故禪宗特重厚根利器，所謂「千鈞之弩，不為鼷鼠發機」、「香象所負，非蹇驢所堪」，故成佛作祖，非人人所能，所以人人具有佛性，而絕大多數是凡夫俗子，其故在此。

七、「直覺本能」已具，仍待後天的引發，基本上是「發心」，能直覺到有此本能，而發慧、開悟；有漸漸養成的階段，以達於「豁然曉悟」。雖然是單刀直入，但仍然有「發心有頓漸，迷悟有遲速，迷即累劫，悟即須臾」的不同。故自我發心，師資引導，仍係重要的因素。

八、「直覺本能」雖然反「思知」，於「向上一路」，反對作知識性的思索和探討論說，但是仍然不是不知，而是「如愚如魯」，而非真愚真魯，而且在日常生活之中，難以做到如臥輪禪師所云：「臥龍有伎倆，能斷百思量。」而是如六祖慧能所云：「慧能沒伎倆，不斷百思量」，只是「思知」乃係引導，以激發此本能而促成發慧，不許、不能以「思知」而徑求開悟。

九、「直覺本能」的激發，雖然是非耳目之所到，但是外緣的引發，是有待「識得」的，如洞山良价的涉水觀影，靈雲志勤見桃開花，可是不能執著於六識的「識得」為真，要「透穿」現象界的假有，以達「目擊道存」，觸目菩提，「立處皆真」的悟界。

十、「直覺本能」，禪宗祖師，體會最深，所得最多，然哲學家亦約略知之，莊子的心齋、坐忘，以至於罔象得珠，大致是藉之以發揮此一本能，又邵康節云：「夫所以觀物者，非以目觀之也，而觀之以心也，非觀之以心也，而觀之以理也」（見《觀物篇》）。「觀之以心」，而「非觀之以目」，亦係指此「直覺本能」，可惜「觀之以理」一語，涵意欠明，又似指理性的思知。

十一、「直覺本能」，應是萬物所具有，只是有所得的不同，所以才說「佛性遍

周沙界」，「無情說法」，前敘的老鼠渡河，烏龜過江以避災禍等，即其證例，人類由偶爾的感應，到靈感的出現，以至靈光的顯露而開悟，亦是因所得的不同；而且有時能顯露，有時不能顯露，有人能顯露，有人不能顯露之分。由禪人一超直入的開悟方面而言，不許「思知」、不許「識得」，除了「真如」本體不能以此二者體悟之外，亦有反知識──「為學日益，為道日損」的涵義，此亦宗教家與哲學家界限之所在。哲學家是學思並重，益以經驗的「思知」，而宗教家是「直覺」開悟的體證結果。尤有進者，哲學的本體認識，是由於推論，所得所言各自不同，故有不確定性，甚至矛盾與懷疑；而禪宗的「真如」、本體，係證悟的結果，故彼此確信而所體會則相同。

十二、基於「直覺」而開悟，可能有幻覺，所以禪人注重勘辨，最要者不認可「思知」，而求出一言半語，不是心知；而由體起用，或隨境指出，在如電光火石的機鋒下，取形而下者以表形上者；或「語中無語」，如麻三斤，庭前柏樹子，雲門一字關，而悉知落處，以考驗其悟境。所以禪人的開悟，雖似哲學家「絕對的唯心主義」，但就其開悟所領會者而言，乃「真如」、本體的如實顯示和表顯者，與哲學的推論所得，大有別異。例如宋代理學家周濂溪以「誠」為本體；張橫渠以「太和」為本體；二程子以「仁」為本體；朱子以「理」「氣」為本體；姑不論孰是孰非，但其所謂之本體，無相同者，而禪宗師則無此一矛盾現象。因為禪人認為「真如」、本體是不能「智知」、「識得」，依「真如」、本體的形上意義而言，應合理而接近本來的真實概況。

十三、「直覺本能」激發後的開悟，係人與道合，而後表顯其體會所得，雖然不能由「智知」、「識得」的認知論證層面，發明其真偽是非，因為「智海無性」，「覺妄元虛」，但就開悟後的表顯，而加以如實體會，因為他們是人類罕有的本能之具有者，不能因我們多數人之中缺乏「不觸事而知」、「不對緣而照」的直覺本能，就否定其證悟所得。

十四、在佛禪之中，自然有以未悟為悟之人，即大慧普覺所謂的杜撰長老，「根本自無所悟」，「無本可據」。❿然在禪人勘驗之下，而顯露真偽，不然則其著語，

---

❿　大慧普覺，主看話禪，以參一話頭、一公案而求開悟。而斥當時主默照禪的宏智正覺為杜撰長老。以坐禪之法求悟實乃佛教修行之共法，然依禪宗之法脈宗旨論之，所指斥則非無理。可參閱拙著《禪學與唐宋詩學》第一章第三節。

必落於「智知」，「識得」的範疇。當然，證悟「真如」、「本體」者，對如實之體會，能頓悟無餘，得大圓鏡智，但止於這一境界，而於「智知」的理念世界，「識得」的感覺世界之知，亦不能周知無餘。

由上所論述，可知禪人的開悟，是人與道合，必有開悟後的如實世界，方有如實的「真如」，本體的領會；亦必有如此之真如，本體「世界」，方有如此之開悟方法；有如此之開悟方法，必由少數人有此直覺本能，方能運用如此之方法以開悟。

四、禪人開悟後於「形上世界」之體現

人類基於理性的本能，而有「理念世界」的開拓，邏輯思考的結果和進行的過程，以及方法，是其主要的成就；復基於六識的感知，而有形象認知和記憶，於是有形象思考和運用形成了「感覺世界」，於是由於辨析、究察事物的共相、別相，得出典型，分辨美醜，塑造形象，文學和藝術創作，是其主要結果；自柏拉圖之後，這「二重世界」，已為學者所共認，而成為一般常識；形而上的本體論，尤其是佛禪所謂的「真如」，雖然自巴門尼德以來，便有「真理世界」的提出，所謂「不會消滅，完整，唯一，不動，無限」的存在❶，但是哲學家的本體論的建立，不但存在著現實和超越現實的矛盾，因為超越的存在，不同於現實，這是可以理解的；但是除了把這本體界建立在現實界和經驗之外，並認為理性是渡至本體的必登之舟，所以其本體論，當然是出於理性本能和思考推論的「智知」了。但是這一過程和結果，全然為禪宗所不許。依禪宗由「直覺本能」，形成開悟，以獲致「真如」、本體的體現，證以由「理性本能」，而有「理念世界」的拓建，由「感覺本能」，而有「感覺世界」的成立，則禪宗師「真如」、本體的形而上「本體世界」的體現，亦應真確而可信，表面上是宗教家和哲學家的別異，實際上是我們未充分具有此一本能，未能證悟到此一「世界」，故而不能明瞭，甚至不能接受他們的證悟結果。

禪宗師開悟之後，於所證得體會之所得，實即人與道合之後，於真如、本體，嘗

---

❶ 見苗力田等編《西方哲學史新編》二四一三三頁。其論存在，「存在者存在，不可能不存在」實即論此形上世界，以其係「思得」，故而非難四起。

有敘說表顯，如六祖慧能云：

> 何者清淨法身佛？世人性本清淨，萬法從自性生。……於外著境，被妄念浮雲
> 蓋覆自性，不得明朗。若遇善知識，開真正法，自除迷妄，內外明徹，於自性
> 中萬法皆現，見性之人，亦復如是，此名清淨法身佛。（《壇經·懺悔品》第六）

這一「清淨法身佛」、「自性」，即是真如之異名，在人之能開悟而言，即本具
之佛性，實即「直覺本能」，在外力而能引發，於個人，則由自覺和自除迷妄，方能
「見性」；六祖於開悟之後，自言其所得云：

> 惠能言下大悟，一切萬法，不離自性。遂啓祖言：何期自性，本自清淨；何期
> 何自性，本不生滅；何期自性，本自具足；何期自性，本無動搖；何期自性，
> 能生萬法。（同上〈行由品〉）

這是六祖開悟之後，充滿喜悅與自信，向五祖述其所得，「自性」即「真如」、
「本體」；自性的「本自清淨」、「本不生滅」、「本自具足」，是其能開悟根由的
陳述，在「自性」的「直覺本能」具有和具足之下，所以才能開悟、證知；至於「自
性」的「本無動搖」，「能生萬法」，更是「真如」、本體，形而上的存在和「能為
萬物主，不逐四時凋」的闡明，至於此一自性的形而上和本體意義，慧能更有概括性
的闡明：

> 猶如虛空，無有邊畔，亦無方圓大小，亦非青黃赤白，亦無上下長短，亦無瞋
> 喜，無是無非，無善無惡，無有頭尾。（同上）

指出了「真如」、本體，超越形體的存在，故曰猶如虛空，無有邊畔，亦無方圓
大小，亦非青黃赤白，亦無上下長短；又非世俗的情感經驗所及；故曰「無瞋喜，無
是非、無善無惡、無有頭尾」，也顯示了此一存在，是超越了「感覺世界」和「理性
世界」的，而且為此二種世界所無。尤以黃檗希運、馬祖道一於此一真如、本體，有
更具體的領會和陳述：

> 法身無窮，體無增減，能大能小，能方能圓，應物現形，如水中月。不立根栽，

不盡有為，不住無為，有為是無為家用，無為是有為家依。不住於依，故云如空無所依。（《馬祖道一語錄》）

諸佛與一切眾生，便是一心，更無別法。此心自無始來，不曾生，不曾滅，不青不黃，無形無相，不屬有為，不計新舊，非大非小，超過一切限量名言蹤跡，當體便是，動念即乖，無有邊際，不可測度，惟此一心是佛。（《黃檗山斷際禪師傳法心要》）

　　馬祖道一，為六祖慧能下第二代；黃檗斷際禪師即黃檗希運，斷際乃其諡號，為馬祖道一第二代；二人所言與六祖所體悟的「真如」、本體，幾無實質上的殊異：馬祖的「法身」、黃檗的「一心」，即六祖所言的「自性」，均係「真如」、「本體」之意：這一「真如」、本體，因為無形體，所以無增減，無邊際，無方圓大小，無顏色，無上下長短；而且是一切現象發生的根本，所以說「能大能小，能方能圓，應物現形，如水中月」，亦即「能生萬法」之意：其由體起用，是極自然的，不是有為有作的有為，亦不是寂然無動的無為，而且不待任何的憑依或件條，故曰「不立根栽，不盡有為，不住無為，……不住於依」；「真如」、本體的作用無窮，遍及現象界，無物不在、無物不然，故曰「法身無窮」、「應物現形，如水中月」；這一「真如」、本體，也是佛與一切眾生的根本或本具，故曰「何期自性，本自具足」，故開悟不待外求；這一「真如」、本體的存在，是無蹤跡可尋，無形相可識，非言議思惟可及，故曰「超過一切限量名言蹤跡」，「無有邊際」；開悟的原則，只有待直覺本能的發揮，不許「智知」、「識得」，故曰「當體便是，動念即乖」，「不可測度」；證悟後人與道合的境界如何？開悟之後如夢忽覺，不是奇特事，而是現成事，如神照本如云：「處處逢歸路，頭頭達故鄉。本來現成事，何必待思量。」「處處逢歸路，頭頭達故鄉」，指在本具的直覺本能的激發下，開悟是如此之容易，以「歸路」、「故鄉」比擬人與道合，處處是歸路，頭頭可回到，而非難事；這一開悟後的境界，有其奇妙之處，如洞山良价所云：「泥牛吼水面，木馬逐風嘶」。大慧宗杲所云：「人從橋上過，橋流水不流」。意謂現象界認為不能之事，在開悟之後，已完全可能，即六祖慧能所云：「何期自性，能生萬法」。「普見化身，不離自性」。指出了這一開悟後的奇妙境界，無生命的生命如泥牛、木馬、橋，都能動了，自與「感性世界」、「理性

世界」不同。

　　總而言之，基於直覺的本能，而有人與道合的開悟境界，是形而上「真如」、「本體」世界的體會和呈現，可得言者大致如此。所以人類的世界；基於感覺本能，而有感性世界；基於理性本能，而有理念世界，基於直覺本能，而有形而上世界，應無可疑。只以諸多的哲學家，以不具有此直覺本能，所以對開悟而證得的形而上世界，加以懷疑，認為「不確定」，因為他們最有思維和理性思辨的能力，這一本能和方法，不能全然到達此形而上世界，所以其懷疑，其認為「不確定」，實是「愚昧」和「無知」，正如喪失了感覺本能的人，不具有感性世界，不具有理性本能的人，不能有理念世界，如今之「植物人」，已足為證明。（此一「形上世界」之境界、特性等，詳見本書〈禪宗的體用研究〉。）

五、「直覺本能」的存有述略

　　基於直覺本能，經過激發和開悟之後，而有形而上世界，禪人開悟之後的表顯，即是此一境界的陳述，對於僅具理念世界和經驗、感性世界和經驗的人，深有隔限和「言語道斷」障礙的存在，故造成了所知障，例如荷澤神會云：

> 心有是非不？答：無。心有來去不？答：無。心有青黃赤不？答：無。心有住處？答：心無住處。和上言：心既無住，知心住不？答：知。知不知？答：知。

　　神會此一向問的「心」，指目的是「自性」、「佛心」、「真如」──直覺本能之意，而問話者所指的是感覺本能和理性本能，「心有是非不」？「心有來去不」？問話者所指，當然是指「理念世界」中之事，神會答云「無」，是指明「自性」、「佛心」不是這些，無此類事情的存在；「心有青黃赤白不」？「心有住處不」？是問「心」是否有感覺本能和感性世界之事？神會答云「無」，是否定了「自性」、「佛性」，不是這些；而其「知心無住不」？答云：知。知不知？答云：「知」，則明顯地是除了「感覺」、「理性」之外，有了與之絕異的第三種本能，而知其有，知其存在，只是未明言其為「直覺本能」而已。而我們又因用「心」、「性」、「自性」、「佛心」等詞的同義性，和界定不明而誤解，致不能確知其意義，研求抉發之後，應可確定由

於「直覺本能」，而有形而上世界，自係無可疑議，以之研求禪人的悟道，和悟道後的著語，應能瞭解了。現在科學的研究，發現了遺傳基因，此一基因，是為所有的生物所共同具有，大約共有三萬五千個，可以解釋「佛性的遍周沙界」。最近此一基因的研究，更有大有進展，人類的基因已經在排列上解碼，更證明了人類的基因有百分之九十九點九的相同，似乎也可證明佛性的「人人本具，個個現在。」但是仍有萬分之一至千分之一的別異，即因這別異，而使每一個人有差異，似暫可說明此「直覺本能」人人均有，而又人人不同，至少明證了除了理性感性本能之外，有此「直覺本能」的存在。而此一「直覺本能」的功能如何？構建如何？則仍待基因研究的進一步發展。研究者要注意的，是佛禪已在求頓悟的過程中，於這一「直覺本能」，有了體認和說明。

上述的形而上世界，是根據證悟的禪人依其領會所得的述說而得，其憑直覺本能的發揮而得悟入，雖佛陀亦不例外：佛陀以其利根大器，經長久的苦行修持，未曾開悟；安禪習定，與外道論說，長久的思考，亦未得竟究；最後因見明星的出現，方豁然頓悟，是其與禪宗師的證悟，如出一轍，佛陀開悟後所論開悟的根本，在破除「無明」，此「無明」包括我見我執，實即破除「見」「知」二障，如禪宗師的「不許智知」，「非目耳之所到」，與之實無殊異；禪人證悟之後，常言「佛法無多子」，即此形而上世界之謂；上述禪宗師所表顯的形而上世界，與佛陀形而上「道諦」的開示，亦無殊異；尤其大乘佛教經典中的「中道論」，更冥合無間，有以證明此一形而上世界的一致性和確定性。

此一「直覺本能」如何而有？雖係難以證明論說之事，竊以為：㈠人人具有此本能，所謂一切眾生，皆有佛性，應係指此。㈡此一「直覺本能」，因器根的不同，而有鈍、利、大、小之分，應係生理組織特殊之故，如人人具有眼識，而有弱視、近視、遠視、色盲，甚至天盲之不同。㈢此一「直覺本能」，常有「理性本能」、「感性本能」的蔽障，所以要加以阻遏，以待其自發和顯現。㈣「直覺本能」激發之後，有以補益「理性本能」與「感覺本能」，正如理性本能和感覺本能的發揮，有以互補，例如天盲之人，可以經過「觸覺」和「理念」的補益，而對大象進行認知，縱然有瞎子摸象的誤差，但總是有了「形相」的辨識。㈤經由直覺本能而開悟，係人神同格之故，如人神異格，則此一開悟而求人與道合，自不能成立，故於宗教方面，應亦影響匪

淺，換言之，宗教不是「認得」、「想得」的，而是「悟得」。然則本篇所論，尚有諸多待深入論證發揮之處，則期諸異日，尤其遺傳基因研究有了大突破之後，將更明白。

柒、禪宗的從緣悟達

一、前 言

達摩來華，創立禪宗，其宗風形成之後，大抵不外「教外別傳，不立文字。直指人心，見性成佛」。所謂「教外別傳」，蓋謂禪宗傳宗，不同於教下諸派；「不立文字」謂不以立文字之經典為重；「直指人心」，以人人具有之佛性佛心，向此本具之心求悟，而不向外求；「見性成佛」，開悟之後，顯現本具之佛性即可成佛，與佛陀一樣。禪宗之基本宗旨，全在一「悟」字，所謂「悟即是佛，迷即號眾生」，是禪祖師普遍的理念，如馬祖道一示眾云：

> 在迷為識，在悟為智；順理為悟，順事為迷；迷即迷自家本心，悟即悟自家本性；一悟永悟，不復更迷，如日出時，不合於冥，智慧日出，不與煩惱暗俱。了心及境，妄想即不生，妄想既不生，即是無生法忍，本有今有，不假修道坐禪，不修不坐，即是如來清淨禪。……（《景德傳燈錄》卷二十八〈江西大寂道禪師語〉）

馬祖道一，南嶽懷讓之法嗣，尊稱為馬大師，系下開出臨濟、溈仰二宗，滅度後諡號「大寂」。其主開悟，分辨迷悟之別，論說甚明，「悟即悟自家本性」，更有以見「直指人心，見性成佛」之意；悟後的境界和所得，「如日出時，不合於冥，智慧日出，不與煩惱暗俱。了心及境，妄想即不生，妄想既不生，即是無生法忍。」開悟之後，所得智慧如日之出，照破昏暗、煩惱，了達真如佛性，妄念不生，而得「無生法忍」，亦即佛的最高境界。極可注意者，馬祖指出這一開悟所得，是「本有今有」——人人本有，現今仍有，而又不假「修道坐禪」，「修道坐禪」為佛教之重要思想，所謂戒、定、慧三學，乃修行之一定方法與重要方法，禪宗雖不廢這些方法，乃不得已而用之，然在根本上反對此修行方法，大珠慧海所云：

將心修行，喻如滑泥洗垢，般若玄妙，本自無生，大用現前，不論時節。（《景德傳燈錄卷》二十八〈越州大珠慧海和尚語〉）

因為玄妙的「般若」，是由「真如」本體所生，禪人的開悟，係由體起用的大用，不能論定其在何時開悟也。大珠又云：

貧道聞江西馬和尚云：汝自家寶藏，一切具足，使用自在，不假外求，我從此一時休去，自己財寶隨身受用，可謂快活，無一法可取，無一法可捨，不見一法生滅相，不見一法來去相。……（同上）

由體起用的道，只能開悟體會，「不假外求」──不能向外，向他人乞求，因為「無一法可取，無一法可捨」，教外別傳之旨，禪宗的真精神，乃以顯露。所以自主自求，體悟至道，是禪宗的根本。復以「大道現前，不論時節」，故主無心合道，時至自悟，不主「一法」和「定法」，而主以「從緣悟達」，以求悟入。如靈雲志勤覩桃花而開悟，作偈云：「三十年來尋劍客，幾回落葉又抽枝。自從一見桃花後，直至如今更不疑。」時溈山靈祐覽偈，詰其所悟，與之符契，遂告之曰：「從緣悟達，永無退失。」❶細覽公案、語錄，此乃禪人悟道的普遍方法與有效方法，以無釋說及提倡，致未為前人所重，乃深入探求，以明「從緣悟達」之義，以見宗門的真面目，庶使理證畢得，而有深入與具體之瞭解，以明禪宗之開悟實況，及其立宗之精要。

二、開悟的意義與悟道之難

禪宗注重開悟，謂之「發明大事」，「第一峯頭」，「向上一路」……，否則譏為呷酒糟的漢子，已開悟者則許為已「開眼」，或獨具「隻眼」。悟有漸、頓之分，六祖慧能以頓悟而為宗主，《六祖壇經·般若品第二》云：

善知識！我於忍和尚處，一聞言下便悟，頓見真如本性，是以將此教法流行，

---

❶ 見宋釋普濟《五燈會元》卷四，溈山靈祐與弟子仰山慧寂合創「溈仰宗」。以未具載溈山詰問之語，故不知所悟相符契者為何？

令學道者頓悟菩提。

此一教法，成為禪宗之中心，而引發頓、漸之爭，如修心訣所云：「夫入道多門，以要言之，不出頓悟漸修耳」。頓悟之義，如《圓覺經略疏》所云：「頓教者，但一念不生即名為佛，不依地位漸次而說，故立為頓。」禪宗中的北宗神秀主漸，南宗慧能主頓，已是眾知耳熟，然荷澤神會所言，頗有調和「頓」「漸」之意：

> 第四問：先頓而後漸，先漸而後頓，不悟頓漸人，心裡常迷悶。答曰：聽法頓中漸，悟法漸中頓。修行頓中漸，證果漸中頓，頓漸是常因，悟中不迷悶。（《景德傳燈錄》卷二十八〈洛京荷澤神會大師語〉）

神會為六祖的法嗣，此為記神會與六祖有關頓、漸的問答，可見六祖雖主頓悟，亦不廢漸悟，並就聽法、悟法、修行、證果的四方面，說明「頓」「漸」相依互動的關係，而歸結到「頓漸是常因，悟中不迷悶」，「頓」「漸」均是開悟的常因，證明了「夫入道多門，以要言之，不出頓悟漸修耳」的合理。然而其後的禪祖師，鮮有在漸、頓方面大起爭議，大概接受了這種思想——「漸」「頓」相依相需，並逐漸體會到漸修只是至達頓悟的不得已之方法，而且任何的頓悟必然要基本的、某種程度的漸修開始，但漸修並不能獲致頓悟，所以才需要「從緣悟達」，以為頓悟的要徑。

禪宗的開悟，是人與道合的最高層次，超越一切的存有而證入與佛無殊的聖境，即六祖所謂的「頓見真如本性」，因為所悟得的不是認識、知解、經驗上的，所以開悟係困難之事，禪祖師常以「蚊子上鐵牛，無下嘴處」形容之，蓋以其一，不許思知而又不能不經由思知的階段：思惟擬議，是世俗知識獲得根本，然而禪祖師常言：「思而知、慮而解，鬼窟裏做活計」，因為人與道合的開悟，是超越存在，超越世俗知識，故而非思惟擬議所可到，尤非以思惟所能解決。當然也不許不知，如南泉普願所云：「道不屬知，不屬不知，知是妄覺，不知是無記，若真達不疑之境，猶如太虛廓然洞豁，豈可強是非也。」❷「道不屬知」、「知是妄覺」，此指世俗之知；「不屬不知」、「不知是無記」，無記是無所識覺的愚魯，此一不許知，而又不許不知，禪宗常以「如

---

❷　見釋道原《景德傳燈錄》卷二。此為南泉普願告趙州從諗語。南泉乃馬祖法嗣。趙州為南泉弟子。

愚如魯」形容之，謂非正愚正魯。因在開悟時，不能由思知——由思和知的方法以達成之，思知只是開悟中的過程或階段。其二，不許行而又不行不能到：人類的行為造作，均落在無常、變化、壞滅的層次中，禪宗的開悟，是超越這一層次，而至永恆、不變易的境界，這就是洞山良价「何不向無寒暑處去」之意❸，人世之間，自不能無寒暑變化，故所指的是開悟後的永恆境界。這一境界，當然非人的行為造作所可到達，故曰「道不用修」。當然行為造作尚不可到，何況不修——不修為造作呢？所以在基本上又不能不行為造作，這也是所謂的「修行頓中漸」之意，雖然矛盾而無奈，然而卻深陷於此一矛盾和無奈之中。其三，不許言說，而又不能離言說：文字語言為載道的工具，自悟道的時機及境界而言，誠然不是文字語言所可到，故禪宗常不許說破，視文字語言為所知障，障蔽道眼，故不立文字。然而又不能離於語言文字，故而又云「聽法頓中漸」，但極力避免真心直說，所以揚眉瞬目，豎拂舉拳，甚至手畫圓相，以象徵之。舉此三者，可見禪宗對於悟道之困難，深有體會，故以「蚊子上鐵牛，無下嘴處」以形容之，甚至否定佛教的方法，視為「定法」、「死法」，無補於開悟。

　　開悟如此之難，其故何在？良由禪宗之開悟，係求人與道合，證悟、證入此一超越的絕對境界，此一境界，其大無外，其小無內，不為形體、色彩、動靜所限，如黃檗希運所云：

> 此心自無始以來，不曾生，不曾滅，不青不黃，無形無相，不屬有無，不計新舊，非大非小，超過一切限量名言蹤跡，當體便是，動念便乖，猶如虛空，無有邊際，不可測度，唯此一心即是佛。（《黃檗山斷際禪師傳心法要》）

　　此「一心」是「真如」、本體，黃檗希運依其體悟之結果，而述說其體悟所得如此。此一境界，誠非智知、思維、造作、言說所可及，實無一定的方法和經驗所可到達，故禪宗為突破佛教的限格，而有不同的方法，以求開悟，非求苟異也，如枯崖圓悟所云：

> 經是佛言，禪是佛心，初無違背。但世人尋言逐句，沒溺教網，不知有自己一

---

❸　見佛果圓悟《碧巖錄》第四十三則。僧問洞山：「寒暑到來，如何回避」，洞山答以此語。

段光明大事。故達摩西來，不立文字，直指人心，見性成佛，謂之教外別傳，非是教外別是一個道理。只要明瞭此心，不著教相，今若只會佛語而不會歸自己，如人數他珍寶，自無半分錢；又如破布裹珍珠，出門還漏卻，縱使於中得小滋味，猶是法愛之見，本分上事，所謂金屑雖貴，落眼成翳。直須打併一切淨盡，方有小分相應也。……（《枯崖和尚漫錄》卷中）

應是教下、宗門之差異所在的最佳說明。其根本上是禪宗注重精神上、本體上的契合，認為與佛教並無殊異，故曰「經是佛言，禪是佛心，初無違背」。其後佛教的發展，偏離了這一根本，遠離了自己的開悟大事，落到只得法喜的地步。故而達摩來華，建立了禪宗，揭櫫了教外別傳之旨，所以禪宗最特別之處，是以自己開悟為本，而不是數他人珍寶，接受他人的開悟所得和開悟經驗而已。如此只是得「小滋味」和「法愛之見」。

三、佛教修持方法的偏失

佛陀布教，建立了佛教，基本的架構，是以佛陀證悟所得的佛心、佛性為基本，形成了佛教的中心思想，是之謂佛；佛陀所說之法，成為佛教的共同信仰，是之謂「法」；佛陀滅度之後，將佛陀說法布教，集結為經，成為佛法的淵藪；佛陀在世之時，成立了僧團，作為弘法救世的組織，是之謂僧；此三者佛門稱之為三寶，是佛法承傳的三大支柱。故而佛教的傳法，不是不注重開悟，而是認為開悟極難，非如佛陀的器根、智慧、機緣、修持，不可能開悟成佛；佛徒的開悟，要依上述的三寶，即所謂聲聞乘；而開悟的所得和境界，均無以超越佛陀，所以佛弟子所得的果位為阿羅漢，而不敢成佛；佛教的布教，既不敢以成佛為目的，故以能明瞭佛陀的思想和佛法為滿足，因而被禪人視為「尋言逐句，沒溺教網」；並將佛教修行之法，視為「定法」、「死法」，認為不足「發明大事」，依之修持，將「死水裏浸殺」。

佛教甚重修行，佛陀在世布教時，修行之法，已形成規範，而見於經論律三藏的律部，綜而論之，修行求悟之法，不外㈠理入：以精研佛教典籍，以明究佛陀所說的法理，理入係以佛陀的經典為中心，故而疏論講說，深入析說，鉅細靡遺，每一重要

經典，都形成龐大系統，甚至為一宗一派所偏重。㈡行入：即由修行以求入道，佛教無不持戒、修定、修慧，認為係一定而有效的方法。㈢他得：佛教的得法、傳法，極注意「他得」，不外求佛而得，持經而得，依僧而得，從果報而得，以他得為主，不敢作全然「自得」之主張，與禪宗自力成佛的思想，大有不同。上述三者，為佛教修行的一定方法，禪宗均視之為「定法」、「死法」，蓋均不能依之而頓悟成佛，而主張「活法」——由無定法以求悟入，故而臨濟將修定打坐的弟子打起說：「打什麼瞌睡」；又將佛經說成是拭不淨故紙；雲門要打殺佛與狗子喫；可見其反對之甚。禪宗也不全然廢棄上述的定法，僅係視為基本方法，或無方法之方法而已。

四、禪宗之活法求悟與從緣悟達

禪祖師深知開悟之難和開悟之難有定法，故而主張由活法開悟，此意六祖慧能實已開出：

> 自性自悟，頓悟頓修，亦無漸次，所以不立一切法。諸法寂滅，有何次第？
> 若悟自性，亦不立菩提涅槃，亦不立解脫知見，無一法可得，方能建立萬法。
> （《六祖壇經·頓漸品第八》）

佛教重法，定為可以軌生物解，故有百法之名，萬法之稱，而禪宗則認為法是假名，「不立一切法」；尤其是自性自悟之時，無一法可得；當然這是開悟後的究竟界境；在求悟的階段，也許不能盡廢，但要由法而臻於忘法，如谷隱禪師云：

> 此事如人學書，點畫可效者工，否者拙，蓋未能忘法耳。當筆忘手，手忘心，乃可也。（《五燈會元》卷十二）

谷隱以學書比擬求悟，「點畫可效者工」，謂法帖規矩在前，有法則可効，僅能求其工巧；不依法者則拙劣，其故在未能忘法；惟當筆忘於手，手忘於心，「忘法」之後，方能隨意揮灑，得大自在。與教下的重法思想，迥然不同。兀庵普寧，則點出活法之意：

我宗無語句，亦無一法與人，若有一法與人，亦成斷常之法，非正法也。從上佛佛授手，祖祖相傳，只貴所得所證，正知正見，廓然蕩豁，徹見本源，方謂之正知正見。繩繩有準，法法融通，或於十二分教明得者；或於教外明得者；或有未舉先知，未言先領者；或有無師自悟者。……（《兀庵和尚語錄·示松島圓海長老書》）

兀庵標出了禪宗的特色：「我宗無語句，亦無一法與人，若有一法與人，亦成斷常之法，非正法也」。細味其意，謂於禪人的開悟，無語句予以指授，無一法以與求悟之人，惟悟後所得所證的正見正知，才是佛陀、祖師相傳，徹見本源的正道。並認為開悟不止一端，「或於十二分教明得者，或於教外明得者……或有無師自悟者」，已寓有活法或無定法求悟之意。其「活意」之說，亦隱有活法的涵義：南院和尚云：「坐卻舌頭，別生見解，參他活意，不參死意」。❹「活意」並非求言外之意；或思惟言說，另生別解；而係撥開理解、知解，當下悟入，故達觀云：「才涉唇吻，便落意思，並是死門，故非活路」❺，「才涉唇吻，便落意思」，正是思惟擬議，理解知解之意，而云「並是死門」者，顯然不許如此求悟，不許如此參求。證以洞山初禪師之言：「語中有語，名為死句，語中無語，名為活句」。❻「語中有語」，應為有義語，而為死句，不許參求；「語中無語」，應為無義語，而為活句、許加參求，可以證知參活句不參死句之意矣。故曰「執理元是迷，契理亦非悟」，谷隱與達觀禪師論之云：

良久曰：如石頭云：執理元是迷，契理亦非悟。隱曰：汝以為藥語、為病語？師（達觀）曰：是藥語。隱呵曰：汝以病為藥、安可哉！師曰：事如函得蓋，理如箭直鋒，妙寧有加者？猶以為病，實未喻旨。隱曰：妙至是亦祇名事理、祖師意旨，智識所不能到，矧事理能盡乎？故世尊云：理障礙正見知，事障續諸生死。師恍如夢覺曰：如何受用？隱曰：語不離窠臼，安能出蓋纏？師歎曰：

---

❹　見洪覺範《林間錄》卷上。南院和尚，生平不詳。

❺　同注❸。

❻　同注❸。

才涉唇吻，便落意思，儘是死門，終非活路。❼

可見禪宗參活意、活語之意，要心神處滅，心路斷絕，涉及思惟擬議，均乃死語、死意，亦是死法了。禪宗未立活法之名，但唐宋之際，禪門大盛，隱括禪以論詩者，倡活法之說以論詩，可通釋禪宗之活法求悟，呂本中云：

> 學詩者當識活法。所謂活法者，規矩具備，而能出於規矩之外，變化不測，而亦不背於規矩也。是道也，蓋有定法而無定法，無定法而有定法，知是者則可與言活法矣。❽

無定法即活法之意，定法者「規矩具備」之謂，禪人修持，不能不由規矩，故理入、行入，均不能廢除；及開悟之時，方避免死句、死意、死法，而以活句、活意、活法為法門，除了在宗教上的「執理元是迷，契理亦非悟」的特性外，即經過了「規矩具備」的定法階段，而達於「能出於規矩之外」的無定法境界——活法的運用自如。就詩學、書道而言，活法是悟的結果，由定法的突破而獲得，就禪宗的開悟而言，活法是開悟的方法，方可冥達絕對的真實和超越存在，當然泯絕了法的分別觀念，而無活法、死法之分了，所以說「亦無一法與人」，縱然如佛陀的布教說法，亦「法法融通」，乃悟後所得。

禪宗的活法求悟，可以「從緣悟達」作為代表，靈雲志勤，以見桃花盛開而悟道，其開悟後的偈語云：

> 三十年來尋劍客，幾回落葉又抽枝。自從一見桃花後，直至如今更不疑。

靈雲的開悟，是經過三十年的努力，而以「尋劍客」自喻：在三十年長久的時間裏，看見了桃花的落葉、抽枝的變化；然後在見到桃花開花之後，開悟見道了；直至作此詩偈之時，毫不懷疑所見。他的開悟境界和所見，經過溈山靈祐的勘驗，而且與

---

❼　見釋普濟《五燈會元》卷十二。石頭指石頭希遷，為青原行思之法嗣，六祖之再傳弟子。其所云「執理元是迷……」見〈參同契〉，相傳為石頭之作。又「事如函得蓋，理如箭直鋒」，《景德傳燈錄》卷三十之〈參同契〉作「事存函蓋合，理應箭鋒拄」，較合理。

❽　見劉克莊《江西詩派小序》，引載呂紫微之〈夏均父詩集序〉。紫微乃呂本中之字。

之符契，然後「印可」道：「從緣悟達，永無退失，善自護持」。溈山認為靈雲的見桃花而開悟，為「從緣悟達」，可惜無進一步的釋說；其「見桃開悟」，雖成為參究的公案話頭，但於「從緣悟達」，並無著語，僅止於靈雲偈詩的參究❾；而印度外道雖有「從緣顯了宗」，乃執持「聲」或「法」的體為恆常，須藉眾緣而始彰顯，係本體上的問題，為佛法所斥破，與「從緣悟達」，自無關係；所以「從緣悟達」，應從靈雲的開悟過程中尋求確切的意義和解答。由見桃悟道的可能性而言，桃花的開落，是現象界的「有」和本體界的「空」的顯示，「空」「有」一如，由「空」而「有」，由「有」而「空」，不斷地交替進行，故靈雲能見「色」明「心」──由現象界的「有」，證悟本體界之「空」；但是這一事象，不限於桃花，任何花卉均有此可能。而且在靈雲的看「桃花」的三十年過程之中，年年均有可能，何必待「三十年」之後呢？當然這是一種偶然性和突發性，一方面是「時至自悟」，一方面是「可遇而不可求」，這是「從緣悟達」的外層意義；就靈雲的開悟過程而言，是經過「三十年」的尋求過程，氣機具於內，是為開悟的「主因」，見桃花而開悟，桃花只是引發的外緣，這與阿基米德在洗澡時發現了浮力定理，其原因相同。洞山良价的因過水覩影而開悟，正係「從緣悟達」一類的例證，洞山的偈詩云：

> 切忌從他覓，迢迢與我疎。我今獨自往，處處得逢渠。渠今正是我，我今不是渠。應須任麼會，方得契如如。❿

「切忌從他覓」，即悟以往外求之非，蓋道不遠人，全由己得，正如影之隨形，故而切忌從他覓。可見求道的氣機，時時具於心，方可待「過水覩影」之外緣，而為引發。又香嚴智閑的擊竹開悟緣由，更詳細而具體，可見「從緣悟達」的另一意義：

> 山（溈山）問：我聞汝在百丈先師處，問一答十，問十答百，此是汝聰明靈利，

---

❾ 依靈雲「見桃悟道」參究而開悟的，有覺海法因，見《五燈會元》卷十八；何山守珣，見《五燈會元》卷十九；覺海法因云：「岩上桃華開，華從何處來？」何山守珣云：「莫道靈雲不疑，只今覓過疑處，了不可得。」均未道及「從緣悟達」。

❿ 見釋道原《景德傳燈錄》卷十五，釋普濟《五燈會元》卷十三。全詩的解釋見拙著《禪學與唐宋詩學》第一三〇頁。

意解識想。生死根本、父母未生時，試道一句看？師被一問，直得茫然，歸寮，
將平日看過底文字，從頭要尋一句酬對，竟不能得，乃自歎曰：畫餅不可以充
饑。屢乞溈山說破，山曰：我若說似汝，汝已後罵我去！我說的是我的，終不
干汝事。師遂將平昔所看文字燒卻，曰：此生不學佛法也，且作個長行粥飯僧，
免役心神。乃泣辭溈山，直過南陽，覩忠國師遺跡，遂憩止焉。一日芟除草木，
偶拋瓦礫擊竹作聲，忽然省悟，遽歸沐浴焚香，遙禮溈山，贊曰：和尚大慈，
恩逾父母，當時若為我說破，何有今日之事？乃有頌曰：

一擊忘所知，更不假修持。動容揚古道，不墮悄然機。處處無蹤跡，聲色外威
儀。諸方達道者，咸言上上機。⓫

　　這一開悟的過程，說明了香嚴先是由文字思惟索解以求，得到的是非常豐富的世
間智識和佛法的知識，但是無自己的體悟，故被溈山一問，茫然無解；屢乞求溈山，
為他解說，溈山「以我說的是我的」之理由，加以拒絕；香嚴在心灰意冷之餘，放棄
了尋求心，而行腳他方，深符臨濟所云：「佛法無用功處，祇是平常無事，屙屎送尿，
著衣喫飯，困來即臥」和「無一念心，希求佛果」的境界，於是時至自悟，在偶拋瓦
礫擊竹作聲的「從緣悟達」的情況下，而發明「大事」，「一擊忘所知」，正誦明瞭
此一背景——由石瓦擊竹作聲之中，忘卻了心識意解的知識意解，冥然與「本體大全」
契合，方知「此事」非假借做作之外在修持工夫所能得到。這是息歇思惟擬議，不假
修持，不事外求之後的「從緣悟達」的例證。此外如越山師鼐的赴官齋時忽覩日光而
豁然洞曉；神照本如以四明尊者的「汝名本如」而領悟；分庵主聞階司「喝侍郎來」
而忽大悟；楚安方禪師的在舟中，聞岸人操鄉音屬聲云「叫那」於是有省；皆「從緣
悟達」者，有何定法可從？所以禪人的行腳參請，即在覓此機緣，有時在彼而不在此，
例如藥山惟儼的參石頭、馬祖，即係如此。《五燈會元》卷五云：

澧州藥山惟儼禪師……。首造石頭之室，便問：三乘十二分教，某甲粗知，嘗
聞南方直指人心，見性成佛，實未明瞭，伏望和尚慈悲指示。頭曰：恁麼也不

⓫　見《五燈會元》卷九。潭州溈山靈祐禪師語錄。偈詩的解釋，請參閱拙著《禪學與唐宋詩學》第三
　　三〇頁。

得，不恁麼也不得，恁麼不恁麼，總不得，子作麼生？師罔措。頭曰：子因緣
不在此，且往馬大師處去！師稟命躬禮馬祖，仍伸前問，祖曰：我有時教伊揚
眉瞬目，有時不教伊揚眉瞬目，有時揚眉瞬目者是，有時揚眉瞬目者不是，子
作麼生？師於言下契悟，便禮拜。祖曰：你見甚麼道理便禮拜？師曰：某甲在
石頭處，如蚊子上鐵牛。祖曰：汝既如是，善自護持。

這是藥山惟儼先參石頭希遷，以機緣不在，故而未能契悟。石頭未有任何進一步
的解說，只告以「子因緣不在此」，而命其參訪馬祖道一，考石頭和馬祖的問話，語
異而意同，均係就「真如」、「本體」的如何體會而致問，而藥山於石頭之語，則如
「蚊子上鐵牛」；於馬祖之言，則豁然契悟，何以有如此之不同，乃「從緣悟達」之
故，許多禪人的行腳不已，參訪不休，即在覓此悟達的機緣，如臨濟義玄的初參黃檗，
三問如何是祖師西來意，而三度遭打，終無所得。後黃檗希運，令參高安大愚，於問
大愚，三問黃檗三遭打，不知過在什處時，大愚答以「黃檗恁麼老婆，為汝得轍困，
猶覓過在？」而於言下大悟。亦逐機緣不在黃檗之故。這一類的「從緣悟達」，有自
然景事的引發，在禪祖師的誘啓。另外極罕有者，乃有意的情景安排，造成人為的「從
緣悟達」：

> 無為軍吉祥元實禪師……。自到天衣，蚤夜精勤，脅不至席，一日偶失笑喧眾，
> 衣擯之，中夜宿田裏，覩明星粲然有省，曉趨方丈，衣見乃問洞山五位君臣如
> 何語會？師曰：我這裏一位也無。衣令參堂，謂侍僧曰：這漢卻有箇見處，柰
> 不識宗旨何？衣預令行者五人，分序而立，師至俱召實上座，師於是密契奧旨，
> 述偈曰：
> 一位纔彰五位分，君臣叶處紫雲屯。夜明簾卷無私照，金殿堂堂顯至尊。❷

天衣以吉祥不明曹洞宗的五位宗旨，尤其是洞山良价的君臣五位，乃以自己及五

---

❷ 見《五燈會元》卷十四。天衣指天衣懷義，屬曹洞宗之法系。洞山五位君臣，乃由洞山良价所開出，
以君位表示正中偏——乃修行階段；臣位表示偏中正——乃求悟階段；君視臣代表正中來——悟道
後的行道階段；臣向君代表兼中至——體用一如的階段；君臣道合代表兼中到——功德圓滿，人與道
合，證入寂靜涅槃。偈詩解釋，請參閱拙著《禪學與唐宋詩學》。

僧扮演之，雖敘說簡略，詳情無法細知，但係以人為的安排，形成了「從緣悟達」的條件，使吉祥能了達「奧旨」，「一位才彰五位分」，「君位」代表「真如」、「本體」，在這一位顯示了從體起用之後，便五位分明——有正中偏、偏中正、正中來、兼中至、兼中到，獲得契悟的實際。禪人的用棒用喝，亦應歸入這人為情景機緣安排的一類。「從緣悟達」，有此三類的不同，實概括了禪宗祖師開悟的大部分，教外別傳的意義，因而有了進一步的宣明，禪宗在基本上是拋棄了佛教的定法求悟，而以無定法的活法——「從緣悟達」，作為有效的替代。其後竟將達摩的「行入」、「理入」，亦加棄置而不道，非無原因，因為他們自信掌握了開悟的核心、更彰顯了禪宗的精神，也壓倒了教下各派。

五、結　論

上述的「從緣悟達」，是無定法的活法，也是無法之法，故神秘而不可思議，足以說明「無心合道」的真諦。當然「從緣悟達」，有其極基本的條件，大約可以用馬祖道一的平常心是道說明之。馬祖云：

> 若欲直會其道，平常心是道。何謂平常心？無造作，無是非，無取捨，無斷常，無凡聖。……
> 不知聖心本無地位因果階段，心量妄想，脩因證果，住入空定，八萬劫，二萬劫，雖即已悟，悟已卻迷。……
> 道不用修，但莫汙染，但有生死心，造作趨向，皆是汙染。……（見《馬祖道一禪師語錄》）

所謂「平常心是道」，即不起一切的分別、貪求、造作的純潔、純一之心，實即本具之佛心佛性，實即不同於感覺的本能和思惟的本能，而是此二者以外的直覺本能，禪祖師所常言的佛心、佛性或自性。亦簡曰心、性等（可參閱本書第六篇）。且與臨濟的「無位真人」，永嘉真覺的「絕學無為閒道人，不除妄想不求真」，同一意義；「道不用脩，但莫汙染。」乃不以著意的脩持做作，而又不受生死心、造作趨向等汙染之謂，於是自然精純；如果不能達到這一境界，只有由佛教的戒、定、慧等法以求了，

以期由有修有證，而達於無修無證的「莫汙染」地步，以求悟入。由「從緣悟達」以得悟，即時至自悟也。所有的行腳參訪，都是在尋求這種機緣，以為開悟的觸發。大概由於以後的禪人，太過重視「從緣悟達」的方法，漠視了「平常心是道」，「道不用脩，但莫汙染」的實際和應有的努力，喪失了這重要的根本，徒由「從緣悟達」以求開悟，亦難有開悟的可能了，例如未開眼的禪人，而用棒用喝，豈不是一場胡鬧？復因這一無定法、活法求悟的失效——因為有很多「從緣悟達」亦未能得悟的。只有重返佛教定法修行的一路，至少有法可循。因而教下、宗門復合，禪宗的真精神喪失了，故而聲銷采散。是以「從緣悟達」，是宗門開宗立派和大振宗風的重要原因。

捌、禪宗的精義及其發展

一、前　言

　　禪宗是佛教宗派之一，可是這一宗派的發展，不但極其奇特，而且極其迅速，其影響更極為深遠而普遍，我國的宗教、文學、哲學、藝術，無不受其刺激及影響。禪宗的肇建，是菩提達摩於梁魏之際，來華建立，其始乃極少數人所信奉和傳授，然至唐弘忍、慧能大師以後，竟形成與整個佛教相抗對立的情勢，自稱宗門，稱佛教為教下，其後竟形成了中國佛教的特色在禪，教下的叢林大多數變成了禪門子弟的道場，所謂「臨濟兒孫遍天下」。考其由成立至興盛，不過二百三十餘年。❶就其整體的影響而言，誠如印順法師所云：「這是中印文化融合的禪，或者稱譽為東方文化的精髓。」❷對中國佛教而言，禪宗對教下諸宗，至少產生了正面的影響和反面的刺激，印順法師又云：「達摩禪到（四祖）道信而隆盛起來，經道信、弘忍、慧能的先後弘揚，禪宗成為中國佛教的主流。」❸在文學上先是盛唐詩人，始競以禪入詩❹，由唐末至宋，論詩的人，進一步以禪論詩❺；哲學方面，宋代的理學所受禪宗的影響，已為學者所悉知，由禪宗的語錄而導致理學家的語錄，由禪宗的公案而導致理學家的學案❻，更是表層面的明顯可見影響；至於藝術方面，中國的文人畫和禪畫，肇始於王維，而後

---

❶　達摩於梁武帝普通年間來華，唐玄宗天寶十六年安史之亂，佛教普受影響。禪宗南北二宗則盛於此
　　時，此期不過二百三十餘年。
❷　見《中國禪宗史·序》。
❸　同注❷。
❹　見拙作《禪學與唐宋詩學》第三章以詩寓禪。
❺　見拙作《禪學與唐宋詩學》第六章第一節。
❻　見錢穆的〈黃梨州的明儒學案全謝山的宋元學案〉，《文藝復興月刊》第三十期。

以禪論畫如董其昌等，都是極明顯的證例。由上所述，可見禪學影響的普遍和深遠，所以對禪宗的精義及其發展加以研究，當是極為根本的，也是極為需要的。

二、禪宗的建立

禪宗由菩提達摩自印度來華建立，成為中國禪宗的開派人物——中華初祖。唐釋道宣《續高僧傳》云：

> 菩提達摩，南天竺婆羅門種，神慧疎朗，聞皆曉悟，志存大乘，冥心虛寂，通微徹數，定學高之。悲此邊隅，以法相導，初達宋境南越，末又北度至魏，隨其所止，誨以禪教。……❼

關於達摩的籍貫、年代、行跡，其後隨著禪宗的光大，傳說愈多，訛變愈甚，道宣所記，應為較早，較可信者，道宣又云：

> 藉教悟宗，深信含生同一真性；客塵障故，令捨偽歸真，凝住壁觀；無自無他，凡聖一等；堅住不移，不隨他教；與道冥符，寂然無名，名理入也。❽

道宣又云：「然則入道多途，要唯二種，謂理行也。」可見達摩初期的弘法，仍不外念經求解的「理入」和著重修持的「行入」，所差別的是「藉教悟宗」和「不隨他教」，肇啟了禪宗這一宗的別異風格，這風格的形成，在道宣的慧可傳中，有較多的泄漏：

> 從學六載，精究一乘。理事兼融，苦樂無滯，而解非以簡易宣化之旨，而適合中土人情。……❾

由達摩至四祖，均以《楞伽經》為主，至五祖弘忍，始代以《金剛經》。印順法

---

❼　見《續高僧傳》卷十六〈習禪達摩傳〉。

❽　同注❼。

❾　同注❼。

師論此期之禪風云：

> 達摩禪「藉教悟宗」。重教的，流衍為名相分別的楞伽經師。重宗的，又形成
> 不重律制，不重經教的禪者。護持達摩深旨的慧可門下，那禪師、粲禪師等，
> 以「楞伽經」為心要，隨說隨行，而助以嚴格的、精苦的頭陀行。道宣時，一
> 顆光芒四射的彗星，在黃梅升起，達摩禪開始了新的一頁。（《中國禪宗史》第一
> 章）

可見禪宗建立之初，仍是偏重經典和修持的「理入」與「行入」，於教下為近，
未顯露出禪宗的特別宗風，自弘忍以後，已形成多頭宏傳，南宗北宗，各樹宗旨，南
宗主「頓」、北宗主「漸」，是一般人的看法，似乎南北二宗，便代表了當時整個禪
宗的活動，事實上卻有牛頭宗的興起，雖被目為旁支，但印順法師卻認為是中華禪的
根源和建立者：

> 印度禪蛻變為中國禪宗——中華禪，胡適以為是神會。其實不但不是神會，也
> 不是慧能。中華禪的根源，中華禪的建立者，是牛頭。應該說，是「東夏之達
> 摩——法融。」❿

印順法師並進一步指出：禪宗的「無心合道」，「無心用功」——發展出一種無
方便的方便。其實，這是受了莊子影響。莊子說：玄珠（喻道體），知識與能力所不能
得，卻為罔象所得。除此一旁出的宗派外，在東山弘忍的門下，尚有金和尚的「淨眾」
派，宣什的傳香念佛派，在多頭弘傳⓫，雖然不是禪宗的主流，但也各有或多或少的
影響，以致其滙歸曹溪，形成浸天的巨浪。連旁出的牛頭宗，也有推波助瀾之功。因
為慧能是未讀書的大智慧人，不應該受知識販賣的影響，《莊子》的文深字奧，慧能
大師殊難透過學問知識的途徑去接近這本書。慧能大師得法於弘忍大師之後，便遁隱
於廣西的懷集，廣東的四會之間，與牛頭法融應無關係及交往，自難有影響的可能，
牛頭法融縱然是「東夏的達摩」，縱然有些影響，也應是慧能的身後傳人。何況莊子

---

❿　見《中國禪宗史》第三章。

⓫　同注❿。

是哲學家，而非宗教家，其罔象得玄珠的寓言，能否形成悟道的方法，仍大有問題，因為哲學上的心營意想，正犯了禪宗「言語道斷、心行處滅」的忌諱。所以禪宗在六祖之後，能五宗二派先成立，應以慧能大師的影響及貢獻為獨多。

慧能大師在禪宗之中，是極為傳奇性的人物，慧能大師自述其身世云：

> 惠能嚴父，本貫范陽，左降，流於嶺南，作新州百姓。此身不幸，父又早亡，老母孤遺，移來南海，艱辛貧乏，於市賣柴。⑫

可見慧能大師，未受過好的教育，證以其後和神秀大師「身似菩提樹」的偈詩時的種種，這位大師，是不識字更不能書寫的：

> 上人，我此踏碓，八個餘月，未曾行到堂前，望上人引至偈前禮拜。童子引至偈前禮拜，慧能曰：「惠能不識字，請上人為讀。」時有江州別駕，姓張，名日用，便高聲讀，惠能聞已，遂言，亦有一偈，望別駕為書。⑬

這是慧能大師不能讀書寫字的真切證明。就世俗的觀念而言，不能識字讀書，何能頓悟至道？然以禪宗的修道理論而論，文字知識，讀書為學，正足以障其道眼，慧能大師卻免於「此累」，得悟至道，在二十四歲的英年，獲傳衣嗣法，成為一派的宗主。更令人詫異的，其時慧能大師，並不具備僧侶的身份，僅係未祝髮的頭陀，而弘忍大師竟能傳以衣鉢，固然是識見超人，其實足與禪宗的秘密傳授，師資勘磨的制度有關，例如達摩傳法二祖之時，便叩詢諸弟子所見，而分別評論其高下，最後慧可以默無一語，「依位禮拜」，以「汝得吾髓」而獲傳授。⑭慧能大師的得傳授衣鉢，其情況亦約略相同。神秀的法偈，未能「見性」，而慧能大師的「菩提本無樹，明鏡亦非台。本來無一物，何處惹塵埃。」⑮自係了徹人語。可見禪宗的師資勘磨，極為嚴格而認真，其傳位在於悟不悟，得不得法，而不是資格與形式上的問題。

慧能大師獲傳衣鉢，成為一派的宗主，他沒有辜負五祖弘忍的鑑賞，光大了禪宗

---

⑫　見《六祖壇經·行由品》。

⑬　同注⑫。

⑭　見《景德傳燈錄》卷三。

⑮　見《景德傳燈錄》卷三。《六祖壇經·行由品》。《傳燈錄》作「何假拂塵埃」。

的門庭，在三十七年的說法利生活動之中，「得旨嗣法者四十三人，悟道超凡者，莫知其數。」❶而以荷澤神會，青原行思，南嶽懷讓等，宗匠輩出，先後建立了曹洞、雲門、臨濟、溈仰、法眼五宗。臨濟一宗獨大，到了趙宋，分出楊岐方會、黃龍慧南二派。謹附六祖慧能以下法系圖如下：

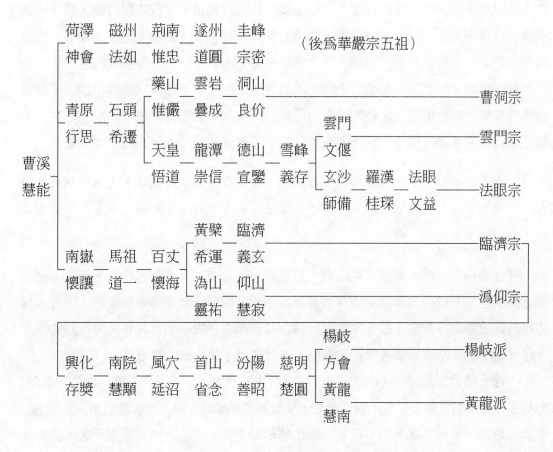

五宗二派的建立，不但使曹溪一脈，顯揚光大，有獨芳寰宇的聲勢，而其影響，更涉及多方。是禪宗肇始於達摩，興盛於四祖及五祖，而大成於慧能大師。也是中華文化和印度文化交流以後的結晶，更是東方文化最精粹的部份。

---

❶　見《六祖壇經・付囑品》。

三、禪宗的精義

禪宗之能崛起，形成了無比的震撼力量。宗教是富有排他性的，其競爭即使能超出利害、恩怨、門戶之見以外，而信仰上亦復難包容別異。禪宗建立之初，自為佛教教下各派所不容，有不少的高僧，行腳至禪宗的禪林和道場，欲攻擊掃蕩，以為消滅澄清；而禪宗內部亦有「南能北秀，水火之嫌，荷澤洪州，參商之隙」。❶禪宗能在這一情勢之下，尚能發展、鞏固，決非僥倖，必有內銷分歧，外服強敵的能力。

禪宗諸派，雖門庭設施各有不同，因而有各宗的宗旨，形成別異的派別。可是就其求道或修行的目的而言，則無不在發明此一「大事」，徹悟大道，所謂明心見性，頓悟成佛。其所謂「明心」「見性」，則哲學家所謂「形而上學」也。馮友蘭云：

> 禪宗雖無形上學，而其所說修行方法，實皆有形上學之依據，蓋其所說之修行方法，為如何使個人與宇宙合一之方法，必其心目中有如此之宇宙，然後方講如此之方法也。❶

禪宗的特別之處，是求人與道合，證悟形而上之道，而非如哲學家，僅推論證說形而上學也。至於馮友蘭氏所謂禪宗無形而上學，蓋馮氏論究禪宗禪學時，未深入禪祖師語錄公案之中探求，故有此誤認。禪祖師於開悟，對不能言說和忌諱言說的形而上學部份，仍多語說，筆者曾試加歸納，得其形而上學的概要如下：

㈠禪人隨言說的方便，所謂「心」、「性」、「體」、「一物」等，都是「本體」的異名。㈡本體是無是無非，無善無惡，無憂無喜，本自清淨。㈢本體超過一切限量、名言、蹤跡，不可智知，不可理求。㈣本體無形無質，不生不滅，不來不去，沛然充塞於宇宙之間，常依體起用。㈤本體是非空非有，亦空亦有，能大能小，應物現形，為萬物萬法之主，體與用因而有不二的關係。㈥本體系作用不絕，攝兼動用，動用中收不得，不盡有為，不住無為而又能無不為。㈦本體於人，係在凡愚而不減，在聖賢

---

❶　見《禪源諸詮》卷一。
❶　見《中國哲學史》第二篇，第九章，隋唐之佛學下。

而不增,不斷不常、不亂不寂,用處祇是無處。❶

　　卓出的禪祖師,以無比的恆毅,無上的智慧,在徹悟之後,於形而上學的體認,應是信而可徵,決非模糊臆想的結果和推測推論的認定。這一形而上的體認,統一了全宗的信念,教下諸宗,也不能非難。近人論本體者,以熊十力先生最詳最密,熊氏云:

　　㈠本體是萬理之原,萬德之端,萬化之始(始,猶本也。)。

　　㈡本體即無對即有對,即有對即無對。

　　㈢本體是無始終。

　　㈣本體顯為無窮無盡的大用,應說是變易的,然大用流行,畢竟不曾改易其本
　　　　體固有生生、健動、乃至種種德性,應說是不變易的。❷

試與禪宗所建立的形而上學相比較,疏密詳略,灼然可見。且熊氏未明言其形上學係由思而得?由悟而得?或由人而得?由學而得?❸而禪人則係實證實悟而得,大有不同。而且所悟是否正確?是否模糊影響之談?又有師資勘磨,自應信而可徵。以哲學家「體用一元,顯微無間」❹的觀念而論,對形而上的本體體認無誤,則依體起「用」,其用方無差誤,況禪祖師所言之「體」,語雖不同,義歸一致。而儒家以宋五子,陸象山、王陽明為例,所言體各有不同,周濂溪以「誠」為體,張橫渠以「太和陰陽」為體,程明道以「仁」為體,程伊川以「陰陽」為體,朱子以「理」或「氣」為體,陸象山以「道」為體,王陽明以「良知」為體❺,以本體之絕對性而言,決不能如此之紛異,究竟何者為真呢?苟非真實,則其所起之用,自然難免偏誤了。禪宗之形而上學,既係由實證實悟而得,則其所言之「心」「性」——本體,自然彌足珍貴了。

---

❶　見拙著〈禪宗的體用研究〉。第五屆國際佛教教育研討會論文集。

❷　見《體用論》第九頁。

❸　熊先生之形而上學見《明心篇》,《體用論》等著。熊氏自言:「余平生之學,本從大乘入手。」
　　而又明言其形而上學出於大易。不能令人無疑。詳見拙著〈儒家的體用觀〉,《孔孟月刊》第二十
　　三卷,第二期。

❹　見《程子易傳・序》。

❺　見拙作〈儒家的體用觀〉,《孔孟月刊》第二十三卷第二期。

故其言體言用，最為精確，此其精義之一。

　　禪宗的自立宗派，有以別於教下諸宗者，大抵在修行方法上。因為教下諸宗，大都不外「理入」和「行入」，「理入」不外由名相入手，由經典用功，得師資的傳授，以求深明佛理；由行入者，不外持律守戒，精苦用功，以至廣積功德，以求獲得善報或果位。不論理入或行入，大都依仗他力或外力，所以教下諸宗，必設清淨莊嚴的道場，必誦經唸佛，必求師資的指引，都是依仗他力或外力的證明。禪宗祖師不是全然反對這些，不過認為這些都是不會有入道效果的死法，以成佛的釋迦牟尼為例，教下諸宗，奉為教主，固然不錯，但認為成佛證道，要乞靈於佛陀，禪宗祖師則大加反對，因為自形而上的「本體」——「心」、「性」言，佛陀徹悟了，也不過是「人與宇宙合一」，他不是「本體」，也不能全然代表「本體」，充其量只是「傳言代語人」，而非究竟，故雲門文偃有打殺佛祖的公案，所以不可也不必向佛求。更不必向僧求了。就理入而言，此「心」此「性」，實超越了言語論說，文字釋說之外，雲門文偃之言，可為代表：

> 此箇事，若在言語上，三乘十二分教，豈是無言語？因什麼更道教外別傳？若是從學解機智得，只如十地聖人說法如雲如雨，猶被呵責，見性如隔羅縠。以此故知一切有心，天地懸殊。㉔

　　「一切有心」謂指心營意想，理入自係「一切有心」的範圍，在「動念便乖」的情況下，以理入的方式去求道，便會產生「天地懸殊」的負效果了。如果以「行入」的方式求道，由戒得定，由定得慧，自係教下諸宗的信念，可是禪宗卻認「戒」「定」等修行方式，只是基本功夫，不是究竟，只是形式，臨濟義玄云：

> 道流！佛法無用功處，只是平常無事，屙屎送尿，著衣吃飯，困來即臥，愚人笑我，智乃知焉。古人云：向外作功夫，總是癡頑漢。儞且隨處作主，立處皆真，境來換不得。……㉕

㉔　見《景德傳燈錄》卷十九。
㉕　見《鎮州臨濟慧照禪師語錄》。

這是臨濟的反對「行入」，其真正的理由，是因為「行入」是有為法，有貪求心，他又云：

> 若是真正道人，終不如是。但能隨緣消舊業，任運著衣裳，要行即行，要坐即坐，無一念心，希求佛果。緣何如此？古人云：若欲作業求佛，是生死大兆。❷

如果持戒修行，一心只在求佛見「性」，則是有貪求心，何能做到「無一念心」呢？至為奇特的，是香嚴智閑與溈山靈祐的公案：

> （智閑）依溈山禪師，祐和尚知其法器，欲激發智光，一日謂之曰：吾不問汝平生學解及經卷典子上記得者，估未出胞胎，未辨東西時本分事，試道一句來？吾要記汝。師憖然無對，沈吟久之，進數語，陳其所解，祐皆不許。師曰：卻請和尚說。祐曰：吾說得是吾之見解，於汝眼目，又何益手？……（智閑）抵南陽，覩忠國師遺跡，遂憩止焉。一日因山中芟除草木，以瓦礫擊竹作聲，俄失聲笑間，廓然省悟，遽歸沐浴焚香遙禮溈山贊曰：和尚恩踰父母，當時若為我說卻，何有今日事耶？❷

一則任門徒懇求，拒不說解；一則徹悟之後，歸功於師父的不說破，不重傳授，不重智知的精神，充分顯露。此皆有以異於教下者。

禪宗反對教下的修持方法，以其係定法，係死法，所以注重無定法、活法。因為此一大事的發明，是人與宇宙契合為一，而此「至道」──「心」「性」，是其大無外，其小無內，非思惟擬議，修證作為所可及，而希望頓悟，其困難誠如禪人所云：「如蚊子上鐵牛，無下嘴處。」可是徹悟之後，卻又說佛法無多子，似得之不難，如臨濟義玄云：

> 山僧見處，無佛無眾生，無古無今，得者便得，不歷時節，無修無證，無得無

---

❷　同注❷。
❷　見《景德傳燈錄》卷十一。

失，一切時中，更無別法。……❷

所謂「得者使得，不歷時節」，顯示了悟則成聖，迷則滯凡，迷悟之間，只隔一線。迷悟之間的關鍵何在？則是修持方法的問題了。禪宗主張以無定法──活法去求悟，其基本的理論，是保持修行人本具的「自性本心」，不受污染，以無求無貪的平常心，去待時節因緣，外力引發，以求開悟，例如南嶽懷讓參六祖的答話，可見此意：

> 祖問：什麼處來？曰：嵩山來。祖曰：什麼物？恁麼來？曰：說似一物即不中。
> 祖曰：還可修證否？曰：修證即不無，污染即不得。祖曰：只此不污染，諸佛之所護念，汝既如是，吾亦如是。……❷

可見「不污染」不但為懷讓的見解，也為六祖所認可，甚至以往的諸佛，亦係如此。「不污染」似易而實難，不但世俗的是非善惡，名利聲色是污染，即使分凡分聖，思聖求聖，甚至有此分別心，也是一種污染，如永嘉玄覺的〈證道歌〉云：

> 君不見，絕學無為閒道人，不除妄想不求真。無明實性即佛性，幻化空身即法身。❸

因為妄想與求真，即是分別心，即是污染。不污染、無分別的本具之「心」，就是馬祖的所謂「平常心」，這一「平常心」，雖然是「修證即不無」，但是也非修證即是究竟，可達徹悟的地步，因為「行亦禪，坐亦禪，語默動靜體安然。」不是全然的修證功夫所可達成的，以佛教的持戒坐禪而論，是修證的功夫，可是禪人云：「滔滔不持戒，兀兀不坐禪。」因為心念滔滔，持戒何益？兀兀形如枯木，坐禪何功？那只是形式上的，暫時的功夫，與徹悟大道相距甚遠。

禪人有了不污染的平常心，不由理入的「知解」，卻又非無所知，所謂「如愚如魯」；不由行入的持戒坐禪，但亦非無修證的功夫，在「行亦禪，坐亦禪，語默動靜

---

❷ 同注❷。
❷ 見《景德傳燈錄卷》五。
❸ 見《景德傳燈錄》卷三十。

體安然」的情況下，本然的道心，會靈光顯耀，如雲開日出，而得徹悟。如百丈懷海所云：

> 汝等先歇諸緣，休息萬事，善與不善，世出世間，一切諸法，莫記憶，莫緣念，放捨身心，令其自在，心如石木，無所辨別，心無所行，心地若空，慧日自現，如雲開日出相似。❸

這就是禪宗修持方法最直接的說明，以不污染的本具之心，無所辨別的平常心，在「心無所行，心地若空」的狀況下，「慧日自現，如雲開日出相似。」故一言半語的提示，外在景物的觸發，便可徹悟至道了，例如龐居士之開悟，便是最好的例證：

> （龐居士）後之江西，參問馬祖云：不與萬法為侶者是什麼人？祖云：待汝一口吸盡西江水，即向汝道。居士言下頓領玄旨。❸

馬祖的「待汝一口吸盡西江水，即向汝道。」並非極其微妙的開示，而龐居士的能「頓領玄旨」，只是一種外機的觸發而已。臨濟義玄的開悟，更係如此：

> （義玄）初在黃檗，隨眾參侍，時堂中第一座勉令問話，師乃問：如何是祖師西來的的意？黃檗便打，如是三問三遭打。……來日師辭黃檗，黃檗指往大愚，愚問：什麼處來？曰：黃檗來。曰：黃檗有何言教？曰：義玄親問佛法的的意，和尚便打，如是三問三遭被打不知過在什麼處？愚曰：黃檗恁麼老婆，為汝得徹困，猶覓過在？師於言下大悟，云：元來黃檗佛法無多子。大愚搊住云：者尿床鬼子，適來又道不會，如今卻道黃檗佛法無多子，你見個什麼道理？速道速道。師於大愚肋下築三拳，大愚托開云：汝師黃檗，非干我事。……❸

義玄的開悟，竟然如此的簡單，真是「得者便得，不歷時節，無修無證，無得無失。」當然也是義玄的道心，已到了圓滿成熟的程度，於是在大愚的平常言語「引領」

---

❸ 見《五燈會元》卷三。
❸ 見《景德傳燈錄》卷八。
❸ 見《景德傳燈錄》卷十二。

下，便豁然開悟了。甚至於受外物的觸發，也能撥去迷霧，達於徹悟，例如洞山因過水覩影，而大悟；香嚴以瓦礫擊竹，靈雲見桃花盛開，師鼐見日光而頓悟，均係以無定法的活法，而達人與宇宙合一的境界，大異於教下諸宗者在此。此一方便的「作聖」法門的開出，自係禪宗精義之一。

禪宗在興盛昌大之後，其特色日益顯露，以後的禪人，自敘禪宗的特質云：

> 教外別傳，不立文字。直指人心，見性成佛。❸

教外別傳，大致係指禪宗的傳宗，其修持入道的方法，與教下諸宗不同，已如上述。可是不立文字，既為禪宗精義之一，且又常為人所誤解。蓋禪宗既標榜不立文字，可是語錄、公案，卻如雲如雨，豈非自違其宗旨？故加探論，以見究竟。禪宗在「心」「性」——本體論的證悟上，認為「心」「性」是「無形無相，不屬有無，不計新舊，非大非小，超過一切名言蹤跡。」所以此一「至道」，在基本上是不能用語言文字去形容論說的；所以臨濟義玄說：「乃至三乘十二分教，皆是拭不淨故紙。」尤其正在求悟至道的禪人，更不能言語論說，因為言語論說之時，不但要思惟擬議，而且分賓分主，有能說和所說的對立，便不能直接領受，進入「絕對境界」中了，所以雲門文偃云：「尋言逐句，求覓解會，千萬差別，廣設問難，贏得一場口滑，去時轉遠，有甚麼休歇時。」❸乍視之，這二派的宗主，似為狂言，其實卻係由體起用的至理。可是禪宗成立以後，既云不立文字，可是語錄公案，卻如雲如雨，其故何在？因為語言文字，係載道之器，就此一作用而言，即使是不能言說的至道，指引傳授之時，確有「不離文字」的困難在，所以雖欲廢而不能。雖然如此，禪宗語錄公案，卻求能以「說而無說」，「言滿天下無口過」的精神，在提示指點，而未流於「真心直說」。因為所有的公案語錄，大都在繞路說禪，以比喻、象徵、暗示等方式，例如西來意這一語錄公案，便可充分顯示這一精神：

> 問：如何是祖師西來意？師（趙州）曰：庭前柏樹子；曰：和尚莫將境示人！曰：

---

❸ 《祖庭苑事》卷五，〈懷禪師前錄〉。
❸ 見《五燈會元》卷十五。

我不將境示人。曰：如何是西來意？師曰：庭前柏樹子！㊱

問如何是祖師意？師敲牆腳，僧曰：祇這莫便是否？師曰：是即脫取去……㊲

僧問：如何是西來意？師下禪牀立，僧云：莫即這箇便是否？師云：老僧未有語在。㊳

「如何是祖師西來意？」表面上問的是達摩西來的意旨何在？實際上問的是如何成佛作祖？可是趙州從諗的答話，真是答非所問，使人不得其解，以後參此公案的人，不知凡幾，後人的意見，可以《指月錄》所引為代表：

> 或謂青青翠竹，盡是真如，鬱鬱黃花，無非般若，或謂山河草木，物物皆是真心顯現，何獨庭前柏樹乎？塵毛瓦礫，都是法界中，重重無盡，理事圓融。或謂庭前柏樹子，纔舉便直下薦取，覿體全真，擬議之間，早落塵境，須是當人作用，臨機相見，或棒或喝，或豎起拳頭，衣袖一拂，這個眼目，如石火電光相似。或謂庭前柏樹子，更有甚事，趙州直下為人實頭說話，饑來喫飯，困即打眠，動展施為，儘是自家受用。如斯見解，如麻似粟，皆是天魔種族，外族邪宗。……㊴

《指月錄》所引，可分四種見解，當然以「纔舉便直下薦取，覿體全真，擬議之間，早落塵境。……」較為切合，如果認為是有開示的「有義語」，不但落於心營意想，而且趙州從諗的弟子慧覺，否定趙州「庭前柏樹子」的公案，便不可思議了：

> 師（慧覺）到崇壽，法眼問近離甚處？師曰：趙州。眼曰：承聞趙州有庭前柏樹子是否？師曰：無。眼曰：往來皆謂僧問如何是祖師西來意？州曰：庭前柏樹子，上座何得言無？師曰：先師實無此語，和尚莫謗先師好。㊵

㊱　見《頌古聯珠通集》卷十八。

㊲　見《五燈會元》卷四。

㊳　見《景德傳燈錄》卷十。

㊴　明瞿汝稷《指月錄》卷十一註。

㊵　見《五燈會元》卷四十。

因為趙州的答話，是對境應機的方便，貴當下領悟，境過機失，則如同不說，而答話又有不同，足以見一問話，趙州除了庭前柏樹子，故有其他不同的答話，並非同樣答以庭前柏樹子，可見禪宗的語錄公案，是因境示機，足斬斷思惟擬議，是繞路說禪的指點，不能尋言覓句，依名相求解，故禪宗典籍語錄之中，無任何因明學及性質相近之問答。據此而論，禪宗雖立有文字，卻未背離不離文字的宗旨，此其精義之三。

禪宗注重師資傳授，所謂「教外別傳」，隱然有潛符默證，秘密傳授的深意。可是尤注重勘磨印可！禪祖師於弟子或參訪的禪人，於其所證悟的「心」「性」，是否真正的領悟了，不是隨便「印可」而承認的，要加以仔細的勘磨，以檢驗其所得，例如前述的香嚴智閑開悟了，其後經過了仰山和溈山的勘驗，才予「印可」的：

> （香嚴）一日芟除草木，偶拋瓦礫擊竹作聲，忽然省悟，遽歸沐浴焚香，遙禮溈山，贊曰：和尚大慈，恩逾父母，當時若為我說破，何有今日之事，乃有頌曰：一擊忘所知，更不假修持。動容揚古道，不墮悄然機。處處無蹤跡，聲色外威儀。諸方達道者，咸言上上機。溈山聞道，謂仰山曰：此子徹也。仰山曰：此是心機意想著述得成，待某甲親自勘過。仰後見師（香嚴）曰：和尚讚歎師弟發明大事，你試說看，師舉前頌，仰曰：此是夙習記持而成，若有正悟，別更說看？師又成頌云：去年貧，未是貧，今年貧，始是貧，去年貧，猶有卓錐之地，今年貧，錐也無。仰曰：如來禪許師弟會，祖師禪未夢見在；師復有頌曰：我有一機，瞬目視伊。若人不會，別喚沙彌。仰乃報溈山曰：且喜閑師弟會祖師禪也。❹

香嚴智閑的三偈語，此置不論❹，溈山的考校勘磨，灼然可見，也是仰山所同意的，更顯示了「心機意識著述得成」的「知解」之言，不能承認是「發明大事」，至於永嘉玄覺與六祖的校勘，更見機鋒：

> 玄覺初到，振錫攜瓶，繞祖（六祖）三匝，卓然而立。祖曰：夫沙門者，具三千威儀，八萬細行，大德自何方而來，生大我慢？師曰：生死事大，無常迅速。

---

❹　見《五燈會元》卷九。
❹　此三偈語的解釋見拙著《禪學與唐宋詩學》第三章以詩寓禪。

祖曰：何不體取無生、了無速乎？曰：體即無生，了本無速。祖曰：如是如是。師方具威儀參禮。須臾告辭，祖：返太速乎？師曰：本自非動，豈有速耶？祖曰：誰知非動？曰：仁者自生分別。祖曰：汝甚得無生之意。曰：無生豈有意耶？祖曰：無意誰當分別？曰：分別亦非意。祖歎曰：善哉善哉，少留一宿。時謂一宿覺矣。❹

時六祖已為禪宗宗主，永嘉玄覺先不肯參禮，意在校勘六祖是否悟道；及機鋒酬答之後，得知六祖確係悟道人，方具威儀參拜；六祖曰：「如是如是」，「善哉善哉」，乃宗主印可之辭，六祖確認玄覺已徹悟大道了。禪宗宗主及師資傳授，有印可的制度，以辨別學人是否開悟？悟境如何？正偏得失如何？玄覺或已徹悟，未有徵信，故抵六祖處求勘證，由燈史所記，六祖於玄覺的開悟，實無關係，只是印可而已，謂之「一宿覺」，不符實際。因為有了這一師資校勘，所以禪宗才能保持其宗旨而無偏失，不容許以未悟為悟的存在，此其精義之四。

禪宗的本體論，是其最大的貢獻，也是人與道合的修行目的；其悟道方法，更是形成其宗風的重要因素，開出了無數的悟道法門；其不立文字，乃是不重經教，「直指人心，見性成佛」的精髓；至於師資傳授的校勘，更是保持宗風，不失宗旨的要著，得此數者，禪宗的精義大致灼然可見了。

四、禪宗的發展

禪宗盛於唐宋，可是入宋以後，逐漸盛極而衰，主要的是喪失了活潑奮發的宗風，而以「默照」、「看話」為求悟的手段，默照為曹洞宗的宏智正覺所力倡，其〈坐禪箴〉云：

佛佛要機、祖祖機要，不觸事而知，不對緣而照。不觸事而知，其知自微；不對緣而照，其照自妙；其知自微，曾無分別之思；其照自妙，曾無毫忽之兆；曾無分別之思，其知無偶而奇；曾無毫忽之兆，其照無取而了；水清澈底兮魚

---

❹ 見《景德傳燈錄》卷五。

行遲，空闊莫涯兮鳥飛杳杳。❹

宏智正覺認「佛佛要機」、「祖祖機要」，乃在坐禪而產生「不觸事而知，不對緣而照」的效果。其〈默照銘〉云：

> 默默忘言，照照現前。鑒時廓爾，體處靈然。靈然獨照，照中還妙。……妙存默處，功忘照中。妙存何存？慢慢破昏，默照之道，離微之根，金梭玉機，正偏宛轉。明暗因依，依無能所。底時同互。……❺

宏智正覺雖然是將曹洞宗的正偏回互與坐禪默照結合，但仍然是佛教打坐禪定的定法。宏智正覺同時的大慧普覺，斥宏智為「杜撰長老」，「教一切人如渠相似，黑漆漆地，緊閉卻眼，喚作默而常照。」❻而主張看話頭的看話禪：

> 岩頭云：纔恁麼便不恁麼，是句亦剗，非句亦剗，這個便是外息諸緣，內心無喘地樣子也。縱未得啐地折曝也破，亦不被言語所轉矣。見月休觀指，歸家罷問程。情識未破，則心火熠熠地，正當恁麼時，但只以所疑底話頭提撕。如僧問趙州：狗子還有佛性也無？州云：無。只管提撕舉覺，左來也不是，右來也不是，又不得將心等悟，又不得向舉起處承當，又不得作玄妙領略，又不得作有無商量，又不得作真無之無卜度，又不得坐在無事甲裏，又不得向擊石火閃電光處會，直得無所用心，心無所用之時，莫怕落空，卻是好處，驀地老鼠入牛角，便見倒斷也。……❼

這是看話禪的理論基礎，並未如佛教般看經典，重理解的理入。而且看話禪的起源也極早，唐朝的黃檗希運已用此法，可是一旦成為定法，而且喪失了大慧的藉話頭得悟的精義以後，便又回到重經典的教下路線了，只是以公案代三乘教義而已。所以自默照、看話禪流行之後，禪宗無異於又回到佛教「理入」、「行入」的老路，雖然

---

❹　見《天童正覺禪師廣錄》卷八。
❺　同注❹。
❻　見《大慧普覺禪師書》卷上。
❼　同注❻。

仍有不同，但無定法以求入道的精神逐漸地喪失了，當時的正覺、大慧自然不能預知
這一流弊。

五、結　論

　　禪宗在唐宋以後，又傳入韓國、日本，例如蘭溪道隆，在南宋時將臨濟的楊岐一
派傳入日本，成為日本臨濟宗的大覺派❹，而日本的道元禪師也在此期來宋，回日本
後建立了曹洞宗。現在日本民眾，信佛教的在百分之九十以上，大都是禪宗門下的信
眾，至本世紀，鈴木大拙等大師，更將禪學弘揚於全世界的學術界，受到普遍的重視。
現在禪宗已傳入歐美，正待成長、興盛。真是「泰山遍雨，河潤千里」，可見其廣大
的影響了。

---

❹　見《大覺禪師語錄》，《日本名僧傳》。

玖、禪家理趣詩牧牛圖頌

在唐宋人的詩林藝圃之中，禪家詩占了一個相當的地位，雖不足以奪李白、杜甫、蘇軾、黃庭堅等人之席，但至少是詩中的別調。依個人的大略估計，除了皎然、齊己、貫休有詩集行世的以外，禪家詩的作品當在一至三萬首左右，惜「沈埋」在禪宗的語錄典籍之中，選唐宋詩者幾乎不知道有此一類的作品，雖然有不少的人知道神秀、慧能的詩偈，也是詩因人傳，神秀、慧能係當時禪宗宗主之故。此外仍有部份禪家詩流布人間，也大都是經當時詩人的推論，詩話偶爾論評的關係，此外則彩匿光沈，不為後人所知。以永嘉玄覺的〈證道歌〉為例，是一首長達一千八百餘字的古體詩，比〈孔雀東南飛〉的一千七百餘字，多出頗多，而且美句勝義，更在〈孔雀東南飛〉之上，自應是中國最長的古體詩，縱然〈孔雀東南飛〉是中國五言敘事詩中獨有的長篇，那麼〈證道歌〉也應是七言哲理詩特有的鉅制了。可是近代的文學史家，未予以應得的評論。博雅如胡適氏，也僅齗齗然評其作者的真偽（詳見拙作《禪學與唐宋詩學》），而未論其應得之地位，誠係怪事。大抵是由禪學自元以後，光銷響歇，故禪人之詩，隨之而無人知曉。為發前人之幽光，論禪師之盛藻，使禪苑佳章，不隨時代而汩沒，進而詮釋其精蘊美什，自係後人應盡的責任，雖所拈說，只一花一葉，然如龍現一爪，鼎嘗一臠，而有以探索其全神足味。

一、頌古詩探源

唐宋是中國詩歌的黃金時代，也是禪的黃金時代，詩人除了以詩取進士第，入仕祿之途外，歷代君主王侯對詩人的獎掖、寬容、崇敬，無逾於唐，大多數的文士，竭盡心力從事詩歌的創作，社會大眾，大多是詩的欣賞者，一首好詩，一聯佳句，能傳遍天下，名滿宇內，亦無逾於唐；禪宗於其時亦大張宗風，幾掩遮佛教其他宗派的光彩，形成宗門教下抗衡的情形，禪宗大師，為帝王公卿所禮遇，較之詩人，尤為隆重，

信徒遍及販夫走卒、婦人女子，五宗二派，分途共進，各有建樹，在這大的時代背景之下，促使詩與禪相合：其始是禪人以詩寓禪，借比興的詩，以寓無上之道，因比興詩「不觸」「不黏」，不落言詮，不涉理路，以顯示其禪境和證悟；而又能「不背」「不觸」，使其他的人可以體認，而又非落於理知，說而無說，言滿天下無口過，達到繞路說禪的目的。神秀、慧能是以詩寓禪最著名的禪祖師，禪宗法席盛行之後，詩人慕習禪悅，於是以禪入詩，王維、白居易是最明白的例證。禪與詩就其最根本的範疇而言，一係宗教，一係文學，似乎冰炭不可同爐；而融合之後，然後投水乳於一缽，形成了合之則雙美，離之則兩傷的局面，而為宗教詩壇的奇蹟和美事，更顯見詩的國度，土宇廣大，無所不包；禪的說法，應病與藥，方法無所不用了。

禪家詩有頌古一體，乃禪人或取語錄，或取公案，或以拈古，或舉古則，以詩的形式，發明前人的玄理奧義，如宋圓悟禪師《碧巖錄》所云：「大凡頌古，只是繞路說禪。」而其詳情，則如前人所論：

> 蓋頌古者，頌出古則之義，令知斧頭元是鐵也。其中或有揚、或有抑，雖涉語言，初無斧鑿之跡，其言也如咬鐵餕餡，其義也如望重溟而不可測其淵深也。故汾陽善昭禪師為頌古，略示其秘要，其後雪竇以博達之才，乃繼汾陽放開禪苑花錦，令人入瓊玉之府而采其所求，然有至其奧旨，雖佛祖未容易企其步，何況初機後學者，有委習其玄旨者乎……。（丁福保《佛學大辭典》卷下引）

是認為頌古詩的作用，在「頌出古則之義」，並無差誤，然以頌古詩係出於北宋之汾陽善昭禪師，則頗離事實，禪人之頌古詩，至少要推溯至曹洞宗的建立者——曹山本寂，他讀傳大士法身偈，便作頌詩以闡明其奧義（見《撫州曹山本寂禪師語錄》卷上），臨濟宗的再傳弟子紙衣和尚，以頌詩釋明臨濟義玄的四境（見宋釋普濟《五燈會元》），二人均在晚唐，其後乃有汾陽善昭、雪竇重顯之作，雪竇四集，現見於《四部叢刊》中，其後有禪門諸祖偈頌，而專收頌古之詩，則推《頌古聯珠通集》和《宗鑑法林》，所收詩在三千首左右，大都俗雅並收，精粗不別，而以單一的公案，繪成圖，頌以詩，義勝詩佳，又多達二百餘首，單獨成書，遠至日本禪師，亦有唱和之作的，則推《牧牛圖頌》了，故專門拈論，以彰盛藻佳篇。

頌古詩的起源，自應追溯到佛經，佛經之中本有偈語，單稱偈，通稱偈頌，偈取

攝盡的意義，頌謂頌美頌明，通常以四句為結，往往總攝經文散行敘說之要義於其中，頌古詩之得名，當出於此。且與中國文學中讚頌一體，亦不相違背，僅係詩文之別而已。佛經之偈頌，隨傳譯而入中土，其形式有四言、五言、六言、七言等體，以便唱誦，雖出傳譯，亦協韻律，但考其實際，乃說理的散文，不過是字句整齊，出以詩的形式罷了，如流傳至現在的《千字文》、《百家姓》，並無詩的實質及意味。禪祖師由達磨至五祖的傳法詩（見《景德傳燈錄》），無疑地因襲這一發展。至唐代近體盛行，禪人受了當時詩體的影響，乃逐漸離佛經偈頌之體，而與詩相近，但仍有不少的禪人，繼踵偈頌的遺風，作為頌詩，於是作品繁多，在禪家詩中，巍然聳立，自成類別。頌古詩又是有為而作，有一明確的題目，作為頌美頌明的主題，透過獨特的見解，相題立意，明述其玄義徹見，在詩的作法上與詠物、詠史詩相近，整首詩又係以理意見長，不以情韻爭巧，又略與詠史、詠物詩相遠，可是在下句用字時，又不能直言道破所頌出之理意禪境，故巧用比興，於是「乃不泛說理，而狀物態以明理，不空言道，而寫器用之載道，拈形而下者，以明形而上，使寥廓無象者，托物以起興，恍惚無朕者，著跡而如見。」（見《談藝錄》）一言以蔽之，是用可感覺可表顯的，以表達不可感覺，不可表顯的。因為是以形而下者，以明形而上者，而又不直言道破，卻託物以興，故詩的本質猶存，雖用以寓理，但又成趣。就所寓的道而論，不但寥廓無象，恍惚無跡，而且涉及「本體」、「大全」、「自性」之絕對境界時，要冥絕智知、斷除擬議，不能心思意想，摒棄對待，不能有主客能所的對立——能說、所說，所以詩中所表顯，「其義也如望重溟而不可測其淵深也」，並非故作虛玄，而是其內容確實如此。故頌古詩，所題所詠，雖無隱晦，用語琢句，並非奧澀，而玄旨奧義，頗難領會，致鮮為詩人所稱，其原因亦在此。謹舉《牧牛圖頌》，加以釋說，以例其餘。

二、牧牛圖頌析賞

一、公案的形成及拈出：《牧牛圖頌》，收詩在二百三十首左右，〈牧牛圖序〉云：

《遺教經》云：譬如牧牛，執杖視之，不令縱逸，犯人苗稼，則牧牛之說所自

起也。是馬祖問石鞏：汝在此何務？答曰：牧牛！又問：牛作麼生牧？答曰：
一回入草去！驀鼻拽將來。則善牧之人也。又大潙安公之在潙山也，曰：吾依
潙山住，不學潙山禪，但牧一頭水牯牛。又問（案問字為白字之誤，指白雲端禪師）
雲端公之於郭功輔也，詰之曰：牛淳乎！而若自牧牛？教他牧？層見疊出於古
今者，益彰彰矣。

牧牛乃以「牧心」，出自《遺教經》，經馬祖門下諸人之提倡，於是成為公案，
主要人物不是石鞏，而是南泉普願，繼之者為長慶懶安，因為石鞏對馬祖的對答，只
是一時的取譬，而南泉普願和長慶懶安則係長期的修持證悟，《五燈會元》南泉普願
這一公案云：

> （南泉普願）上堂曰：王老師自小養一頭水牯牛，擬向溪東牧，不免食他國王水
> 草，擬向溪西牧，亦不免食他國王水草，不如隨分納些些，總不見得。

南泉普願是把哲理形象化了，牧一頭水牯牛是比喻攝養心性，溪東、溪西代表這
邊、那邊，溪東代表色界，所以萬松老人的《請益錄》下語道：「動落今時」；溪西
代表空界，《請益錄》下語道：「靜沈死水」；執色執空，以求至道，未免落在一邊，
起分別心，以色界為幻象，空界是真實，這邊是凡，那邊是聖，故云：「不免食他國
王水草」，以喻非究竟義，猶有過失，所以曰：「不如隨分納些些」，不起分別心，
空有原係一如，所以《請益錄》下語道：「曲為今時，潛通那畔。」以馬祖所說的平
常心合道，而且道可知而不可見，所以說「總不見得」，洪覺範《林間錄》卷下云：
「他總不妨。」《請益錄》下語：「易分雪裏粉，難辨墨中煤」。色空雖一如，而體
認則有難易之分，這是這則公案的涵義。而長慶懶安的開悟，仍與牧牛有關，《五燈
會元》記其事云：

> 師（懶安）即造百丈（懷海），禮而問曰：學人欲求識佛，何者即是？丈曰：大似
> 騎牛覓牛。師曰：識得後如何？曰：如人騎牛至家。師曰：未審始終如何保任？
> 丈曰：如牧牛人，執杖視之，不令犯人苗稼。師自茲領旨，更不馳求。

百丈和南泉，同是馬祖門下的高弟，百丈答懶安的問話，在發揮南泉的意見而不

落窠臼，內容大有不同，人人都有佛性，不向己求，而向外覓，何異於騎牛覓牛呢？了悟自性之後，道不遠人，與道同歸，如人騎牛至家。禪家悟道以後為了不使悟境走失，有一段很長的修持時間，叫做「保任」，百丈告訴懶安，要他像牧牛人一樣，執牧鞭守著牛，「不令犯人苗稼」，不受欲念的驅使，犯過失而落在色界之中。懶安依循百丈的開示，用功修持，以後接替為山靈祐而為為山的方丈，他講明「牧牛」的心得道：

> 所以安在為山三十年來，喫為山飯，屙為山屎，不學為山禪。祇看一頭水牯牛，若落路入草，則便牽出，若犯人苗稼，即便鞭撻，調伏既久，可憐生受人言語，如今變作個露地白牛，常在面前，終日露迥迥地，趁亦不去也。（同上）

這無疑是懶安「保任」三十年以後，發表他的修持境界，「露地白牛」，喻已調伏，而且已臻「一色」之境，與道合一，常在前趁亦不去，喻無懼迷失。「落路入草，則便牽出，若犯人苗稼，即便鞭撻。」是其保任用功的方法，喻不使悟境走失，由悟入迷，也不犯有過失，這則公案至是才圓滿完成，而形成牧牛圖及頌詩。有了喻心的牛，也有了象徵求道的牧童，執鞭以牧，而圖像以成。

二、牧牛圖及頌詩：至普明禪師，而有了頌詩，據《請益錄》的記載道：

> 清居皓昇禪師頌牧牛圖一十二章，太白山普明禪師頌牧牛圖十章，佛國惟白禪師頌牧牛圖八章。昇明二師等，皆變黑為白，唯佛印四章，全白復黑。（卷下）

據此記載，則萬松所見的牧牛圖有二種，一種由黑牛變白牛，這完全是根據懶安禪師露地白牛的原意，由黑變白，喻修道的成效，至於由白牛變黑，則係曹洞宗的思想，因為曹洞宗係以白色代表現象界，以黑色代表本體界，曹山本寂的五相偈最後一位即全用黑色的圓圈，以代表悟入本體，偈云：「渾然藏事理。」謂已功行圓滿，此時即事即理，即理即事，事理不二也（見《五燈會元》，《曹山本寂禪師語錄》），由白牛變黑牛，正像由色界悟入空界之意。至於有頌詩十二章，即將修持的過程分為十二階段，八章係八階段，四章則四階段，頌詩似起於清居皓昇禪師，而《五燈會元》卷十四載其乃石門遠法嗣，又卷十六載東京法雲惟白佛國禪師，乃法雲秀法嗣，著有《續燈錄》三十卷入藏，均未載有《牧牛圖頌》之事，詩亦無存。今之普明禪師頌詩，則分為十

章，牛由黑變白，有雲菴、聞穀、天隱、破山、萬如、浮石、玉林、箬菴、山茨、玄微等禪師、香幢法主、鍍輠居士、跛道人如念、無依道人、牧公道人等和其詩，由未牧至雙泯。另有白牛十頌，牛始終皆白，由尋牛至入鄽垂手，有巨徹禪師、呆石大師（二人所頌，題目少有差異。）、廓庵則和尚、石鼓夷和尚、壞衲璉和尚，日本一山國師，廓庵則和尚之作亦名《十牛圖頌》，與普明之頌詩，同收入《卍字續藏經》，計共二百三十首，詩均有可觀，立意彼此不相襲，故好之者頗多，有不同的刻本。

　　三、《牧牛圖頌》產生的背景：馬祖滅度於貞元四年，南泉普願則在大和八年，百丈懷海在元和九年，是牧牛公案，皆在其生前完成，當在中唐之際，而頌詩起於晚唐，何以《牧牛圖頌》詩遲至南宋方盛？是則禪學之遷變使然，因為牧牛公案，出於馬祖道一系，下開臨濟為仰二宗，大都能秉持馬祖「平常心是道」的宗旨，不主理入，不主行入，以無修之修，以各種方便法門入道，故不分階級歷程；而曹洞系則傾向理入，石頭希遷有參同契，雖主張「執事元是迷，契理亦非悟」，但已分明──現象界、分暗──本體界，不過主張「明」「暗」交參，故參同契云：「當明中有暗，勿以暗相遇。當暗中有明，勿以明相覩。明暗各相對，比如前後步。」其後雲岩曇成，授洞山以寶鏡三昧，發展為正偏回互的理論，正為正位、為體、為理；偏為偏位，為用、為事；體用一如，理事交帶，即《寶鏡三昧歌》「正中妙挾」、「銀盌盛雪，明月藏鷺」，銀盌與白雪一色，明月與白鷺一色，正位與偏位之關係如此。到了洞山良价、曹山本寂的手裡，而演出五位，有正偏五位，五位王子，曹山有君臣五位、五相，皆有詩偈以明其意，名相不同，都是把悟道的過程，分為五個歷程，不但分凡分聖，分空分有，而由凡入聖，由有證空，又劃出了層次。到了北宋，其他各宗衰微，惟臨濟、曹洞二宗，相對屹立，臨濟也失去了峻烈機鋒的宗風，不「看話」──參公案，即「默照」──打坐，甚或「看話」「默照」並用，故而臨濟曹洞，已相混同，一言以蔽之，又回到了佛教「修行」、念經的老路，只是以參公案，代替了部份的經典而已，失去了禪宗的特性，也導致禪學的衰微。於是由曹洞的五位，再用到牧牛公案上，把修道成道的過程，由五位而細分為十歷程，由疏而密，由簡而繁，亦係如學術思想演進的應有歷程，前脩未密，後出轉精也。《牧牛圖頌·序》論圖頌之作用云：

　　惟是其為圖也，象顯而意深，其為頌也，言近而旨遠，學人持為左券，因之審

德稽業，俯察其已臻，仰希其所未到，免使得少為足，以墮於增上慢地，則禪
益良多。

修道之人以之審德稽業，潛察默省，以知所臻之境，是近於神秀的漸修，而遠於
慧能的頓悟，作序的人袾宏似乎已覺察到這一點，於是圓成其說道：

若夫一超直入之士，無分鞭挽，而天然露地白牛，不落階級，而剎那能所雙絕，
則圖成滯貨，頌成剩語，覽之當發一笑。

當然一超直入，非器根猛利之人不可，至於平常之人，循序漸進，歷階而升，則
《牧牛圖頌》正可資啟發，其價值正在於此。

四、《牧牛圖頌》的析賞：《牧牛圖頌》，大致可分為二種，前者圖牛由黑變白，
後者圖牛全然純白，亦稱白牛圖頌，同以牧童喻人，以牛喻心，普明的《牧牛圖頌》
分為㈠未牧。㈡初調。㈢受制。㈣回首。㈤馴伏。㈥無礙。㈦任運。㈧相忘。㈨獨照。
㈩雙泯。而廓庵則的《白牛圖頌》則分為㈠尋牛。㈡見跡。㈢見牛。㈣得牛。㈤牧牛。
㈥騎牛歸家。㈦忘牛存人。㈧人牛俱忘。㈨返本還源。㈩入鄽垂手。普明的著眼，在
調心證道，至人牛不見，心法雙亡為最高境界；而廓庵則禪師則不以得法徹悟為功德
圓滿，在返本還源之後尚要入鄽垂手，悲智雙運，到生死海渡濟眾生，不作焦芽敗種、
不起作用，更冥合禪宗的基本思想。這二種頌詩在立意上有此基本的不同，謹就二人
原頌析論如下：

㈠未牧

狰獰頭角恣咆哮，犇走溪山路轉遙。一片黑雲橫谷口，誰知步步犯佳苗。

牛未調馴，則為野牛，野性未馴，橫角揚頭，狰獰可畏，恣意咆哮，無以節制，
故云「狰獰頭角恣咆哮」，以比喻人之心性，未經修持琢磨，則如野牛之咆哮奔走，
無以拘束制御；如依此思想路線發展，則與儒家省心觀過，以臻於從心所欲、不逾矩
的意思相同。可是禪人的參禪，是以發明大事、明心見性為目的，乃以「回家」為喻，
牛既未馴，雖奔走溪山，不管已奔走的路途多遠，終與入廄伏櫪無關，反而愈去愈遠，
如禪人不知馴調心性，則愈走離「家」愈遠，無悟道之可能；「一片黑雲橫谷口」，

雖可比喻牛因黑雲布滿了谷口，迷失了歸途，但命意在人不在牛，黑雲代表五陰惡念，遮蔽了光明本性，布滿了心田，過惡猶未能免，何能步向「向上一路」呢？佳苗以喻善根，「誰知步步犯佳苗」，謂牛未受制，則步步踏食佳苗而不知，以喻未調馴心性之人，處處戕伐善根而不自覺。箬庵通問禪師認為不調伏心性，則辜負了此善心自性，和詩云「多年一片閒田地，踐踏堪憐損稼苗。」山茨通際禪師認為道無不在，心性未調，則反道犯過，和詩云：「誰知宇宙皆王化，亂踏雲山犯稼苗。」一指菴香幢法主認迷於外在現象界，而不知心有靈苗佛性，和詩云：「眼底只貪畦畔草，那知回首有靈苗。」鍍轆道人嚴大參所見與香幢法主同，惟和詩更渾成：「滿地閒花都踏遍，那知異草並良苗。」也許是鍍轆道人認為立意落入窠臼，再和了一首道：「狹路相逢剛識得，甘心饑餓不嘗苗。」謂牧童與牛已狹路相逢相識，甘心於受餓忍饑，不食佳苗，此惟天生聖哲方能如此，亦不必再分出其他的九個階段了。他在三和未牧詩中道：「嚼盡山花吸盡水，不留常住一莖苗。」則謂常人因外在世界而迷失本性，心中善性靈苗因而戕喪。各家所詠，立意均同中有異。

㈡初調

我有芒繩驀鼻穿，一迴奔競痛加鞭。從來劣性難調製，猶得山童盡力牽。

「我有芒繩驀鼻穿」，謂山童已驀地將芒繩穿貫牛鼻，喻心性已受調製，可是心猿意馬，控制為難，「一迴奔競」，表示牛的不甘於芒繩穿鼻，奔走馳競，要掙脫羈絆，有勞牧童的痛加鞭策，以資受制，心有待於心的主人，砥礪控制，「從來劣性難調製，猶得山童盡力牽。」暗用石鞏語意，石鞏回答馬祖牛作麼生牧時道：「一回入草去，驀鼻拽將來。」不過石鞏的「牽拽」，是恐喪失悟境，落入色界——落草，而普明的牽鼻是使不犯苗稼——免於過失。所有的和詩，大都從牧童的作用和宜加緊防閑立意，聞谷禪師和云：「氣性雖頑鼻已穿，牧童從此痛加鞭。渾身血汗芒繩急，遙望家山盡力牽。」謂牛雖受制，但防閑之法，要做到「渾身血汗芒繩急」的程度，「遙望家山盡力牽」，喻「歸家」的路仍然遙遠，不能不盡力牽拽。報恩天隱和尚立意相同：「也知鄉井迢迢遠，拽轉頭來著力牽。」立意最特殊的，是東塔破山和尚，他的詩道：「牛兒鼻孔被繩穿，放去收來不假鞭。擬向東西兩處觸，一回入草一回牽。」認為牛既受制，便不須鞭策了，「擬向東西兩處觸」，則用南泉普願公案：「王老師

自小養一頭水牯牛，擬向溪東牧，不免食他國王水草，擬向溪西牧，亦不免食他國王水草」，謂執空執有，二處皆「觸」，所以要「一回入草一回牽。」然依普明所擬十大修道歷程而論，在初調階段，尚未到此地步；其次玉林通琇禪師，則以牛與牧童、可分而不可分立意：「寄言識得牛兒者，莫學時流強策鞭。我是牛兮牛是我，分明無二若為牽。」牛與牧童既為一體，「我是牛兮牛是我」，心與我原不可分，既已識「心」，則不必強加鞭策，不必勞「牧童」——外在力量去牽拽，意義更勝一層。

㈢受制

> 漸調漸伏息奔馳，渡水穿雲步步隨。手把芒繩無少緩，牧童終日自忘疲。

牛在芒繩牽拽，痛加鞭策之後，於是調伏受制，不致於咆哮橫決，四向奔馳，心性調伏之後，也不致於違理犯過，心而無妄作狂惑，雖然如此，心主——牧童的控制功夫仍不可省，要加緊功力，故云：「渡水穿雲步步隨」，渡水穿雲，普明是寓有深意的，水代表人世的苦海，雲代表現象界，牛在渡過苦海水、穿過迷雲的過程中，步步跟隨，不能稍懈，否則就會前功盡棄，牛不調馴，心不調伏，「手把芒繩無少緩」，形容這一階段，是最關緊要的時候，不能對牛稍加放縱，「牧童終日自忘疲」，一方面形容調牛雖苦，牛既受制，則牧童樂而忘倦，以比喻調心亦有快樂的一面；一方面顯示求道的積極性，至樂而忘苦。在和詩之中，以東塔海明詩最渾成：「年深日久懶奔馳，雲影溪光逐漸隨。任是上林花鳥過，聲聲難喚牧兒疲。」前二句頌明牛的受制要日久功深，才會人牛合一，後二句頌出牧童的用功正緊，上林花鳥——色界的一切，不足使牧童縈心回顧。鍍鞤道人的頌詩亦佳：「熟徑難忘欲逞馳，芒繩在手緊相隨。豈容逐草尋芳去，晝夜拘拴不憚疲。」前二句明牛已受制，但積習不改，猶待芒繩用力牽拽，後二句則表示要向「向上一路」用力，不容沈滯在色界之中，逐草尋芳，暗用長沙景岑遊山公案：「長沙一日遊山，歸至門首，首座問：和尚什麼處去來？沙云：遊山來。首座云：到什麼處來？沙云：「始隨芳草去，又逐落花回。」始隨芳草去，喻由色界證入空界，由凡入聖，「豈容逐草尋芳去」，不能由「牛」逐水草而落在現象中，而要用功致力突破此一隔限，而「晝夜拘拴不憚疲」。

㈣迴首

日久功深始轉頭，顛狂心力漸調柔。山童未肯全相許，猶把芒繩且繫留。

　　牛由於受制既久，調馴功深，先是勉強轉頭，然後自然迴首，比喻心由勉強向善，而至自然向善，但心主——山童猶未能全然相信相許，因為顛狂之心，雖已調和柔順，但習染未除，仍時有逾越的可能，所以克制的功夫，防閑的工具不可去，芒繩仍繫在牛鼻上，規矩戒律仍不可去，故曰：「山童未肯全相許，猶把芒繩且繫留」也。和普明「迴首」的詩，以箬庵通問之作最妙，詩意詩語，尤勝原作：「翻然自肯便回頭，滿地殘紅襯草柔。故國有懷情未撤，暗愁春老尚遲留。」心的迷悟，原在一念之間，自肯自信之後，便會回頭向善，無用勉強，此「翻然自肯便回頭」之意也，可是禪人求道，不止於向善，而在求明心徹悟，牛雖回首，但仍在途中，並未至家，「滿地殘紅襯草柔」，正是象徵色界及其可戀，但非不知「向上一路」，而「有懷故國」，只是情識未撤除，尚遲留途中，故云：「暗愁春老尚遲留」。諸多頌詩之中，惟跛道人如念認為「迴首」的歷程，已悟道證道，故云：「信手牽歸明月下，免從水草又停留」。

　　(五)馴伏

綠楊陰下古溪邊，放去收來得自然。日暮碧雲芳草地，牧童歸去不須牽。

　　牛已馴伏，野性全消，在綠楊陰下，古溪岸畔，放收自如，喻心性純乎善，合乎天理良知之正，不待修持克制，勉強作為，然普明之「綠楊陰下」與「古溪邊」，別有喻義，以「綠楊陰下」喻色界，「古溪邊」喻空界，謂修道之禪人已明心見性，經由「日暮碧雲芳草地」，牛也不會迷失，能自由歸去，不用牽拽。也許是普明的頌詩太過完美，把「馴伏」這二種境頌說到意盡的程度，所以和作都受「牢籠」，例如報恩天隱和云：「閒放林間與水邊，橫騎短笛任悠然。歸來一帶煙霞晚，瀟灑歌謠不假牽。」林間、水邊猶綠楊、古溪，字句不同，意境無別，惟玉林通琇和詩云：「見徹斯牛無往返，始知多載枉拘牽」，則不惟以牛代表人心，且以代表「宇宙大全」——自性，見徹「自性」，則無往返，謂不再往返「這邊」「那邊」，大徹大悟之後，始知枉費了多年的拘牽功夫，命義較為特別。

　　(六)無礙

露地安眠意自如，不勞鞭策永無拘。山童穩坐青松下，一曲昇平樂有餘。

露地安眠，即白牛安眠於露地之意，牛已純白，喻心已純善，眠於露地，謂不加防閑，不但繩索既除，廄櫪亦廢，所以才「不勞鞭策永無拘」，心主——牧童此時已安閒了，穩坐青松之下，橫吹短笛，奏著昇平的樂調，一片祥和快樂，惟仍有「牛」的一念，謂開悟之後，經過「保任」之期也。在眾多的和詩裏，大致分為兩類立意，一類認為此時係「永住聖位」，一類認為係「不拘凡聖」，牧公道人項真和本詩云：「掉尾擎頭適自如，縱橫脫略有何拘。悠然一曲寒崖上，短笛吹開物外餘。」「一曲寒崖」，謂歌樂於聖位中，東塔浮石云：「觸處逢渠得自如，入泥入水又何拘。饑餐渴飲困來睡，底事從來無欠餘。」禪人大事已明，經過「保任」之後，於是不虞失墮，乃重入眾生之中，度化眾生，從體起用，故云「入泥入水又何拘」。既到了這一休歇地步以後，則道不遠人，「饑餐渴飲困來睡」，無不與道相偕，「底事」即「此事」——「此一大事」，無欠無餘，本來俱足，全詩義蘊甚佳，惟合「休歇」境界與發機起用而為一個階段，頗嫌含混。

(七)任運

柳岸春波夕照中，淡煙芳草綠茸茸。饑餐渴飲隨時過，石上山童睡正濃。

在無礙的階段，心性雖已調伏，但仍需「心主」——牧童的照顧和看守，到了任運這一歷程時，則已不需外力的糾繩，牛已無犯稼狂奔的過失，發自天性之本然，毫不勉強，牛在「柳岸春波夕照中」，有「淡煙芳草綠茸茸」的可樂境界，饑餐渴飲，隨時任運，自然合道，牧童安眠石上，一任牛東西奔馳，喻能從心所欲不逾矩。在眾多的和詩中，立意大多受普明立意的牢籠。惟玉林通琇和尚則以「出入」芬芳亂叢之中，牛性不亂，以見任運之功：「不分內外與邊中，傍水尋芳入亂叢。回首東山吐新月，騎歸茆屋興猶濃。」蓋證悟功成，這邊那邊，已不虞迷失了。

(八)相忘

白牛常在白雲中，人自無心牛亦同。月透白雲雲影白，白雲明月任西東。

牛已調馴到任運的階段，則劣性全消，喻心性已純乎善，合乎道，白雲白牛，純乎一色，故云「白牛常在白雲中」，牧童——心主已不必存牛的念頭，要起心作念去調伏，牛也不需要牧童的牽拽，已自然合道，牛與牧童相忘，故云「人自無心牛亦同」。

到此地步，「一念不起全體現」，自性由現象顯露，月代表自性，白雲代表現象，明月與白雲同色，乃謂色空一如，故云：「月透白雲雲影白」，用由體生，人牛相忘，在明月白雲之下，任西任東，無不自在。普明的詩，句美義勝，但稍嫌失之迷離，惟玉林通琇的頌詩，命義較明確：「強把全軀分二體，計窮力盡始知同。他長我短俱休問，說甚人西與物東。」道本係絕對的「大全」，強為立名，強分「空」「有」，亦強分心與心主──牛與牧童，此「強把全軀分二體」之意；道不可「智知」，故云「計窮」，亦非修持造作可到，惟經修持之後，方入道有分，故云「力盡」，悟道之後，方知無空有之別，凡聖之殊，人牛之分，方知「大道絕同」，此「計窮力盡始知同」之命義也；「他長我短俱休問，說甚人西與物東」悟道以後，無任何分別心，所謂「如愚如魯」，可惜全詩俱係直言說理，且多與牧牛無關，故未寓理成趣，惟鍍轢道人之作，命義相同，而理趣盎然，以其能拈形而下者，以明形而上者：「人牛共住碧巖中，到處溪山雲月同。猿鳥自啼花自笑，水流西去岸移東。」以「碧巖」比聖境，人牛同在此聖境中；自性遍周沙界，到處溪山，同此雲月，同此自性；體由用顯，無論猿鳥的自啼，花的自開自放，都是自性作用的顯示；而且在聖境之中，有玄妙神機，江水本東流，卻可向西，岸本不動，卻可東移，與曹山所云：「餤裏寒冰結，楊花九月飛。泥牛吼水面，木馬逐風嘶。」同一旨趣，反常而不反常，乃玄妙作用的發揮。

(九)獨照

牛兒無處牧童閑，一片孤雲碧嶂間。拍手高歌明月下，歸來猶有一重關。

從體起用，體用一如，由人牛相忘之後，到牛已不見，以一片孤雲，象徵一點靈光，徹上徹下，如孤雲之縱橫舒卷，無礙無挂，故云「牛兒無處牧童閑，一片孤雲碧嶂間」。牧牛至此地步，已告功成，喻調攝心性，已臻至境，以猶有我在，未攝歸大全，最後一關，仍未突破，故云：「歸來猶有一重關。」普明的頌詩，格高意遠，和詩多有不及，惟雲菴之作，差可肩隨：「牛忘（應係亡之誤字）牧笠有餘閑，月白風清天地間。到此更如通一線，自然踏看（係著之誤）上頭關。」牛既亡有，牧豈自有餘閑，不再有事，天地間月白風清，真空妙有一如，到此更如通往一線天，但已非難事，自然會踏著最上關。

(十)雙泯

人牛不見杳無蹤，明月光含萬象空。若問其中端的意，野花芳草自叢叢。

此時已突破最後一關，牛已不見，人亦不見，此時牧牛圖上，惟餘一大圓圈，無其他形象，蓋以明月一輪，象徵大圓鏡智，人牛俱為宇宙大全之自性所攝，故云：「人牛不見杳無蹤，明月光含萬象空。」至此雙泯之境，道行圓成，然若問究竟，則現象界、色界之一切，並非不存在——「野花芳草自叢叢」，以禪人求道而言，未悟道之前，見山是山，見水是水，及悟道有箇入處以後，見山不是山，見水不是水，經過「保任」「休歇」以後，見山仍是山，見水仍是水，此時之「野花芳草自叢叢」，境界完全相同。雲菴和詩，取材有異，意境全同：「牛兒童子絕行蹤，了了如空不是空。好似太平春色裡，依然幽鳥語芳叢。」人牛俱杳，形跡雙泯，了了如空，然而不是空，不過是為「大全」所涵攝，大千世界並未變易，好似太平盛世，無邊春光之中，依然幽鳥啼喚在芳花叢中，現象界傳透「大全」的召喚。和詩雖然意境相同，但詩趣最足的，卻數鍍輮道人之作：「處處逢渠沒影蹤，碧天雲淨月輪空。個中多少風流趣，寶鴨香消錦繡叢。」起句用洞山涉水開悟偈，「處處得逢渠」，人牛雙泯，已無影蹤，不過為「大全」、「自性」所涵攝，非不存在，在悟徹的修道人而言，道無不在，處處得逢「渠」——牧童與牛，可是就牧童與牛而言，已形跡俱泯，惟見碧天雲淨，月輪當空朗照而已。下二句用昭覺克勤開悟詩：「金鴨香銷錦繡幃，笙歌叢裡醉扶歸。少年一段風流事，只許佳人獨自知。」襲其詞而不因其意，在求道的過程中，如狎客經過了多少風流趣事——牛如寶鴨吐香，已消散在錦繡裡，只許自己潛符默證，不堪向人舉說。全詩具有香豔氣息。然而無獨有偶，巨徹禪師的和詩亦甚類似：「韜光晦跡絕遺蹤，不二人牛泯太空。無極香風流劫外，莫教蜂蝶誤花叢。」人牛合一而不二，但已雙泯，惟此一段「風流趣事」如香風由「太極」流傳而出，然求道者，不可執相以求，否則如蜂蝶誤入花叢之中，迷而不能出。這些頌詩，既寓意遙深，而又麗藻繽紛，純以詩言，亦係難得之作。

廓庵則禪師仿普明之意，作《十牛圖頌》，牛始終皆白，故有題為《白牛十頌》者。

㈠尋牛

茫茫撥草去追尋，水濶山遙路更深。力盡神疲無覓處，但聞楓樹晚蟬吟。

在頌詩之前，復有小序敘說尋牛之意道：「從來不失，何用追尋，由背覺以成疎，在向塵而遂失。」人人本有佛性，如牛的受豢養，由於「背覺」——迷失的緣故，遂至疏遠，有的在塵世中迷失自性，故不得不尋牛——「求道」「調心」，「茫茫撥草去追尋」，禪人未開悟，落在現象界中謂之「落草」，在茫茫無邊際的現象界，去撥草尋牛——尋覓「自性」，水濶山遙，愈行愈遠，向外馳求的結果，力盡神疲仍無所得，只聞風搖楓樹，蟬噪晚風，見山只是山，見水只是水。和十牛頌的只有石鼓夷和尚等五、六人，而命意抒藻，直追原作的，要算日本一山國師的和詩：「本無形跡可求尋，雲樹蒼蒼煙草深。腳下雖然歧路別，岩前枯木自龍吟。」前二句言牛隱失於雲樹煙草的色界中，尚無形跡可尋，後二句語涉玄微，「枯木龍吟」用「枯木裏龍吟、骷髏裏眼睛」現成語，道無所不在，尋牛——求道之時，常誤入歧途，但岩前枯木已在作龍吟，並非毫無朕兆，惟尋牛者不識不知耳。

㈡見跡

> 水邊林下跡偏多，芳草離披見也麼？縱是深山更深處，遼天鼻孔怎藏他。

牛的蹤跡，必待他人指點，三藏經教，乃係「牛跡」之所在，故序云：「依經解義，閱教知蹤」。惟經教可載道，而不能使人悟道——見牛，故曰：「未入斯門，權為見跡」。「牛」的蹤跡，偏見於水邊林下的現象界，藏於芳草披離之後（按披原作坡，乃形近而誤，以作披為是），牧童見到了沒有？「蹤是深山更深處」，喻「自性」遠藏密隱，但道無不在，如巨牛的鼻孔遼天（遼乃撩的假借），不能藏隱。壞衲璉和詩最佳：「見牛人少覓牛多，山北山南見也麼？明暗一條去來路，箇中認取別無他。」天下僧衲，都是覓「牛」之人，而見牛者少，「牛」在山南山北，原未隱藏，人看見了沒有？道原不遠人，「牛」出的路只有一條明暗路，明喻色界，暗喻空界，由此認取，別無他途。全詩命意，可以補原作之未足。

㈢見牛

> 黃鶯枝上一聲聲，日暖風和岸柳青。只此更無回避處，森森頭角畫難成。

體由用生，空由色顯，故原序云：「動用中頭頭顯露，水中鹽味，色裡膠青」。故「黃鶯枝上一聲聲，日暖風和岸柳青。」道即由此顯示，體道之禪人，到更無迴避

之地，無處不與道偕——惟不可以情識意想見知而已，以牛為喻，則此「牛」的形象，無法描繪，故云「森森頭角畫難成」，蓋「見牛」即見道，壞衲璉之和詩，立意較新：「驀地相逢見面呈，此牛非白亦非青。點頭自許微微笑，一段風光畫不成」。見道不可預期意逆，如牛之忽然相遇，故云「驀地相逢見面呈」。「此牛非白亦非青」，喻道超出形相色彩空有之外，「點頭自許微微笑」，謂道只可自悟自許自領會，不能舉說，故用此「一段風光畫不成」頌明之。

㈣得牛

> 竭盡神通獲得渠，心強力壯卒難除。有時纔到高原上，又入煙雲深處居。

牛已得以喻道已悟，一由習染未盡，一因功夫未純，故時憂墮失悟境，原序云：「由境勝以難追，戀芳叢而不已」，首二句「竭盡神通獲得渠」言得「牛」之難，「心強力壯卒難除」，言野性之強，除之非易，「有時纔到高原上」，言偶入聖位，得與道偕，而又塵根未盡，道心泯滅，如「牛」之逸走，故云：「又入煙雲深處居」。壞衲璉的和詩，尤多發明原作者之意：「芳草連天捉得渠，鼻頭繩索未全除。分明照見歸家路，綠水青山暫寄居」。因「色」證「空」，故云「芳草連天捉得渠」，「牛」係在「芳草連天」中捉得；此「牛」野性未馴，不能去繩索的防閑，「分明照知歸家路」，「牛」已照察而知返家之路，喻求道者已得入道之途，惟功夫未到，仍在途中，故云：「綠水青山暫寄居」，仍落紅塵之中。

㈤牧牛

> 鞭索時時不離身，恐伊縱步入埃塵。相將牧得純和也，羈鎖無抑（抑係拘字之誤）自逐人。

禪人發悟以後，非一了百了，有一段很長的保任期間，故以「牧牛」為喻，「鞭索時時不離身」，喻防制的功夫不可少，戒律規矩不可離，「恐伊縱步入埃塵」，恐怕「牛」走失，由悟而迷；「相將牧得純和也，羈鎖無拘自逐人」，「牛」放牧純和以後，除去繩索鞭杖，仍自隨人，保任功深，所悟方無失墮，一山國師的頌詩，最能顯示此一保任後的真純無礙意境：「隨時水草活渠身，純淨何曾染一塵。苗稼自然混不犯，收來放去卻由人。」「隨時水草活渠身」，「牛」仍依水草而活，禪人生活仍

世俗化，但不受塵世的污染，故云：「純淨何曾染一塵。」「苗稼自然混不犯」，喻牛已不食苗稼，心已不逾規矩，不受拘限，不執著「一邊」，「牛」已收放由人，喻心已調攝純善，故云：「收來放去卻由人」，全係保任之功。

㈥騎牛歸家

騎牛迤邐欲還家，羌笛聲聲送晚霞。一拍一歌無限意，知音何必鼓唇牙。

歸家謂已住聖位，如原序所云：「身橫牛上，目視雲霄，呼喚不回，撈籠不住。」保任功深，徹悟無餘，此時也，正「騎牛迤邐欲還家」。此時牧童羌笛橫吹，揮別晚霞，揮別「大千塵世」，此時一拍一歌，均存深意，但在此絕對境界裡，「言語道斷，心行處滅」，無言說的餘地，故云「知音何必鼓唇牙」。一山國師的和詩意同而境別：「羸牛已純欲回家，樹下柴門啟暮霞。放教駒駒欄裡臥，靜看新月挂簷牙」。前二句形容「牛」返「家」的情狀，後二句則寓有深意，「放教駒駒欄裡臥」，形容此時已無餘事，「靜看新月挂簷牙」，喻功德未圓滿，新月一鉤，未到「滿月」的大圓鏡智階段。

㈦忘牛存人

騎牛已得到家山，牛也空兮人也閑。紅日三竿猶作夢，鞭繩空頓草堂間。

法無二法，「心」與「心主」，是一非二，忘牛存人之意在此，牛既不見，心主已閑，非惟如此，即鞭繩亦無所用之，此即普明獨照之意，壞衲璉和詩云：「歸來何處不家山，物我相忘鎮日閑。須信通玄峰頂上，個中渾不類人間。」悟後「歸家」，聖位仍在人間，隨處皆是，「立處皆真」，故云「歸來何處不家山」。物我相忘，達到了「絕學無為閒道人」的境界，悟入已後，見山不是山，見水不是水，故云：「須信通玄峰頂上，個中渾不類人間。」聖位自有與凡俗不同之處。

㈧人牛俱忘

鞭索人牛盡屬空，碧天寥廓信難通。紅爐焰上爭容雪，到此方能合祖宗。

凡情固須掃卻，聖念亦須泯除，如臨濟所云：「有佛處不得住，無佛處急走過」，此人牛俱忘之意，故原序云：「凡情脫落，聖意皆空」。求道之人，已為「大全」所

攝，身與道合，形相皆無，故云：「鞭索人牛盡屬空。」「碧天寥廓信難通」，此聖境中，自與凡俗隔絕，但最後仍要泯除聖念聖解，如紅爐焰上，不許有雪，最後一點塵念，也要袪除，無聖凡之分，無是非之別，一念不起，不落階級，方合禪祖師之宗旨。一山國師之和詩，正可發明此意：「一念空時萬境空，重重關隔豁然通。東西南北了無蹤（蹤字疑為跡或礙之誤），只此虛玄合正宗。」前二句頌明一念不起，大徹大悟，後二句言無分別，無拘限，虛玄而契合宗旨。

㈨返本還源

返本還源已費功，爭如直下若盲聾。庵中不見庵前物，水自茫茫花自紅。

凡聖念泯，與道無間，固是無上境界，惟較原序所云：「本來清淨，不受一塵，觀有相之榮枯，處無為之凝寂，不同幻化，豈假修治」的程度，尚欠一步，故立此一歷程。「返本還源已費功」，謂調牧功成，全由功夫而得，「爭如直下若盲聾」，卻不如「平常心」合道，不假修持，如魯如愚，當下薦取，「庵中不見庵前物」，喻在聖位之中，不見有聖境之事物，「水自茫茫花自紅」，喻此時已見山仍是山，見水仍是水。

㈩入廛垂手

露胸跣足入廛來，抹土塗灰笑滿腮。不用神仙真秘訣，直教枯木放花開。

禪祖師均崇尚悲智雙用，不作自了漢，所謂焦芽敗種，不起作用，廛謂市廛，垂手即伸手，入廛垂手即入世救人，故原序云：「柴門獨掩，千聖不知，埋自己之風光，負前賢之途轍，提瓢入市，策杖還家，酒肆魚行，化令成佛。」足以說明立題之意，較之普明止於「雙泯」，高出不少。「露胸跣足」，乃佛祖釋迦牟尼行教說法之形像，謂如佛陀的露胸跣腳，入市廛說法救人，「抹土塗灰」，謂與苦難眾生無差別，「笑滿腮」，謂雖由聖入凡，仍怡然自得，「不用神仙真秘訣」，言不用長生的神仙真訣，只求自己延年益壽，而是要起大機，發大用，使枯木生花，寒爐再火。一山國師的和詩，最得此意：「換卻皮毛轉步來，依稀鳥嘴與魚腮。通身固是混泥水，我此宗門要大開。」換卻皮毛喻脫胎換骨，但卻肯由聖位中轉步出來，面目不殊，與以前依稀相似，而且為了救世度人起見，混泥混水，同乎流俗，合乎汙世，但是此係救世的手段，

因我而此宗大行，宗風大揚，此一境界，這二首頌詩足以說明禪宗出世而又入世的精神。

以上所引的頌詩，完全不是「為文而造情」。而是各抒胸懷意境之作，其作用在借詩寓禪，宣示宗旨，以教禪宗子弟，如一山國師的序所說：「然去聖逾遠，法當危末，根性多優劣，機用有遲速，又不可一概定之，故未免曲設多方以誘掖之。」作詩作圖，在傳宗旨，說玄理，可貴的是沒有走佛偈的路子，「真心直說」，言之不文，反而不避「綺語」，寓理成趣，使人悅耳賞心，以寓道的深遠而論，固為唐宋詩人所不及，以表現的技巧，詩意情韻而論，亦堪肩隨王維、孟浩然、白居易等，惜乎沈泪禪宗經典之中，未曾得到如王士禎、袁枚等論詩的大家為之批評品題，發其幽光，揚其清芬，定其地位，殊為恨事，故特加詮說，以待方家之論定，使成為藝林的盛事，是執筆時的最大心願。

三、結論：牧牛圖頌在理趣詩中的地位

詩的特質，大多服膺陸機「詩緣情而綺靡」之說，自嚴羽以後，尤以「不涉理路，不落言詮」為詩的上上境界，嚴羽云：

> 夫詩有別材，非關書也，詩有別趣，非關理也，然非多讀書，多窮理，則不能極其至，所謂不涉理路，不落言詮者上也。（《滄浪詩話》）

滄浪之言，抑低了說理詩的地位，但後人竟因貶之為旁門，如劉大勤所云：

> 問：宋詩多言理，唐人不然，豈不言理而理自在其中歟？
> 答：昔人論詩曰：不涉理路，不落言詮，宋人惟程、邵、朱諸子為詩好說理，在詩家謂之旁門，朱較勝。（《師友詩傳續錄》）

說理詩竟被貶抑為旁門左道，未免太過份了。人有情感和理性的二面，文學作品自可訴之於人性中這二種特質，自有詩的作品以來，說理詩與訴諸情感的「感性」詩，同樣在流傳，袁枚的舉論，可為代表：

或云：詩無理語，〈大雅〉：「於緝熙敬止。」「不聞亦式，不諫亦入。」何
嘗非理語？何等古妙？《文選》：「寡欲罕所缺，理來情無存。」唐人：「廉
豈沽名具，高宜近物情。」陳後山〈訓子〉云：「勉汝言須記，逢人善即師。」
文文山〈詠懷〉云：「疎因隨事直，忠故有時愚。」又宋人：「獨有玉堂人不
寐，六箴將曉獻宸旒。」亦皆理語，何嘗非（原誤為有字）詩家上乘，至乃月窟
天根等語，便令人聞而生厭矣。（《隨園詩話》卷七）

　　袁枚所舉的例子，均係說理詩，類此之作，在前人的作品中，不勝抉摘，惟說理
詩，必須理洽人心，才會不以理語為嫌，再進一層，在能寓理成趣，吳喬云：

予友賀黃公曰：嚴滄浪謂詩有別趣，不關於理，而理實未嘗礙詩之妙。如元次
山〈春陵行〉，孟東野〈遊子吟〉，直是六經鼓吹，理豈可廢乎？其無理而妙
者如：「早知潮有信，嫁與弄潮兒。」但是於理多一折耳。……（《圍爐詩話》
卷上）

　　〈遊子吟〉等作，是理洽人心，「嫁與弄潮兒」一首，非直言說理，即所謂多「一
折之意」，說理詩之最佳者，乃借物寓理，出以比興的表現方法，泯去說理之跡，於
是吟之有味，詠之感人，如袁枚所云：

詩家有不說理而真乃說理者，如唐人詠棋云：「人心無算處，國手有輸時。」
詠帆云：「恰認己身往，翻疑彼岸移。」宋人：「君王若看貌，甘在眾妃中。」
「禪心終不動，仍捧舊花歸。」雪詩：「何由更得齊民暖，恨不偏於宿麥深。」
雲詩：「無限旱苗枯欲盡，悠悠閒處作奇峰。」許魯齋〈即景〉云：「黑雲莽
莽路昏昏，底事登車尚出門。直得前途風雨惡，蒼茫何處覓煙村。」無名氏云：
「一點緇塵涴素衣，瘢瘢駁駁使人疑。縱教洗遍千江水，爭似當初未涴時。」
（《隨園詩話》卷三）

　　袁枚所謂「不說理而真乃說理者」，乃寓理於事物之中，使詩有二重意境，言在
此而意在彼，又係出以比興的詩法，使人得意於言外，尋詩於句中，而理趣盎然，具
有「感性」，協於口而愜於心，說理詩能臻此境界，則無可非議，可與訴之情感的「感

性詩」，同其完美，因為已「不落言詮，不涉理路。」王維的詩，即其例也，胡應麟
云：

> 太白五言絕，自是天仙口語，右丞卻入禪宗。如「人閒桂花落，夜靜春山空。
> 月出驚山鳥，時鳴春澗中。」「木末芙蓉花，山中發紅萼。澗戶寂無人，紛紛
> 開且落。」不意聲律之中，有此妙詮。（《詩藪·內編·下·絕句》）

則將王維〈鳥鳴澗〉、〈辛夷塢〉這二首詩，與佛書、禪典齊觀，才會說「不意
聲律之中，有此妙詮」。二詩所表達的禪理何在？筆者曾在〈唐宋詩中之禪趣〉（見六
十八年七月二十四至二十七日《新生報·副刊》）一文中略加詮釋道：

前一首是人閒靜極，方覺桂花的飄落，內心外境一如，才能察春山的空寂，這一
靜寂的境界，也有躍然而動的機境，月出山鳥驚鳴，有由靜得動，道與人親，如月的
驚起山鳥。因為常人能動而不能靜，禪人喜靜而不喜動，偏於一邊，惟能靜能動，攝
動攝靜，方是最高境界。後一首顯示機用不停，因為禪師認為自性妙體，係絕對境界，
非空非有，亦空亦有，無不涵攝，芙蓉花的抒長紅萼，是平常的事，不因外在的環境
而轉移，澗戶寂無人，道非不在，且開且落，以顯機用的不停，胡應麟「不意聲律之
中，有此妙詮」，當亦係有領會於此才說的。

可見在說理詩中，尚有進於道，寓禪成趣的一類，為古人所共見共許。綜上所述，
從內容上言，詩的領域中，容許理趣詩的存在；就詩的表現言，詩可以下理語，但雖
切中事理；說理詩之佳者，在能寓理成趣，而又情韻不匱；在說理詩中，又有進於道
的一類。回顧《牧牛圖頌》，首先在題目上，以牛喻心喻道，已使哲理形像化，免於
「真心直說」，而「相題行事」，乃以詠物詩的方式，詠頌所命之意，已多「一折」，
在表現方面，廢除了理語禪語，以比興體之詩，頌出十種歷程，使詩有了「言之所陳」
的一面，又有「意之所許」的另一面，而有了雙重意境，在表現的技巧上，不但合乎
七言詩的格律，而且抒藻遣辭；典雅切貼，具此數美，已足與詩家爭勝，何況又係進
於道的詩呢？這些禪家中的詩家，不是使其詩無心合道，而是有意於以詩寓道寓禪，
深合於《貞元六書·新知言》所云：

> 進於道的詩，必有所表顯，它的意思，不止於其所說者，其所欲得到者，並不

是所說者，而是所未說者，此所謂「超以象外」（《詩品》）。就其所未說者，它是「言有盡而意無窮」（《滄浪詩話》），進於道的詩，不但使人能得其所表顯者，並且使人於得其所表顯之後，知其所說者，不過是所謂荃蹄之類，魚獲而荃棄，意得而言冥。

這一段話，不啻為牧牛圖頌詩而說，這些禪家詩，誠在以詩寓禪，教示「兒孫」，但所以不用直言論說的方式，正恐增其執著，多所束縛，乃用「不背不觸，不脫不黏」的比興詩，說而無說，除了「言滿天下無口過」之外，即在使後之禪人，「魚獲而荃棄，意得而言冥」，非故出「綺語」也。黃永武博士論詩與禪的異同云：

> 至於禪，禪宗的公案、語錄、頌古等常用比興詩來「繞路說禪」，若用文章則涉於理路，流於知解，用比興的詩才能達到「不脫不黏」的境界，元好問答俊書記學詩七絕云：「詩為禪客添花錦，禪是詩家切玉刀。」以為詩可使禪增加光輝，禪可使詩去除腐俗，詩是錦，禪是花，有了錦才有地方著花；禪是刀，詩是玉，有了刀才能裁璞為玉，兩者有相互輔依的作用。且看《鶴林玉露》載女尼悟道詩：「盡日尋春不見春，芒鞋踏遍嶺頭雲。歸來偶把梅花嗅，春在枝頭已十分！」本身具足，不假外求，一切有為法，如夢幻泡影，均屬徒勞，終日外出尋春，原來春在家裡！這首明性見道的禪詩，充盈著詩趣。（《中國詩學思想篇》）

由此以觀，禪家詩在傳統的中國詩歌中，應占重要的一席，而《牧牛圖頌》，一方面是進於道的好詩，一方面是系統完整之作，在形式上雖然藉詩添了「花錦」，就實質而言，其內容已足輝耀古今，惜知之者少，故特為拈說，尚祈博雅君子，賜予指正。

（《古典文學》第一集）

拾、唐宋詩中之禪趣

一、唐宋詩中禪趣問題的形成

唐宋詩是我國詩中的菁英，唐宋詩中有禪趣，論詩者人人所習知常言，而禪趣的構成，則多模糊捕風捉影之談，且無合理的解釋，如明胡應麟評王維的詩云：

太白五言絕，自是天仙口語，右丞卻入禪宗。如「人閒桂花落，夜靜春山空。月出驚山鳥，時鳴春澗中。」「木末芙蓉花，山中發紅萼。澗戶寂無人，紛紛開且落。」讀之身世兩忘，萬念皆寂，不謂聲律之中，有此妙詮。（《詩藪・內編・下・絕句》）

「右丞卻入禪宗」，語義欠明確，蓋謂其詩受禪宗的影響，考王維的生平，其母以大照禪師為師，大照為普寂的謚號，出北宗神秀門下，他自己歸心南宗，作有〈六祖能禪祖碑銘〉，應麟所云，殆係指此，至於這二首詩──〈鳥鳴澗〉、〈辛夷塢〉，富有禪趣、禪意，亦為不爭的事實。而胡氏所云：「讀之身世兩忘，萬念皆寂，不謂聲律之中，有此妙詮。」則將此二詩，與佛書、佛典、公案等量齊觀了，然亦止於主觀判斷的直陳，而未作客觀的釋說，於詩中的禪趣問題，無所闡發，至沈德潛，指出詩中有理趣和禪理的部分，他在《說詩晬語》一書中云：

杜詩：「江山如有待，花柳自無私。」「水深魚極樂，林茂鳥知歸。」「水流心不競，雲在意俱遲。」俱入理趣；邵子則云：「一陽初動處，萬物未生時。」以理語成詩矣；王右丞詩，不用禪語，時得禪理，東坡則云：「兩手欲遮瓶裏雀，四條深怕井中蛇。」言外有餘味耶？

沈德潛認為詩中有理趣與禪趣的部分，所舉的杜甫詩，是寓理成趣的例證，論王

維的詩，謂其寓有禪理，至於邵雍的詩則目為理語，東坡詩則目為禪語，顯然認為理趣、禪理，高於理語，禪語之詩，細加辨論，其所舉東坡之詩，亦寓禪理，非徒然用禪語而已，惜未寓理成趣，故為德潛所輕，如東坡〈和子由澠池懷舊〉一詩，則亦寓理而成趣：

> 人生到處知何似？應似飛鴻踏雪泥。泥上偶然留指爪，鴻飛那復計東西。老僧已死成新塔，壞壁無由見舊題。往日崎嶇還記否？路長人困蹇驢嘶。

根據查慎行的《蘇詩補注》，飛鴻留爪，完全是用《傳燈錄》天衣懷義禪師的話頭：「雁過長空，影沈寒水，雁無遺跡之意，水無留影之心，若能如是，方解異類中行。」查氏並指出東坡這首詩的前四句，是暗用天衣懷義之語義，所不同的，天衣懷義的話頭，所寓的是「向上一路」的禪理，東坡所云，是顯示人生聚散無常的事理，然已寓理成趣，未下理語。在唐宋詩中，寓說事理和禪理者頗多，頗易指辨，不待贅說。至於《徐而庵詩話》所舉，方涉及詩中禪趣問題：

> 唐人有「鴉翻楓葉夕陽動，鷺立蘆花秋水明」一聯，人但知其佳，而不知其所以佳。余曰：此即王摩詰：「東家流水入西鄰」意，夫鴉翻楓葉，而動者卻是夕陽，鷺立蘆花，而明者卻是秋水，妙得禪家三昧。

徐增認為：「鴉翻楓葉夕陽動，鷺立蘆花秋水明。」這二句寫眼前所見之景的景語，認為是寓有形而上的禪，許其「妙得禪家三昧」，至於如何「妙得禪家三昧」，則無進一步的說明，與胡應麟的評王維詩，如出一轍，蓋前人於禪趣詩，認為不可說破，黃子雲《野鴻詩的》云：

> 詩有禪理，不可道破，簡中消息，學者當自領悟，一經筆舌，不觸則背，詩可註而不可解者，以此也。

禪悟的最高境界，誠然有「一經筆舌，不觸則背」的顧忌，但禪理則並非不可說，禪宗燈史和禪祖師語錄所載，絕大部分是在析說禪理，所以禪趣詩，固然有待領悟，但亦有可解說之處，至於以詩中有可解而不可解，乃以為禪趣妙境者，更係欺人之談，李重華《貞一齋詩說》云：

有以可解不可解為詩中妙境者，此皆影響惑人之談。夫詩言情不言理者，情愜則理在其中，乃正藏體於用耳，故詩至入妙，有言下未嘗畢露，其情則已躍然者，使善說者代為指點，無不娓娓動人，即匡正鼎解頤是已。如果一味模糊，有何妙境？抑亦何取於詩。

其言不是專指禪趣詩而發，但禪趣詩不是「可解而不可解」的模糊影響，而是有「不可解而可解」的高妙意境，故深入探求，試明前人之未明，以為論詩明詩之助，尚祈與會的博雅方家，予以指正。

二、禪與詩的合流

唐朝是禪的黃金時代，至宋仍普遍地在發展，唐朝也是詩的黃金時代，至宋仍然在繼承轉變，盛況不衰；禪乃宗教、詩係文學，各有域宇，然終至相別相異之外，而同流並趨，如水乳交融，實有下述的原因和過程。

㈠禪宗簡史：相傳釋迦世尊於靈山會上，拈花示眾，眾皆默然，惟大迦葉破顏微笑，佛陀云：「吾有正法眼藏，涅槃妙心，實相無相，微妙法門，付囑於汝，汝當善自護持，毋令斷絕。」這便是禪宗傳心的起源和傳說。其後祖祖相傳，及於達摩，為天竺廿八祖、中華初祖，浮海東來傳法，經慧可、僧璨、道信、弘忍，再傳付於六祖慧能，自此宗風大暢，流行天下，以後建立了臨濟、曹洞、雲門、溈仰、法眼五宗，到了宋代，其中臨濟一宗又分出黃龍、楊岐二派，幾奪取了教下諸宗的地位，遂成為中國佛教的主流，稱佛教為教下，禪宗為宗門。

㈡禪與詩之異：禪與詩，不但沒有同流共枝的關係，而且差異甚大，以詩之產生而言，禪宗未產生前，詩已大盛，以範圍言，禪屬宗教，詩乃文學，以內容言，禪所參求的在證悟真如法性，闡發事理，詩所以發抒者乃人之性情，事物之興會；就作用言，禪乃求成佛作祖，自渡渡人，詩乃怡情悅性，以補人心世道；由感受言，禪只可自知，不可示人，所謂「少年一段風流事，只許佳人獨自知」是也，而詩人非僅娛己，且以示人感人，其不同如此。

㈢禪與詩融合之可能：詩本言情，亦可以載道，禪雖屬宗教，所探究的卻是哲學

上的「自性」、「大全」、「本體」，形而上之道，固可待形而下者以為顯揚，如《談藝錄》所云：「乃不泛說理，而狀物態以明理，不空言道，而寫器用之載道，拈此形而下者，以明形而上者，使寥廓無象者，託物以起興，恍惚無朕者，著跡而如見。」所以王維的詩：「行到水窮處，坐看雲起時。」謂隨遇皆道，道無不在，觸處可悟，故在詩的本質上，可以寓道，尤其禪宗所探究的是「自性」，是「大全」，在認識論方面，固然是由尋思起，而終於心行路絕──即超過尋思與知解的境地，而冥契真理，在這種「心行路絕」的情況下，於是禪師欲以可感覺的，表顯不可感覺，不可思議的，除了揚眉，豎拳之類，以使用詩為最佳的表現方式了，尤以比興詩應用最多，因為就詩所表達的部分而言，「能言有盡而意無窮」，能不背此「自性」、「大全」，詩有省略而未表達的部分，「不著一字，盡得風流」，乃能不觸此「自性」、「大全」，不背不觸，說而無說，禪境詩意，遂兩相融合，如《貞元六書・新知言》論詩章所云：

> 進於道的詩，必有所表顯，它的意思，不止於其所說者，其所欲使人得到者，並不是所說者，而是其所未說者，此所謂「超以象外」（《詩品》）。就其所未說者說，它是「言有盡而意無窮」（《滄浪詩話》）進於道底詩，不但使人能得其所表顯者，並且能使人於得其所表顯之後，知其所說者，不過是所謂筌蹄之類，魚獲而筌棄，意得而言冥。

這一段話從根本上說明了道與詩合的原因，禪家更認為詩更能「總一切語言為一句，攝大千世界於一塵」而充分地融道合詩，因而詩與禪合。

禪與詩融合的過程：禪與詩的融合，首先是禪家以詩寓禪，神秀的「身似菩提樹」，六祖的「菩提本無樹」二偈詩，更哄傳天下，掀浪起瀾，因為，禪宗之不立文字，一則以不能說，二則以不敢說，蓋悟道之後，洞明自性，契合本體，其大無外，其小無內，說是一物即不中，故說不得也。若欲說之，則思慮生，妄念起，產生主客能所的對立，因而靈山會上，問如何是至上境界？世尊但云：不可說，不可說，拈花微笑而已！何以不敢說？因本體界本不可描述，若強而言之，則心念妄動，分別心起，易失去所悟之境界，有所謂悟後迷之危險──「破鏡不重照，落花難上枝」。然而以渡人之故，不得不說時，乃以手勢、詩語說之，則說而無說，無說而說，「言滿天下無口過」。其次乃詩人援禪入詩，因為唐宋文士詩人，參禪成風，以其所得所知，入

之詩中，唐宋詩人，多能述禪境的奧妙，禪理的意趣，於是詩得禪助，深刻了詩之內容，提高詩的意境，增益詩的表現方法，王維是最明顯的例子之一，其後引禪理以說詩理，如皎然《詩式》，司空圖《詩品》，以及《滄浪詩話》所謂：「羚羊挂角，無跡可尋，故其妙處透徹玲瓏，不可湊泊，如空中之音，相中之色，水中之月，鏡中之象。」皆借禪理以喻詩理，以禪學論詩學，總而言之，詩之極盛之時，禪人以詩寓禪，禪極風行之後，詩家以禪入詩，禪理詩論漸相融合，互輝共映，而臻「詩為禪客添花錦，禪是詩家切玉刀」之境矣。

三、唐宋禪趣詩的構成

禪趣詩的拈論，頗感礙難，因為詩中無禪語而有禪趣，寓禪理而無跡象，往往可直感而不可詮說，且見仁見智，難有定規，茲分三類，探論於下：

㈠天趣與禪趣詩：曾文正公擬抄古近體詩，立神機一類，並解釋神機的意義道：「機者無心遇之，偶然觸之。」近人有沈彭齡氏申論其意云：

> 神者人功與天機相湊泊，如卜筮之有繇辭，如《左傳》之有童謠，如佛書之有偈語，其義在可解不可解之間，古人有所託諷，如阮嗣宗之類，故作神語以亂其辭，唐人如太白之豪，少陵之雄，龍標之逸，昌谷之奇，及元白張王之樂府，亦往往多神到機到之語，即宋世名家之詩，亦皆人巧極而天工錯，徑路絕而風雲通，蓋必可與言機，可與言神，而後極詩之能事。（《怡園詩話》，見《東北叢刊》第二期）

沈氏論神機，詩中固有此一格，然神到機到，無心遇之，偶然觸之，孰有逾於禪師之公案語錄，句不停意，用不停機，口角靈活（《談藝錄》語）的呢？如洞山良价，涉水覩影，香嚴智閑以瓦礫擊竹，靈雲的覩桃花悟道，如此之類，不勝枚舉，洞山的涉水覩影開悟詩道：

> 切忌從他覓，迢迢與我疎。我今獨自往，處處得逢渠。渠今正是我，我今不是渠。應須恁麼會，方得契如如。（宋釋普濟《五燈會元》卷十三）

這是洞山開悟後，神到機到之作，他以身形比擬求道的個體，以身影喻「自性」「大全」，以開示禪人的證悟，不假外求，「自性」本來具足，非思慮擬議可得。神到機到之詩，往往渾成而無雕鑿的痕跡，「人巧極而天工錯，徑路絕而風雲通」。使人覺得天趣盎然，在作者而言，極盡一切心思才力技巧，而泯除了痕跡，天然渾成。在欣賞者而言，只能領會其佳，而不能口說手指，以解釋其佳，如王維的「行到水窮處，坐看雲起時」。貫休的「風觸好花文錦落，砌橫流水玉琴斜」。在作者而言，是「人巧極而天工錯」，人巧天工俱達極致的結果；在讀者而言，則有「徑路絕而風雲通」的感覺，很難以思慮分析的徑路，析說這些詩句的好處，故曰徑路絕；卻能以直感的方式，領悟其佳處，故曰風雲通；而且這類的詩，可作多方面的會心，可以體認為是「拈形而下者，以明形而上」的載道之作，故禪師極多引用，也可「不會則世諦流布」。作景物詩欣賞，長沙的遊山公案，充分可說明這類詩的雙重意境：

> （長沙）一日遊山，歸至門首，首座問：和尚什麼去來？沙曰：遊山來。首座云：
> 到什麼來？沙云：始隨芳草去，又逐落花回。首座云：大似春意。沙云：也勝
> 秋露滴芙蕖。（見《傳燈錄》，《碧巖錄》。）

長沙是指鹿苑招賢，南泉普願的弟子，他的答話，乃借境示禪，以「始隨芳草去」，喻由「色」悟「空」，由凡入聖，以「又逐落花回」，表示不永住聖位，又重還人間，發機起用，首座云：「大似春意。」著語有擡有搦，有抑有揚，謂其生意顯露，如春意之盎然，似未空諸所有，仍落在現象界中，長沙云：「也勝秋露滴芙蓉。」秋露滴芙蓉，喻已刊落繁華，證入真際，顯示他已超出此一境界，這種觸境成機的答話及詩句，真是天趣盎然，詩家正有此類之作，張說的〈灉湖山寺〉詩，即係最好例證：

> 空山寂歷道心生，虛谷迢遙野鳥聲。禪室從來塵外賞，香台豈是世中情。雲間
> 東嶺千尋出，樹裏南湖一片明。若使巢由知此意，不將蘿薜易簪纓。（《全唐詩》
> 卷八十六）

金聖歎解釋這首詩道：

> 不因寂歷不生道心，然而寂歷非道心也；不因迢遙不傳鳥聲，然而迢遙無鳥聲

也。龐居士曰：但願空諸所有，是寂歷道心生義也；慎勿實諸所無，是迢遙野鳥聲義也。（《金聖歎選批唐詩》一千首）

張說的詩，前二句依金聖歎的解釋為佳，「禪室從來塵外賞，香台豈是世中情」，是歸心於佛禪的表達，而「雲間東嶺千尋出，樹裏南湖一片明」，由表像言之，是表達登灘湖山寺所見的景物，然玄微的至道，因物象而明，千尋東嶺，由雲間透出，明亮的南湖，是遮掩在樹裏，正以寓色空一如、「自性」、「大全」，由現象界而昭顯，了悟此理，則塵世亦道場，簪纓仕宦與蘿薜隱居沒有差異，故才歸結到「若使巢由知此意，不將蘿薜易簪纓」，如果上面二句只以寫物色的佳美會意，則雲間東嶺，樹裏明湖，正隱士林泉之樂，巢父、許由等隱士，正宜以蘿薜換易簪纓，才是正理，「不將蘿薜易簪纓」，則為亂談了。又李翱〈贈藥山惟儼〉詩云：

練得身形似鶴形，千株松下兩函經。我來問道無餘說，雲在青霄水在瓶。

選得幽居愜野情，終年無送亦無迎。有時直上孤峯頂，月下披雲嘯一聲。（見《唐詩紀事》卷三十五，《傳燈錄》卷十四）

根據《傳燈錄》的記載，李翱問如何是道，藥山惟儼答道：「雲在天，水在瓶。」雲在天，顯而易見，水在瓶，隱而難知，雲與水，形狀不同，而質性則一，以喻色與空，現象與本體，可分而不可分，道無不在。《傳燈錄》又載：惟儼禪師，一夜登山大笑，李翱再作詩贈之「有時直上孤峯頂，月下披雲嘯一聲。」「孤峯頂」──禪人有孤峯獨宿的話頭，喻已證入「絕對境界」，「月下披雲嘯一聲」，在贊許惟儼，能動能靜，不「沈空滯寂」，在「死水裏浸殺」，我們在欣賞這二首詩時，誠有徑路已絕之感，但確能領會其佳境奧義，故能起「風雲通」的會心。

前三首詩的天趣禪境，尚有跡象可尋，張說在詩的開始，便拈出了「道心生」，李翱的詩，標明了係贈惟儼禪師之作，又有《傳燈錄》敘明其背景，故易於瞭解，胡應麟拈評王維的二首詩，則更天趣渾然，寓理無跡：

鳥鳴澗

人閒桂花落，夜靜春山空。月出驚山鳥，時鳴春澗中。（《王右丞集》卷十三）

辛夷塢

木末芙蓉花，山中發紅萼。澗戶寂無人，紛紛開且落。（同上）

前一首是人閒靜極，方覺桂花的飄落，內心外境一如，才能察春山的空寂，這一靜寂的境界，也有躍然而動的機境，月出山鳥驚鳴，有由靜得動，道與人親，如月的驚起山鳥。因為常人能動而不能靜，禪人喜靜而不喜動，偏於一邊，惟能靜能動，攝動攝靜，方是最高境界。後首顯示機用不停，因為禪師認為自性妙體，係絕對境界，非空非有，亦空亦有，無不涵攝，芙蓉花的抒長紅萼，是平常的事，不因外在的環境而轉移，澗戶寂無人，道非不在，且開且落，以顯機用的不停，胡應麟「不謂聲律之中，有此妙詮」，當亦係有此領會才說的。以下三人的詩，也應以這一看法去欣賞會解：

元微之〈幽棲〉

野人自愛幽棲所，近對長松遠是山。盡日望雲心不繫，有時看月夜方閒。壺中天地乾坤外，夢裏身名旦暮間。遼海若思千歲鶴，且留城市會飛還。（《元氏長慶集》卷十六）

王安石〈獨臥有懷〉

午鳩鳴春陰，獨臥林壑靜。微雲過一雨，淅瀝生晚聽。紅綠紛在眼，流芳與時競。有懷無與言，佇立鐘山暝。（《臨川先生集》卷二）

戴昺〈幽棲〉

幽棲頗喜隔囂喧，無客柴門盡日關。汲水種花私雨露，臨池疊石幻溪山。四時有景常能好，一世無人放得閒。清坐小亭觀眾妙，數聲黃鳥綠陰間。（《東野農歌集》卷四）

這三首詩，「言之所陳」是一重意境，「意之所許」又是一重意境，「盡日望雲心不繫，有時看月夜方閒」，與杜甫的「水流心不競，雲在意俱遲」同一意境，王安石的「有懷無與言，佇立鐘山暝」，有目擊道存，無言領契的感受，戴昺的「清坐小亭觀眾妙，數聲黃鳥綠陰間」。更有道不遠人，「河山並大地，齊露法王身」的玄微，

這非個人穿鑿，沈括的《夢溪筆談》有下面的先例：

> 古人詩有「風定花猶落」之句，已謂無人能對，王荊公對以「鳥鳴山更幽」，
> 「鳥鳴山更幽」本宋王籍詩，元對「蟬噪影逾靜」，上下句只是一意，「風定
> 花猶落，鳥鳴山更幽」，則上句乃靜中有動，下句動中有靜。

沈氏靜中有動，動中有靜的解說，也是從詩的第二重意境領會，吳子良的《林下
偶談》曰：「葉水心詩義尤過少陵，『花傳春色枝枝到，雨遞秋聲點點分。』此分量
不同，周匝無際也；『江當闊處水新漲，看到極頭花倍添。』此地位已到，功力倍進
也；『萬卉有情春暖後，一筇無伴月明邊。』此惠和夷清氣象也；『包容花竹春留卷，
謝遣荷蒲雪滿涯。』此陰陽舒慘規模也。」亦正是由文句以外會心，恰恰是「徑路絕
而風雲通」的玄解方法。這類的天趣詩，「人巧極而天工錯」，其渾成之境，王昌會
《詩話類編》，解釋甚當：

> 篇法之妙，有不見句法者，句法之妙，有不見字法者，此是法極無跡，人能之
> 至，境與天會，未易求也。有俱屬象而妙者，有俱屬意而妙者，有俱作高調而
> 妙者，有直不下偶對而妙者，皆興詣神合氣完使之然。（卷二）

大致能說明「人巧極而天工錯」的渾成境界，興詣、神合、氣完，真正是天趣詩
的神到機到之境的最佳說明。

㈡奇趣與禪趣詩：詩貴有奇趣，詩之高者有禪趣，所重不在禪而在趣，清吳喬論
之云：

> 子瞻曰：「詩以奇趣為宗，反常合道為趣。」此語最善。無奇趣何以為詩？反
> 常而不合道，是謂亂談，不反常而合道，則文章也。山谷云：「雙鬟女弟如桃
> 李，早年歸我第二雛。」亂談也；堯夫三皇等吟，文章也。（《圍爐詩話》卷一）

東坡深於禪，以奇趣，以反常合道論詩，誠得禪趣詩的三昧，奇趣的構成，以反
常合道為原則，如何是反常合道，非由禪公案說明不可：

> （丹霞）後於慧林寺遇天大寒，取木佛燒火向。院主訶曰：何得燒我木佛，師以

> 杖子撥灰曰：吾燒取捨利。主曰：木佛何有舍利？師曰：既無舍利，更取兩尊
> 燒。（《五燈會元》卷五）

> 昔有道流在佛殿前背佛而坐，僧曰：道士莫背佛，道流曰：大德，本教中道：
> 佛身充滿於法界。向甚麼處坐得？僧無對。（《五燈會元》卷六）

> 有一行者，隨法師入佛殿，行者向佛而唾。師曰：行者少去就，何以唾佛？行
> 者曰：將無佛處來與某甲唾。（同上）

此三則公案，均反常合道，而有奇趣，燒木佛是反常的事，燒木佛而燒取舍利子，
尤為反常，燒木佛的結果而無舍利子，則木佛非佛，仍是木頭，故再取二尊來燒，反
常而合道。不背向佛坐，是佛門的常禮，道流背向佛而坐，違反了常禮，然佛身充滿
法界，那麼無處不背向佛坐，若背向佛不可坐，將無處可坐了。不唾佛是常理，唾佛
則不合常理，然佛身充滿法界，不唾佛則無處可唾了，故云：「將無佛處來與某甲唾。」
這三則公案，足以說明反常合道，也足以顯明反常合道所構成的奇趣，詩中正有此一
類：

> 菩提本無樹，明鏡亦非台。本來無一物，何處惹塵埃。（《傳燈錄》卷五）

菩提有樹，今六祖卻說無樹，明鏡有台，卻云無台，此為反常，然菩提樹乃假名，
明鏡台乃因緣和合——各種條件湊合而成，且神秀以菩提樹喻善根，明鏡台喻光明自
性，夫「大全」本無善惡之分，自性本自清淨，說似一物即不中，故六祖說：「菩提
本無樹，明鏡亦非台」，雖反常而合道。又曹山詩云：

> 燄裏寒冰結，楊花九月飛。泥牛吼水面，木馬逐風嘶。（《曹山本寂禪師語錄》）

這是曹洞宗的開宗人物曹山本寂的詩，以示徹悟後的神通和神奇，火燄裏結寒冰，
九月飛楊花，泥牛在水面上吼叫，木馬追逐風而嘶鳴，都是反常反俗的事，可是徹悟
「自性」、「大全」以後，則這些奇趣，均可能發生，正與大慧宗杲所云：「橋流水
不流」的詩語，同一意義，所以反常而合道。杜甫詩：

> 水流心不競，雲在意俱遲。

子在川上曰：「逝者如斯夫，不舍晝夜。」乃觀流水興感，如《文心雕龍·物色》所說：「情以物遷，辭以情發。」可是杜工部見流水潺潺滔滔，此心卻不隨之而動，這是反常。人之心固然是「情以物遷」，但因後天的修持，心不隨物轉，超然物外，流水自潺潺滔滔，我自超然物外，心念寂靜，故反常而合道。又宋人詩：

> 長說滿庭花色好，一枝紅是一枝空。（見《竹莊詩話》）

既云「滿庭花色好」，則紅花滿枝，正是花色好的正常現象，云「一枝紅是一枝空」，則為反常，可是花紅則落，盛極則衰，花到紅的時候。也到了空的時候了，與法眼文益禪師看牡丹詩：「豔冶隨朝露，馨香逐晚風。何須待零落，然後始知空」（《五燈會元》卷十）的意義相同，反常而合道。又王維詩：

> 君自故鄉來，應知故鄉事。來日綺窗前，紅梅著花未？（《王右丞集》卷十三）

右丞既云：「君自故鄉來，應知故鄉事」，則王維所問的，也當然是故鄉事了，可是親朋故舊，及故鄉消息，皆不在問候之列，只問窗前紅梅的著花與否？而且紅梅開不開花的小事，很可能非故園來客所知，顯然違反常理常情；但是窗前的紅梅，也在關心問候之列，則故園的一切變動，自必在關心在詢問之內了；而且能知道王維窗前紅梅花事的人，關係情誼，自必非常密邇，才能以此相問，否則極為無理，反常而不合道了。高步瀛的《唐宋詩舉要》卻引趙松谷論詩，把王右丞這首詩，與王安石的「道人北山來，問松我東岡。舉手指屋脊，云今如許長」，認為「同一機杼，皆情到之辭，不假修飾，而自工者也」。這二首詩作法相同，可能是王安石有意仿效，但介甫的詩，只是白描素寫，而右丞詩，卻多了一重反常合道的深遠意義。又金昌緒詩：

> 打起黃鶯兒，莫教枝上啼。啼時驚妾夢，不得到遼西。

黃鶯兒不是堪打責之物，枝上夜宿的黃鶯，更不能趕打，這是反常；可是作者只是借黃鶯的鳴叫，驚醒其到遼西與丈夫或情人相逢的好夢，黃鶯又春天始鳴，更切合時令，令人興惆悵情懷，所以反常而合道。

由上所述，禪家與詩人，都有反常合道的事實，反常必以合道為前提，方能構成奇趣，禪家的反常合道，是深契事理，比常人深入一層；詩人的反常合道，是設想入

奇，使人有「曲折」之感，而再三玩味，不致無餘蘊餘味，東坡以奇趣論詩的意義，大致如此，而《冷齋夜話》、《竹坡詩話》、《詩人玉屑》俱引東坡反常合道之論，而以柳宗元的〈漁翁〉一詩當之，《詩人玉屑》卷十云：

> 柳子厚詩曰：「漁翁夜傍西岩宿，曉汲清湘燃楚竹。煙消日出不見人，欸乃一
> 聲山水綠。回看天際下中流，岩上無心雲相逐。」東坡云：「詩以奇趣為宗，
> 反常合道為趣」，熟味之，此詩有奇趣。

柳宗元此詩有無奇趣，是另一問題，其詩合道而不反常，決不是如東坡所云，由反常合道而構成的奇趣。所以唐宋詩中的禪趣，由反常合道而構成的奇趣作品，應是其中的一部份。

㈢理趣與禪趣詩：詩在本質上是傾向於言情的，搖蕩情靈，是詩的主要目標，可是由《詩經》開始，幾乎所有的詩，都有訴之理性的寓理詩在內，致南北朝乃有「詩必柱下之旨歸，賦乃漆園之義疏」的感歎，而不為文評家所重，寓理詩似乎是詩中的別調。可是唐宋禪人的詩，幾全是寓理詩，沈藏在佛教的經典語錄中，至少在萬首以上，有專集行世的，如皎然，寒山，齊己，貫休等人的作品，尚不在內，這些詩有的不免粗豪，有的卻義佳藻麗，在當時詩人口耳之中，其所以如此，在能寓理成趣，能狀物以明理，托物以見意，以有限見無限，拈形而下以顯形而上，非以析理服人，乃以理趣感人，《談藝錄》云：「使寥廓無象者，托物以起興，恍惚無朕者，著跡而如見。譬之無極太極，結而為兩儀四象，鳥語花香，而浩蕩之春寓焉，眉梢眼角，而芳菲之情傳焉，舉萬殊之一殊，以見一貫之無不貫，所謂理趣者此也。」理趣詩之所以能成詩，不在於說理的細微、深入、詳盡和明白，而在能以一見多，以小顯大，使人領會感受，契理於言詮之外，所以不獨在寓理而貴在有趣，有理而無趣，則是所謂「太極圈兒」、「先生帽子」、「修齊格言」了。雖然理趣之詩，不始於禪師，唯詩作寓理之用，則無逾於禪師，其後詩人援引入詩，而豐富了詩的內容，所以沈德潛說：「詩貴有禪理禪趣，不貴有禪語。」寓有禪理而饒趣味的詩，應是構成禪趣詩的重要部分，較易為人所察知，以禪師的詩而論，慧能、神秀的詩，為大家所熟知，不再舉例，這一類的詩，所在多有，如仰山慧寂詩云：

滔滔不持戒，兀兀不坐禪。釅茶三兩碗，意在钁頭邊。（《仰山慧寂語錄》）

仰山是為仰宗的建立者，這首詩是他禪理的顯示，心念滔滔，塵念不斷，則雖持戒而實不持戒，兀兀形如枯木，心如死灰，一離蒲團，則心隨境轉，亦不能稱之為坐禪。仰山自己只平平淡淡，喝釅茶二三碗，而用心常在钁頭邊——如農夫用鋤頭，去穢去淨，泯除凡塵，故未持戒而未嘗不持戒，不坐禪而未嘗不坐禪，禪理寓而詩趣俱。又曹山詩云：

白衣須拜相，此事不為奇。積代簪纓者，休言落魄時。（《曹山本寂語錄》）

這是曹山本寂〈五相頌〉中的第一首，人人有佛性，均有成佛的可能，正如白衣——無功名的人，經過考試登第，仕途的擢升，有拜相的一日，這不是奇事。在沒有拜相之前——沒有成佛的時候，則修道人如落魄的白衣，但是不要自抱自怨，他本是積代簪纓——官宦的後代，修道人本是「未來佛」，目前雖是凡人，只待修道證悟，亦寓理有味。又韜光禪師〈謝白樂天招詩〉云：

山僧野性好林泉，每向岩阿倚石眠。不解栽松陪玉勒，惟能引水種金蓮。白雲乍可來青嶂，明月難教下碧天。城市不能飛錫去，恐妨鶯囀翠樓前。（《全唐詩》卷八百二十三）

這首詩不但寓禪成趣，而且文采斐然，是一首工整的七律應酬詩，「不解栽松陪玉勒，惟能引水種金蓮」，意謂不能為富貴中人作點綴，只能傳法接人，蓋禪師以水喻法，以金蓮喻向佛之人，「白雲乍可來青嶂」，謂白樂天可以山中相訪，「明月難教下碧天」，喻禪師如如不動，似明月高懸，可以分光仰望，不可屈致——前往應白氏的招請，又「城市不能飛錫去」的原因，是恐怕妨礙白樂天的鶯囀翠樓的聲色世俗生活，以鶯囀來指白氏的侍妾——小蠻、樊素，則又具有諷勸的意義了，宋人《鶴林玉露》載某女尼的悟道詩云：

盡日尋春不見春，芒鞋踏破嶺頭雲。歸來偶把梅花嗅，春在枝頭已十分。

自性本自具足，不假外求，外求不得，回頭偶嗅枝上梅花，道即在自己的家園裏

的梅花上，這首悟道的詩，充滿了詩趣，又昭覺克勤的悟道詩云：

> 金鴨香銷錦繡幃，笙歌叢裏醉扶歸。少年一段風流事，只許佳人獨自知。（《五
> 燈會元》卷十九）

克勤是五祖法演弟子，北宋時的禪門宗匠，這首詩表面上是綺語豔句，而實際上是他徹悟時悟境的顯示。「金鴨香銷錦繡幃，笙歌叢裏醉扶歸」，乃以熱衷歌場舞榭的風流狎客為比，在金鴨浮香，錦繡幃中尋芳，比喻他在紛繁的「色界」求道，風流狎客尋芳有得扶醉而歸，自己參禪有得而證悟，此一境界，只可直接領會，而不可言語舉說，如少年時的一段風流公案，只許佳人獨自知，不能使他人得聞其秘密。這首詩不但寓理成趣，而且緣情綺靡。

唐宋的詩人中，以禪理入詩，且能寓理成禪的，不知凡幾，王維、白居易、蘇軾等大詩人，不必說了，以每飯不忘君的杜甫為例，也有寓禪的詩：

> 牛頭見鶴林，梯逕繞幽林。春色浮山外，天河宿殿陰。傳燈無白日，布地有黃
> 金。休作狂歌老，回看不住心。（《九家集注杜甫詩》卷二）

這是杜甫望牛頭寺的詩，後面的四句，不但有禪理，也下了禪語，可見時代風氣影響的厲害。路洵美的夜坐，意境更佳：

> 簾卷竹軒清，四鄰無語聲。漏從吟裏轉，月自坐來明。草木露華濕，衣裳寒氣
> 生。難逢知鑒者，空悅此時情。（見《竹莊詩話》卷十三引）

「草木露華濕，衣裳寒氣生」，喻有「自性」由現象界顯露，自身覺與道合的意境，不然則「難逢知鑒者，空悅此時情」為無理亂談了，因為「草木露華濕，衣裳寒氣生」並沒有如此可悅的程度。又范成大的〈睡起詩〉云：

> 憨憨與世共兒嬉，兀兀從人笑我癡。閒裏事忙晴曬藥，靜中機動夜爭棋。熟睡
> 覺來何所見，氈根香軟飯流匙。（《石湖居士詩集》卷二八）

「閒中事忙」則非真忙，「靜中機動」也非真靜，所爭的是棋，「熟睡覺來何所見，氈根香軟飯流匙」。更大有臨濟「祇是平常無事，屙屎送尿，著衣吃飯，困來即

臥，愚人笑我，智乃知焉」的意境，又李石的〈雪詩〉云：

> 大地纖毫色色空，寥天望極一鴻濛。夜凝冷浸梅魂月，朝拂朝回縞帶風，身世
> 密移塵境外，乾坤收入玉壺中。虛堂瑞草瓊林合，壓盡蓬萊第一峯。（《方舟集》
> 卷四）

這首詩明明是借雪來說禪，以喻自性的無所不在，無所不包，故云：「大地纖毫
色色空，寥天望極一鴻濛。」寒極暖生，枯盡榮至，相生相代，故云：「夜凝冷浸梅
魂月，朝拂朝回縞帶風。」證入真際，則遠離塵世，事理兼帶，故云：「身世密移塵
境外，乾坤收入玉壺中。」「虛堂瑞草瓊林合」，有禪人居聖位的「瑞像」的意義，
才能說「壓盡蓬萊第一峯」，蓬萊是神仙所居的仙境，禪悟的聖境，足勝神仙的仙境，
全詩的寓意，確乎如此。呂本中的〈睡詩〉云：

> 終日題詩詩不成，融融午睡夢頻驚。覺來心緒都無事，牆外啼鶯一兩聲。（《東
> 萊先生詩集》卷一）

這首詩前二句有著意參禪求道的意味，後二句有「無意得之」的意境，而且道無
不在，「牆外啼鶯一兩聲」即是道的顯示，所以《宋元學案》說他耽於禪悅，非無因
也。又《柳亭詩話》記陸象山評朱子〈尋春詩〉云：

> 朱紫陽嘗作一絕曰：「川原紅綠一時新，暮雨朝晴更可人。書冊埋頭何日了，
> 不如拋卻去尋春。」陸象山聞而喜曰：「元晦至此覺矣。」

朱子這首尋春詩，陸象山認為是見道詩，謂朱子已覺了──徹悟，道不在書冊上，
不過他認為朱子所覺，不是禪而已，引此作證，只是在以說明以上對很多詩的解說，
不是臆斷妄語，禪理禪趣詩，有明顯可見的，有晦暗難知的，都是唐宋詩中的一部分，
不少是極佳妙的一部分。

四、結　論

天趣詩寓禪無跡，「超以象外，得其寰中」，可作多方面的會心和求解；奇趣詩

以反常合道為趣,其法式來自禪人,詩人以之作詩,部分與禪理有關,其無關者,亦頗具禪之意境;禪理詩或直說禪理,或立題見意,或逕下禪語,頗可尋察;唐宋詩人的詩,其禪趣的構成,類別大致如此,由上文「兩面俱陳」的舉證和析說,應能探源得流,振葉尋根,禪趣詩不可說而可說了。元好問〈答俊書記學詩七絕〉云:「詩為禪客添花錦,禪是詩家切玉刀。」在禪的本質而言,詩不能為禪錦上添花,但由於以詩寓禪的結果,使禪學大行,使禪在不用梵土名相之餘,在揚眉、瞬目、拏拳、舉杖等之外,有了風雅的表達方式,補救了粗豪的一面。至於詩人不止於援禪入詩,而且以禪理論詩,皎然,司空圖,蘇東坡,嚴滄浪是最顯著的例子,切玉刀能裁玉成器,去璞成研,此詩學得禪之助,又不僅詩的本身而已。(其詳可參閱筆者的《禪學與唐宋詩學》)太虛法師說過:「中國佛教的特質在禪」,似乎也可以套用其語說:「唐宋詩的特質在禪趣。」禪使唐宋的詩,除了體裁、作法等不同於六朝以前的詩之外,在內容,意境上更饒別趣別調,禪也為詩家添花錦了,不只是切玉刀而已。

拾壹、禪宗對王維詩風的影響

　　有唐一代是中國詩歌的黃金時代，作家之多，作品之富，詩體之完備，內容之擴大，派別之分立，思潮之變演，非前代所可追及。根據宋計有功撰《唐詩紀事》，所錄凡一千一百五十家，清康熙年間《全唐詩》所錄凡二千三百餘家，詩四萬八千九百餘首，作者的身份上至帝王將相官宦文士，下至和尚道士優倡販夫走卒。由此可見詩歌在唐代是一種最普遍的文體，一般人或在創作或在欣賞這種文體，才有如此輝煌的成績。以派別略加分類：則有所謂宮廷派、田園隱逸派、邊塞派、社會派、浪漫派、險怪派……。以個人作品的風格不同、成就不同，而加以標舉，則有所謂元（稹）輕白（居易）俗，岑（參）超高（適）實，郊（孟郊）寒島（賈島）瘦，杜（甫）聖李（白）仙。可是在這眾多的詩人中，外儒內佛，合禪理詩風為一，繼田園詩人陶潛之後，形成田園詩的極盛時代，並後啓隱逸一派者，不得不推王維。後人對王維的詩，倍加推崇，多以「清逸」、「曠淡」、「味長」評之，那只是就王維的詩所顯示的風格而言，自有所見。然追溯王詩何以成其「清逸」，達其「曠淡」，就其「味長」，那就不得不歸之於佛教禪宗思想之影響了。因禪理養成其「曠淡」、「清逸」和「味長」的詩風。唐代以後的詩人，特別是田園隱逸一派，受他影響的甚多。如與他同時的有孟浩然、裴迪、儲光羲，稍後的有元結、韋應物、柳宗元等人的詩，都可歸入這一派，而以王維為領袖。可是解評王維的詩，不就禪理講求，那所得的不是精髓而是糟粕，永遠不能瞭解那種清逸的意境。甚至在文字上也不能得其甚解，例如〈過香積寺〉云：「泉聲咽危石，日色冷清松。薄暮空潭曲，安禪制毒龍。」如果不就禪理和佛家典故是解不出後二句的精義的。故就王維的生平，禪宗對王維思想的影響，王維詩中所表現的禪理，禪宗對王維詩風的影響，加以闡述，由知人論世，或可對這位田園詩派的領袖，有較多的瞭解，能進一步欣賞和評估他的作品，以達到如劉勰所云「振葉以尋根，觀瀾而索源」的目的。

一、王維的生平

㈠**生長在佛教家庭** 《唐書》本傳云：「王維字摩詰，太原人，父處廉，終汾州司馬，徙家于蒲，遂為河東人……事母崔氏，以孝聞。」他是出生在唐中宗的長安元年，那時候佛教已盛行，王維的母親，更是一位虔誠的佛教徒，師事大照禪師數十年。王維為紀念母親特上表奏請皇帝，准其將崔氏奉佛的山居的草堂精舍，施莊為寺。在奏表中曾云：「臣亡母故博陵縣君崔氏，師事大照禪師三十餘歲，褐衣縮食，持戒安禪，樂住山林，志求寂靜……。」可見他的母親已是一位摒絕世俗的嗜欲、緇衣素食的佛教徒，而他所師事的大照禪師，就是禪宗中的高僧，與禪宗六祖慧能，稱為南能北秀的神秀大師的法統傳人。他的弟弟王縉也好佛，劉昫所作《唐書》本傳云：「縉兄弟奉佛不茹葷血」。可見王維是生長在佛教家庭，從小就是虔誠的佛教信徒，不是晚年如此，而是晚年更甚而已。

㈡**少年得志的仕宦生活** 王維是一個早熟的作家，《唐書》本傳稱他「九歲知屬辭」，也許不是誇張。現在他的集中尚存有少年時代的作品，如〈過秦王墓詩〉、〈洛陽女兒行〉、〈桃源行〉、〈李陵咏〉，是十五歲至十九歲的作品，尤以〈洛陽女兒行〉和〈桃源行二章〉，是完全成熟的作品。無半點稚氣，可見其才情之過人。他十九赴京兆府試，中了第一名解頭，《唐詩紀事》引《集異紀》云：「維未冠，文章得名，妙能琵琶，春之一日，岐王引至公主第，使為伶人，進主前，維進新曲，號鬱輪袍，並出所為文，主大奇之，令宮婢傳教，召試官至第，諭之作解頭登第。」雖然這種手段不高明，但當時他只是功名心重的十九歲少年，似乎不能以士君子的進退出處的法度來衡量。二十一歲中進士，調大樂丞而進入仕途。不久坐累謫濟州司倉參軍，以後受知於張九齡。在張執政時，擢升為右拾遺，才三十四歲。三十七歲為監察御史。五十二歲為文部郎中。他的一生，在宦途上可以說是沒有受到挫折。在此以前，為王維仕宦最得意的時期。

㈢**抑鬱的晚年生活** 王維在天寶十四載遷給事中，值安史之亂，在安祿山入長安時，不及扈駕逃出，被賊兵所攜，服藥下痢，偽稱瘖病，被拘於菩提寺中，後送至洛陽，拘於菩提寺。好友裴迪曾去看他。說逆賊等在凝碧池上作音樂供奉，乃成〈凝碧詩〉一章，寄其感慨。詩云：「萬戶傷心生野煙，百官何日再朝天。秋槐葉落空宮裡，

凝碧池頭奏管弦。」後來亂平，遂以此詩減罪，在官位上也數年擢升，復拜給事中，轉尚書右丞。然遭此變故，在精神上終是一種大的打擊，他對失身於賊，不能死國，常耿耿在念，所以在〈責躬薦弟表〉中充滿愧悔之情，表云：「頃又沒於逆賊不能殺身，負國偷生，以至今日，陛下矜其愚弱，託病被囚，不賜疵瑕，累遷省閣……。」這時候他已是五十八歲的高年了，精神上的負擔和失意，使他更寄情於山水及篤信禪理。《舊唐書》本傳云：「兄弟俱奉佛……晚年長齋，不衣彩衣，在京師日飯數十名僧，以談玄為樂……退朝之後，焚香獨坐，以禪誦為事。」這樣抑鬱而又恬淡地活到六十一歲，於唐肅宗上元二年與世長辭。以上是王維一生簡單的介紹。按其生平，他不是山林隱逸中人，而其詩風，則極其相近，除禪宗的深切影響外，實難有其他的因素。

二、禪宗對王維思想的影響

㈠**禪宗略史**　禪宗產生於印度，相傳世尊於靈山會上拈花示眾，眾皆默然，時獨迦葉尊者，破顏微笑，世尊曰：「吾有正法眼藏，涅槃妙心，實相無相，微妙法門，不立文字，教外別傳，如今付與摩訶迦葉。」因是迦葉為禪宗初祖。禪宗在印度，均係單傳，祖師傳法後，多即入寂。禪宗並未離教獨立成為宗派。禪宗二十八傳至菩提達摩，乃航海東來，為中華初祖，後法衣傳二祖慧可，可傳僧璨，璨傳道信，信傳弘忍，忍傳慧能，即六祖。慧能光大禪宗，所謂五宗七派，俱出六祖開堂說法之地——曹溪。禪宗之盛，始於此時，就是唐高宗和中宗的時候。

㈡**唐代的禪宗**　禪的意思是定，禪宗以其不立文字，教外別傳。直指人心，見性成佛。所以主頓悟。尤其傳至六祖，更形成「不迷信、尚心性、務平實、在世間」的風尚，極受當時人民的歡迎。尤其流行於士君子之間，如晚近太虛大師言：「中國佛教之特質在禪」、「天下叢林概稱禪寺」、「臨濟子孫遍天下」，皆為佛門公認的事實，可見禪宗的盛況。

㈢**禪宗對王維思想的影響**　上面提過：王維的母親崔氏曾師事大照禪師三十年。大照是大通禪師的法統傳人（見〈唐京師興唐寺普寂傳〉）。大通禪師就是與六祖慧能同師事禪宗五祖弘忍的，雖然五祖將法衣傳給了六祖慧能，但對這位神秀上座，十分推崇。高僧傳神秀傳（大通為神秀寂滅後唐天子賜的諡號）：「秀即事忍，忍默識之，深加器重，

謂人曰：『吾度人多矣，至於懸解圓照，無先汝者。』」因神秀尚積漸，慧能尚頓悟。以後大通禪師成為禪宗北宗之祖，慧能成為南宗之祖。王維的母親既師事了禪宗北祖的法統傳人大照禪師達三十年之久，王維當然不會不受其影響。所以在他的文集中，有〈為舜闍黎謝御題大通大照和尚塔額表〉，可見他與禪宗關係的深切。王維在〈為幹和尚進注仁王經表〉中又說：「心淨超禪，頂法懸解……老僧空空，復何語語，以無見之見，不言之言……。」以上所說，正是禪宗不立文字、教外別傳的精義。所以《唐書》本傳說他：「退朝之後，焚香獨坐，以禪誦為事。」又說他「在京師，日飯數十名僧，以談玄為樂」。又在臨終之時，「與平生親故作別，多敦勵朋友奉佛修心之言」。所謂「談玄」，所謂「修心」，所謂「禪誦」，都是屬於禪宗修持的範圍，所以說他的思想，是受禪宗的影響，外儒而內佛，當不致失之武斷。他平生與僧侶、居士交往酬贈最多，當是最有力的旁證，可惜不易考出他們的宗派：然而根據他與大照禪師一系的關係，當可概定他們為禪宗。因為神秀的兩大弟子，大照他們受過中宗的敕封，居在都城時，一方面是北方僧人的領袖，一方面為王公庶人競相禮謁的偶像。王維又替大照的弟子作過向皇帝謝恩的奏表，當然不會沒有密切的過往的。又苑咸〈答王維詩並序〉有「然王兄當代詩匠，又精句理」，詩句有「華省仙郎早悟禪」句，足證王維思想深受禪宗影響。

三、王維詩中所表現的禪理禪機

文章的風格，詩的境界，與作者的先天情性，和後天的陶染是息息相關的。一個作家的作品，就是他的生活心境的表達。王維自然也不例外，在他的詩中，我們可以發現他的二個時期截然不同的風格。在他的少年期，頗多豪放纏綿的作品，看不出禪宗對他影響的痕跡，試把他的這一時期的詩，與他前期的詩人，以「豪子馳俠使氣」的陳子昂相比較，風格意境是非常近似的：

　　　塞上曲　　　王　維
　　天驕遠塞行，出鞘寶刀鳴。定是酬恩日，今朝覺命輕。

　　　贈斐旻將軍　　　王　維

腰間寶劍七星文，臂上雕弓百戰勳。見說雲中擒黠虜，始知天下有將軍。

少年行　　　　王　維

出身仕漢羽林郎，初隨驃騎戰漁陽。孰知不向邊庭苦，縱死猶聞俠骨香。

燕昭王　　　　陳子昂

南登碣石館，遙望黃金台。丘陵盡喬木，昭王安在哉。霸圖悵已矣，驅馬復歸來。

田光先生　　　　陳子昂

自古皆有死，徇義食獨稀。奈何燕太子，尚使田光疑。伏劍誠已矣，感我涕沾衣。

　　所吟詠的事物雖不盡同；然而都有一種低昂慷慨之氣和視死如歸的豪情。同時王維也有極纏綿感人的詩，置之初唐四傑的詩集中，幾不可辨別。

送元二使安西

渭城朝雨浥輕塵，客舍青青柳色新。勸君更盡一杯酒，西出陽關無故人。

送別

送君南浦淚如絲，君向東洲使我悲。為報故人憔悴盡，如今不似洛陽時。

　　從上面所引的這些詩裏，似乎佛家禪理對他毫無影響，與他當時先後的詩人，沒有什麼大的區別，談不上「清逸、曠淡」。其後風格的轉變與形成，至少是在他深於佛理，深受禪宗的影響以後，所以是禪才形成了他獨特的風格。

　　王維深於佛學，在不便說理的詩歌中，常常夾入說禪理的句子。如〈哭褚司馬詩〉云：「妄識者心累，浮生定死媒。」〈期遊方丈寺〉云：「共仰頭陀行，能忘世諦情。回看雙鳳闕，相去一牛鳴。」〈遊悟真寺〉云：「猛虎同三邏，愁猿學四禪。」〈過盧員外宅看飯僧共題〉：「寒空法雲地，秋色淨居天。」〈山中示弟〉：「緣合妄相有，性空無所親。」〈和宋中丞夏日遊福賢觀天長寺之作〉：「墨點三千界，丹飛六一泥。」〈贈施舍人〉：「蓮花法藏心懸悟，貝頁經文手自書。」〈登辨覺寺〉：「軟

草承趺坐，長松響梵聲。空居法雲外，觀世得無生。」這些都是深談禪理的詩句。除此之外，在他的集子裏，這類表現禪理的詩句隨處可見。

《王維集》中的詩句有很多充滿了禪機，只能意會，不能言傳。例如〈遊方丈寺詩〉：「法向空林說，心隨寶地平。」〈青龍寺曇壁上人兄院集〉：「眼界今無染，心空安可迷。」〈盧員外看飯僧並題〉：「身逐因緣法，心過次第禪。不須愁日暮，自有一燈然。」〈投道一師蘭若宿〉：「梵流諸壑遍，花雨一峰偏。跡為無心隱，名因立教傳。」〈登河北城樓作〉：「寂寥天地暮，心與廣川閒。」〈黎拾遺聽裴迪見過秋夜對雨之作〉：「白法調狂象，玄言問老龍。」〈夏日過青龍寺謁操禪師〉：「欲問義心義，遙知空病空。」〈過香積寺〉：「日暮空潭曲，安禪制毒龍。」以上這些詩句都充滿了禪機，其他用佛家故事、辭彙的詩句還很多。總之，佛教中的禪宗深深地影響了他，不止於思想方面，而且及於詩的意境和詩的風格上。研究王維的詩，這種體認最為切要。

四、禪宗對王維詩風的影響

一般的文學史家和文學批評家，都認為王維的詩，出於陶潛。從表面上看，是有相當的理由，他們兩人都是描寫田園山水的詩人，但是仔細分析，他們的風格是不同的。陶詩受國風和〈古詩十九首〉的影響很大，處處顯得樸質、真純，而王維的詩則不然，充滿了神韻、清逸，只是因為王維的詩中多了「禪」味，所以才顯得神韻悠長，響逸調清，文字之外，別有使人會心之處。現在把二人的詩，作一比較，便可看出二人不同的風格：

> 歸園田居　　　陶　潛
>
> 少無適俗韻，性本愛丘山。誤落塵網中，一去三十年。羈鳥戀舊林，池魚思故淵。開荒南野際，守拙歸園田。田宅十餘畝，草屋八九間。榆柳蔭後簷，桃李羅堂前。曖曖遠人村，依依墟裏煙。狗吠深巷中，雞鳴桑樹顛。戶庭無雜塵，虛室有餘閒。久在樊籠裏，復得返自然。
>
> 渭川田家　　　王　維

言入黃花川，每逐青溪水。隨山將萬轉，趣途無百里。聲喧亂石中，色靜青松裡。漾漾泛菱荇，澄澄映葭葦。我心素已閑，清川澹如此。請留磐石上，垂釣將已矣。

同樣是用白描的手法，寫田園生活，咀嚼起來，陶詩較朴質，王詩較清逸，陶詩較落實，王詩較凌空。因為陶詩深於老莊，委心任運，消遙自適；王詩深於禪理，超乎象外，另蘊鋒機。

禪宗影響王維的詩，不僅在思想和詞彙，更重要的是在意境和風格，所以上述王維詩中表現禪理禪機的詩句，並不就是王維的風格。王維的成就若止於此，充其量不過老僧悟道的偈和蘊含佛理的詩謎而已！王維最難及之處，就是把禪理融入了詩境，形成了他獨特的詩風。劉熙載評他的詩云：「王摩詰好處，在無世俗之病，世俗之病，如恃才騁學、做身分、好攀引皆是。」這批評下得極深刻，王維之所以無世俗之病，純係禪宗救了他，所以他的詩不像杜甫，有學問而有頭巾氣；不像李白，有才情而有狂氣；不像張說，在仕途而有富貴氣。不做身分，故無驕矜氣，由於禪定的功夫，使他的心境，做到了虛一而靜的地步。由是「虛則能納，靜則能照」，故他的心能與自然凝合，無論一山一石、一花一木、一蟲一鳥，都同他的生活心境，完全調和融洽，才能詩中有畫，畫中有詩，超脫世情，不落現實，處處充滿了禪機。所以安史之亂的民生疾苦，禍患相連的社會影子，沒有在他的詩句中留下重大的痕跡。

我們再看看禪宗的特色是什麼？《禪宗史論》云：「修是宗者，雖終日晏坐，不見片刻靜相，四時操作，不見一毫動相，兀兀騰騰，聖凡情盡，才一舉心，天地懸隔，悟此不假外求，無待修證，人人本具，個個現成者，最為上乘禪，亦曰宗門禪。」所以禪宗唯一的要旨是「見性」。所謂性，是指自性，或稱佛性，或稱主人公，萬法由它而生。然而此時的禪宗的風氣是如何呢？《禪宗史論》云：「自達摩至六祖一期的宗風，可以平實二字概括之。唐宋之際，人事既繁，根器亦雜，倘一律以平實接人，萬不足以應群機。具眼師家，不能不另出手法，別立風規，於是除平實言句外，更有所謂機鋒轉語，問非意測，答出常情……更有不藉言辭，以動作表示者，如揚眉瞬目，豎佛擎拳……。」

王維去六祖及神秀已數十年，禪宗宗風已有上述的轉變，然王維所謂「以談玄為

樂」，當是這種問非意測，答出常情的機鋒轉語。由上面所引的詩裡，已可窺其梗概了。這於他的詩風，當大有影響，所以見了鄉人，不問民生疾苦，不及親故存歿，只關心他窗前的梅花。他的〈雜詩〉有云：「君自故鄉來，應知故鄉事。來日綺窗前，寒梅著花未？」也藉窗前梅花，以小見大，表現諸多的關懷。

以上是禪宗對王維詩風的影響，明白了這些，再來看他的作品，才會有更深的認識。因為不從外在的形象、文學的顯示、世情的恆常去看，而從意境上去瞭解，超乎文字的心領神會，才能得其精妙。例如：「空山不見人，但聞人語響。返景入深林，復照青苔上。」（〈鹿柴〉）「秋山斂餘照，飛鳥逐前侶。彩翠時分明，夕嵐無處所。」（〈木蘭柴〉）「木末芙蓉花，山中發紅萼。澗戶寂無人，紛紛開且落。」（〈辛夷塢〉）「人閒桂花落，夜靜春山空。月出驚山鳥，時鳴春澗中。」（〈鳥鳴澗〉）「荊溪白石出，天寒紅葉稀。山路元無雨，空翠濕人衣。」（〈山中〉）「下馬飲君酒，問君何所之。君言不得意，歸臥南山陲。但去莫復問，白雲無盡時。」（〈送別〉）「晚年惟好靜，萬事不關心。自顧無長策，空知守舊林。松風吹解帶，山月照彈琴。君問窮通理，漁歌入浦深。」（〈酬張少府〉）「清川帶長薄，車馬去閑閑。流水如有意，暮禽相與還。荒城臨古渡，落日滿秋山。迢遞嵩高下，歸來且閉關。」（〈歸嵩山〉）

我們由對禪宗的瞭解，才會對王維的意境，有更深一層的認識，自然不會評：「空山不見人，但聞人語響」是靜中之喧了，而超出前人的藩籬，發現王詩的新義，體會那優美、靜寂、超脫的意境。在批評家中，金聖歎便是以這種瞭解的同情，來評王維的詩的。例如王維的〈早秋山中作〉：「草間蛩響臨秋意，山裏蟬聲薄暮悲。寂寞柴門人不到，空林獨與白雲期。」

金聖歎評云：「歲已秋，日已暮，舉一反三，殆是百年亦復垂垂將盡也。空林白雲者，人但無心，便是同期，非定欲絕人遠去也。」金聖歎便是超乎一般人的解法，以禪的意境欣賞評論，指出空林白雲與人是無心的期會，同在流去的時光中共變化，是高人一籌的。

又〈春日過新昌訪呂逸人不遇〉：「桃源面面絕風塵，柳市南頭訪隱淪。到門不敢題凡鳥，看竹何須問主人。」

金聖歎評云：「言我與裴（迪），是日亦不必訪呂逸人。蓋桃源面面，俱非人間，南北東西，無非妙悟，如此，則遇逸人不為欣，不遇逸人亦不為憾，便將逸人失晤，

早已視如流雲。下解空玩庭柯，正復大愜來意也。」金聖歎原評甚長，此處錄其桃源句及不遇呂逸人而看竹之樂，以明其以禪理論析之妙。

又〈過乘如禪師肖居士嵩丘蘭若〉：「無著天親弟與兄，嵩丘蘭若一峰晴。食隨鳴磬巢鳥下，行踏空林落葉聲。」

金聖歎云：「二大士合住一精舍，若非先生心知其事，正復不審如何措手，今忽巧請無著天親、兄弟菩薩……然後再於嵩丘蘭若，輕輕安個一峰晴，而二大士之無著所以為無著，是此三字，天親所以為天親，亦此三字矣……。」

金聖歎這段批評，為以前評詩者所不及，深得王詩中所蘊之「機鋒」。又金聖歎更進一步認為王維的表現技巧，也受佛學影響。

王維有〈送楊少府貶彬州〉云：「明到衡山與洞庭，若為秋月聽猿聲。愁看北渚三湘遠，惡說南風五兩輕。」

金聖歎評云：「手法最高，看他一二（句），公然便向並未曾別之人，預先用勾魂攝魄之筆，深深入去，逆料其後來到衡山到洞庭，必不能對秋月而聽猿聲者，於是三四（句）方更抽出筆來，重寫愁看北渚，惡說南風，目今一段惜別光景。此皆先生一生學佛，深入旋陀羅尼法門，故能有此精深曲暢之文也。」

金聖歎的評論，深得「知人論世」之旨，探索到了王維思想的源頭。

由上面的引述，可見是禪宗超脫世俗，明心見性，才使王維的詩風「味長」。禪宗的思想使王維無世俗之病，以成其詩風的「清逸」。禪宗的禪定，著相不著相，使王維的詩風「曠淡」。故舍禪宗而研究王維的詩，必定只得其皮相，失其精髓。不惟如此，唐代所有的詩人和作品多有如此，因為禪宗的流行，正是那時候的「潮流」，雖然不是思想上的全部，至少是主要的部分。尤其是在詩歌中，最好的一部分，往往都有禪味，富有禪味。那些在可解不可解之間的好詩，以參禪的方法去「意解」「心求」，往往會有意外的領會，讀過唐詩的人，大概會同意這個見解的。

（原載《中央日報副刊》，此自《佛教文學短論》摘錄，臺灣大乘文化出版社一九八○年版）

拾貳、由禪學闡論嚴滄浪之詩學

一、前　言

　　禪宗自達摩來華建立，經過長期發展，至六祖慧能而始大。宗門龍象競起，先後成立臨濟、雲門、潙仰、曹洞、法眼五宗。臨濟又分出黃龍、楊岐二派。由唐至宋，盛極數百年，幾奪佛教之席，宗門教下形成了抗衡之勢，而對中國之哲學思想、文學藝術，所產生之無形影響，更難以估計。自六祖慧能與北宗神秀，以絕句表示禪理、禪境，「菩提」一偈，哄傳天下，是為以詩寓禪之始。稍後之詩人，參禪求道，以禪入詩，王維、白居易乃其著者，至皎然、司空圖乃進而以禪理論詩，司空圖之《二十四詩品》，尤為卓出。入宋以後，踵繼以詩寓禪、以禪入詩及以禪論詩者，更不知凡幾。在詩學上影響最大，卓然有成者，則無逾於嚴羽，然後人因不明禪學之故，妄加詆諆，致其詩論精義未明，沈冤不白，殊可惜也！僅就其以禪論詩之精微卓特處，引論而闡明，以為論藝談詩之助。

二、嚴滄浪生平述略

　　嚴羽字儀卿，又字丹邱，自號滄浪逋客。以其未登朝出仕，史籍無稽。據近人郭紹虞等之考證，滄浪生於高宗之末，或孝宗之時，以《滄浪吟集》中〈有感〉六首有句云：「誤喜殘胡滅，那知患更長。」「襄陽根本地，回首一悲傷。」「傳聞降北將，猶未悔狂圖。忍召豺狼入，甘先矢石驅。」金於端平元年為元人所滅，而元復為患，故云「誤喜殘胡滅，那知患更長」也。又金亡之際，宋理宗即派郭春按巡故壤，祭掃祖宗陵墓於奉化；金將王旻、陳伯淵來歸，命王旻等守隨州，是為北軍。端平三年趙範為制置使守襄陽，依北軍王旻、樊文彬、李伯淵、黃國弼為腹心，致激為事變。《宋

史·趙範傳》云：

> 朝夕酣狎，了無上下之序，民訟邊防，一切廢弛，屬南北軍將交爭，範失於調
> 御，於是北軍王旻內叛，李伯淵繼之，焚襄陽北去。南軍大將李虎不救災，不
> 定變，乃因之劫掠，城中官兵尚四萬七千有奇，錢糧在倉庫者無慮三十萬，弓
> 矢器械二十有四庫，皆為敵有。蓋自岳飛收復百三十年，生聚繁庶，城高池深，
> 甲於西陲，一旦灰燼，禍至慘也。（《宋史》卷四百十七）

此滄浪哀襄陽失落，慨「傳聞降北將，猶未悔狂圖」等句所本也。滄浪又云：「殘
生江海去，老作一漁翁。」此時已垂垂老矣。當卒於理宗之時，以理宗崩於景定五年
（一二六四），襄陽失陷之後，尚享國三十年也。

三、嚴滄浪之妙悟論

兩宋以禪論詩者極多，以悟入言詩者亦不勝縷舉。綜而論之，深入有得，有體有
用者，無逾於嚴羽；垂無窮之影響於後之詩壇者，亦無過於滄浪氏。覈其精妙，惟在
妙悟論。

滄浪論詩，首拈妙悟，以構成其宗旨，由詩辨至詩體、詩法、詩評、考證，幾無
不深入析說，反覆詳言，推闡妙悟之論。嚴氏云：

> 禪家者流，乘有大小，宗有南北，道有邪正，學者須從最上乘，具正法眼，悟
> 第一義；若小乘禪，聲聞辟支果，皆非正也。論詩如論禪，漢、魏、晉與盛唐
> 之詩，則第一義也；大曆以還之詩，則小乘禪也，已落第二義矣；晚唐之詩，
> 則聲聞辟支果也，學漢、魏、晉與盛唐詩者，臨濟下也；學大曆以還之詩者，
> 曹洞下也。大抵禪道惟在妙悟，詩道亦在妙悟。且孟襄陽學力，下韓退之遠甚，
> 而其詩獨出退之上者，一味妙悟而已。惟悟乃為當行，乃為本色。然悟有淺
> 深、有分限、有透徹之悟。有但得一知半解之悟。漢魏尚矣，不假悟也；謝靈
> 運至盛唐諸公，透徹之悟也；他雖有悟者，皆非第一義也；吾評之非僭也，辨
> 之非妄也。天下有可廢之人，無可廢之言，詩道如是也；若以為不然，則是見

詩之不廣，參詩之不熟耳。（《滄浪詩話·詩辯》）

滄浪首論禪之宗派及邪正，以比論詩家，亦猶《詩人玉屑》卷五引韓子蒼《陵陽室中語》所云：「詩道如佛法，當分大乘、小乘、邪魔外道，惟知者可以語此。」一則禪教混說，乘有大小，教下之事也，其分別在大乘利他，小乘自了自利；宗分南北，宗門之事，其差異在北宗漸修，南宗頓悟。以教下比宗門，立小乘禪之稱，亦無不當，以小乘下，立聲聞闢支果一類，以別尚未至小乘證悟之地步，義亦可通。後人於滄浪「學漢魏、晉與盛唐詩者，臨濟下也，學大曆以還之詩，曹洞下也」，力肆譏彈，實未達滄浪之意，於禪宗之瞭解，亦不如滄浪之深；臨濟不主理入，不主行入，無證無修，當下薦取，滄浪以喻漢、魏、晉與盛唐詩之渾成無跡，僅能以臨濟當下薦取之直感法求之；而曹洞則立君臣正偏五位，偏於理入，以比論大曆以後之詩，人巧發露，可由格律及章句等之詩法以求，能依理索解。二宗之成就相等，難分高下，其參禪之方法，則各有別，取以比論，有何不可？所注重的全在「學」字。而馮班糾之曰：

> 初祖達摩，自西域來震旦，傳至五祖忍禪師，下分二枝，南為能禪師。是為六祖，下分五宗；北為秀禪師，其徒自立為六祖，七祖普寂以後無聞焉。滄浪雖云宗有南北，詳其下文，都不指喻何事，卻云臨濟、曹洞。按臨濟元禪師、曹山寂禪師、洞山价禪師，三人並出南宗，豈滄浪誤以二宗為南北乎？所未聞二也。臨濟、曹洞，機用不同，俱是最上一乘。今滄浪云：「大曆已還之詩，小乘禪也。」又云：「大曆已還之詩，曹洞下也。」則以曹洞為小乘矣，所未聞三也。（《滄浪詩話糾謬》）

馮氏所舉，其他失之細碎，故不備引。個人未究求五宗禪學以前，亦以馮氏之說為定說；了然曹洞、臨濟之異後，方知滄浪譬說之精義，在以二宗機用之不同，顯二家直薦與理入之異，以為不同學詩之法，非判曹洞為小乘也。至於南北宗，一主漸修，一主頓悟，人盡皆知，不必明言也，若謂滄浪並此二宗五派之大源流亦不能知，未免太輕蔑古人矣；馮氏尤有謬誤而不可原諒的，是引滄浪之文句，於學漢魏……學大曆，均割捨了「學」字。其他認滄浪之不知禪者，亦不外如馮定遠所見。不見古人之深心，以粗淺斥精深，誠可謂以暗破明，竟至一盲引眾盲；沿至近人如朱東潤、郭紹虞等，

無不認馮氏等人之言為定說，殊可慨也：

> 又唐詩英華序云：「嚴氏以禪喻詩，無知妄論，謂漢、魏，盛唐為第一義，大
> 曆為小乘禪，晚唐為聲聞辟支果，不知聲聞辟支果即小乘也。謂學漢、魏、盛
> 唐為臨濟宗，大曆以下為曹洞，不知臨濟、曹洞，初無優劣也。」此言更就禪
> 家宗門，為滄浪鍼砭，殆成定論，不可復較。（朱東潤《滄浪詩話參證》，武漢大學
> 文哲季刊三卷四號）
>
> 何況滄浪於禪，並無深得，只是於時風眾勢之下，拾得一些口頭牙慧，本身也
> 常多錯誤。陳繼儒《偃曝談餘》謂：「臨濟、曹洞有何高下？」錢謙益〈唐詩
> 英華序〉謂聲聞辟支即為小乘。馮班〈嚴氏糾謬〉甚至謂：「滄浪之言禪，不
> 惟未經參學，……剿竊禪語，皆失其宗旨。」所以以彼喻此，只成模糊影響之
> 談，難作鞭辟入裏之論，這也是引起後人誤解與爭論之一種原因。（郭紹虞《滄
> 浪詩話校釋·詩辯》）

　　二人皆雷同一響，隨聲附和者。以愚考之，滄浪以禪喻詩，未嘗不知二者有所別
異，吾人應按理原情，以得其真意精義，再辨其當否，參其得失，以為吾人之用，方
能得精當持平之論。苟滄浪僅以臨濟為上而以喻漢、魏、晉與盛唐之詩，以曹洞為下
而比擬大曆已還之詩，而無他寓意，則前一段已云：「漢、魏、晉與盛唐之詩，則第
一義也；大曆以還之詩，則小乘禪也；晚唐之詩，則聲聞辟支果也。」已判定四代三
期之高下後，復又以臨濟、曹洞再論其高下，則為贅疣矣。滄浪之意，明言「學漢、
魏、晉與盛唐者」，臨濟不由理念擬議，直感薦取，宜於學盛唐及以上之漢、魏、晉
之詩，嚴氏之意，確乎如此。

四、由臨濟、曹洞禪學之異以論妙悟之旨

㈠臨濟禪學之要義

　　臨濟宗建立者，為義玄禪師，以宣化於河北鎮州臨濟院，故爾得名。臨濟嗣法黃
檗希運，承傳南嶽馬祖之法，卒於宣宗咸通八年，會昌法難前後，正係其開法傳禪之

時。臨濟之倡無位真人，揆其實義，乃馬祖道一「平常心是道」之形象化，臨濟上堂云：

> 赤肉團上有一位無位真人，常從汝等諸人面門前出入，未證據者看看。時有僧出問，如何是無位真人。師下禪床把住云：「道！道！」其僧擬議，師托開云：「無位真人，是什麼乾屎橛。」（《鎮州臨濟慧照禪師語錄》）

臨濟於無位真人，當時未下名言詮釋，蓋恐落於情識意想、言語窠臼之中，然事過境遷，仍有釋說，臨濟云：

> 若是真正道人，終不如是，但能隨緣消舊業，任運著衣裳，要行即行，要坐即坐，無一念心，希求佛果，緣何如此，古人云：若欲作業求佛，是生死大兆。大德，時光可惜，祇擬傍家波波地學禪學道，認名認句，求佛求祖，求善知識意度：莫錯，道流，儞祇有一個父母，更求何物？儞自返照看？（同上）

求道之禪人，若思凡思聖，求佛求祖，學禪學道，則起分別心，落於階級果位。無位真人之意，正在反此分別心，撥除此階級果位觀念，所謂「聖諦亦不為，落何階級」？此之謂無位真人，或真正道人。其要訣在「隨緣消舊業，任運著衣裳，要行即行，要坐即坐，無一念心」。蓋求無念，無心合道。臨濟所云與馬祖「不知聖心本無地位因果階級」之意相合。無地位因果階級，正足以釋明無位之意，「真人」正是「聖心」一詞之形像化，臨濟又云：

> 道流，佛法無用功處，祇是平常無事，屙屎送尿，著衣吃飯，困來即臥，愚人笑我，智乃知焉。古人云，向外作工夫，總是癡頑漢，儞且隨處作主，立處皆真，境來回換不得，縱有從來習氣，五無間業，自為解脫大海。……
> 山僧見處，無佛無眾生，無古無今，得便者得，不歷時節，無修無證，無得無失。一切時中，更無別法。……（同上）

此不異述其冥達無位真人之法。夫「隨處作主，立處皆真，境來回換不得」，不作意，而又不離本位，不為外境換奪，與馬祖所言：「何謂平常心？無造作，無是非，無取捨，無斷常，無凡聖。」言異恉同，故亦同主「無修無證」。蓋有修有證，即係

有為法，落於「造作」、「是非」、「取捨」、「斷常」、「凡聖」之中也。「無修無證」亦係以不修為修，而達「無形無相、無權無本無住處，活潑潑地，應是萬種設施，用處祇是無處」之境。臨濟復云：「若人修道道不行，萬般邪境競頭生。智劍出來無一物，明頭未顯暗頭明。所以古人云，平常心是道。」其無位真人之怡，可以概見矣。

基於以上之意境，臨濟勇於除滅名相理念、經論偶像，以其障「道眼」也：

> 學人不了，為執名句，被他凡聖名礙，所以障其道眼，不得分明，祇如十二分教，皆是表顯之說，學者不會，便向表顯名句上生解，皆是依倚落在因果，未免三界生死。（同上）

十二分教既係表顯之說，執之則障道眼，故泯除之，方可無縛無事：

> 乃至三乘十二分教，皆是拭不淨故紙。佛是幻化身，祖是老比丘，儞還是娘生己否？儞若求佛，即被佛魔攝，儞若求祖，即被祖魔攝，儞若有求皆苦，不如無事。（同上）

視三乘十二分教為拭不淨故紙，則無文字理念障矣，視佛為幻化身，祖為老比丘，則無偶像之障，進而去此求佛求祖之「魔攝」，其用無他，在求無事。去縛去障之極，在掃除一切造作意念名相：

> 儞欲得如法見解，但莫受人惑，向裏向外，逢著便殺，逢佛殺佛，逢祖殺祖，逢羅漢殺羅漢，逢父母殺父母，逢親眷殺親眷，始得解脫，不與物拘，透脫自在。（同上）

佛祖已死，非殺其人，乃掃除此名相。佛、祖、羅漢乃聖諦觀念；父母、親眷乃世諦觀念，去聖去俗，方不陷於名相拘滯，而得透脫自在。苟不了此意，則臨濟之語，非狂即瘋。尤有進者，禪宗此時已漸與教合，將喪失其精神；又宗門語錄之刻流，達百餘種，禪亦行將「教」化，故矯激而欲挽救之，細察臨濟語錄，不引經論，不引祖語，可以見其意矣。臨濟「居於講肆，精究毗尼，博賾經論」，非不知此解此也。

臨濟之禪學，綜而論之，不外以上所述，可謂「臨濟佛法無多子」矣。惟其如此，

故接引禪人之方法特多，蓋其掃佛祖經論言句、名相理念，是不主「理入」矣，而又主張「無修無證」，亦不主「行入」矣。乃於一般佛禪「理入」、「行入」之外，自抒心機，獨出方法，式樣翻新，層出不窮，有四料簡、三句、三玄、三要、四喝、四賓主、四照用、八棒，後更有三哭、三笑、七事隨身、四事隨身、四大勢、八大勢、三訣、六病藥、十三種句……皆屬此宗之教授方法。

㈡曹洞禪學之要義

曹洞宗之建立者，為洞山良价、曹山本寂，洞山嗣法雲岩曇晟，出自石頭一系，其基本禪觀，先後契合，由寶鏡三昧，上溯參同契，可見其脈絡淵源。曹洞一宗，由洞山建立，至曹山而顯揚，其基本思想，則在《寶鏡三昧》，論其要義，不外正偏回互、正偏五位。

石頭已標回互之義，雲岩授洞山以寶鏡三昧，而發展為正偏回互，正為正位、為體、為理；偏為偏位、為用、為事。體用一如，理事交帶，即寶鏡三昧歌「正中妙挾」之意也，用以顯體，體以起用，由事見理，即理即事，如《寶鏡三昧歌》所云：「銀盌盛雪，明月藏鷺。」銀盌與白雪一色，明月與白鷺一色，正位原與偏位之關係如此難分，然難分之中，仍屬可分，故又云：「類之勿齊，混則知處。」荊溪行策作《正偏回互圖》，並釋其義如下：

> 此圖兩儀既判，黑白已分，以黑表正，以白表偏，所偏謂正中有偏，偏中有正，回互之義本此。中間仍有一回虛相者，表向上事，今亦隱於黑白之間也。……所謂互黑者於位表正，於相表暗，於時分表夜，於界表內，圖於人倫表君父，於二家表主，於法界表理，於法門表說體，於二德表性，於二嚴表智，於二智表實，於二門表本，於四十二位表果。所謂白者為偏位、為明相、為晝分、為外界、為臣子、為賓家、為事；於法界為用門、為修德、為功勳（勳）、為權智、為跡門、為因位。此諸二法，雖各依位住，而飛伏隱顯，互相涉入，而又各住本位，未嘗混亂，此非意識之境，入此三昧，法如是故，此回互之義，為一家之要旨，洞宗學者尤宜詳之。（《寶鏡三昧本義》）

此圖此釋，足以發曹洞宗之奧秘。質而言之，正偏回互者：明暗交參、夜晝相繼、

內外相倚、君父臣子相對、賓主相倚、理事相挾、體用一如、性修相連、功智相顯、實權並用、本跡不違、因果循環。向上之事，不外此正偏回互。由正偏回互，而開出正偏五位：正中偏、偏中正、正中來、兼中至、兼中到，而且取《易經》重離之卦，

六爻攝義圖

					爻					
真如法界海	歸大處	入涅槃	退藏於密	理智還泯	●	攝用歸體	內生王子	功功	兼中到	功位齊泯
道後普賢行	裂大網	轉法輪	說法利生	理開用門	○	從體起用	化生王子	共功	兼中至	就功(功位齊彰)
妙覺逆流顯	證大果	成正覺	不滯法身	理開體門	●	體中挾用	末生王子	功	正中來	轉位
等覺後得智	行大行	修苦行	透末後句	智開果門	○	理事一如	朝生王子	奉	偏中正	轉功就位
道前普賢行	發大心	降王宮	造詣入作	智開因門	◐	全事即理	誕生王子	向	正中偏	隨位立
文殊根本智	發明大事	理智初開			◐	全理即事				該一切位

以卦中六爻，表五位之關係。荊溪行策作〈六爻攝義圖〉以表之：

　蓋取陽爻陰爻以表正偏，六爻五變，以得五位，正偏回互之義見，體用相挾之意顯。不惟與華嚴、天臺教下之理合，亦與佛陀成道之歷程暗符，洞山五位功動，五位

王子，曹山本寂之五位君臣，全由此而出。正中偏者，全理即事，以求道之禪人而言，久遠背覺，今始合覺，真常理性，以智慧力，今乍開發，即《寶鏡三昧歌》所謂「顛倒想滅，肯心自許」。偏中正者，全事即理，以禪人修持而言，進修不背，求得極果，常恐「毫忽之差，不應律呂」，以智行互資，行以繁興大用，智以念念無為，潛符默證，然未能大休大歇，如《寶鏡三昧歌》所云：「背觸俱非，如大火聚。」正中來者，一謂已透初關，居於正位，又謂由此正位中轉身而出也。能理事一如，體中挾用，禪人已直了一心，不存悟境，一生參學已畢，然後不居聖位，重回生死海。欲由體起用，不作自了漢，所謂「未有長住而不行者」，如《寶鏡三昧歌》所云：「通宗通塗，挾帶挾路。」兼中至者，能從體起用，禪人至此，繁興大用，為世作舟航，教化眾生，如《寶鏡三昧歌》所云：「正中妙挾，敲唱雙舉。」兼中到者，攝用歸體，禪人至此，出世之能事已畢，功位齊泯，萬機寢息，退藏隱密，如《寶鏡三昧歌》所云：「潛行密用，如愚如魯。」此曹洞一宗之要旨，周密圓融，故不須行棒行喝，而宗風綿密，學人能知宗旨。

曹洞宗以《寶鏡三昧歌》為本，演出五位，建立宗旨，然並不特重知解，亦不特重行解，而係知解與行解並重。洞山云：

> 師又問其僧，大慈別有什麼言句，僧云：「有時示眾云：『說得一丈，不如行取一尺，說得一尺，不如行取一寸。』」師曰：「我不恁麼道。」僧云：「作麼生？」師曰：「說取行不得的，行取說不得的。」（《洞山良价禪師語錄》）

說不得的、行不得的，均為向上事，說取行取，乃理解、行解並重也。曹洞宗於接引勘驗學人時，有三滲漏、三綱要、三種墮等名目。師又曰：

> 末法時代，人多乾慧，若要辨驗真偽，有三種滲漏：一曰見滲漏，機不離位，墮在毒海；二曰情滲漏，滯在背向，見處偏枯；三曰語滲漏，究妙失宗，機昧終始。濁智流轉於此三種。子（曹山）宜知之。（同上）

相傳此係洞山付法於曹山本寂時之警語。考其根源，亦不外正偏五位宗旨。夫滲漏者，水之滲出漏落，以喻知行有失，滯於凡聖，事理不能明徹也。洞山之見滲漏，謂見處障滯於所知，知空知有，即執空執有，或有妙悟，不能除去悟境，坐在一色裏，

不能離位起機用，故云：「機不離用，墮在毒海」也。以正偏五位而言，不能超出正中來一位。情滲漏者，謂智見不周，於向上事常多向背，取捨住著，偏於一邊，於途中岸邊事，識浪流轉，滯於情境，難合中道，故云：「智常向背，見處偏枯。」以正偏五位例之，尚落在正偏二位，未到初關也。語滲漏者，尋言覓句，墮在知解，不能得意忘言，轉法華而不為法華轉，致失宗旨，昧於終始，不能當機鑒覺，故云：「究妙失宗，機昧始終。」於正偏五位仍落於正偏二位中，不能脫出而臻理事一如之境。洞山有三綱要，亦淵源於寶鏡三昧歌，三綱要為：㈠敲唱俱行：謂從體起用，不礙正偏，理事兼備，如寶鏡三昧歌所云：「正中妙挾，敲唱雙舉」也。㈡金鎖玄路：謂正偏回互，明暗交參，事中隱理，理中隱事，於向上一事，「力窮忘進退」，轉功就位，衝開金鎖，以通玄路，如寶鏡三昧歌所云：「背觸俱非，如大火聚」也。㈢不墮凡聖：不落有無，坐斷兩頭，事理不涉，應物利生，得大自在，如《寶鏡三昧歌》云：「潛行密用，如愚如魯」也。

㈢滄浪以二宗論詩之真義

　　由上所述，可見臨濟在廢除「理入」、「行入」，而以「平常心合道」，隨機悟入，直感薦取。而曹洞乃合「理入」、「行入」為一，而排出修持歷程，以知求知之法，故嚴羽以臨濟之禪，以得大曆以前之詩法，其意甚明。滄浪云：

> 讀〈古詩十九首〉、樂府四篇、李陵、蘇武漢魏五言，皆須熟讀，即以李、杜二集，枕藉觀之，如今人之治經，然後博取盛唐諸名家，醞釀胸中，久之自然悟入。……（《滄浪詩話·詩辯》）

　　所謂「枕藉觀之」、「醞釀胸中，久之自然悟入」，非臨濟直感薦取之法乎？大曆以後之詩，在滄浪觀之，有句法、有篇法、有起承轉結之法，格律顯而性靈漸隱，故滄浪云：「大曆以前分明別是一副言語，晚唐分明別是一副言語。本朝諸公分明別是一副語言，如此見方許具一隻眼。」苟非就此風格意境之異而立論，則無意義矣。大曆以後，有格律詩法可窺，故主張以曹洞下之理入方法求也，此二種學詩之法，當否不論，滄浪非判定臨濟、曹洞二宗之高下，以定盛唐以前及大曆後詩之高下明矣，自信可撥千七百餘載之迷霧。得滄浪之原意矣。又滄浪之以第一義、小乘禪、聲聞辟支果，比論四代三期之詩者，蓋尊盛唐、漢、魏、晉，乃重性靈以抗江西詩派以才學、

以文字、以議論為詩之缺偏，貶大曆為第二義之小乘禪，抑晚唐為聲聞辟支果者，乃抑格律而蕩四靈江湖派之習染，以復詩學之正，又以當時士大夫習禪成風，故借禪以喻之，蓋參禪者，未有甘入聲聞辟支之教下小乘中，亦無人願落第二義也。李、杜聲名既盛，尊之為教下大乘，禪中第一義，以趣人之歸往，貶大曆為小乘，晚唐為聲聞辟支果，使尊賈島、姚合等輩者，口噤氣索也。滄浪云：

> 近代諸公，乃作奇特解會，遂以文字為詩，以議論為詩，夫豈不工？終非古人之詩也。蓋於一唱三歎之音，有所歉焉，且其作多務使事，不問興致，用字必有來歷，押韻必有出處，讀之反覆終篇，不知著到何在？其末流甚者，叫噪怒張，殊乖忠厚之風，殆以罵詈為詩，詩而至此，可謂一厄也。（《滄浪詩話·詩辯》）

五、滄浪以禪論詩之作用

滄浪之妙悟論，全係針對江西詩派而發，自黃庭堅而下，無不包括其中，在其鍼砭之列，然滄浪自知「才秀人微」，時江西聲勢，震爍未衰，故不敢斥言明說，乃借助於禪，而誓言之曰：

> 吾評之非僭也，辯之非妄也，天下有可廢之人，無可廢之言，詩道如此也。若以為不然，則是見詩之不廣，參詩之不熟耳。（同上）

「天下有可廢之人」，自傷其位微力衰也，細體察其文意，可見其力竭聲嘶，露筋張拳之狀矣，其信道之篤，自任之銳，真詩家之鐵中錚錚，傭中佼佼，後人不知其用心著眼之所在，徒執一言半詞，且多誤解而詆訾之，抑何說也？滄浪薄山谷，作詩話而在裁判江西詩派之意，充分表露於〈答繼叔臨安吳景仙書〉：

> 僕之詩辨，乃斷千百年公案，誠驚世絕俗之談，至當歸一之論，其間說江西詩病，真取心肝劊子手。以禪喻詩，莫此親切，是自家實證實悟者，是自家閉門鑿破此片田地，即非傍人籬壁，拾人涕唾得來者，李、杜復生，不易吾言矣。而吾叔靳靳疑之，況他人乎？所見難合固如此，深可歎也。……坡、谷諸公之

> 詩，如米元章之字，雖筆力勁健，終有子路事夫子時氣象，盛唐諸公之詩，如
> 顏魯公書，既筆力雄壯，又氣象渾厚，其不同如此。（《滄浪詩話》附）

足證以上所論在攻江西派，於山谷、坡公亦致不滿，認為去盛唐有間。此論雖其
親屬，能接近譬說者尚疑之，況他人乎！故不得不借助於禪，喻其詩論於世人所知、
所重之禪理中，方足以聳動時俗也，設使滄浪不於眾軍中樹此一異幟，恐將汨沒於宋
人之詩話中，而無人知之、論之矣。滄浪於四靈江湖，似少顧慮，故於詩話中明言攻
之：

> 近世趙紫芝、翁靈舒輩，獨喜賈島、姚合之詩，稍稍復就清苦之風，江湖詩人
> 多效其體，一時自謂唐宗，不知止入聲聞辟支之果，豈盛唐諸公大乘正法眼者
> 哉。

藉佛禪之道以貶抑賈島、姚合，目的在挫屈江湖四靈，與方回立一祖三宗，以杜
甫為初祖，欲以牢籠江湖四靈，方法雖異，目的則同。又江西假禪宗宗統之法，以立
宗派而成詩家正統，滄浪則借禪理助明詩理以攻之。以子之矛，攻子之盾，可見禪學
所形成之時代風尚影響之烈矣。

「詩者，吟詠性情者也」，滄浪既悟此為詩之大原，又觀定詩在「興趣」，滄浪
「興趣」之意謂如「羚羊挂角，無跡可求，故其妙處，透徹玲瓏，不可湊泊，如空中
之音、相中之色、水中之月、鏡中之象」，與司空圖二十四品之意境論，縱有不同，
亦未必盡合袁枚之性靈說，去王漁洋之神韻論尤有距離，但可確知者，亦在以取象摹
神，以實境之現象，表達空靈之風格意境，故綴以「言有盡而意無窮」一語，以說明
水月鏡象之意，乃係超出詩之「明相」——體制、音節、格力論詩，而以詩不可知之
暗相——氣象、興趣求詩，其所主張如此。苟由規律、詩法、體格以求，則落入賈、
姚一路；由力學而脫胎換骨以求，則墮進江西派中，故不得不開出妙悟一路。蓋除禪
者無定法之法，潛符默證、心領神會、離形得象、遺言得意、觸目道存之頓悟妙悟，
亦無法知此「詩宇」之「大全」（詩宇指詩之大範圍，包括作者作品詩學之全部，說見拙著《禪
學與唐宋詩舉要》結論章），妙悟之後，得活法、活句，以達其所謂「興趣」、所謂「入
神」，故可超江西、江湖、四靈，越晚唐、大曆而至盛唐之境，是以滄浪敢曰：「惟

悟乃為當行，乃為本色。」其求悟之法，則在直參盛唐而上及漢魏之詩，故一則曰：「先須熟讀《楚辭》以為本，及讀〈古詩十九首〉、樂府四篇、李陵、蘇武漢魏五言，皆須熟讀，枕藉觀之，如今人之治經。」再則曰：「然後博取盛唐名家，醞釀胸中，久之自然悟入。」此直證直得，故乃有取於臨濟而無待於曹洞也，滄浪乃表示其自信曰：

> 雖學之不至，亦不失正路，此乃是從頂顎上做來，謂之向上一路、謂之直截根源、謂之頓門、謂之單刀直入也。（《滄浪詩話·詩辯》）

由妙悟得詩之「大全」，直可如禪家頓悟之後能明心見性，與佛祖齊肩而與盛唐齊肩。得詩之「大全」之後，能瞭解詩之意境、詩之「興趣」、詩之「入神」，智珠在握，則發抒性情，因事見意，隨物賦形，則於詩之篇法、句法、字法、音韻、格律諸法，有不足道者。不求工而工，不求合而合，不求變而變，如禪宗祖師大悟之後，披衣上座，接引學人，口不停機，觸境而發，予奪縱捨，縱橫妙用，無不如意。總而言之，乃「由體起用」，體用一如，詩成法立之神化之境，此由上而下之功夫，故謂之「從頂顎上做來，謂之向上一路、謂之直截根源」。滄浪之言，似超然入神，然俗語云：「熟讀唐詩三百首，不會做詩也會吟。」何嘗不可為滄浪此論作注腳。又如臨濟宗之死參一話頭，曹洞宗之疑心默照，至忘情思意識之後，心神處滅而豁然頓默者，其例亦多。錢默存論此致悟之法云：

> 顧管子曰：「思之思之，精氣之極。」莊子曰：「以無知知，外於心知。」蓋一則學、思、悟三者相輔而行、相依為用；一則不思不慮，無見無聞，以求大悟，由學、思所得之悟，與人生融貫一氣，可落言說，可見應用。而息思斷見之悟，則隔離現世人生，其所印證，亦祇如道書所謂視之不見、聽之不聞，搏之不得，佛書所謂不可說，不可說而已。（《談藝錄》第三四二頁）

致悟之途則一，惟一則以「思之——思之！鬼神通之」，一則以「無知之知，外於心知」而致妙悟。然此二者，又有相通之處，由有所思，思之思之不已，思而至於無思，用心至無可用，亦能如禪宗或其他宗教之無心而悟。錢氏又云：

然出世宗教無所用心而悟，世間學問用心至無可用，遂亦不用心而悟。出世宗
教之悟，比於闇室忽明，世間學問之悟，亦似雲開電射。（同上）

此妙悟之法，可用之於詩學，西洋克洛台爾之言，與滄浪之意，中西暗合，前後
輝映：

> 克洛台爾（Paul Claudel）謂吾人天性中，有妙明之神（Animaou I'aume）、有智巧之
> 心（Animusou I'espait）。詩者，神之事，非心之事，有我（Moi）在、而無我（ze）
> 執、皮毛落盡，洞見真實，與學道者寂而有感，感而遂通之境界無以異（Un e'tat
> Mystique）（見 ch.x.xii，按實本 LUcretius 神秘詩秘 Le Mystere Poetique），其揆一也。藝術
> 之極致，必歸極原，上訴真宰，而與造物者遊，詩聲也通於宗教矣。（《談藝錄》
> 第三二二頁）

正可為滄浪之言作例證。妙悟之後，可由一了百了，體用一如，故「謂之頓門」。
不須從聲律、規格、詩法細求，故曰「單刀直入」，袁枚所謂「格律在性靈中」，其
意一也，考之古之文士習詩、習文，除多讀、多思、多作之外，幾無他事，而詩文以
成。亦未悖滄浪之言也。

詩禪之理可以互通，禪之求悟，可通於詩之求悟，又皆恃天才之高出，為妙悟之
條件，故滄浪引全豁禪師之言曰：「見過於師，僅堪傳授，見與師齊，減師半德。」
（《滄浪詩話·詩辨》）全豁禪師之言，見《傳燈錄》卷十五，另《五燈會元》卷三則為
載引懷海禪師語，惟「智」作「見」，詩家重天才，非止滄浪也。又細察滄浪妙悟論，
不涉及頓漸問題，故曰妙悟，而不曰頓悟，且有不廢漸修之意，故曰：「悟有淺深、
有分限，有透徹之悟，有一知半解之悟。」透徹之悟，明指盛唐；一知半解之悟，殆
暗指山谷脫胎換骨法也。悟既有淺深，則由淺進深，積小悟為大悟，為妙悟、意可見
矣，錢默存之言，足以盡滄浪之意。

> 夫悟而曰妙，未必一蹴即至也。乃博采而有所通，力索而有所入，學道學詩，
> 非悟不進。……陸桴亭《思辨錄輯要》卷三云……人性中皆有悟，必工夫不斷，
> 悟頭始出。如石中皆有火，必敲擊不已，火光始現。然得火不難，須承之以艾，
> 繼之以油，然後火可不滅，故悟亦必繼以躬行力學。罕譬而喻，可以通之說

詩。……嚴滄浪〈詩辯〉曰：「詩有別材非書，別學非理，而非多讀書窮理，則不能極其至。」曰別材，則宿世漸薰而今生頓見之解悟也。曰讀書窮理以極其至，則因悟臻上達，超學與思，而不能廢學與思。（《談藝錄》第二六頁）

滄浪之妙悟，在兼頓漸，超學思而不廢學思，此滄浪妙悟論之大較也。

六、結　論

總而論之：㈠《滄浪詩話》在反江西詩派之失，蕩江湖四靈之病，導詩於正，以繼盛唐而復情性興趣。㈡以人微位低，故以禪喻詩，以聳動世俗，掊擊當時，貶江西為小乘，斥江湖四靈為聲聞辟支果。㈢恐陷入格律一路，而入江湖一途，懼以才學為詩，而落江西窠臼，故標興趣二字，以達言有盡而意無窮之入神意境。㈣以參禪直下薦取之臨濟法門，以求妙悟，與江西、江湖等派異路。㈤妙悟在重天才，兼主頓漸，以讀書窮理極其至。故滄浪之成就，遠出當時以禪論詩者之上。前述諸家之論，在比詩於禪，而滄浪則能通禪於詩也。錢默存云：

諸家皆重學詩之功夫，比之參禪可也，比之學道、學仙亦無不可也。山谷贈陳師道云：「陳侯學詩如學道。」後山答秦少章云：「學詩如學仙，時至骨自換。……」詩可比於禪，而不必拘於禪，即援陸桴亭語比於儒者之格物致知，何獨不可。滄浪別開生面，如驪珠之先探，等犀角之獨覺，在學詩時工夫之外，另拈出成詩後之境界；妙悟而外，尚有神韻，不僅以學詩之事，比諸學禪之事，並以詩成有神，言盡而味無窮之妙，比於禪理之超絕語言文字，他人不過較詩於禪，滄浪遂能通禪於詩，胡元瑞《詩藪・雜編》卷五，比為達摩西來者，端在此乎。（《談藝錄》第三一〇頁）

滄浪以禪論詩之成就，於此可見。蓋以前諸人之以禪論詩，或有用而無體，或有體而無用，數百年之興會，殆為滄浪導夫先路也。馮班等糾滄浪不明禪，已失知人之旨；錢振鍠更指為不知詩，尤為無見；郭紹虞認滄浪水月鏡象之論，為玩弄抽象名辭，可謂不知美惡者矣。

> 詩也者，寫性情者也，開闢以來非有繫就一種老詩架子也，非謂作詩必戕賊性
> 情而俯就架子也。羽乃分界時代，彼則第一義，此則第二義，索性能指出各家
> 優劣，亦復何辨？無奈他只據一種榮古虐今見識，猶自以為新奇，此真不可教
> 訓。（《錢振鍠詩話》，見郭紹虞《滄浪詩話》引）

> 如空中之音、相中之色、水中之月、鏡中之象，他說得這般迷離恍惚，也是有
> 他的苦衷的。唯心論者於無可解釋處，總喜歡玩弄幾個抽象名詞，這真是沒有
> 辦法的事。他論悟要借助於禪，就是這種關係。（《滄浪詩話校釋·詩辨》）

錢振鍠不知滄浪分第一義與第二義乃在藉以貶抑江西等派，其立論表性靈，亦在
反江西之以才學議論為詩，郭紹虞不明滄浪之取象摹神，在以水月鏡象以表顯入神之
意境，又不知以禪之直覺求悟之真諦，而指為玩弄抽象名詞，不但失古人之深心，且
盲後學者之眼目，故略為辨證。朱東潤謂滄浪「假禪喻詩，歸諸妙悟，自不過襲江西
詩人之遺論」，不知以禪論詩，為兩宋之時代風尚，且在以反江西，皮相之見，不待
論矣。

拾參、佛禪「法」「悟」於詩論的影響

一、前　言

　　宋以後論詩者，幾無不言「法」「悟」，其名相的襲用，固繼承傳統的字義、詞義；而思想的層次，理論的形成及建立，則受佛教禪宗的影響最大，以「法」論詩時，固有取於佛禪的理論，以增益其內涵，言「悟」則更借佛禪悟道的意義，以論詩法的悟入；佛禪開悟之後，人與道合，無往而不自在，大破我執、法執，有法皆捨，一切有為法、無為法皆非究竟；又能從體起用，心生則萬法生，法法皆活，於是而有死法、活法；已悟之後，回顧以前的求法歷程，執法為真實，由前人所示的法以求，而陷於死法或定法之中，悟後方知此定法為死法，而知無定法之為用，乃能大用繁興；未悟之前，依文求義，死在句下，是為死句、死語；證悟之後，橫說豎說，無不得當，是為活句、活語；詩家、文人，借援此理、此名相以論詩，於是而有「法」、「悟」之說，並開出死法、活法、定法、無法，死句、法句，死語、活語等理論與主張，使此後之詩論，大異於漢魏，其受佛禪之影響為獨多。故以此為脈絡，特加論究，以見本真。❶

二、傳統釋「法」之意義及影響

　　法字的意義，在傳統的釋說及使用上，極為紛繁，就其本義而言，乃刑罰，法律

---

❶　龔鵬程氏有「論法」一文，刊見《古典文學》第九集（377—402頁）。惟偏於傳統的字義、辭彙與思想、內涵以立論。且於法、悟之間的重要關係，未有深入析論。蓋宋人之言法言悟，實受佛禪之影響為獨多，以傳統的字義、思想內涵求之，非瑩澈之見也。

之意，《說文解字·水部》云：

> 灋，刑也，平之如水、從水；廌所以觸，不直者去之，從廌去，今文省。

字形與本義相合，所以「法」為「刑罰」，乃其本義；引申乃法律之意，蓋刑罰之確定，必依法律；法施行的結果，刑罰確定以後，必有其強制性，所以引伸而有限制的意義；社會的規約，國家的制度，必待法律而確立，所以「法」引伸有制度的意義；法既是限制、制度，引伸而有模範、規矩之意。以上之字義、詞義，數見於先秦典籍，無煩舉證釋說，且與以「法」論詩，關涉無多。

法有法度之意，《中庸》云：「行而世為天下法」。朱子《中庸章句》云：「法，法度也。」也有準則之意，《史記·扁鵲倉公列傳》：「論藥法，定五味。」又有所謂「脈法曰」，是皆準則之意；又有方術之意，《史記·項羽本紀》：「教籍兵法。」乃項梁教項羽用兵之方術、法則，自此之後，此一用法，大為流行，書法、畫法之名隨之而立，謝赫有六法論畫的理論，書家有永字八法的名稱，於是以法論詩、論文，將論詩、論文之實際，名為詩法、文法，實受此一傳統名相意義之影響，然內涵與精神，則受佛、禪之影響最大。

三、佛禪言「法」之內涵及其影響

佛禪言法，本於梵語（Dharma），音譯為「達摩」、「達磨」、「曇無」等名。在佛禪典籍，法字的意義與內涵極多，就「法」的最高意義而言、「法」有本體的意義，所謂自體為「法」，諸法的自性，稱為「法性」、「法體」；而且有任持「自性」的功能，是永恆的存在；就法的作用而論，則「軌則為法」，能「軌生物解」，不但是人類行為軌則或法則，而且能令人依之產生對事物的理解或瞭解，因為事事物物各有其法，法乃人據以產生認識之標準、規範、法則、道理等；就法的別異而言，有所謂「心法」——無形體跡相可求之部分，「色法」——有形體跡相之部分；由人所可致力作為者，則稱為有為法，不能致力作有為者，則名無為法；依所得法的高下而論，則可分為「有漏法」、「染法」，「無漏法」，「淨法」；以善惡為標準，則可區分為「善法」、「不善法」；以世俗與超世俗分，則有「世間法」、「非世間法」；「法」

既是具有自性的主體，故稱之為法體，相對的，則稱為「法相」；佛家禪人於佛陀所說的道理教言，稱之為佛法，亦稱「正法」或「教法」；佛所說為通往涅槃之門，所以稱「法門」，各宗主、大師闡法，亦稱「法門」；正法的準則稱為「法印」；佛法的集結稱「法藏」；察觀諸法，則稱之為「法眼」等等。佛禪所謂法的意義和內涵，實非傳統所用「法」的字義和詞義所能範圍，詩家比取此內涵之名相，一方面形成思想意識上的認知和依據，以建立其論詩之理；一方面掇取佛禪所使用而為大眾所共知的這類名相，成為論詩的名詞。因為唐以後佛禪大盛，影響之餘，以法論詩，以佛禪的名相為名詞，才興盛而成為風氣。浪振於上而影響於下，非無因而突然如此。

佛禪於「法」字的釋說及內涵，最明顯而大異於傳統之處，是釋法為「本體」，法有「自性」，於是法不是人為的法律、刑罰或規範，而是超然永恆的存在，無待人為的創制作為。唐宋以後詩論中的「法」，實際上概括這一內涵，詩法有時是詩的「本體」——根本、究竟的意義。佛禪的「法」，也指事事物物的法則，也指理。傳統的釋說，顯然無此意義，和未具有如此廣大的概括性，所以唐宋以法論詩，是包括了詩理、詩的法則而言，非止於方法而已。這些內涵、均非傳統「法」的字義、詞義和內涵所可範圍，然皆垂傳其影響，詩家持以論詩。

法具有刑罰、法律，森然不可侵犯的本義，至近體詩律詩成立之後，以律詩的法律森嚴，規格嚴密，遂援法律之義，以論律詩：

> 沈宋而下，法律精切，謂之律詩。（見張表臣《珊瑚鉤詩話》）

> 律詩起於初唐，而實胚胎於齊梁之世。《南史・陸厥傳》所謂：「五字之中，音韻悉異，兩句之中，角徵不同」者，此聲病之所自始，而即律之所本也。至沈宋兩家，加以平仄相儷，聲律益嚴，遂名之曰律詩。所謂律者，六律也。……（見王應奎《柳南隨筆》）

> 律詩始自初唐，至沈宋其格始備。律者六律，謂其聲之協律也。如用兵之紀律，嚴不可犯也。（見錢木庵《唐音審體》）

> 五言律，六朝陰鏗、何遜、庾信已開其體，但至沈宋，始可稱律。律為音律、法律，天下無嚴於是者。（見王世貞《藝苑卮言》）

　　所謂音律，紀律、法律，皆取法律森嚴之意，故云「嚴不可犯」，是謂律詩的平仄、對偶、押韻、規條嚴密，不可違犯，否則謂之「失律」，其以法律之本義以論詩法，意義極為明顯，故不須多費辭說，皆能明其義蘊。

　　法有法度，準則之意，詩人論詩，遂取此義以為內涵者，例如：

> 詩之六義，而實則三體。風、雅、頌者，詩之體；賦、比、興者，詩之法。故賦、比、興者，又所以製作乎風、雅、頌者也。凡詩中有賦起、有比起、有興起。然風中有賦、比、興，雅、頌之中，亦有賦、比、興。此詩之正源，法度之準則。凡有所作而能備盡其義，則古人不難到矣。……（見楊載《詩法家數》）

　　是明以法度、準則，以比論賦、比、興，明白了這些法度、準則——能用賦、比、興，即古人的境界，也不難到達，可見這些法度，準則的重要了。

　　法有方術、方法之意，詩人援此義以立論者，繁有其人：

> 有明上人者，作詩甚艱，求捷法於東坡，東坡作兩頌，以與之。其一云：字字覓奇險，節節累枝葉。咬嚼三十年，轉更無交涉。其一云：沖口出常言，法度法前軌。人言非妙處，妙處在於是。乃知作詩到平淡處，要似非力所能。東坡嘗有書與其姪云：大凡為文，當使氣象崢嶸，五色絢爛，漸老漸熟，乃造平淡。余以為不但為文，作詩者尤當取法此。（見《詩人玉屑》）

　　所指之法，實乃方法，方術之意。東坡與明上人二頌，乃作詩求迅捷方法，不陷入搜奇求異的「鐵圍山」中，口出常語，法效前人的軌轍，自然無窘困的弊病，至於求平淡，乃不避絢爛、崢嶸，而漸歸於平淡，所標舉的，實是方法、方術。

　　以上所舉，皆係就傳統「法」的內涵以論詩。唐宋以後，受佛禪的言法影響，援以論詩，而意義大有不同，立詩法之名，並有專章專論者，厥推《滄浪詩話》，其全書的結構，係由〈詩辯〉、〈詩體〉、〈詩法〉、〈詩評〉、〈考證〉等章所成，而又於〈詩法〉中云：

> 看詩須著金剛眼睛，庶不眩於旁門小法。

　　「金剛眼睛」，正係禪家之說，乃「慧眼」之意，有此慧眼，然後才能希望不被

旁門小法所惑，可視為無意之中，透露了他論詩法的思想本源。又嚴氏在〈詩辯〉之中，已云詩之法有五，曰體制、曰格力、曰氣象、曰興趣、曰音節。所包涵的，已極廣泛，而在詩法之中，涵蓋所及，則詩之創作方面，幾無不包，已非法律、法度、方法之所可範圍，而有「任持自性」——詩的最高原則之意，如：

> 須是本色，須是當行。
>
> 下字貴響，造語貴圓。
>
> 須參活句，勿參死句。
>
> 及其透徹，則七縱八橫，信手拈來，頭頭是道矣。（見《滄浪詩話·詩法》）

更有「軌生物解」的作用，根據嚴氏所云，可以產生對詩法的瞭解，所謂「信手拈來，頭頭是道矣！」則更有不受法縛的意義了。徐增亦然，視詩法為一種超越詩作的存在，包括了詩的創作，徐氏云：

> 余三十年論詩，祇識得一法字。詩蓋有法，離他不得，卻又即他不得。……（《而庵詩話》）

所謂「祇識得一法字」，「離他不得」，實視詩法為全面的，最高而超越的存在，他又云：

> 五言與七言不同，律與絕句不同，字有字法，句有句法。不知連斷，則不成句法，不知解數，則不成章法。總不出頓挫與起承轉合諸法耳。即蓋代才子，不能出其範圍也。（同上）

正足以見其論法的意義，是重要的，廣泛的，足以軌範詩的創作的。如不深入察究，不探求唐宋以後法的字義、詞義和內涵的不同，則不知何以有詩法之論？何以詩法的內涵和字義、詞義會大異於前？類似嚴、徐二氏之見解，正復不少，可見此一影響之甚了。

四、佛禪論「悟」之意義及其影響

悟的字義、詞意，甚為單純，不外「覺也」，引申而有「了達」，「心解」之意，《說文解字·心部》云：

> 悟，覺也，從心吾聲。

雖然有其他的假借義，但是佛禪援用之時，仍以覺悟、了達、心解為基本意義，惟悟的內涵不同，佛家認為悟乃生起真智，覺悟真理實相，而與迷夢相反。悟與迷形成相對的指謂，而立「證悟」、「覺悟」、「開悟」等名詞；佛禪修行的目的，無不在求開悟，就開悟的目的而言，在得菩提知慧，證涅盤妙理；就悟的程度高下而論，有一分的小悟，有十分的大悟；就悟的境界作區分，則有小乘之悟——斷三界煩惱，證擇滅之理；有大乘各宗之悟，如華嚴證入十佛境界，天臺證諸法實相，禪宗之見性成佛；由悟的遲速而論，則有漸悟、頓悟之不同；悟入的方法不同，則有解知其理的理悟，修行而體會的證悟；悟的結果，是證得真理，斷除煩惱，具無量妙德，得自在妙用。禪宗更認為，迷則係凡夫，悟則成聖者，迷悟之間，有此天懸地隔的判別，是悟的內涵，大異於傳統對事理的「了達」之意。

唐宋以後的詩人與論詩者，見悟有如此的內涵與效果，於是援引此義以論詩，而推嚴羽為甚，《滄浪詩話》云：

> 禪家流，乘有大小，宗有南北，道有邪正，學者須從最上乘，具正法眼，悟第一義。……大抵禪道惟在妙悟，詩道亦在妙悟，且孟襄陽學力下韓退之遠甚，而其詩獨出退之上者，一味妙悟而已。惟悟乃為當行，乃為本色。然悟有淺深，有分限，有透徹之悟，有但得一知半解之悟。（〈詩辯〉）

嚴氏所云，明言援禪宗之妙悟理論以論詩，「學者須從最上乘，具正法眼、悟第一義」，不但取用禪宗名相，而且以漢魏晉盛唐之詩，比之為「第一義」，又以孟浩然、韓愈為例，孟詩之高出韓，全係妙悟的結果，孟的學問，遠不如韓，因為妙悟之

後，能作出「本色」、「當行」之詩。滄浪妙悟一詞之涵義，後人釋說紛如❷，而於滄浪所云的實際，未曾深究，又於禪學未深入究明，故而有失。特就滄浪之意，禪家之義，予以說明。一、滄浪言悟，以具「正法眼」為前提，所謂正法眼者，能見正道之金剛隻眼——智慧之眼，於是方能悟第一義。蓋有此正見、正識，方不致陷於邪辟，復持此見以論詩，可為明證。嚴氏云：

> 夫學詩者，以識為主，入門須正，立志須高。……行有未至，可加工力，路頭
> 一差，愈騖愈遠，由入門之不正也。……（《滄浪詩話·詩辯》）

蓋以識見之正為標的，方不致失鵠的而迷路轍，禪人之悟，以悟第一義為目標，其所以不偏誤者，以具「正法眼」之故。二、妙悟即透徹之悟，以佛禪而論，乃開悟成佛、悟第一義者。就「妙悟」一詞的形成而言，「悟」乃「悟入」，「開悟」之意，妙係狀詞，以形容「悟入」、或「開悟」所達之境界，猶「妙法」、「妙音」等詞例，謂絕妙之悟，真實之悟也。《無門關》云：

> 參禪須透祖師關，妙悟要窮心路絕。

禪人參禪，透過祖師關，當然是最高境界，「妙悟要窮心路絕。」謂妙悟要窮極「心路斷絕」——非思惟擬議所可至的境界，然非指「直尋而妙」，因為禪宗有「當下即是，擬向即乖。」固有直尋之意，但「當下即是」，雖然不容思惟擬議，但並非無知無識，易言之，乃慧識蘊於中，不經思惟擬議，隨緣悟達，當下即得也。香嚴擊竹的開悟公案，足可證明：

> 鄧州香嚴智閑禪師，……在百丈時，性識聰敏，參禪不得。洎丈遷化，遂參為

---

❷ 黃景進氏，著有〈嚴羽及其詩論之研究〉（文史哲出版社出版），總述前人言滄浪「妙悟」之義（167
　－177頁），共有五義，計有甲以「形象思維」釋「妙悟」；乙「妙悟」等於「悟入」，即領悟到
　詩歌藝術的特殊規律；丙「妙悟」指創作上「運用自如，谿然無礙」的境地；丁「妙悟」指詩境的
　醞釀；戊「妙悟」即直覺；黃氏皆一一加以案評，甚多持平見理之言。惟其言：「『妙』者因其直
　尋而妙，悟者覺也。」，與「嚴羽之以禪喻詩其實只是就悟的形式言，而未牽涉到悟的內容」，則
　有錯用名言之失，「直尋而妙」，非詩家妙悟之意，乃禪人妙悟之法，蓋禪者之求悟，以不涉思惟
　擬議——所謂思而知、慮而解，鬼窟裏作活計，乃「直尋而妙」也，係以此為方法，而非究竟。

山，山問：我聞汝在百丈先師處，問一答十，問十答百，此是汝聰明靈利，意
解識想。生死根本，父母未生時，試道一句看？師被一問，直得茫然，歸寮向
平日看過的文字，從頭要尋一句酬對，竟不能得，乃自歎曰：畫餅不可充饑。
屢乞潙山為說破，山曰：我若說似（示）汝，汝已後罵我去：我說的是我底，終
不干汝事。（《五燈會元》卷九）

香嚴智閑，乃禪宗潙仰宗大師，此一段悟道以前之過程，正是思惟擬議的種種與
境界，不足以言妙悟，也不足語第一義。

師遂將平昔所看文字燒卻，曰此生不學佛法也。且作箇長行粥飯僧，免役心神。
乃泣辭潙山，直過南陽，觀忠國師遺跡，遂憩止焉。一日芟除草木，偶拋瓦礫
擊竹作聲，忽然省悟，遽歸、沐浴焚香，遙禮潙山，贊曰：和尚大慈，恩逾父
母，當時若為我說破，何有今日之事？乃有頌曰：
一擊忘所知，更不假修持。動容揚古道，不墮悄然機。處處無蹤跡，聲色外威
儀。諸方達道者，咸言上上機。（同上）

香嚴在放棄思惟擬議、尋求答案之後，反而在瓦礫擊竹聲裏，豁然開悟，當然係
當下直尋之例，惟須加上隨緣悟達的時空條件，而且所得非無識無知，即以前的思惟
擬議的過程，亦非無潛在的影響，蓋如阿基米德因入浴而悟得水的浮力律，必時時存
心，契機內蘊，然後外緣引發，產生突然的悟解，正與香嚴的開悟，同歸一揆，事無
別異。香嚴悟後的頌偈，所謂「處處無蹤跡，聲色外威儀。」正是頌明本體自性，處
處存在——道無不在，而又超乎形體現象之外，無蹤無跡，在聲色之外，雖然不可見
聞，而能領受其「威儀」的存在。也解答了潙山「生死根本、父母未生時，試道一句
看」的問題。香嚴的開悟所得，潙山認為「此子徹也」——此人開悟了，可是其高弟
仰山，卻未肯苟同：

潙山聞得，謂仰山曰：此子徹也！仰山曰：此是心機意識，著述得成。待某甲
親自勘過。仰後見師曰：和尚讚歎師弟，發明大事，你試說看？師舉前頌，仰
山曰：此是夙昔記持而成，若有正悟，別更說看？師又成頌曰：去年貧，未是
貧。今年貧，始是貧。去年貧，猶有卓錐之地，今年貧，錐也無。仰曰：如來

禪許師弟會，祖師禪未夢見在！師復有頌曰：我有一機，瞬目視伊。若人不會，
別喚沙彌。仰乃報潙山曰：且喜閑師弟會祖師禪也。（同上）

　　潙山、仰山，係潙仰宗中開宗立派人物。仰山的勘印，足以顯見香嚴的機鋒，關
於如來禪和祖師禪的分別，此一公案的識解，涉及多方，惟與本文之主題關涉甚少，
故不探論。（請參閱拙作《禪學與宋詩學》231—233 頁）但可顯見香嚴未悟之前，以思惟擬議
求解的窘迫情況，悟道之後，了徹無餘，於質疑答話之時，從容肆應，橫縱自如，著
語皆當之妙境，前後對比，而妙悟之義以見。三、援禪人妙悟之義以論詩理，則「詩
道亦在妙悟」，妙悟之後，詩作方能「當行」、「本色」。滄浪舉孟浩然、韓愈之詩為
例，正以退之以才學文字為詩，以議論為詩，不是詩的「本色」、「當行」。滄浪云：

> 詩者吟詠情性者也，盛唐諸人，惟在興趣，羚羊挂角，無跡可求。故其妙處，
> 透徹玲瓏，不可湊泊，如空中之音，相中之色，水中之月，鏡中之象，言有盡
> 而意無窮。近代諸公，乃作奇特解會，遂以文字為詩，以才學為詩，以議論為
> 詩，夫豈不工，終非古人之詩也，蓋於一唱三歎之音，有所歉焉。……（見《滄
> 浪詩話·詩辯》）

　　原乎滄浪之意，盛唐諸人之詩，乃妙悟之後，「當行」、「本色」的作品，故「無
跡可求」，故透徹玲瓏，此「當行」、「本色」，即在「言有盡而意無窮」上，孟襄
陽正可為代表；其後作「奇特」會之詩人，失去此「當行」、「本色」，故以文字、
才學、議論為詩，此宋詩之病，正始於退之也。以上所敘，應是「妙悟」和援「妙悟」
以論詩的確解。

　　以禪人之悟，建立詩學理論，固然集大成於嚴羽，垂其重大之影響於後世。但滄
浪之前，持此論詩者，繁有其人，乃嚴氏之先驅，亦風氣所播之故：例如：

> 作文必要悟入處，悟入必自功夫中來，非僥倖可得也。如老蘇之於文、魯直之
> 於詩，蓋盡此理矣。（《詩人玉屑》卷五，〈呂氏童蒙訓〉）

> 須令有所悟入，則自然度越諸子，悟入之理，正在功夫勤惰間耳。如張長史見
> 公孫大娘舞劍，頓悟筆法，如張者，專意此事，未嘗忘胸中，故能遇事有得，

遂告神妙。使他人觀舞劍，有何干涉？非獨作文學書而然也。（《詩人玉屑》卷五）

學詩如學佛，教外別有傳。室中要自悟，心地方廓然。……（李處權《崧庵集》卷二〈戲贈巽老詩〉）

山谷老人此四篇之稿，初意雖大同，觀所改定，要是點化金丹手段。又如本分衲子參禪，一旦悟入，舉止行色，頓覺有異，超凡入聖，祇在心念，不外求也。……（張元幹《蘆川歸來集》卷九〈跋山谷詩稿〉）

所以前輩有學詩渾似學參禪之語，彼參禪固有頓悟，亦須有漸修始得。頓悟如初生孩子，一旦而肢體已成，漸修如長養成人，歲長而志氣方立。……（包恢《敝帚稿略》卷二〈答傅當可論詩〉）

凡作詩如參禪，須有悟門。少從榮天和學，嘗不解其詩云：多謝喧喧雀，時來破寂寥。一日於竹亭中坐，忽有群雀飛鳴而下，頓悟前語，自爾看詩無不通者。（吳可《藏海詩話》）

文以文而工，不以文而妙，然舍文無妙，勝處要自悟。（姜夔《白石道人詩說》）

綜上所引，可見「悟」的主張，為宋人的同然之見，由李處權、張元幹、包恢、吳可之言，其根源之所自，無不出自禪人，即呂居仁之言，似與禪宗無關，然其影響，亦自禪宗，蓋居仁即耽於禪之人。惟至滄浪，始張大其說，多方寓論，形成系統，而聳動後世，垂影響於無窮。

五、以「法」「悟」論詩引發之問題及影響

自宋以後，以法論詩，進而以活法論詩，再進而以無法論詩，其根源與影響之所自，亦可得而言，蓋均受佛禪思想的影響為最巨。例如徐增云：

宗家每道佛法無多子，愚謂詩法雖多，總歸於解數起承轉合，然則詩法亦無多子也。（《而庵詩話》）

是明言以禪人所言之佛法，以比論詩法。所謂佛法無多子，不外悟入，真空妙有，三法印、十二因緣，故詩人比照而歸納之，是以徐增倡言起承轉合也。明周子文云：

> 李夢陽曰：古人之作法雖多，前疏者後必密，半闊者半必細，一實者一必虛，疊景者意必二。（見《藝藪談宗》卷四）

皆係就佛法無多子之意，提要鈎玄，以得簡明重要之法。然而禪人求悟，在能去法縛而得活法，兀庵普寧云：

> 從上佛佛授手，祖祖相傳，只貴所得所證，正知正見，廓然蕩豁，徹見本源，方謂之正見正知，繩繩有準，法法融通，或於十二分教明得者，或於教外明得者，或有未舉先知，未言先領者，或有無師自悟者。……（《兀庵和尚語錄·示松島圓海長老書》）

所謂「法法融通」，以及所舉不同之開悟情況乃無定法，活法之意，躍然可見。佛果圜悟云：「死水裏浸殺，以實法繫綴人。」雲峯悅云：「雲門氣宇如王，甘死語下乎，澄公有法授人，死語也，死語能活人乎？」可見執著於假言之法以為實法，乃死水浸殺之死法、死語、死句，亦即死法之意，而無定法之活法，乃活句、活語之意，方能徹悟而發明大事。詩人受比影響，而以活法論詩，呂本中云：

> 學詩者當識活法，所謂活法者，規矩具備，而能出於規矩之外，變化不測，而亦不背於規矩也。是道也，蓋有定法而無定法，無定法而有定法，知是者則可與言活法矣。謝元暉有言，好詩流轉圜美如彈丸，此真活法也。（劉克莊《江西詩派小序》引呂紫微〈夏均父詩集序〉）

詩人的定法，即所謂的「規矩」，凡聲律、對偶、章法、句法、字法，有規矩、法則可循者，謂之定法；禪人悟道，不由一定之「理入」、「行入」，如香嚴之擊竹開悟，靈雲志勤的見桃明心❸，越山師薦覩日光悟道❹，神照本如因四明尊者喝呼其

---

❸ 見宋釋普濟《五燈會元》卷四。志勤為長慶大安之弟子。

❹ 見《五燈會元》卷七、師薦乃雪峯義存之弟子，因於清風樓赴閩王之齋宴，覩日光而開悟。

名而領悟❺，其他如看公案而開悟者更多，「處處逢歸路，頭頭達故鄉。」有何定法？
不死守一法，而由無定法之活法以領悟。詩人亦然，規矩具於心，定法已得，卻能神
而明之，不拘於法，變化不測，靈活運用，而又不背於法，而得活法，趙章泉詩云：
「活法端須自結融，可知琢刻見玲瓏。」「結融」自係指於法能融會貫通而活用。詳
參活法之意，乃由有法而歸於變化無定，一則不拘礙於法；二則由法出法，變化不測；
三則文成法立，似乎無法；如徐增所云：

> 余三十年論詩，祇識得一法字，近方得一脫字。詩蓋有法、離他不得，卻又即
> 他不得，離則傷體，即則傷氣。故作詩者，先從法入，後從法出，能以無法為
> 法，斯之謂脫也。（《而庵詩話》）

察其所言，作詩必由法入手，然所謂「脫」者，則不為法縛，靈活變化之謂也，
所謂「離他不得，卻又即他不得」，正係此意，以「無法為法」，有以無定法之活法
為法之意。後之論詩者，殆無不受此「法」與「活法」之影響，王夫之云：

> 起承轉合一法也，試取初盛唐律驗之，誰株守此法者，立此四法，則不成章矣。
> 且道盧家少婦作何解？是何章法？又如火樹銀花合，渾然一氣；亦知戍不返，
> 曲折無端；其他或平鋪六句，以二語概之；或六七句已無餘，末句用飛白法揚
> 開；義趣超遠，起不必起，收不必收。（《夕堂永日緒論》）

船山有見於起承轉合之法，更有見於前人不受此法束縛之事實，所謂「起不必起，
收不必收，乃使生氣靈通，成章而已」。正係靈活運用之意。於是以法論詩之餘，尤
以活法論詩，幾成為同然之見。沈德潛、袁枚云：

> 詩貴性情，亦須論法，亂雜而無章，非詩也。然所謂法者，行所不得不行，止
> 所不得不止，而起伏照應，承接轉換，自神明變化於其中。若泥定此處應如何？
> 彼處應如何？不以意運法，轉以意從法，則死法矣。試看天地間水流雲在，月
> 到風來，何處著得死法？（《說詩晬語》）

---

❺　見《五燈會元》卷六。其法系不詳。

> 古人文成法立，未嘗有定格也，傳人適如其人，述事適如其事，無定之中有一
> 定焉。知其意者，旦暮遇之，不知其意，襲其神貌，神勿肖也。（《小倉山房文
> 集·覆家實堂書》）

均承認有法，又注重無定法——活法之重要，而反對死守一法之死法。

由有法而倡活法，由活法更進而主張無法，亦出自佛禪。禪人未開悟之先，有修
有證，必依於法；大徹大悟之後，則無待於法，而無法之主張以出：

> 若悟自性，亦不立菩提涅槃，亦不立解脫知見，無一法可得，方能建立萬法。
> （見《六祖壇經》）

> 自性自悟，頓悟頓修，所以不立一切法，諸法寂滅，有何次第？（同上）

> 我宗無語句，亦無一法以與人，若有一法與與人，亦成斷常之法，非正法也。
> （《兀庵和尚語錄·示松島圓海長老書》）

禪人未悟入之前，依佛求道修持，此為「有法」之階段；徹悟之後，得大圓鏡智，
非由一法而得，由體起用，萬法由此無法而生，故形成「無法」之觀念。隨禪宗之宏
傳，此一觀念，進而影響詩人之論詩。詩人作詩，非無法度可尋，然成詩之後，無法
度可窺，如劉夢得稱白樂天之詩云：「郢人斤斲無痕跡，仙人衣裳棄刀尺。世人方柄
欲相從，行盡四維無覓處。」所謂「無痕跡」、「棄刀尺」蓋形容其作品之天然渾成，
「行盡四維無覓處」，謂無法得其成詩之法也。《竹莊詩話》因而論之云：

> 若能如是，雖終日斲而鼻不傷，終日射而鵠必中，終日行於規矩之中，而跡未
> 滯也。山谷嘗與楊明叔論詩，謂以俗為雅，以故為新，百戰百勝，如孫吳之兵，
> 棘端可以破鏃，如甘蠅飛衛之射，捏聚放開，在我掌握，與劉所論，殆一轍矣。
> （見卷一）

所謂「終日行於規矩之中，而跡未嘗滯也。」正得詩人作詩，由法而達「無法」
無滯之境界，如是方可化俗為雅，由故出新。即徐增所云之意也：

> 故作詩者，先從法入，後從法出，能以無法為法，斯之謂脫也。（《而庵詩話》）

是「無法」之意，一謂不拘於法，而能靈活運用之「活法」，一謂創作之時，雖規矩具於胸中，而無法之意念與拘限，不見有法，而成其「無法」之用，如輪扁之運斤，仙衣之棄刀尺，又王世貞云：

> 謝茂秦論五言絕，以少陵日出籬東水作詩法，又宋人以遲日江山麗❻為法，此皆學究教小兒號嗄者。若打起黃鶯兒，莫教枝上啼。啼時驚妾夢，不得到遼西。與山中何所有？嶺上多白雲。只可自怡悅，不堪持贈君一詩。不惟語意極其妙而已。其篇法圓緊，中間增一字不得，著一意不得，一結極斬絕，然中自舒緩，無餘法而有餘味。（見《全唐詩說》）

此一舉敘，正足以見「郢人斤斲無痕跡，仙人衣裳棄刀尺」之理證，與杜甫詩相較，顯然杜詩工於寫景，皆用對句，對偶工穩，有法可循可效，至於所舉二詩，則天然渾成，而又境界高遠，不著意而意藏句中，情餘言外，故云「篇法圓緊」，而又云「無餘法而有餘味」，對以守少陵五絕之法而言，乃「無法」矣。然而得有餘味者，賴此「無餘法」也。此「無法」之見，影響非淺，王夫之云：

> 若果足為法，烏容破之。非法之法，則破之不盡，終不得法。詩之有皎然、虞伯生，經義之有茅鹿門、湯賓尹、袁了凡，皆畫地成牢，以陷人者，有死法也。
> （《夕堂永日緒論》）

夫之「非法之法」，即「無法之法」之意，即六祖「無一法可得，而建立萬法」，比詩於禪，而作此主張也。蓋主一法，便囿於此法，僅能得此一法之用，惟無法而依體起用，由理出法，或不拘一法而用法，方能成其用，王夫之復推而論之云：

> 死法之立，總緣識量狹小，如演雜劇，故有花樣步地，稍移一步則錯亂。若馳騁康莊，取塗千里，用此步法，雖至愚者不為也。（同上）

乃指守一法而成死法，故不如無一法而馳奔萬里。無法者，非廢法不用，不拘泥

---

❻ 此二詩皆杜甫之作，原詩為「日出籬東水，雲生舍北泥。竹高鳴翡翠，沙僻舞鶗雞。」「遲日江山麗，春風花草香。泥融飛燕子，沙暖睡鴛鴦。」

於法，不死守一法之意，而卒成其法用，袁枚云：

> 《宋史》嘉祐間，朝廷頒陣圖以賜邊將，王德用諫曰：兵機無常，而陣圖一定，
> 若泥古法以用今兵，應有僨事者。〈技術傳〉：錢乙善醫，不守古方，時時度
> 越之而卒與法會。此二者皆可悟作詩之道。（《隨園詩話》卷五）

由子才所舉，正足以見不拘泥於法，不死守一法，而成其法運之意。「活法」、
「無法」論詩，略如上述，而其根源，則同出於禪人之徹悟，佛果圜悟云：

> 若能透過荊棘林，解開佛祖縛，得箇穩密田地。諸天捧花無路，外道潛窺無門，
> 終日行而未嘗行，終日說而未嘗說，便可自由自在，展啐啄之機，用殺活之劍。
> （《碧巖錄》卷二）

> 高者抑之，下者舉之，不足者與之。在孤峰者救令入荒草，入荒草者救令處孤
> 峰；汝若入鑊湯爐炭，我亦入鑊湯爐炭，其實無他，只要與汝解粘去縛，抽釘
> 拔楔，脫卻籠頭。（同上卷八）

這是禪人徹悟的妙用妙境。是故「活法」、「無法」之理念，均由徹悟中來，周
孚云：

> 夫前輩所謂活法，蓋讀書博，用功深，不自知其所以然而然，故活法當自悟中
> 入。……（見《蠹齋鉛刀編》卷十八〈寄周日新簡〉）

蓋徹悟之後，有法皆活，死蛇活弄，故能運用如自。夫能由無法而建立萬法，成
其無法之用，亦在徹悟，吳喬云：

> 問曰：此說古未有也，何從得之？答曰：禪家問答，禪人未開眼，有勝負心。
> 詩人未開眼，不知有自心自身自境，墮於聲色邊事者，皆循末而忘本者也。（見
> 《逃禪詩話》）

是以禪人之「開眼」——徹悟，以明詩人徹悟，抉發此一理念之根源。詩人悟後，
方知有自心自身自境之為本，遂不外求，亦不從人之後，亦無取法用法之觀念，而以

自心自身自境為本,抒發為詩,亦不待法矣,故而「無法」能成其用,苟不徹悟,則兢兢焉守法尚恐不遠,敢起無法之念乎!由上所述,可見「活法」、「無法」於論詩影響之烈,及其思想內涵淵源之所自矣。

參詩之法,自宋以來,大為盛行,亦由禪人參禪而來,與悟更密切相關,蓋禪者悟道,幾無不由參禪參訪也。溈山警策云:

> 若欲參禪學道,頓悟方便之門,心契玄律,研幾精要,決擇深奧,啟悟真源,博問先知,親近師友。

這位溈仰宗的建立者,已將「參禪學道」,與「頓悟方便之門」,緊密聯結,而參禪之意,大致如丁福保所云:

> 凡禪門集人為坐禪說法念誦,謂之參,參者交參之義,謂眾類參會也。故詰旦升堂,謂之早參,日暮誦念,謂之晚參,非時說法,謂之小參。凡垂語之尾多用參語,言參外妙旨之意也。（《佛學大辭典》卷中參禪條）

就參之形式言,乃集眾說法參請之意,因而有早參、晚參、小參之名,就內容而言,乃參求師長道侶言外之妙旨。然此外亦有參公案語錄之獨參活動,其所參者,乃前人悟道之由,冀由人之悟,以開己之悟,故錢伊庵云:

> 黃祖示草堂清風旛話,久不契。龍曰:子見貓捕鼠乎?目睛不瞬,四足踞地,諸根順向,首尾一直,擬無不中。子誠無異緣,六根自靜,百不失一。師摒去閑緣,歲餘忽悟。……（見《宗範徹參篇》）

所舉乃黃龍慧南與祖心禪師參六祖風動旛動、仁者心動之公案,因而徹悟,「此即單研一句話頭,一則公案,一悟一切悟樣式也（同上）。」在滄浪以前,以參禪比之參詩,極為普遍:

> 東坡跋李端叔詩卷云:暫借好詩消永夜,每逢佳處輒參禪。蓋端叔詩用意太過,參禪之語,所以警之云。（《詩人玉屑》卷六〈用意太過〉）

> 要知詩客參江西,政如禪客參曹溪。（楊萬里《誠齋集》卷三十八〈送分甯主簿羅宏材

秩滿入京〉）

正係借禪客參禪，以之參詩，東坡既稱端叔之詩為好詩，自係以參禪之法求其佳處，意義甚明，實無譏警之意。參詩一如參公案、話頭，以求悟解而通徹：

> 凡作詩如參禪，須有悟門。少從榮天和學，嘗不解其詩云：多謝喧喧雀，時來破寂寥。一日於竹亭中坐，忽有群雀飛鳴而下，頓悟前語，自爾看詩無不通者。（吳可《藏海詩話》）

> 「打起黃鶯兒，莫教枝上啼。啼時驚妾夢，不得到遼西。」人問詩法於韓公子蒼，子蒼令參此詩以為法。「汴水日馳三百里，扁舟東下便開帆。旦辭杞國風微北，夜泊寧陵月正南。老樹挾霜鳴窣窣，寒花承露落毿毿。茫然不悟身何處，水色天光共蔚藍。」此韓子蒼詩也，人問詩法於居仁，居仁令參此詩以為法。熟讀此二詩，思過半矣。（《詩人玉屑》卷六〈意脈貫通〉）

是皆以參禪之法，熟參一詩，以求徹悟，快人一語，快馬一鞭，一了百了，一悟一悟切也。有了徹悟，則如禪人之得正法眼藏，而起大用：「玄玄了了，非心非想，信手拈來，頭頭是道。」是以韓子蒼云：

> 學詩當如初學禪，未悟且遍參諸方。一朝悟罷正法眼，信手拈出皆成章。（《陵陽集》卷二）

詩人因參得悟之後，如禪人之得大自在、大神通，而有「信手拈出皆成章」之妙用。韓駒作俑之後，以「學詩渾似學參禪」為題詠甚多，幾無不著眼在悟：

> 學詩渾似學參禪，竹榻蒲團不計年。直得自家都省得，等閒拈出便超然。（《詩人玉屑》卷一〈南濠詩話〉）

> 學詩渾似學參禪，悟了方知歲是年。點石成金猶是妄，高山流水自依然。（同上）

前一首為吳可之作，後一首乃龔相之詩，皆在滄浪之前，可見滄浪參詩之說之所本矣。參詩的目的，即在求妙悟。皆援禪理，以建立詩論，其脈絡、內涵、影響，固

極分明也。

六、結　論

前人論詩，唐宋以前與唐宋以後，截然不同，唐宋以前均着眼於六義四始，詩序詩義、詩教詁訓，唐宋以後，多言詩法、悟解，進而開出「活法」、「無法」等主張，參詩妙悟之理論，如涇渭之分流，乍視之而感詫異，細按之而知原由。蓋佛禪盛行，薰炙天下之後，其理念內涵，遂影響詩論，「禪是詩家切玉刀」，尤以禪學為甚。詩人作詩，固待詩法以成章，尤待「活法」以成其用，「無法」以建立萬法而見其高，其關鍵在一悟字。禪人迷則滯凡，悟則成聖，迷悟之間，形成毫釐有差，天地懸隔之別異，詩家似之，故謝榛云：

> 粟太行曰：詩貴解悟，人只有偏全，斯作有高下。古人成家者如得道，故拈來皆合，拘拘於跡者末矣。（《詩家直說》卷四）

是不解悟則不足以言詩，滄浪拈出妙悟，實深得精髓，於是方可「言法」，方可言「活法」，方可言「無法」。禪人何以能妙悟？厥推參禪，禪人參禪以求悟道，詩人參詩以求悟詩，其揆一也。其法徑直而有效，故嚴氏云：

> 久之自然悟入，雖學之不至，亦不失正路，此乃是功夫從頂顊上做來，謂之向上一路，謂之直截根源，謂之頓門，謂之單刀直入也。（《滄浪詩話·詩辯》）

全然依宗門之參禪頓悟立說。垂其影響於千百年後。惜乎宋元以後，禪學不振，幾乎彩散香銷，因而依禪理建立之詩論，亦隨之晦黯難明，故特為抉發，以就教於博雅。

（本文發表於第三屆「法住學術會議」佛教文學國際會議）

拾肆、劉勰的文學批評論

紀昀於《四庫全書總目·集部總敘》云：「觀同一八病四聲也，鍾嶸以求譽不遂，巧致譏排；劉勰以知遇獨深，繼為推闡，詞場恩怨，亙古如斯。」這幾句話批評劉勰的聲律說，雖不得當，但今日自由中國文壇的文學批評實況，却大致如紀氏所云，徇於恩怨，牽於利害，故文學批評不是「愛之欲其生」，捧上三十三天的「同惡相濟」；就是「惡之欲其死」，打入十八層地獄的攻訐譏排。其或能超出恩怨情面，一準至公，想得天下的公是公非，然又缺乏批評家的修養，昧於批評的法則，致不能得批評之正。文藝界因為缺乏批評家正確的指導與鞭督，故作品蕪穢不分，菁英不出，真正好的作家，受不到應得的鼓勵。文藝創作的路線，不是淪於黃色的色情，就是流於灰色的頹廢，要導邪入正，必從端正文學批評著手，誠如亞諾爾特所說：「真的創作的活動的時代，是由於批評活動的時代為先導的。」所以自由中國文壇要透過真正的文學批評的先導活動，以促進創作活動。因為透過文學批評，才可以使作品蕪去菁存，分出寶血與毒汁，野棘與鮮花。並進一步指出作品的優劣何在，價值如何，以提高讀者的水準，才不致使作品缺乏知音，致「深廢淺售」，使高深而有內容有價值的作品，為毒汁為野棘所掩，不為大眾所接受，進一步由文學批評形成批評理論，以指導作家，故推動整個文壇的動力，端在文學批評。

一、文學批評的眞義

蕭統《文選·序》云：「自非略其蕪穢，集其清英，蓋欲兼功，太半難矣。」《四庫全書總目·總集》云：「刪汰繁蕪，使莠稗咸除，菁華畢出。」雖然是總集成書的主要原因，但確實是文學批評的發軔，其作用幾乎與文學批評完全相同，正如蓋雷（Cayly）及司各脫（Scot）在他們合著的《文學批評的方法與材料》一書中所指出，文學批評一詞，在歷來應用時所包含的意義；第一是吹毛求疵的意味，第二是稱讚的意

味，第三是判斷的意味，第四是比較及分類的意味，第五是鑒賞的意味，狹義的文學批評的內容，大致已涵蓋在內。所謂「略其蕪穢，刪汰繁蕪」，即是文學批評的吹毛求疵的意味，判斷的意味；所謂「集其清英，」「菁華畢出」。即是稱讚的意味，鑒賞的意味。總集中將各種同性質的作品歸在一起，即是分類及比較的意味，可見古代總集的產生，實為文學批評整個活動的結果，執蓋雷二氏的批評準則，以衡量我國的文學批評，鍾嶸的《詩品》，同時具有吹毛求疵，稱讚和判斷的意味的；《昭明文選》是更具比較與分類的意味的；各種詩、詞、曲的選集及詩話、詞話，是更具有比較及分類的意味的。由此可見文學批評，是一種吹毛求疵、是稱讚、是判斷、是比較與分類，是鑒賞的活動。吹毛求疵在找出作品是否壞，何以壞，壞在那裏的活動。稱讚則是發現作品的好，何以好，好在那裏的活動。判斷的活動，在評估作品的價值，及價值所在的活動。比較與分類則在比較作品的來源，作者相同或相異的風格的活動。鑒賞則是評估作品成功之處，以鼓勵作者，教育讀者的活動。各種總集雖有上述文學批評的作用，但沒有明確的裁判原理，詳明的闡述，故真正的文學批評理論，必得專家成書之後，方告完備。批評大旨則如蓋雷二氏所揭示，其精神與總原則，則已早見於我國齊梁之際的文選家和批評家了。

二、劉勰的文學批評理論鉅著

　　文學初起之時，甚少批評活動，必待作品繁富之後，加以集結，於分類之中，建立了分類的準則，洞察各家作品時，比較其優劣，批評其訛誤，抉發其美妙，以為創作之式法，而文學批評之事實及初步的理論遂產生。《漢書·藝文志》為分類批評的開始，故諸子略不統詩賦略，劃定了文學與學術的界限。摯虞的《文章流別》，分集與志論之部份，集在選定作品，志以記作者的略歷，論則述己論文的意見，即文學批評的意見，摯虞云：「夫假像過大，則與類相遠；逸詞過壯，則與事相違；辨言過理，則與義相失；麗靡過美，則與情相悖……。」已為文學評論樹立了一些法則，他和蕭統的《文選》一樣，是以選文家為批評家的。批評的事實，亦見於作者，因為作者備知創作的艱辛，自己具有創造的法則和創造的成就，於是論次前人的作品，批評當代的得失，曹丕的《典論·論文》，可為代表。對與他並時的建安七子，一一品銓，可

說是作家兼批評家的時期。他的弟弟曹植更明確地主張以作家兼批評家，他說：「有南威之容，方可論於淑媛；有龍泉之利，方可議於斷割。」在此以前的王充、葛洪，則主張以學者兼評論家，但是選家只知道那些好，作家只知道怎樣好，學者只知如何好，都有所偏頗，沒有公正的態度，一定原則標準以為判斷、批評的結論，自然不會十分公正周密。所以劉勰《文心雕龍·序志》說：「魏《典》密而不周，陳〈書〉辯而無當。」曹丕的《典論·論文》，曹植〈與楊德祖書〉，一個密而不周，一則辯而無當，其原因即在此。所以形成文學批評理論，裁判作家作品，成為專門鉅著，所標舉之原理原則，仍適合於當時和現代的，自必推劉勰的《文心雕龍》，這一部五十篇的鉅著，揭櫫我國文學作品的文體論、創作論和批評論。一方面也集合了齊梁之際文士進步的文學觀念、創造原理、批評理論，一方面加上了他自己的非常見解，發為千古傑作。他在〈序志〉中說：「有同乎舊談者，非雷同也，勢自不可異也；有異乎前論者，非苟異也，理自不可同也；同之與異，不屑古今。」同異是非，平心而論，本無成見，決之公理，所建立的批評理論，才是包古融今，不失中正，所進行的批評，才能不失準式，公正平允。尤以他的文學批評論，更如一峰孤峙，前無古人，迄今未有來者，雖然與劉勰並世的尚有鍾嶸所作的《詩品》，然其所評僅及詩，又囿限於五言詩，批評作者作品，採取了並不高明的「九品官人，七略裁士」的方法，強分某人之作為上品，某家之作為中品，某人之作為下品，並沒有完整批評理論的揭示，是不足與劉氏的鉅著相較比的。以後的詩文評、詩話、詞話、曲話之作，只是重於欣賞，偏於主觀的判斷，又在《詩品》之下了。所以欲樹立我國文壇的文學批評理論，必取法於此，欲使品銓作品得當，使能鞭督作者，教育讀者，使蕪穢盡去，菁華畢出，更當以劉氏的批評理論為圭臬。茲就劉氏有關文學批評的理論綜述於下：

三、論文學批評之難易

杜甫〈偶題〉詩云：「文章千古事，得失寸心知。」意味著作品創作的艱苦得失，只有作者自己知道得清楚。每一位作者，他能將自己欲表達的情志究竟表達了多少？有多少力不從心，才不逮意之處，影響了作品的完美性，作者很少直率地道出，甚至以艱澀文飾淺薄，疵瑕俱在，卻不肯承認，竭力為自己的作品作辯護，除了敝帚自珍

的心理外，實在作者只能認知怎樣好，而不知道是否真正好，主觀上的成見，主觀上的自我同情，自我瞭解，遮住了壞的一面而不能自行照見，故文章永遠是自己的好，使作者對自己的作品，失去了批評家的裁量資格。「文人相輕」，自古已然，因為作者每個人有自己的生活背景，創作的理論和方法，及文法、辭彙、句法的使用習慣，執此以衡量其他的作者作品，只見其異，未見其合，發而為文學批評，多是主觀的裁量，所以只給以「文人相輕」的印象，所以才說「文章自古無評價」了。劉勰首先承認文學批評之不易，他在《文心雕龍・知音》中說：「音實難知，知實難逢，逢其知音，千載其一乎！」文學批評之不易，在於作品為珠為玉，為魚目為凡石，無從分辨，〈知音〉云：「夫麟鳳與麏雉懸絕，珠玉與礫石超殊，白日垂其照，青眸寫其形，然魯臣以麟為麏，楚人以雉為鳳，魏民以夜光為怪石，宋客以燕礫為寶珠，形器易徵，謬乃若是，文情難鑒，誰曰易分。」珠寶與礫石，麟鳳與麏雉，在形式上相隔懸遠，仍被鮮見之人所誤認，文章的難於鑒賞批評，更不在話下了。他更在〈序志〉篇中，歷舉近代論文者之失，他說「詳見近代之論文者多矣，至於魏文述《典》、陳思序〈書〉、應瑒文論、陸機〈文賦〉、仲洽《流別》、弘範《翰林》，各照隅隙，鮮觀衢路。或臧否當時之才，或詮品前修之文，或汎舉雅俗之旨，或撮題篇章之意。」因為以上諸家只是「執一」，只是偏照，故「魏《典》密而不周，陳〈書〉辯而無當，應〈論〉華而疏略，陸〈賦〉巧而碎亂，《流別》精而少巧，《翰林》淺而寡要……並未能振葉以尋根，觀瀾而索源。」應瑒、摯虞、李充的作品，至今多散佚，其評文論文的得失如何，不可細求，但曹丕的《典論・論文》，曹植的〈與楊德祖書〉，陸機的〈文賦〉，的確是如劉勰所評，所以評論作品、裁判作品，實在是一件難事，至少要有振葉尋根，觀瀾索源，能觀衢道的綜合和分析本領，才能著手少失。

文學批評雖難，但畢竟是可能的，因為作者的情志，必以文字為表達，既形之翰墨，披於辭章，批評家即可根據作者白紙寫成黑字的作品，如庖丁解牛，以「剖情析采」，進行合理的批判，劉勰在他的〈知音〉篇中，確定了文學批評的可能性。他說：「夫綴文者情動而辭發，觀文者披文以入情，沿波討源，雖幽必顯，世遠莫見其面，覘文輒見其心，豈成篇之足深，患識照之自淺耳。」他認為作品所表達的內容，無論多麼艱深，都可探求作者情志，除非批評家沒有這種見識與素養，所以他在同篇中又進一步的說：「夫志在山水，琴表其情，況形之筆端，理將焉匿？故心之照理，譬目

之照形，目瞭則形無不分，心敏則理無不達。然而俗鑒之迷者，深廢淺售。」文學批評既是可能的，如目之察物，心之照理，然文學批評仍多失誤，則在於批評家之態度欠公正，學養不豐碩，方法未周密，原則難把握，品銓不當，評論失誤，才誤以為公正的批評不可得、文學批評不可能。《文心雕龍》一書，即為我們提供了超卓的見解。

四、文學批評家的素養

「俗鑒之迷者，深廢淺售。」這是文學批評上早就具有的事實，揚雄的《法言》、《太玄》，就遭到這種命運，杜甫的詩，唐人多不選，很多作品有當時不流傳，直至後世才確定是不朽之作，其故何在？因為一些偉大的作家，是時代的先導，走在時代與眾人之前，超出流俗甚遠，如韓愈、柳宗元時，大家都作駢文，而他們獨起八代之衰，創為古體散文，當時的人氏，又何嘗能了解？故古文運動，待其死後不久，即歸沒落，唯美文學又告復活，如非宋代的作家繼起，張大此一古體散文運動，恐怕韓柳在文學史上，已無今日的地位，作品也不會流傳至今了。所以批評家一定要有高深的學識，才能裁定作品作家。不使雅俗不分，也不致深廢淺售。劉勰認為文學批評家一定要博觀博學。因為博觀才能識源流，知流別，方足以「振葉尋根，觀瀾索源」。劉勰〈知音〉篇云：「凡操千曲而後曉聲，觀千劍而後識器，故圓照之象，務先博觀，閱喬嶽以形培塿，酌滄波以喻畎澮………然後能平理若衡，照辭如鏡矣。」充分地說明了批評家應博觀，如果批評家批評的物件為詩歌，則對詩歌的源流，創作的原理，聲律體式的規則，詩壇的派別，不可不熟知博觀，否則就會「蔽於一曲而闇於大理」。如劉勰〈知音〉篇所云：「各執一隅之解，欲擬萬端之變，所謂東向而望，不見西牆也。」在一知半解的狀況下，進行批評，當然不會有公正之見，至當之評，更不足以使作者心服，遑論鞭督作者，教育讀者了。劉勰在論作者的創作時，曾提出才學相待，在〈神思〉篇中云：「是以臨篇綴慮，必有二患，理鬱者苦貧，辭溺者傷亂，然則博見為饋貧之糧，貫一為拯亂之藥。」言創作有二種現象，一是理貧，一是辭溺，理貧必待足學，又作者作品之高下，由才與學決定，他在〈事類〉篇中說：「夫薑桂因地，辛在本性，文章由學，能在天資，才自內發，學以外成，有學飽而才餒，有才富而學貧，學貧者迍邅於事義，才餒者劬勞於辭情，此內外之殊分也。」

作者的才華，自不能求批評家企及，但在博學方面，批評家應該高出於作者，至少要與之等齊，才有批評的資格，才知道作品的優劣，知道那些好，怎樣好，如何好，否則作者立意的高下，取材的當否，修辭的成敗，用事用典的好壞，批評家無從批評，如果強不知以為知，妄下批評，則無異盲人摸象，不可得其全貌，縱然捨棄己所不知，而批評己所能知的部份，則會有劉勰所云：「深廢淺售」之弊。故批評家不可不具有博見博學的修養，雖然知識領域之大，不可全知遍探，但至少在批評所及的範圍內，要博見博知。

劉勰〈知音〉篇云：「知多偏好，人莫圓該。」批評家如果沒有超出因偏愛而產生主觀的成見的修養，批評定會難期公正。在偏愛之下，會如劉勰〈知音〉篇所說：「慷慨者逆聲而擊節，醞藉者見密而高蹈，浮慧者觀綺而躍心，愛奇者聞詭而驚聽，會己則嗟諷，異我則沮棄。」這真是一針見血之論，故鍾嶸《詩品》，列曹操的詩為下品，他說：「曹公古直，甚有悲涼之句。」可能鍾嶸就是屬於「醞藉者見密而高蹈」的一型，所以在他所評列的上品詩人中，沒有「古直」風格的作者，凡有「古直」風格的，多在下品，就是因為他偏愛醞藉而不喜慷慨悲歌的「古直」之作。所以後來的讀者，多為曹公叫屈，因為以他的成就，至少可列鍾嶸所謂的中品而有餘。所以批評家在進行批評時，要有超出偏好的修養，然後態度才能客觀，雖然所謂客觀，仍不免主觀的成見，那是無可奈何的事了，我們不能因為客觀態度的難得而中止文學批評。

五、批評家的態度

批評家發為批評，是否如老吏斷獄，無枉無縱，則與批評的態度大有關係，依劉勰的看法，批評家有下列三種蔽障，故影響了客觀的態度，難求批評的公正：

㈠好古賤今：劉勰〈知音〉篇云：「古來知音，多賤同而思古，所謂日進前而不御，遙聞聲而相思也。昔〈儲說〉始出，〈子虛〉初成，秦皇漢武，恨不同時，既同時矣，則韓囚而馬輕，豈不明鑒同時之賤哉……故鑒照洞明，而貴古賤今者，二主是也。」秦始皇之於韓非，漢武帝之於司馬相如，以同時之故，而輕二人之作，即是好古賤今之蔽。因為先植古人偶像於心胸之中，以他們的作品為創作的準式，非此不足以為美，作者類比於先，批評家執此而論斷於後，完全忽略了事殊理易，文質代變的

原則，崇古卑今，視前人之作為經典，今人之作為糞土，作品的高下得失不可知矣。王充《論衡》已痛發此病，他說：「夫俗好珍古不貴今，謂今文不如古書，夫古今一也，才有高下，言有是非，不論美惡而徒貴古，是謂古人賢於今人也，……才有淺深，無有古今，文有真偽，無有故新。」葛洪《抱朴子·尚博》進而確定文章古不如今，則亦有過偏之蔽，因為凡是藝術作品，只是呈波浪狀態，互見高下，不是如科學的直線進步一樣。故劉勰平允之見，以破好古迷古之蔽，同異是非，稱心而論，才可使批評的態度，趨於客觀。

　　㈡崇己抑人：劉勰〈知音〉篇云：「至於班固、傅毅，文在伯仲，而固嗤毅云：『下筆不能自休』。及陳思論才，亦深排孔璋，敬禮請潤色，歎以為美談，季緒好詆訶，方之於田巴，意亦見矣。故魏文稱文人相輕，非虛談也。……才實鴻懿而崇己抑人者，班曹是也。」文章是自己的好，故重己抑人，以班固、曹植之才，尚笑在伯仲間的傅毅與陳琳，因為崇己抑人的結果，故進一步黨同而伐異，逆我者必遭不公平的抨擊，所以曹植才稱美請他改文章的丁敬禮，而輕視好發為批評的劉季緒，《典論·論文》：「家有敝帚，享之千金。」亦與劉勰之說同意，尤以作家兼批評家，難免此病。因為崇己抑人，自會產生鑒別欠公，品評失當的結果，所以批評時必去「我執」之弊。

　　㈢信偽迷真：劉勰〈知音〉篇云：「至於君卿唇舌，而謬欲論文，乃稱史遷著書，諮東方朔，於是桓譚之徒，相顧嗤笑，彼實博徒，輕言負誚，況乎文士，可妄談哉。……學不逮文，而信偽迷真者，樓護是也。醬瓿之議，豈多嘆哉！」學無所成，而妄作批評，則有信偽迷真之敝。今日的批評家、作者尤多此病，筆者曾見一本專輯文學批評之選本，知道《文心雕龍》是談文學批評的，可是不取〈知音〉而選了屬於文學創作範圍的〈神思〉，另某教授的文學概論鉅著，竟把《文心雕龍》所說的，硬安上陸機的名字，其他等而下之，信偽迷真的事，更不在話下了。葛洪《抱朴子·辭義》亦云：「屬筆之家，亦各有病，其深者則患乎譬煩言冗，申誡廣喻，欲棄而惜，不覺成繁也。其淺者則患乎姸而無據，證援不給，皮膚鮮澤，而骨鯁迴弱也。」因為不歷泰山之高，不知小丘之低下；不觀滄海之大，不知川溪之狹小。若所見卑下，學不逮人，而妄從事於批評，則有淆亂是非，顛倒賢奸，信偽迷真之蔽，所以博見博學之修養，亦在却除信偽迷真，使批評趨於客觀公正，無所迷陷。

　　批評家進行批評之始，首在求態度的公正客觀，而破除貴古賤今、崇己抑人、信偽迷真之蔽，才有公正客觀態度的可能，所以劉勰把他列在批評理論之首，實確有至理。至於時下的批評家，不是徇於情面，代作者廣告式的拉讀者，為作者賣書；就是基於對作者仇怨，肆意攻訐，根本就不夠格談文學批評，更不會有公正客觀的批評態度了。

　　正因為如此，才扼殺了時下文壇的批評活動，無以推進督導作者，教育讀者，而為文學創作的先導。所以要復興中華文化，使文學創作合於民主、倫理、科學的原則，一定要有無古今之蔽，無人我之蔽，無信偽迷真之蔽，無個人恩怨橫亙其間的真正文學批評家，進行公正客觀的批評，吹毛求疵，掃除黃色、黑色、灰色、反民主、反倫理、反科學的蕪穢作品，稱讚判斷，尋求發揚民主、倫理、科學精神的作品，得到適當的評估，確定他的價值，使作品菁英畢出，則文壇方有去雲霧而青天見、去稗秕而嘉禾生的一日。

六、論文學批評的原則

　　文學批評家具有文學批評的素養和公正客觀的態度，然而未把握住批評的原則，則批評的結果亦難期於公正得當，因為才情秀出的作家，已經把你帶入他所營造的境界裏，使你「禮義之悅我心，如芻豢之悅我口」，目迷五色，耳溺八音，有無從著手批評之感。「不識廬山真面目，只緣身在此山中」，如何能超出象外，解除作者移情易志的影響，而得其環中，以求得作品的菁英蕪穢之處呢？更有進者，批評家不止裁判一人一家之作，而是要裁判眾多作者的作品，如果沒有批評的原則，又如何能求得比較判斷的公允呢？何以發現作者的同異是非呢？所以目前的文壇沒有傑出的批評家，除了學養和公正客觀的態度外，未能把握批評的原則，當是一個重要的因素。劉勰在他的〈知音〉篇中，標出了批評的原則，他說：「將閱情文，先標六觀，一觀位體，二觀置辭，三觀通變，四觀奇正，五觀事義，六觀宮商，斯術既形，則優劣見矣。」他的六觀沒有進一步的說明，但是主張由確立批評的原則，作品才有優劣立見的可能，已可確見。特綜輯全書，將他的六觀，撮述於後，以供批評家建立批評原則的參考。

　　一觀位體：劉勰所謂的位體，即是指作者的情志，發而為作品時，是否情志與作

品的體裁相稱，因為文各有體，情志的表達，與作品的文體配合與否，是作者首應注意的事，同是一個主題，有的宜於用詩歌，有的宜於用散文，有的宜於用小說，有的宜用戲劇的體裁。甚至同是用小說的體裁，有的適合長篇，有的適用中篇，有的只可用短篇，如人之裁衣，務使修短合度。劉勰在〈定勢〉篇中云：「夫情致異區，文變殊術，莫不因情立體，即體成勢也。」在〈鎔裁〉篇中云：「情理設位，文采行乎其中。」〈通變〉篇云：「夫設文之體有常，變文之數無方。」〈體性〉篇云：「夫情動而言形，理發而文見。」即謂以作品的情志所托的主題，來決定表達的文體，表達的文體與主題是否相當。文題決定之後，表達的形式是否與文體的創造法則相合，內容與段落是否相當，是創作上的首要問題，也是批評家第一個衡量作品的原則。雖然文體有古今之分，體式有雅鄭之異，但作者在適用上，不外沿古而為制，和就今而變古的二途，如現在詩人在吟詠五七言絕句或律詩時，都遵守著古代的體制，就是沿古而為制。另如現代的小說，不同於元明清的章回體；元明清的章回體，不同於宋代的平話；宋代的平話，不同於唐代的傳奇，就是就今變古的例子。只是現代外來的小說、詩歌、戲劇，影響了文壇，增加了文體變易的幅度，就作者來說，是增多了表達情志的文體；就批評家來說，是增加了批評家的負擔，要評斷這就今變古，就外來而改變傳統的文體，是否橘變為枳，合不合於我們的文字表達形式。劉勰曾就沿古而為制，就今而變古的二方面，提出了他的意見，並以裁判作者，他在〈頌贊〉篇中說：「〈時邁〉一篇，周公所制，哲人之頌，規式存焉。」〈宗經〉篇云：「文能宗經……則體約而不蕪。」認為文體有不可變的部分，〈頌讚〉篇云：「晉輿之稱原田，魯民之刺裘鞞，直言不詠，短辭以諷，邱明子高，並諜為誦，斯則野誦之變體，浸被乎人事矣。」以野老民謠不合韻律的誦，比之於「美盛德而述形容」的頌體詩，當然是一種以今變古的文體。雖然文有因革，體有異變，但要宜於情志之表達，為大部分人所接受，不然就會失體成怪，成為四不象。劉勰並以這個原則，去衡量作者，裁判作品，他在〈頌讚〉篇中云：「至於班傅之〈北征〉、〈西巡（征）〉，變為序引，豈不褒過而謬體哉。」將頌讚變體為賦之序引，實非所宜，又〈哀弔〉篇云：「崔瑗哀辭，始變前式，然履突鬼門，怪而不辭。」均認為變體訛誤，是為大失。所以依作者的情志，辨作品的位體，為批評家首要之事。

二觀置辭：所有的文學作品，都是以文字為表達工具，連字成詞，連字連詞成句，

連句成章，連章成篇，將作者的情志，完全表達出來。作者的才華成就，大部分萃會於此，所以批評家不可不由此以觀作者所表達的是什麼，更不能不在置辭上來觀其成敗。所謂置辭包括了，一是用字的正確與否。二是修辭的成就如何。三是文句的位置如何。劉勰論文辭與作品的關係，他在〈神思〉篇云：「是以意授於思，言授於意。」文辭是決定於情志，而用以表達情志的。用字的正確，為作品成敗之所繫，他在〈練字〉篇云：「夫文象列而結繩移，鳥跡明而書契作，斯乃言語之體貌，而文章之宅宇也。」指出用字為文章所托寄的宅字。〈章句〉篇又云：「夫人之立言，因字而生句，積句而成章，積章而成篇，篇之彪炳，章無疵也，章之明靡，句無玷也，句之清英，字不妄也，振本而末從，知一而萬畢矣。」可見用字之重要性。今天的作者，大多文意不顯，句不清英，都是不能了解字義之故，因為我國的字，有構造之時的本義，有運用後的引申義，有同音相借的假借義，不識字不明此理而執筆寫作，訛誤自多。

　　劉勰〈練字〉篇云：「夫義訓古今，興廢殊用，字形單複，妍媸異體，心既托聲於言，言亦寄形於字，諷誦則績在宮商，臨文則能歸字形矣。」不但舉出了用字要注重古義今義，而且注重字形的配合得當。當然「一字詭異，則群句震驚」的情況是不容許存在的。連字成辭成句，用字準確，是創作的必具條件，並非惟一的條件，因為作品不是作者情志的消極的紀錄，而是積極的摹繪、表達，講求修飾的技巧，所以劉勰不說觀置字而說觀置辭，蓋謂置辭在講求積極的修飾，使辭采生動綺麗，為作品之必具條件。劉勰〈情采〉篇云：「夫鉛黛所以飾容，而盼倩生於淑姿，文采所以飾言，而辯麗本於情性，故情者文之經，辭者理之緯，經正而後緯成，理定而後辭暢，此立文之本然也。」但是文辭的修飾，在以足意而不可礙意，在文質相待的相對關係下而進行修飾。〈情采〉篇云：「夫水性虛而淪漪結，木體實而花萼振，文附質也。虎豹無文，則鞟同犬羊，犀兕有皮，而色資丹漆，質待文也。」其要求標準則為使「文不滅質，博不溺心」。當然這是作者的創作法則，也是批評者觀置辭的衡量標準。用字準確，修辭得當，再應論究的，就是「文貴有序」，章句的安排是否得當，除了察看作品是否連字連辭成句，沒有文法語法的錯誤外，一方面要看作品是否句句相連，能夠控制引出作者的情志；另一方面要看章節是否分明，內容是否分配得宜，前後是不是有照應。劉勰〈章句〉篇中，首先標出章句的重要：「夫設情有宅，置言有位，宅情曰章，位言曰句。」又標出了練句分章的準則，〈章句〉篇云：「句司數字，待相

接以為用；章總一義，須意窮而成體，其控引情理，送迎會際，譬舞容廻環，而有綴兆之位；歌聲靡曼，而有抗墜之節也。」如跳舞位置的和諧，歌聲高低不失節拍，方可進一步求句句如抽繭出絲，章章首尾相銜應。〈章句〉篇云：「章句在篇，如繭之抽緒，原始要終，體必鱗次，啟行之辭，逆萌中篇之意；絕筆之言，追媵前句之旨，故能外文綺交，內義脈注，跗萼相銜，首尾一體，……是以搜句忌於顛倒，裁章貴於順序。」由練字、修辭、置辭，安句以批評作品的文字表現技巧，當不會再有偏失了。劉勰並以此裁判作者作品，〈辨騷〉篇云：「文辭麗雅，為詞賦之宗，雖非明哲，可謂妙才。」〈誄碑〉篇云：「觀〈楊賜〉之碑，骨鯁訓典，〈陳〉、〈郭〉二文，詞無擇言，〈周〉、〈胡〉眾碑，莫非清允，其敘事也該而要，其綴采也雅而澤，清詞轉而不窮，巧義出而卓立。」〈雜文〉篇云：「及枚乘摛豔，首制〈七發〉，腴辭雲構，夸麗風駭。」又云：「張衡〈七辨〉，結采綿靡。」〈詔策〉篇云：「諸葛孔明之詳約，庾稚恭之明斷，並理得而辭中，教之善也。」〈體性〉篇云：「文潔而體清，理侈而辭溢。」〈時序〉篇云：「簡文勃興，淵乎清峻。」〈才略〉篇云：「王褒構采，以密巧為致，附聲測貌，泠然可觀。」又云：「張華短章，奕奕清暢。」皆就置辭，以裁判作家作品。

三觀通變：文體有常有變，風格韻味，代有不同，因為作品有可變之道，有不可變之理。文貴有體，承受前代的遺產，應加沿用，但是因時空不同，生活方式互異，所以可因革承變，故文有可變之道，尤其是風格韻味，雖可受前代作家的影響，但多在隨作者的才性而創出，故由通求變，方可創造作者作品獨特的風格韻味，劉勰〈通變〉篇云：「夫設文之體有常，變文之數無方，凡詩賦書記，名理相因，此有常之體也；文辭氣力，通變則久，此無方之數也。」指出了文體有常，而風格多變，但是文體並不是不變，〈詮賦〉篇云：「賦者受命於詩人，而拓宇於楚辭。」〈宗經〉篇云：「故論說辭序，則《易》統其首；詔策章奏，則《書》發其源；賦頌歌讚，則《詩》立其本；銘誄箴祝，《禮》總其端；紀傳銘檄，則《春秋》為根。」均是言文體的源流衍變，異代相關。〈通變〉篇云：「暨楚之騷文，矩式周人；漢之賦頌，影寫楚世；魏之策制，顧慕漢風；晉之辭章，瞻望魏采。」〈時序〉篇云：「時運交移，質文代變……故知歌謠文理，與世推移，風動於上而波震於下。」〈物色〉篇云：「古來辭人，異代接武，莫不參伍以相變，因革以為功。」皆指出作者的風格韻味，受前代的

影響，劉勰所以不說是創新而說是通變，就是曉然於文體風格的沿襲性，和因時為制，因作者的才性而創出不同風格的變化性。通則不失每一民族國家的特性，變則不使作品陳陳相因，雷同一響，所以劉勰在〈通變〉篇讚語云：「文律運周，日新其業。變則可久，通則不乏。」顧炎武最得此意，他說：「詩文之所以代變，有不得不變者，一代之文，沿襲已久，不容人人皆道此語，且千百年矣，而猶取古人之陳言，一一而摹仿之，以是為詩可乎？故不似則失其所以為詩，似則失其所以為我。李杜之詩，所以獨高於唐人者，以其未嘗不似，而未嘗似也。」未嘗不似指作品之體，未嘗似者指風格之變，所以無論在文體上、風格上，應守著沿古而不泥古，用今而取法於古的原則。〈通變〉篇云：「名理有常，體必資於故實；通變無方，數必酌於新聲。」又云：「望今制奇，參古定法。」又云：「參伍因革，通變之數也。」這樣才新變而不致於訛濫，沿襲而不致於陳舊。受他人的影響而不致形貌皆似他人而失其所以為我，作品才可出入古今百家，如〈事類〉篇所說：「用舊合機，不啻自其口出。……用人若己，古來無懵。」如果今日的作者，能把握這個原則，我們的新詩、戲劇、小說，當不致完全歐化，成為他人的附庸了。劉勰曾執通變的原則，以衡裁作者，故〈辨騷〉篇云：「觀其骨鯁所樹，肌膚所附，雖取鎔經義，亦自鑄偉辭……是以枚賈追風以入麗，馬揚沿波而得奇，其衣被詞人，非一代也，故高才者菀其鴻裁，中巧者獵其豔辭，吟諷者銜其山川，童蒙者拾其香草。」〈明詩〉篇云：「清典可味，雅有新聲。」〈哀弔〉篇云：「慮善辭變。」「體舊而趣新。」〈誄碑〉篇云：「潘岳構意，專師孝山，巧於序悲，易入新切。」又云：「孔融所創，有慕伯喈。」〈奏啟〉云：「後之彈事，弗相樹酌，唯新日用，而舊準弗差。」以上或言在文體上的繼承揚棄，或言在風格上的沿受變更。劉勰對於昧於通變的原則，求新得怪，掠竊他人之作的作者，大力抨擊。〈定勢〉篇云：「自近代辭人，率好詭巧，原其為體，訛勢所變，厭黷舊式，故穿鑿取新，察其訛意，似難而實無他術也，反正而已。」〈指瑕〉篇云：「近代辭人，率多猜忌，至乃比語求蚩，反音取瑕，雖不屑於古，而有擇於今焉。又製同他文，理宜刪革，若排人美辭，以為己力，寶玉大弓，終非其有，全寫則揭篋，傍採則探囊，然世遠者太輕，時同者為尤矣。」以上都是劉勰就作品的成敗，以裁判作品，批評家當不可昧於這一原則。

四觀奇正：兵法常說：「兵以正勝，以奇合。」作品的表現方法亦如此，作品如

果以堂堂之陣，建大將之旗鼓，部伍曲勒，皆有法度，完全從正面立論，平鋪直敘，主題明顯，義正詞嚴，此所謂以正勝。或如偏師趨敵，銜枚疾走，拔名城於午夜，襲敵將於寢帷，詭譎旁通而一語中的，奇峯突起而回照前文，或變動文體以別成一格，此所謂以奇合。作品在表現上完全用正，雖可收綿密流暢的效果，但是易流於呆板淺露，《荀子》一書就給我們這樣一個印象。如果完全用奇，自然有滿紙波譎雲變，含蘊耐味，引人入勝的功效，但是作品的主旨，反不明顯，讀《莊子》的文章，即有此感覺，用正用奇最恰當的，當推《孟子》一書，（時下一般作品，眾未周知，故舉此為例。）所以劉勰在〈定勢〉篇中云：「奇正相反，必兼解以俱通。」但是奇正之用，貴於得當，否則詭譎成怪，〈定勢〉篇云：「文反正為乏，辭反正為奇，效奇之法，必顛倒文句，上字而抑下，中辭而外出，回互不常，則新色耳。夫通衢夷坦，而多行捷徑者，趨近故也；正文明白，而常務反言者，適俗故也。然密會者以意新得巧，苟異者以失體成怪。」又云：「厭黷舊式，故穿鑿取新。」言文字上的以奇變正和體式的以奇取新。用不得當就會失體成怪，文壇上近代詩的作者，其所以爭議太多，外界的批評時起，多由於昧於通變，及奇正的運用不當。這種情形，已見於劉勰的時代，不過「於今為烈」罷了。〈定勢〉篇云：「舊練之才，則執正以御奇；新學之銳，則逐奇而失正，勢流不返，則文體遂弊。」這幾句話當可為我們重要的借鏡，當執正御奇，不可逐奇失正。劉勰並執此以判裁作家作品，〈宗經〉篇云：「義直而不回，文麗而不淫。」〈史傳〉篇云：「審正得序。」〈論說〉篇云：「言不持正，論其如已。」〈雜文〉云：「崔瑗〈七厲〉，植義純正。」皆以用正為斷。〈辨騷〉篇云：「〈遠遊〉、〈天問〉，瓌詭而惠巧。」〈明詩〉篇云：「獨立不懼，辭譎義貞，亦魏之遺直也。」〈詮賦〉云：「宋發巧談，實始淫麗。」〈史傳〉云：「袁張所制，偏駁不倫。」〈諸子〉云：「徒銳偏解，莫詣正理。」〈養氣〉篇云：「漢代枝詐，攻奇飾說。」〈序志〉云：「辭人愛奇，言貴浮詭。」皆就好奇太過為評。〈雜文〉篇云：「始邪末正，所以戒膏粱之子也。」又云：「始之以淫侈而終之以居正。」〈諧讔〉篇云：「子長編史，列傳〈滑稽〉，以其辭雖傾回，意歸義正也，」皆就奇正之兼通得失以立論。

　　五觀事義：作品在表達作者的情志，但情志的表達，必涉及實際的事義，所謂事即是作品所採用的資料，前人的故典或成語，近代的生活實況，用事的標準，當求其可信，求其勿誤用，勿濫用，義一是指引用他人所發現之義理，一是指作品的立意，

用義當求其可信與得當。立意當求其合乎真善，這是劉勰所揭出的事義的意思。劉勰〈事類〉篇云：「事類者，蓋文章之外，據事以類義，援古以證今者也。」又云：「明理引乎成辭，徵義舉乎人事。」作者發為作品，所引事義之高下，在於才與學，〈事類〉篇云：「有學飽而才餒，有才富而學貧，學貧者迍邅於事義，才餒者劬勞於辭情。此內外之殊分也。」事義的明析，才華的增益，全在於博學，故劉勰主張因學以益才，因學以助創作。事類篇云：「文章由學，能在天資，才自內發，學以外成，……是以屬意立文，心與筆謀，才為盟主，學為輔佐，主佐合德，文采必霸，才學褊狹，雖美少功。」〈神思〉篇云：「積學以儲寶，酌理以富才。」作者的作品，是有廣博的學識，高超的意境，若批評家識聞有限，見理不瑩，則有信偽迷真的危險，對作品認識錯誤尚在不免，何足以批評作者作品呢？作者因「引事乖謬，雖千載而為瑕」，批評家也茫然無知，隨聲附和，曲成其非，何貴有此批評家呢？所以批評家必綜學貴博，見識過人，作者必才學識兼修，這也是偉大的作者不常有，而偉大的批評家更不常有的原因所在。劉勰所謂事義的義，另外尚涵有立意的意思，作品以立意為主，作品的成敗高下，多因此而定，批評家當然不可棄而不論。所以他的觀事義之義，即謂觀作者作品的立意。劉勰認為文原於道，他的所謂道是包括了所謂自然之道和人文之道的雙重意思在內，〈原道〉篇云：「文之為德也大矣，與天地並生者何哉？……心生而言立，言立而文明，自然之道也。」又云：「雲霞雕色，有踰畫工之妙；草木賁華，無待錦匠之奇，夫豈外飾，蓋自然耳。」言文原於自然之道，當然人為自然動植物中之一，可是卻有其獨特性，即稟自然之道，加以發揚，創造了文化，而產生了人文之道。

是以〈宗經〉篇云：「經也者，恒久之至道，不刊之鴻教也，故象天地、效鬼神、參物序、制人紀，洞性靈之奧區，極文章之骨髓者也。」即闡明人文之道原於自然之道的深意，所以作品立意，原於道，跨入自然與人文的兩個範疇，所以〈原道〉篇云：「素王述訓，莫不原道心以敷章……觀天文以極變，察人文以成化，然後能經緯區宇、彌綸彝憲，發輝事業，彪炳辭義，故知道沿聖以垂文，聖因文而明道。」紀昀評〈原道〉篇云：「文以載道，明其當然；文原於道，明其本然。」劉勰之所謂道，大與唐宋以後文以載道，使文學成為學術思想之附庸之道有別，他認為文學受經學、受哲理的影響，但不是經學或哲理的附庸，〈徵聖〉篇云：「徵之周孔，則文有師矣。」認

為經學於文學有「太山徧雨，河潤千里」的影響。又云：「若稟經以製式，酌雅以富言，是仰山而鑄銅，煑海而為鹽。」則視經學亦創作之資料。文學受時代、受政治的影響，但是非純局限於當時的時代環境，也不是政治的工具（當然政治可以以文學為工具）。〈時序〉篇論東漢順、桓之際的文學云：「然中興之後，群才稍改前轍，華實所附，斟酌經辭，蓋歷政講聚，故漸靡儒風者也。」說明光武中興以後，提倡儒學，對文壇的影響，論建安文學云：「觀其時文，雅好慷慨，良由世積亂離，風衰俗怨，並志深而筆長，故梗概而多氣也。」所以劉勰得了一個「文變染乎世情，興廢繫乎時序」的結論。他的所謂世情，是包括了時代風尚與政治影響在內的。但是劉勰的主張是反唯美文學的為藝術而藝術，為表達而表達的。他主張文章要文質齊觀，內容與辭采並重，〈情采〉一篇均在發揮文附質、質待文的主張，他所謂觀義，就是要看文章的內容即文章的立意，他在〈附會〉篇云：「夫才量學文，宜正體製，必以情志為神明，事義為骨髓。」就是指立意而言。立意要合乎真善的原則。〈徵聖〉篇云：「志足而言文，情信而辭巧。」〈宗經〉篇云：「義既極乎性情，辭亦匠於文理。」〈辯騷〉篇云：「〈國風〉好色而不淫，〈小雅〉怨誹而不亂，若〈離騷〉者，可謂兼之矣，蟬蛻穢濁之中，浮游塵埃之外，皭然涅而不緇，雖與日月爭光可也。」〈明詩〉篇云：「是以在心為志，發言為詩，舒文載實，其在茲乎……三百之蔽，義歸無邪。」又曰：「宛轉附物，怊悵切情。」〈情采〉篇云：「昔《詩》人篇什，為情而造文；辭人賦頌，為文而造情……故為情者要約而寫真，為文者淫麗而煩濫。」均謂作品立意必合乎真善。由此可知劉勰所謂五觀事義，是包括了觀作品之用事用典及作品立意與內容而為評的，所以他在〈事類〉篇評劉劭〈趙都賦〉云：「『公子之客，叱勁楚令歃盟；管庫隸臣，呵強秦使鼓缶。』用事如此，可謂理得而義要矣。」評曹植〈報孔璋書〉云：「『葛天氏之樂，千人唱，萬人和。』聽者因以蔑詔夏矣，此引事之實謬也，按葛天之歌，唱和三人而已。」他認為「引事乖謬，雖千載而為瑕。」均是就作者引用資料的正誤為評。〈明詩〉篇云：「乃正始明道，詩雜仙心，何晏之徒，率多浮淺，唯嵇志清峻，阮旨遙深，故能標焉，若乃應璩〈百一〉，獨立不懼，辭譎義貞，亦魏之遺直也。」〈樂府〉篇云：「魏之三祖，……志不出於淫蕩，辭不離於哀思。」〈詮賦〉篇云：「景純綺巧，縟理有餘；彥伯梗概，情韻不匱。」〈才略〉篇評樂毅〈報燕惠王書〉云：「樂毅報書辨以義。」評司馬相如之賦云：「理不勝辭。」評揚子雲之賦

云：「理贍而辭堅。」均是就文章的立意，文章的內容而置評的。由以上的闡述徵引，可以見劉勰觀事義的意思所在了。

六觀宮商：作品的欣賞不但由文字為媒介，透過視覺而傳達於腦神經，更以聲音為媒介，經過聽覺而入耳注心。有韻的詩歌，固不用說，即使是一般的小說、散文、戲劇，也無不求其兼備「聲」「色」之美。所以劉勰〈聲律〉篇云：「聲不失序，音以律文。」〈練字〉篇云：「心既托聲於言，言亦寄形於字，諷誦則績在宮商，臨文則能歸字形矣。」作品不但求其可看，應進而求其可讀，更應進而求其可吟誦，所以桐城派的古文家，視因聲求氣為他們創作的的法門。曾國藩說：「朗誦以暢其氣，低吟以玩其義。」與劉勰的觀念，正相吻合。劉勰的聲律，是指有形的平仄押韻，與無形語氣、語調的自然旋律為言的。〈聲律〉篇云：「聲有飛沈，響有雙疊」。而「雙聲隔字而每舛者」，指雙聲的二個辭彙，如流連、蕭瑟等不得隔字而形成乖誤；「疊韻雜句而必睽，沉則響發而斷，飛則聲颺不還，並轆轤交往，逆鱗相比。」音有飛沉指字之平聲仄聲，響有雙疊指押韻的韻腳。平仄要一飛一沉，如轆轤的交往，韻要隔句相疊，似逆鱗之相比。這是指有形的韻律。〈聲律〉篇云：「左礙而尋右，末滯而討前，則聲轉於吻，玲玲如振玉；辭靡於耳，纍纍如貫珠矣……氣力窮於和韻，異音相從謂之和，同聲相應謂之韻，韻氣一定，故餘聲易遣，和體抑揚，故遺響難契，屬筆易巧，選和至難，綴文難精，而作韻甚易。」他的所謂異音相從謂之和，包括了平仄的相協，更包括了語氣語調的自然旋律的協和在內，所以才說「和體抑揚」，「選和至難」。才說若「長風之過籟。」這是劉勰音律論的具體主張，他常以此而裁判作者作品在聲律上的得失，〈聲律〉篇云：「陳思、潘岳，吹籥之調也。陸機、左思，瑟柱之和也。」〈章句〉篇云：「賈誼、枚乘，兩韻輒易；劉歆、桓譚，百句不遷，亦各有其志也。」又云：「兩韻輒易，則聲韻微躁；百句不遷，則唇吻告勞。」又云：「四字密而不促，六字裕（原本作格，從黃季剛先生校作「裕」）而非緩，或變之以三五，蓋應機之權節也。」〈樂府〉篇云：「延年以曼聲協律。」又云：「至於魏之三祖，氣爽才麗，宰割辭調，音靡節平。」又云：「杜夔調律，音節舒雅；荀勖改懸，聲節哀急。」又云：「觀高祖之詠〈大風〉，武帝之嘆來遲，歌童被聲，莫敢不協。」〈詮賦〉篇云：「彥伯梗概，情韻不匱。」均就有形之韻律，無形之韻律之得失而為評。因為作品不講求諷誦的音律績效，就會成為「蕪聲累氣」，如說話有口吃病一樣，成

為「文家之吃」。作者和批評家，豈可不措意於此？

以上是劉勰批評論六觀的大要。揭出了著手觀文評文的六大原則，可說是千載不移之論，筆者由他的文體論，創作論中，按意刺取，並非強作解人，而是創作理論和批評理論本是一體之兩面，僅立場不同而已，證之劉勰論創作的三準和四要，尤可得到明證。〈鎔裁〉篇云：「是以草創鴻筆，先標三準，履端於始，則設情以位體；舉正於中，則酌事以取類；歸餘於終，則撮辭以舉要。」〈附會〉篇云：「必以情志為神明，事義為骨髓，辭采為肌膚，宮商為聲氣。」一就寫作時過程言，一就「總文理，統首尾，定與奪」的貫通全局言，均與六觀之批評原則，毫不背馳。因為廣義的文學批評是由狹義的文學裁判，引伸至文學裁判的理論及文學的理論，已非前文所引蓋雷和司各脫的狹義的文學批評，所能涵蓋。上述六觀的內容，就是求知作者作品如何好、如何壞，為何好、為何壞，怎樣好、怎樣壞的觀察原則。

六、劉勰運用的批評方法

近來談文學批評者，多依據英人森士巴力（Saintsbury）的《文學批評史》，將批評方法分為十三類：主觀的、客觀的、歸納的、演繹的、科學的、判斷的、歷史的、考證的、比較的、道德的、印象的、賞鑑的、審美的批語方法，由這十三種方法的運用，而有十三種的文學批評。可是遠在南朝時的劉勰，在《文心雕龍》一書中，這些方法大部都用過了，這些批評的事實，都發生過了。只是未標舉這些名稱而已。

所謂主觀的批評，即是透過批評家主觀的照察，根據自己的才識及經驗，以裁判作家作品，往往能發人之所未發，但是也可能裁判錯誤，「蔽於一曲而闇於大理。」劉勰〈宗經〉篇云：「故論說辭序，則《易》統其首；詔策章奏，則《書》發其源；賦頌歌贊，則《詩》立其本；銘誄箴祝，則《禮》總其端；紀傳銘檄，則《春秋》為根。」他主觀地認判文體沿於經，後章學誠「文體備於戰國，承其流而代變其體。」似亦從此導出。又〈明詩〉篇云：「詩者持也，持人情性。」界說大異前人，都是他主觀批評方法的運用。

所謂客觀的批評，即基於客觀的事實，加以論斷。不存主觀的成見。劉勰論批評的三蔽──貴古賤今，崇己抑人，信偽迷真，即是從客觀批評而著眼的，〈辨騷〉篇

云：「觀其骨鯁所樹，肌膚所附，雖取鎔經意，然亦自鑄偉詞。」即是根據《楚辭》
的內容而為客觀的批評的，在同篇中，他指出了那些合經合傳之處，可為明證。

所謂歸納的批評，一方面是指就創造的法則原理，歸納而得批評的理論，或歸納
批評的理論，而得出批評的原則，他的三準六觀，即是歸納所得，另一方面是就作家
作品所陳現的事實，加以歸納，得出批評的結論，例如他在〈宗經〉篇，認為作者作
品，都受五經的影響，〈宗經〉篇云：「並窮高以樹表，極遠以啟疆，所以百家騰躍，
終入環內者也。」他是根據「子政論文，必徵於聖；稚圭勸學，必宗於經」，「經也
者，恒久之至道，不刊之鴻教……洞性靈之奧區，極文章之骨髓」，「於是《易》張
十翼，《書》標七觀，《詩》列四始，《禮》正五經，《春秋》五例，義既極乎性情，
辭亦匠於文理」的種種事實，而得百家騰躍，終入環內的批評結論。

所謂演繹的批評，即是根據客觀的或一定的原理原則，以裁判眾多的作家作品，
劉勰一方面先確立了原道、徵聖、宗經的理論系統，來裁判作家作品，構成了全書的
體系，亦依此而發為批評，這種批評的事實，全書多見。另一方面根據某文學作品的
風格，來裁判作家，〈辨騷〉篇云：「是以枚賈追風以入麗，馬揚沿波而得奇，其衣
被詞人，非一代也，……。」就是以騷賦的風格及作品的成就為準則，以裁判後來的
作家作品的。

所謂科學的批評，就是根據條理、證據，以進行文學裁判。劉勰在〈正緯〉篇以
條理、證據的方法，闡明緯書之偽，並裁定受此怪誕思想影響的作品的謬誤。〈正緯〉
篇云：「按經驗緯，其偽有四。蓋緯之成經，其猶織綜……今經正緯奇，倍摘千里，
其偽一矣。經顯聖訓也，緯隱神教也，聖訓宜廣，神教宜約，今緯多於經，神理更繁，
其偽二也。有命自天，迺稱符讖，而八十一篇，皆託於孔子，則是堯造綠圖，昌制丹
書，其偽三矣。商周以後，圖籙頻見，春秋之末，群經方備，先緯後經，體乖織綜，
其偽四矣。」又云：「於是伎術之士，附以詭術，或說陰陽，或序災異，若鳥鳴似語，
蟲葉成字，篇條滋蔓，必假孔氏，通儒討覈，謂起哀平，東序祕寶，朱紫亂矣。至於
光武之世，學者比肩，沛獻集緯以通經，曹褒撰讖以定禮，乖道謬典，亦已甚矣。」
緯書現已不傳，但從劉勰的批評中，可以看出他是以科學的條理，證據的方法，確定
其妄偽，裁定為乖道謬典的。

所謂歷史的批評，就是以歷史的方法，用之於文學批評。劉勰在〈序志〉篇，說

明了他每篇寫作的條例，他說：「原始以表末，釋名以章義，選文以定篇，敷理以舉統，上篇以上，綱領明矣。」所謂原始以表末，即是他論究每一文體時，必述其起源、發展、興盛、流變的經過，主要作家作品的成就。他又確認每一時代的作家作品，必受當代時代背景的影響，作品必具有共同的風格，他在〈時序〉篇評漢代文學云：「大抵所歸，祖述《楚辭》，靈均餘影，於是乎在。」「觀其時文，雅好慷慨。」評正始文學云：「正始餘風，篇體輕澹。」評西晉文學云：「並結藻清英，流韻綺靡。」評東晉文學云：「世極迍邅，而辭意夷泰，詩必柱下之旨歸，賦乃漆園之義疏。」均是以歷史的觀念和法則為評的。

所謂考證的批評，是指對作者的研考，作品的辨證，劉勰在作品真偽的辨證方面，所表現的較少，因為他採取了駢文作為表達的形式，不宜於考證，對作者的研考，也只是概念式的提出，想亦是受了這種文體的限制，〈知音〉篇指出了「史遷著書，咨東方朔」的謬誤。〈才略〉一篇，則全是對作者概念式的研評。

所謂比較的批評，即是採用比較的方法，或以作品與作品相比較，或以作者與作者相比較，或以前人比評的結果相比較。〈古詩十九首〉的作者問題，傳說各異，劉勰就是從作品風格的比較上確定為兩漢之作的。〈明詩〉篇云：「古詩佳麗，或稱枚叔，其〈孤竹〉一篇，則傅毅之詞，比采而推，兩漢之作乎。」他將古詩比較的結果，得了一個「婉轉附物，怊悵切情」的結論。在文學批評家的心目中，曹氏兄弟，曹植高於曹丕，劉勰加以比較的結果，認為並非定論。〈才略〉篇云：「魏文之才，洋洋清綺，舊談抑之，謂去植千里。然子建思捷而才儁，詩麗而表逸，子桓慮詳而力緩，故不競於先鳴，而樂府清越，《典論》辯要，迭用短長，亦無懵然，但俗情抑揚，雷同一響，遂令文帝以位尊減才，思王以勢窘益價，未為篤論也。」即是就作者相互此較而置評的。〈辨騷〉一篇，引述漢人劉安、班固、王逸、漢宣帝、揚雄不同的批評結果，加以比較，劉勰認為他們「褒貶任聲，抑揚過實。」他認為《楚辭》有誇誕的一面，也有合經傳的一面，得了「雖取鎔經意，亦自鑄偉詞」的結論。都是比較方法的運用。

至於判斷的批評，是包括了瑕疵的指摘，美好的頌揚，應歸之於批評的行進過程之中，道德的判斷，可歸於批評家的立場一類中，劉勰皆有基於這些方法而產生的評論。又印象的批評、賞鑑的批評、審美的批評，全書亦間見，不再贅引。由上所述，

可見劉勰所用的批評方法，幾乎包括了現代批評家所標舉的方法，只是條理欠密，批評的過程和批評所據的資料沒有披露，致影響了他的成就，和減低了後人對他應有的評估。尤其是他落在六朝駢文的套式中，使後人對他的理論不易加以明確的界定，《文心雕龍》一書，雖在流行，他完整的批評理論，卻湮沒不彰，實在是批評家和文壇的損失。

近代的文學批評，就批評的進行，進行的過程及其結果，分成了幾大部分：第一是批評的前提，其中包括了文字的解釋，文意的撮述，作家的研考，作品的辨證。第二是批評的進行，包括了瑕疵的指陳，美好的頌揚，以達成價值判斷的裁判作用。這兩部分是狹義的文學批評，也就是通常所說的文學裁判，蓋雷和司各脫所指陳的：文學批評一詞，在歷來應用時所包含的五點意義，完全概括在內，《昭明文選》以選家兼批評家的時代，已做到了。劉勰的文學批評，已超越這一狹隘的範疇。第三是批評立場，包括尚文的立場，內含唯美的、唯情的、唯真的立場；尚用的立場，包括社會的、政治的、倫理的立場。而劉勰在尚文的立場上，是主張文質齊觀，在尚用的立場上，又有傾向於倫理的批評傾向，可以說採取了執中不偏的超出立場。第四是著手批評的原則，一般的批評家，都忽略了這一點，只注意了批評方法的運用，結果是得一忘一，不能面面俱觀。所以我們要特別注意劉勰的六觀，作為著手批評的原則，批評才不致落空，才不致偏失。第五是批評的方法，森士巴力的十三種方法，劉勰差不多已運用過，而且是綜合的運用，非存心細究，不易發現，應該參究運用。第六是批評錯誤的避免，本應列在批評進行之前，歸入批評家的修養一項，劉勰的批評三弊，引申論述，已足以避免批評的錯誤了。第七是批評的批評，包括了錯誤的駁正，允當的稱述，劉勰全書，這兩部分的成就很大，所以張日斑的《尊西詩話》，稱其能「折衷群言，究其指歸。」章學誠《文史通義》稱其：「或偶舉精字善句。或評品全篇得失，令觀之者得意文中，會心言外。」充分說明了他在批評中的批評上的成就。第八是批評的建設，所謂批評的建設，在內容上要確立正確的文學觀念，以鞭督作者，教育讀者，在形式上是要探究文學的創作方法，以啟導作者，開悟讀者，並為批評家提供批評理論。劉勰的《文心雕龍》在這一方面的成就最大，前二十五篇，多為「論文敘筆之文體論，但各體創作之法式存乎其中，在選文定篇之時，即對作者作品進行文學裁判，後二十五篇乃剖情析采，專究作品的創作與批評理論。章學誠「體大而慮週」的

批評，確實當之無愧。所以不論從文學批評的某一角度探討，或從文學批評的整體究論，《文心雕龍》都是完美的，超出的傑作。我們要使文壇的活動在正確的文學批評為先導的活動下，不使作品「訛濫」，不崇洋媚外，不使中國的文壇詩壇成為歐美的附庸，不使色情的、頹廢的、怪誕的、虛無主義的內容的作品，不能借為藝術而藝術和寫作自由的口號而大行於世，以上所述劉勰文學批評的法式及理論，足供批評家的采擇，作者的借鑑，使文學批評與創作臻於完美之境，使我們的文壇，振衰起敝，迷路知返。則文學中興之期，當可拭目以待。

（民國五十九年四月十日至十八日刊於《中央日報·副刊》）

拾伍、絕句的結構研究

一、前　言

　　古典詩是中國文學的主流，尤其自唐以後，開創了近體詩；包括律詩和絕句，二者又分五言、七言，於是形式規律有了一致性，完全排除了內容決定形式的創作原則，因為不論作五言絕句或七言絕句，都只有四句，而且只有平起和仄起的兩種基本規格，五言律詩和七言律詩亦不例外，只是由四句改為八句而已。可是自唐迄今，完全遵循這種形式和規格，雖然係以後詩人的「斂才就法」，可是近體詩係依中國文字的特性以及聲律之美，創造出極完美的形式，到了詩人不能廢、不忍廢的程度，如謝榛云：

　　近體誦之行雲流水，聽之金聲玉振，觀之明霞散綺，講之獨繭抽絲。詩有造物，
　　一句不工，則一篇不純，是造物不完也。……（明周子文《藝藪談宗》下）

　　近體詩「誦之行雲流水」，指字句的流暢之美；「聽之金聲玉振」，謂有音樂性、具聲律之美；「觀之明霞散綺」，乃就詞采和詩句的華麗而言；「講之獨繭抽絲」，言結構的嚴密而有組織。當然絕句、律詩都具有這四種美，但絕句尤甚。因為一首五言絕句只有二十個字，七言只有二十八個字，實在是詩中的「極短篇」，不但要具有上述的「四美」，而且在結構、句法、用字、音節等方面，不能有瑕疵，不止是「一句不工，則一篇不純」而已，因為在如此短篇之中，苟有瑕疵，不但損及上述的佳美，而且易為讀者所發現，所以《詩人玉屑》云：「五七字絕句，最少而難工，雖作家亦難得全好者。」即指此而言。

二、絕句的起源及得名

絕句的起源，最早的認為出於古樂府❶；亦有認為自五言古詩來者❷；實際絕句型式的出現，乃是魏晉六朝之際的短詩，陸時雍的《詩鏡總論》云：

> 晉人五言絕，愈俚愈趣，愈淺愈深。齊梁人得之，愈藻愈真，愈華愈潔，此皆神情妙會，行乎其間。唐人苦意索之，去之愈遠。

陸氏之論，未免太貶抑了唐人，而抬高了魏晉，魏晉人五絕、七絕之作，不但數量極少，而且與古詩、樂府相混雜，因為五言四句的樂府或古體詩，在形式上與五言絕句極難分別，例如張子壽的〈賦得自君之出矣〉，明明是出自樂府詩的「雜曲歌辭」，可是高步瀛的《唐宋詩舉要》卷八，卻選為五言絕句，李太白的〈靜夜思〉也是樂府體，所以郭茂倩的《樂府詩集》卷九十〈樂府新辭〉收錄了此詩。二詩的平仄韻腳，都不是絕句，可是後人多認為是五言絕句。

> 床前明月光，疑是地上霜。舉頭望明月，低頭思故鄉。（見高步瀛《唐宋詩舉要》卷八）

不但五言絕句無這種平仄規格平平平仄平，平仄仄仄平。平平仄平仄，仄平平仄平。而且三四句重用了二「頭」字，又嚴重地不合絕句的平仄規格，所以不是絕句，而後人誤以為絕句，而加以接受。王世貞的《藝苑卮言》云：

> 絕句者，一句一絕，起於四時詠：「春水滿四澤，夏雲多奇峯。秋月揚清輝，冬嶺秀孤松」是也。或以為淵明詩非。杜詩「兩個黃鸝鳴翠柳，一行白鷺上青天」實祖之。王維詩「柳條拂地不忍折，松柏梢雲從更長。藤花欲暗藏猱子，柏葉初齊養麝香。」宋六一翁亦有一首云：「夜涼吹笛千山月，路暗迷人百種

---

❶ 見宋犖《漫堂說詩》。宋犖云：「五言絕句，起自古樂府，至唐而盛。」王士禎亦有類似的主張，《師友詩傳續錄》云：「五言絕近於樂府。」

❷ 見王夫之《薑齋詩話》卷下：「五言絕句，自五言古詩來。」王士禎亦作此主張，其《師友詩傳續錄》云：「七言絕近於歌行。」

花。棋散不知人換世，酒闌無奈客思家。」皆此體也。樂府有打起黃鶯兒一首，
意連句圓，未嘗間斷，當參此意，便有神聖工巧。

　　王世禎舉出四時詠，以為絕句得名的例證，「一句一絕」，所以名之為絕句。「一
句一絕」，指一句有一完整而獨立的意義；同理四句有一完整而獨立的意義，亦可名
為絕句。而且「一句一絕」，為例極少，乃詩人遊戲之作，如四張不同的風景畫，嵌
在一個畫框裏，頂多不過如一張拼湊的圖畫而已，何足稱道？而且所舉的詩，平仄不
合唐以後七絕的規格，正如李白的〈靜夜思〉一樣，可見只是六朝時期的小詩，頂多
是絕句的先驅而已。

　　絕句得名，最普通的看法，是截絕律詩而來，因為絕句有四句皆對，應是截取律
詩中間二聯而成；有四句皆不對，乃截取首尾二聯；有前一聯不對而後一聯乃對句，
前一聯相對而後一聯不對，乃將律詩從中間分成前後二半之故。《詩法詳論》、《文
體明辨》、《陔餘叢考》，均作如是主張，施補華更舉例證說明之：

　　　五言絕句，截五言律詩之半也。有截前四句者，如「移舟泊煙渚，日暮客愁新，
　　　野曠天低樹，江清月近人」是也；有截後四句者，如「功蓋三分國，名成八陣
　　　圖。江流石不轉，遺恨失吞吳」是也；有截中四句者，如「白日依山盡，黃河
　　　入海流。欲窮千里目，更上一層樓」是也；有截前後四句者，「如山中相送罷，
　　　日暮掩柴扉。春草明年綠，王孫歸不歸」是也。七絕亦然。

似乎證據確鑿，言之成理。可是絕句的產生，先於律詩，故無此可能，王夫之云：

　　　此二體本在律詩之前，律詩從此出，演令充暢耳。有云絕句者，取律詩一半，
　　　或絕前四句，或絕後四句，或絕首尾各二句，或絕中兩聯。審爾，斷頭刖足為
　　　刑人而已。（《薑齋詩話》）

其言極為有理。然而何以在形式上如此相合？其原因在絕句之中，容許有對句，對句
納入絕句之中，加上可以不對，便只有此四種形式，後人有見於此，故有此截絕律詩
之說，也因為對句可以納入絕句之中，所以唐人也稱絕句為小律詩。

　　絕句何以稱「絕」？仍然不能確定。但可以明白地劃清界限的，絕句至唐，才依

其平仄、押韻的形式規格，和風神韻味，成為定體。如《峴傭說詩》所云：

> 謝朓以來，即有五言四句一體，然是小樂府，不是絕句。絕句斷自唐始。五絕
> 只二十字，最為難工，必語短意長，而聲不促，方為佳唱。若意盡言中，景盡
> 句中，皆不善也。

從有形的形式上分辨出唐人絕句不同於六朝詩人的小樂府，是平仄、押韻；從實
質內容上分辨，則「語短意長，而聲不促」，是一要訣，當然要細密地由唐人的絕句
結構和所顯示出的風格韻味，作進一步的追求，才能明其究竟。可惜的是唐人很多仿
六朝樂府詩的「小樂府」，也混合在五、七言絕句之中，混淆了二者的類別和界限，
增加了研究時的困難，惟有細心地從題目、平仄押韻、內容風格上加以研究分析，才
能如涇渭之能分，不致有混同一致的滲雜和混亂。

三、絕句的結構研究

絕句乃學習古典詩者的入門體裁，予人的感覺是似易而實難，似易者，以其字句
簡短，不必有海涵地負之才學，便可作成；實難者，除了平仄押韻有一定之規格外，
而且要有主題、有內容，求能一氣呵成，神味具佳，雖大家亦有所不足。王夫之論之
云：

> 況絕句只此數語，拆開作一俊語，豈複成詩？「百戰方夷項，三章且易秦。功
> 歸蕭相國，氣盡戚夫人。」恰似一漢高祖謎子，擲開成四片，全不關通。如此
> 作詩，所謂佛出世也救不得也。（《薑齋詩話》卷下）

對所舉的詩，大加苛責，除了在內容上是發議論、走說理的路線，引發不了情感上的
激動之外，便是句法鬆散，缺乏韻味。絕句難在字句簡短，而不能顯出局促枯窮；想
要以才學氣力，馳騁開闔，限於字句，亦所不能，而又不可無餘味、無內容意趣，王
夫之體會到這種困難認為絕句的創作，比律詩更難：

> 此體一以才情為主。言簡者最忌局促，局促者必有滯累。苟無滯累，又蕭索無

餘。非有紅爐點雪之襟宇，則方欲馳騁，忽爾蹇躓；意在矜莊，祇成疲苶，以
此求之，知率筆口占之難，倍於按律合轍也。（《薑齋詩話》卷下）

因為篇句簡短，表達時必然受到局限；但是要超出這種局限，以免於「滯累」，
而難於空靈超脫；免於「滯累」之後，又不能沒有內容和意味，而使人覺得「蕭索無
餘」；同時也不許馳騁才學，因為只有四句，必如馬之奔跑，方起步便已「蹇躓」；
也不能太過矜持莊正，會形成「疲苶」——疲乏無味的不良效果。前人於絕句之難，
大約已深知此理，故多有難於著手的慨歎，難有可供遵循的法訣。故云：

絕句之法，要婉曲回環，刪蕪就簡，句絕而意不絕。❸

絕句之源，出於樂府，貴有風人之致，其聲可歌，其趣在有意無意之間。❹

「打起黃鶯兒，莫教枝上啼。啼時驚妾夢，不得到遼西。」與「山中何所有，
嶺上多白雲。只可自怡悅，不堪持贈君」，不惟語意之高妙而已。其篇法圓緊，
中間增一字不得，著一意不得。起結自斬截，然中自舒緩，無餘法而有餘味。❺

左舜齊曰：「一句一意，意絕而氣貫，此絕句之法。一句一意，雖工亦下也。
兩句一意，不工亦上也。以工為主，勿以句論。趙韓所選唐人絕句，後兩句皆
一意。」舜齊之說，本於楊仲宏。❻

專尋好意，不理聲格，此中晚唐絕句所以病也。詩不待意，即景自成；意不待
尋，興情即是。王昌齡多意而多用之，李太白寡意而寡用之，昌齡得之椎練，
大白出於自然。然而昌齡之意象深矣。劉禹錫一往深情，寄言無限，隨物感興，
往往調笑而成。「南宮舊吏來相問，何處淹留白髮生？」「舊人惟有何戡在，

---

❸ 見楊載之《詩法家數》。
❹ 見徐禎卿之《藝圃擷餘》。
❺ 見王世貞之《藝苑巵言》。
❻ 見謝榛之《四溟詩話》。

更與殷勤唱渭城。」更有何意索得？此所以有水到渠成之說也。❼

論畫者曰：「咫尺有萬里之勢」，一勢字宜着眼，若不論勢，則縮萬里於咫尺，豈是廣輿記前一天下圖耳。五言絕句，以此為落想時第一義，惟唐人能得其妙。如「君家住何處？妾住在橫塘。停船暫借問，或恐是同鄉。」墨氣所射，四表無窮，無字處皆其意也。李獻吉詩「浩浩長江水，黃州若個邊？岸向山一轉，船到堞樓前。」固自不失此味。❽

唐人絕句，太白、龍標外，人各擅能。有一口直述，絕無含蓄轉折，自然入妙，如「昔年今日此門中，人面桃花相映紅。人面不知何處去，桃花依舊笑春風。」……此等著不得氣力學問，所謂詩家三昧，直讓唐人獨步。宋賢要入議論，著見解，力可拔山，去之彌遠。❾

五言絕句，起自古樂府，至唐而盛。……歷代佳什，往往而有，要之詞簡而味長，正難率易措手。❿

七言絕句，以語近情遙，含吐不露為主。只要眼前口頭語，而有絃外音，味外味，使人神遠，太白有焉。⓫

絕句取徑貴深曲，蓋意不可盡，以不盡盡之。正面不寫，寫反面；本面不寫，寫對面旁面；須如覩影知竿乃妙。⓬

以上所引乃歷代名家對絕句的論評，極具代表性：就形式而言，確認絕句的篇句簡短，難於以內容及立意見長，須語簡意深，或「咫尺有萬里之勢」；絕句貴在有寓托，有「弦外音」、「味外味」，「詞簡而味長」；絕句不能表現概念或理念，而以

---

❼　見陸時雍之《詩鏡總論》。
❽　見王夫之《薑齋詩話》卷下。
❾　見施閏章之《蠖齋詩話》。
❿　見宋犖之《漫堂說詩》。
⓫　見沈德潛之《說詩晬語》。
⓬　見劉融之《藝概》中之《詩概》。

形象思維為主，要求「即景自成」，如果「入議論，著見解，力可拔山，去之彌遠」；至於在結構上則有一句一意的，二句一意的，當然也有四句一意的；此外亦有以起承轉合而析論絕句的結構，如楊載云：

> 絕句之法，要婉曲回環，刪蕪就簡，句絕而意不絕。多以第三句為主，而第四句發之。有實接、有虛接，承接之間，開與闔相關，反與正相依，順與逆相應，一呼一吸，宮商自諧。大抵起承二句固難，然不過平直敘起為佳，從容承之為是。至於宛轉變化工夫，全在第三句。若如此轉變得好，則第四句如順流之舟矣。（見《詩法家數》）

雖然揭出了「婉曲回環，刪蕪就簡，句絕而意不絕」等原則，但實以起承轉合解說絕句的結構，第一句為起，第二句為承，第三句為轉，第四句為合。絕句實際上有與此「自然的法則」相合，但律詩的四聯亦復如此，以形成其結構。可是絕句極多一氣呵成，如「打起黃鶯兒」、「山中何所有」、「君家何處住」等詩，全無轉折之處；至於一句一意，或二句一意的，自亦不能以起承轉合為一定的結構，其理至明。

絕句的結構，所以異於其他詩作的，是太過簡短，只有四句，予人以極錯誤的印象，已無結構可言。事實上其結構的特殊，就在簡短的性質上，由於太過簡短，必須有大量的省略，不只是「刪蕪就簡」而已。趙執信《談龍錄》云：

> 錢塘洪昉思昇，久於新城之門矣。與余友。一日並在司寇宅論詩，昉思嫉時俗之無章也，曰：「詩如龍然，首尾爪角鱗鬣一不具，非龍也。」司寇哂之曰：「詩如神龍，見其首不見其尾，或雲中露一爪一鱗而已。安得全體？是雕塑繪畫者耳！」余曰：「神龍者屈伸變化，固無定體，恍惚望見者，第指其一鱗一爪，而龍之首尾完好，故宛然在也。若拘於所見，以為龍具在是，雕繪者反有辭矣。」昉思乃服。……

趙執信以畫龍為比喻，正是藉以說明詩的形式結構，尤以絕句為切貼。詩要有完整嚴密的形式和結構，正如畫龍一樣，要具備首尾爪角鱗鬣，不然則不像龍，人將不知畫的是龍，這是洪昇的見解；「新城」「司寇」指的是王士禛，他不以為然，認為詩不可全部表現出來，故如神龍之見首不見尾，或只是雲中露一爪一鱗而已，不能顯

龍的全體，否則不過是雕塑或繪畫的匠人；而趙執信認為：詩的形式，如神龍的變化無定，所能顯示的，雖然只是一鱗一爪，但是龍的首尾完好，宛然存在，只是被「影藏」了；絕句的結構，恰好如此，顯露出來的，或許是首是尾，甚至是一鱗一爪，但是完整的龍的形體，並非不存在，只是被省略了，如被雲霧所掩蓋，可是撥去雲霧之後，這省略了的部分，透過想像力的彌補，完全存在，例如孟浩然的〈春曉〉：

春眠不覺曉，處處聞啼鳥。夜來風雨聲，花落知多少？

以「春曉」為題，景物極多，可成為主題而入詩者極廣，而作者僅以啼鳥，風雨、落花等內容入詩，已合乎「刪蕪就簡」的「集中」原則；所用文字表達出來的，不過「春曉」的一鱗一爪，可是「春曉」的如神龍的全部形體結構並非不存在，只是加上了省略的手法，如雲遮霧蓋，掩去了這一部份，「春眠不覺曉，處處聞啼鳥」，省略了作者「春朝酣眠，是被陽光明豔中的鳥聲所吵醒」，根據下二句的夜來風雨聲，花落知多少」，可以知道「作者臨睡前的景象是風雨大作，面對醒後雀鳥噪晨的美景，有不能置信的感覺，疑幻疑真之餘，而有一探究竟的衝動；經過根據文字已表露的部份，想像被省略的事景，則其始末具備，故曰：「而龍之首尾完好，故宛然在也。」依照上述的分析，可以得出絕句基本的結構原─一是文字表達的部分，要絕對的清楚，不能因句短字少，而將很多的意義「壓縮」在一字、一詞，甚或一句之中，例如杜甫的「遺恨失吞吳」，是遺憾失去吞吳的機會；還是遺憾產生吞吳的過失；抑或以未吞滅吳國為恨事；便因意義不明，而引發後人的爭議，基本上是因句短字簡，字義欠明確之故。一是將省略的部分，可以因文句的表現，產生合理的聯想，形成「龍的首尾完好，故宛然在也」的效果，如果作者在全詩中根本不曾具有完整的龍形，當然也無法透過聯想得出「宛然在也」的龍形。明乎此則絕句的基本結構便可掌握了。

絕句在基本的形式上只有二聯，形成首尾，而缺乏腰腹，在結構上似乎有了嚴重的缺點，以元曲的結構觀念而論，文章或詞曲的結體，是要具有起頭、中腹、結尾的三大部分，所以有鳳頭、豬腹、豹尾的主張，而「豬腹」正是象徵中段的重要，可以由其容納應該有的內容，以表達所立的主題，而絕句在基本的形式上便確定了無中腹的可能，王世貞云：

> 絕句固自難，五言尤難，離首即尾，離尾即首，而要（腰）腹自不可少。妙在愈小而大，愈促而緩。吾嘗讀《維摩經》得此法，一丈室內，置恒河沙數諸天寶座，丈室不增，諸天不減。又一刹那定作六十小劫，須如是乃是。（《藝苑卮言》）

細味其言，方知其意，乃得絕句結構之法。絕句只有四句二聯，而且唐人以後，多係二句一聯，形成一意，如文章之一段。以文章的結構分析之，絕句僅有二聯，只有首尾的二段，故而分析之後，除了首段，即係尾段；除了尾段，即係首段；此「離首即尾，離尾即首」之意也。可是又說「而要腹亦自不可少」。根本上無腰腹中段的存在，縱然腰腹不可少，腰腹何在呢？細讀唐人絕句，益以上述省略的體會，方知「要腹不可少」的中段，竟然是在首段和尾段之間的省略部分，這省略的部分，才有「無限廣大」的空間，安頓或寄寓詩中的內容，所以才說「妙在愈小而大，愈促而緩」，如《維摩詰經》中所說的一丈室內，可以設恒河沙數的諸天寶座，雖然有誇大之處，但是代以文字詩句為中段而作傳達，決對不能產生這種神奇的效果。特以王昌齡的〈閨怨〉，作為說明：

> 閨中少婦不知愁，春日凝妝上翠樓。忽見陌頭楊柳色，悔教夫婿覓封侯。（《唐宋詩舉要》，卷八）

前聯「閨中少婦不是知愁，春日凝妝上翠樓」，是首段；「忽見陌頭楊柳色，悔教夫婿覓封侯。」是尾段，而王世禎所謂不可少的「腰腹」，就首段與尾段之間的省略部分，經過首尾兩段詩句所傳達的部分，我們可以用聯想知道詩人所省略的部分：「少婦凝妝上翠樓」一聯，並無其他的悶鬱愁懷，興起的應該是「目見美好的春景，產生賞心悅目的愉悅之情，而實際乃適得其反，陌頭的楊柳綠色，引發的只是孤獨難排的無奈情懷，因為良人遠適，空閨寂寞，造成這一結果的原因，是這位少婦的教遣夫婿尋求功名貴富——『覓封侯』所致。因而怨他人不得，只能自悔自怨了」。這麼多的省略，構成了中段，才真有「妙在愈小而大，愈促而緩」的效果。明白了這一道理及其實際，「絕句在形式結構上沒有中段，而以首尾二聯之間的省略部分為中段」，即由首尾詩句所表達的，透過合理的聯想，以求得詩句所未表達的省略部分，一詩的全形足味方得。這一省略的部分，前人多目之為省意，如此省略，即王士禎所謂的龍

現一鱗一爪，趙執信的「而龍之首尾完好，故宛然在也。」也是劉融所說的「蓋意不可盡，以不盡盡之！」惟王世貞說得較具體而得要，惜未能舉例詳細析說，後人未悟其理，不知其真正意義，致無闡發之者，故特析論如上。

四、結　論

絕句每首都有省略，經常省略了主詞、發詞或動詞，前人目之為省字，省字的結果，是「字去而意留」；省意則是意義內容的省略，因為絕句中的詩句表達的部分太少了，要使文句等於文意，決無可能，所以要經由省意以成詩；絕句在首尾各句間都有運用省略的可能，但是在首聯和尾聯之間，利用省略以形成中段——腰腹，則係奇妙而特殊的結構法則，細讀歷代詩人最佳的絕句，所謂有「含蓄」、有「託寓」的；所謂「情餘言外」、「含不盡之意見於言外」的；幾無不以中段的省略，構成其腰腹。所差別的，只是「省略的中段」，省略的部分，有多寡、大小之別；能不能經由聯想以發現？省略的部分合不合理而已；也有極少數的絕句，一意到底，不需要特別的省略，以構成中段。至於首尾二聯，要相銜相接，而成為一整體，更是必然應如此的結構，不必多論。

絕句有五言和七言之分，在結構和作法上，大體相同，惟因七言絕句較五言多了二字，省字省意，不必如五言絕句般的精簡，較易作成，是以施補華云：

> 五絕七絕，作法略同。而七絕言情出韻，較五言為易，蓋每句多兩字，則轉折不迫促也。（見《峴傭說詩》）

當然，多了二字之後，也引發了聲律、音節、句法上的變化。如果瞭解了絕句以省略為中段的特殊結構之後，對這一詩體的欣賞和創作，均大有補益，因為解決了表達上的窘於篇幅和只知其妙，不知其所以妙的癥結所在的大問題之後，自然易於著手創作和易於觀照而領會了。

拾陸、王船山詩論中的情景說探微

一、前　言

　　在文學創作和作品中，情景極關重要，一方面是創作時的感發，外物既可起情，內情常緣於觸物；一方面是情景構成了作品中的內容和素材，缺少了這二種重要成份便不能感人而內容流於貧瘠失血，更無以產生具體的形象感。此外最重要的，是情景之間，要有緊密的聯繫，而以情景合一或交融，最關重要，尤其是詩詞等作品，才能產生感人移人的鉅大的震撼力和感染力。近人於古人有關情景關係的體認，有了較深入而總括的論述：

> 關於情景關係，我國古代文論也有許多精闢的論述。第一認為「情，景名為二，而實不可離，神於詩者妙合無垠」。情與景是不可分，在優秀作品中二者是「妙合無垠的。」第二、認為「詩以情為主，景為賓」，「景乃詩之媒，情乃詩之胚」，在二者關係中，占主導地位是情。寫景是手段，抒情是目的，寫景為了抒情。第三，認為「情哀則景哀，情樂則景樂」，景之哀樂與情之哀樂是相一致的。景的哀樂與情的哀樂也可以相反。不論持何種看法，有兩點共同的：一、是認為情、景都必須「真」，「情真」「景真」，詩才能工。二、是認為情、景都必須交融，「情景交融」是藝術的最高境界，作品在寫景抒情方面達到了「情景交融」，才會含有最美好的詩情畫意和強大的藝術魅力。（《中國古代文論類編》下《創作論(六)》）

　　有關情景的種種看法，以至情景交融，古人多有抉發和評論，不但有見仁見智之別，而且有識小識大之殊，率多片言隻語，其當理而深入，抉發幽微，批駁謬失，則當推王船山先生。船山雖不以詩鳴，亦不以論詩專擅，但因其學問淵博，見識閎通，

思辨敏銳，故能針對前人之弊病，糾訛正謬，歸於純正；復以其宏識精思，洞見幽微，而有獨創之見。以上所引的情景關係的綜合論評，很多是以船山的意見為根據。故就船山的辨析情景以及其情景合一之說等等，作深入的剖析和綜合究研，期能有所發現，並擬追溯源流，穿珠成串，使情景說的形成和發展，能系統化，明朗化，以為論詩之助。

二、由情景交感到情景交融說的提出

在所有的文學作品中，一定有主題、有內涵、有素材而形成作品的內容。構成作品的內容，不外情、理、景、事，尤其在詩作之中，情與景的重見疊出，最為顯著，以《詩經》為例，〈關雎〉篇的「關關雎鳩，在河之洲」，〈桃夭〉篇的「桃之夭夭，灼灼其花。」是明顯的景物描繪；「窈窕淑女，君子好逑」，「之子於歸，宜其室家」，正是情感的抒發。後人有見於這種創作的事實和本身實際的感受，而產生了「夫情景相觸而成詩，此作家之常也。」（謝榛《四溟詩話》卷四）認識到情景相觸而成詩的必然性。可是由情景的感受，到情景的抒寫而成作品，由作品的表現，到情景合一理論的提出，形成較完整而頗嚴密的系統，其過程極為漫長。

物感於外，情生於內，形成創作動力本源之一，前人已有見於此，陸機〈文賦〉云：

> 遵四時以歎逝，瞻萬物而思紛，悲落葉於勁秋，喜柔條於芳春。心懍懍以懷霜，志眇眇而臨雲。……慨投篇而援筆，聊宣之乎斯文。（《昭明文選》卷十七）

確認了時序的推移、景物的變化，引發了悲喜等等不同的感受，而使作者援筆創作，以為宣洩。劉勰本之，其說更為詳密：

> 春秋代序，陰陽慘舒，物色之動，心亦搖焉。……物色相召，人誰獲安？是以獻歲發春，悅豫之情暢；滔滔孟夏，鬱陶之心凝；天高氣清，陰沈之志遠；霰雪無垠，矜肅之慮深。歲有其物，物有其容；情以物遷，辭以情發。（《文心雕龍·物色》）

「情以物遷」，是基於四時景物的變化不同，引發的情感而殊異，「辭以情發」，乃種種景物的感受，而情見乎辭，外感內應，而有創作，當然不限於詩，詩賦文均同其影響，所以劉勰云：

> 人稟七情，應物斯感。感物吟志，莫非自然。（《文心雕龍・明詩》）

> 原夫登高之旨，蓋觀物興情，情以物興，故義必明雅，物以情觀，故辭必巧麗。
> （《文心雕龍・詮賦》）

> 自近代以來，文貴形似，窺情風景之上，鑽貌草木之中，吟詠所發，志惟深遠，體物為妙，功在密附，故巧言切狀，如印之印泥。……（《文心雕龍・物色》）

足證詩、賦、文均受景物的「應物斯感」之影響，一方面催動創作，一方面形成內容，於是「模山範水，巧言切狀。」甚至影響到表達的技巧：「情以物興，故義必明雅」；和作品的風格：「物以情觀，故辭必巧麗」。然而劉勰的物色，並不止於景色，而包括天容、時態、風物、景色、山川狀態，此後詩論中的景，也有上述廣泛的「物色」意義。可能由於山水詩、田園詩、詠物詩的單獨發展，唐宋以後論詩的「景」的涵義，大概偏向、甚至局限在風景、景物上。

在詩作之中，有單獨言情、單獨寫景，和情景相配合，情景相融合的事實，然後乃有論說情景關係的主張出現。歐陽脩《六一詩話》云：

> 聖俞嘗語余曰：「詩家雖率意，而造語亦難。若意新語工，得前人所未道者，斯為善也。必能狀難寫之景，如在目前；含不盡之意，見於言外，然後為至矣。」……余曰：「語之工者固如是。狀難寫之景，含不盡之意，何詩為然？」聖俞曰：「作者得於心，覽者會以意，殆難以指陳也。雖然，亦可略道其彷彿，若嚴維『柳塘春水漫，花塢夕陽遲』。則天容時態，融和駘蕩，豈不如在目前乎？又若溫庭筠『雞聲茅店月，人跡板橋霜』；賈島『怪禽啼曠野，落日恐行人』，則道路辛苦，羈愁旅思，豈不見於言外乎？」

單獨揭出詩的寫景之工妙，又所謂的「含不盡之意，見於言外」，就其所舉之例，乃寫景之詩，而羈旅的愁思寓寄其中。隱然有情景雖各別，分而不可分之意。可是將

情、景作明確的分別,而又作緊密的聯繫,應始於文忠公以後的范晞文:

> 老杜詩:「天高雲去盡,江迴月來遲。衰謝多扶病,招邀屢有期」,上聯景,
> 下聯情;「身無卻少壯,跡有但羈栖。江水流城郭,春風入鼓鼙」,上聯情,
> 下聯景;「水流心不競,雲在意俱遲」,景中之情也;「卷簾唯白水,隱几亦
> 青山」,情中之景也;「感時花濺淚,恨別鳥驚心」,情景相觸而莫分也:「白
> 首多年疾,秋天昨夜涼」;「高風下木葉,永夜攬貂裘」,一句情、一句景也。
> 固知景無情不發,情無景不生。或者便謂首首當如此作,則失之甚矣。如「淅
> 淅風生砌,團團月隱牆。遙空秋雁滅,半嶺暮雲長。病葉多先墜,寒花只暫香。
> 巴陵添淚眼,今夕復清光。」前六句皆景也;「清秋望不盡,迢遞起層陰。遠
> 水暮天淨,孤城隱霧深。葉稀風更落,山迴日初沈。獨鶴歸何晚,昏鴉已滿林。」
> 後六句皆景也。(《對床夜語》卷二)

范晞文將老杜詩中之「情語」與「景語」,截然劃分明白;復將情語與景語的配合,情、景的聯繫情況,分別得很細密而合實際:有上聯景、下聯情;上聯情、下聯景;景中含情;情中含景;情景相觸——意即情景相融,或情景合一;而歸結到「景無情不發,情無景不生」、情景配合的重要論點上,然未為船山「關情者景,自與情相為珀芥也」和「不能作景語,又何能作情語耶」等說之所本。❶范氏又有見於詩人情語、景語的配合,不止於上述的情況,有前六句為景語、和後六句為景語、情語僅二句的情況,而不必拘於情語多而景語少。舉例的詩句中,是最後一首八句皆景,而情寓乎其中。所立論說,已與〈文賦〉、《文心雕龍》大有別異,合乎詩的發展的事實——情語、景語,釐然有別;二者又有緊密的種種關係;並開出情景相觸的主張,為以情、景論詩,立下了基本架構。

---

❶ 丁仲祜(福保)編《續歷代詩話》云:「論詩之語,自漢魏至宋,皆有品評,雖不免瑕瑜互見,然當宋之末,能力排四靈、晚唐二派,亦可云特識矣。《對牀夜語》各本皆作《對牀夜話》,今從知不足齋本作語字。」范晞文此作,《四庫全書》雖加收錄,但其影響甚微,論詩者鮮有引用。是以情、景之說論詩者,亦未根據其說,加以闡述補充。殆因此書不以詩話為書名。又沉藏於叢書中之故。

三、情景關係所引發的誤解

此後論詩者，雖多具有情、景的分辨和拈論，但實未接受或受到范氏情、景說的影響。大抵根源於（宋）姜夔之說：

> 意中有情，景中有意。（《白石道人詩說》）

以語過簡略，且無舉例及釋說，故義界難明，（元）楊載云：

> 寫景：景中含意，事中瞰意。要細密清淡，忌庸腐雕巧。
> 寓意：要意中帶景，議論發明。（《詩法家數》）

顯然是根據姜夔的意見而略加發揮，其義蘊不明，亦同於姜氏。至（明）都穆，方有情景相會、相合之論：

> 鄉先生陳太史嗣初云：作詩必情與景合，景與情合，始可與言詩矣。如「芳草伴人還易老，落花隨水亦東流。」此情與景合也。「雨中黃葉樹，燈下白頭人。」此景與情合也。（《南濠詩話》）

不惟將情、景相合之說歸之於陳嗣初，而所謂情與景合、景與情合，在實際上並無區分，也未點出情景合一的理由，不過詩中先抒情後寫景，便目為情與景合，先寫景後抒情，則謂之景與情合而已。（明）陸時雍亦有類似之說：

> 少陵七言律，蘊藉最深。有餘地、有餘情。情中有景，景外含情，一詠三諷，味之不盡。（《詩鏡總論》）

亦係義蘊不明的迷離恍惚之談，因為情景的配合，不止於七律，情景合一，亦有別於蘊藉。因為於情景合一的究竟不明，所以論詩者發生很多誤解，例如（宋）魏泰云：

> 劉放詩話載杜子美詩云：「蕭條六合內，人少豺虎多。少人慎勿報，多虎信所過。饑有易子食，獸猶畏虞羅。」言世人惡甚於豺虎也。予觀老杜〈潭州詩〉云：「岸花飛送客，檣燕語留人。」與前篇同。意喪亂之際，人無樂善喜士之

心，至於一將一迎，曾不若岸花檣燕也。詩主優柔感諷，不在逞豪放而致怒張也。（《臨漢隱居詩話》）

岸花、檣燕正應情景相合之例，岸花飄飛，似在送行客的離開；檣桅燕語，恰如依依留人的主人，絕無「人無樂善喜士之心」的含義，更沒有「至於一將一迎，曾不若岸花檣燕」的諷刺。如果認為這樣的詩，是「主優柔感諷」的好詩，則所別於劉放所舉的「蕭條」特例，正是「逞豪放而致怒張」的惡詩了，二者何能相提並論呢？又（宋）魏慶之引天覺《律詩格》云：

天覺《律詩格》辨諷刺云：……「花濃春寺靜，竹細野池幽。」「花濃」喻媚臣秉政，「春寺」比國家，「竹細野池幽」，喻君子在野，未見用也。「沙鳥晴飛遠，漁人夜唱閑。」「沙鳥晴飛遠。」喻小人見用，「漁人」比君子，「夜」，不明之象，言君子處昏亂朝，退而樂道也。「芳草有情皆礙馬，野雲無處不遮樓。」「芳草」比小人，「馬」喻勢利之輩，「雲」喻諂佞之臣，「樓」比鈞衡之地。若此之類，可為言近而意深，不失風騷之體也。其說數十，悉皆類此。覺範《禁臠》云：杜子美詩，言山間野外事，意在譏刺風俗，如三絕句云：「楸樹馨香倚釣磯，斬新花蕊未應飛。」言後進暴貴可榮觀也。「不如醉裏風吹盡，可忍醒時雨打稀。」言其恩重材薄，眼見其零落，不若未受恩眷時，雨比天恩，以雨多，故致花易壞也。……余謂論詩若此，皆非知詩者。善乎山谷之言曰：「彼喜穿鑿者，棄其大旨，取其發興，于所遇林泉人物草木魚蟲，以為物物皆有所托，如世間商度隱語者，則詩委地矣。」（《詩人玉屑》卷九）

所舉宋人論詩之失，固然是受《楚辭》的影響，「虯龍以喻君子，雲蜺以譬讒邪。」而妄加比附，但基本上係不知詩人所運用者為「景語」，在「瞻言而見貌」，以與「情語」收宣明襯托之效。例如（宋）張戒云：

摩詰心淡泊，本學佛而善畫。出則陪岐、薛諸王及貴主遊，歸則饜飫輞川山水，故其詩於富貴山林，兩得其趣。如「興闌啼鳥喚，坐久落花多」之句，雖不誇服食器用，而真是富貴人口中語。（《歲寒堂詩話》）

所引評之詩，不是富貴人口中語，而是山林隱逸之言，正見其怡然景物，閒適悠然之情。又楊慎云：

> 江淹別賦：「春草碧色。春水淥波。送君南浦，傷如之何？」取諸目前，不雕琢而自工。可謂天然之句。（《升庵詩話》卷一）

乃係景語、情語兩相配合的例子，「春草碧色，春水淥波」，正係良辰美景，而引發了「送君南浦，傷如之何？」凸顯了知己離人淒然離別的無奈，所謂「天然之句」，正指景語、情語的配合得宜，不涉及「不雕琢而自工」的問題，因為無人以江文通為不雕琢也。（明）王世貞云：

> 吾愛司馬才仲「燕子銜將春色去，紗窗幾陣黃梅雨」，有天然之美。令鬥字者退舍。（《藝苑卮言》附錄一）

前句寫景，而情寄景中，以見春去惆悵難捨之情，後句以黃梅雨之景，寓藏淒然無奈，所謂「有天然之美」者在此，「令鬥字者退舍」，說未瑩徹。細溯原由，乃不明寫景寓情，景語、情語相互配合而收天然工妙的效果之故。（金）王若虛云：

> 山谷〈題陽關圖〉云：「渭城柳色關何事？自是行人作許悲。」夫人有意而物無情，固是矣。然〈夜發分寧〉云：「我自只如常日醉，滿川風月替人愁。」此復何理也。（《滹南詩話》）

不知黃庭堅乃用翻案法，反王維之意，若虛乃真以寫實景會意，已是隔靴搔癢，言不當理。〈夜發分寧〉詩句，乃寫景寓情而王氏又竟然不能理會，反有責求山谷不能抱持一致理念之意。以上所舉之誤解，均未理會范晞文所云之故。甚至有否定「景語」之意，（元）陳繹曾云：

> 凡讀三百篇，要會其情不足、性有餘處，情不足，故寓之景；性有餘，故見乎情。（《詩譜》）

陳氏應見到了三百篇有情語景語的存在，但絕非「情不足，故寓之景」，而係寫景以明情、寓情。實非情不足方寫景。（明）王驥德竟以景語為掩我之真性情：

> 作閨情曲,而多及景語,吾知其窘矣。此在高手,持一情字,摸索洗發,方把
> 之不盡,寫之不窮,淋漓渺漫,自有餘力,何暇及眼前與我相二之花鳥煙雲,
> 俾掩我真性,混我寸管哉!世之曲,詠情者強半,持此律之,品力可立見矣。
> (《曲律·雜論》)

景語掩真性,真是瞽說,以其所云「詠情者強半」,則作景語者尚多;景語在其
工妙否?何致以用不用景語而定現其品力乎?以詩而論,「閨中少婦不知愁,春日凝
妝上翠樓。忽見陌頭楊柳色,悔教夫婿覓封侯。」正以景語而顯情。(明)袁中道云:

> 夫情無所不寫,而亦有不必寫之情。景無所不收,而亦有不必收之景,知此乃
> 可以言詩矣。(《袁小修文集》卷一、〈蔡不瑕詩序〉)

鰲分情、景為二,已有不當。而且詩人所抒寫之情,實難有限制和準繩,其寫景,
乃基於明情寓情,並非孤立。又(明)李維楨云:

> 觸景以生情,而不迫情以就景。……(《大泌山房集》卷十九、〈青蓮閣集序〉)

殊不知「觸景以生情」,乃詩人起情之自然因素,而「不迫情以就景」,實不明
寫景之目的,在以明情、寓情,在理論上無「迫情以就景」的可能。明人之中,論情
景而灼然有可取者,應推謝榛,謝氏云:

> 作詩本乎情景,孤不自成,兩不相背。凡登高致思,則神交古人,窮乎遐邇,
> 繫乎憂樂,此相因偶然,著形於絕跡,振響於無聲也。夫情景有異同,模寫有
> 難易,詩有二要,其切於斯者。觀則同於外,感則異於內,當自用其力,使內
> 外如一,出入此心而無間也。景乃詩之媒,情乃詩之胚:合而為詩,以數言而
> 統萬形,元氣渾成,其浩無涯矣。同而不流於俗,異而不失其正,豈徒麗藻炫
> 人而已。(《四溟詩話》卷三)

他提出了情景不相背,孤立不能成的原則;也指出了情景為詩之二要;「景為詩
之媒,情乃詩之胚」;均係論情景的重要而正確的論點,但仍有自相違戾之處:

> 杜約夫問曰:「點景寫情孰難?」予曰:「詩中比興固多,情景各有難易。若

江湖遊宦羈旅，會晤舟中，其飛揚輷軏，老少悲歡，感時話舊，靡不慨然言情，近於議論，把握住則不失唐體，否則流於宋調，此寫情難於景也，中唐人漸有之。冬夜園亭具樽俎，延社中詞流，時庭雪皓白，梅月向人，清景可愛，模寫似易，如各賦一聯，擬摩詰有聲之畫，其不雷同而超絕者，諒不多見，此點景難於情也。惟盛唐人得之。」約夫曰：「子能發情景之蘊，以至極致，滄浪輩未嘗道也。」（《四溟詩話》卷二）

顯然將抒情寫景截然分為二事，雖然有純粹的抒情和寫景詩，但抒情詩鮮不敘事、寫景，否則徑情直發，而如謝氏所云：近於議論；寫景詩亦多藉景見意抒情，謝榛又云：

景多則堆垛，情多則暗弱，大家無此失矣。八句皆景者，子美「棘樹寒雲色」是也。八句皆情者，「死去憑誰報」是也。（《四溟詩話》卷一）

案所舉杜詩前一首係〈陪鄭廣文遊何將軍山林十首〉中第七首，其詩云：

棘樹寒雲色，茵蔯春藕香。脆添生菜美，陰益食單涼。野鶴清晨出，山精白日藏。石林蟠水府，百里獨蒼蒼。（《讀杜心解》卷三之一）

謝之評論有差，因「脆添生菜美，陰益食單涼。」乃敘事之句，（清）楊倫之《杜詩鏡銓》云：「此詠石林曉景而帶紀晨膳之事耳」，乃得情實，又「死去憑誰報」，乃杜工部〈喜達行在所〉三首之一，詩云：

死去憑誰報，歸來始自憐。猶瞻太白雪，喜遇武功天。影靜千官裏，心蘇七校前。今朝漢社稷，新數中興年。（同上）

「猶瞻太白雪」一聯，非寫景而何？又依其所云：「景多則堆垛，情多則暗弱。」乃一通則，何以「大家無此失」？子美景多而不堆垛嗎？情多而不暗弱嗎？縱無此病，其故何在？亦無說明，不能令人心服。謝氏又云：

詩乃模寫情景之具，情融乎內而深且長，景耀乎外而遠且大。當知神龍變化之妙，小則入乎微罅，大則勝乎天宇，此惟李杜二老知之！（《四溟詩話》卷三）

「神龍變化之妙」，意義不明，可能指情或景在詩中的作用；或情與景兩相配合的奇妙；然此乃詩人之常，縱然有巧拙之分，何致「此惟李杜二老知之」？謝榛又云：

> 夫情景相觸而成詩，此作家之常也。或有時不拘形勝，面西而言東，但假山川以發豪興爾。譬若倚太行而詠峨嵋，見衡漳而賦滄海，即近以徹遠，猶夫兵法之出奇也。（《四溟詩話》卷四）

可見情景的運用，謝氏已知其係「作家之常」，故其特許李杜獨「知」為無理，又所舉的「面西言東」，乃見景生情而引發的聯想或回憶，亦未見出奇之處。

由上所敘，可見情語、景語，情景相融之說，范晞文雖有倡發，形成基架，但後人未緣此闡述而後出轉精，由元至明，多捕風捉影之談，故知船山之論，為一空依傍，戞戞獨造，實係以情景論詩而有重要貢獻者。

四、王船山的情景說探微

㈠船山平生述略：王夫之、字而農，又號夕堂，一瓢道人、鬢外史等❷，以其自署船山病叟，蓋以築土室於石船山之故，學者尊稱船山先生。生於明萬曆四十七年，卒於清康熙三十一年（一六一九－一六九二）享年七十四。崇禎十五年舉人，永曆時官行人司行人，奔走楚、粵、滇、黔間，為抗清復明而努力，後以母病間道歸，遂不復出。南明覆沒，遂變姓名為猺人，嘗匿常、甯猺洞，而著述不輟，其學與顧亭林、黃梨洲相頡頏，世推為清初三大儒。

㈡船山論詩之作述略：船山志行卓絕，著述甚豐，學術成就極高，鄧顯鶴云：

> 詩其餘事，詞旨深奧，氣韻沉鬱，讀之如夏鼎商彝，如聞哀猿唳鶴，使人穆然神肅，脩然意遠。（《沅湘耆舊集》、見《清詩紀事》引）

---

❷ 王夫之哲嗣王敔著有〈薑齋公行述〉，楊松年博士的《王夫之詩論研究》附錄一有王敔〈薑齋公行述補證〉，於船山先生的別名，查補甚多，謂有三十餘種，如檮杌外史、蓮花山人，賣薑翁、壺子、壺文、草堂、南窗等。

可見為詩之作手,陳田《明詩紀事》更有深入之介紹與論評:

> 船山先生博通經史,闡明正學,允為儒者之宗。究心吟事,自述早年問津北地、
> 信陽,未就而中改從竟陵,晚乃和阮和陶,取徑甚上。自定為五十、六十、七
> 十三稿。余謂先生詩,講學則擬白沙,定山,摹仿則師漢、魏、盛唐,下逮於
> 明之作家,無所不擬。其論詩則薄宋、元,猶是七子成說。而於東坡、山谷,
> 亦多詆諆之詞,未可盡為典要。然其學問深邃,才力宏富,古體詩與魏、晉、
> 盛唐合轍。七律七絕,音調洪亮,詞旨沈著,可與遺山、山谷分席。又其遭時
> 多難,囂音瘏口之作,往往與杜陵之野老吞聲,皋羽之西台痛哭,同合於變雅、
> 〈離騷〉之旨,即專論詩,亦明季一作家也。

陳田認為船山論詩「則薄宋、元,猶是七子成說」,仍有可議,船山乃反對樹門
庭者,何致從此門戶之見乎。然許其為大詩家,論詩亦為明代之作家,則公論也。鄧
之誠《清詩紀事初編》論船山之評詩云:

> 其論詩見於《詩繹》、《夕堂永日緒論》者,謂曹子建不如子桓、元美不如元
> 敬,是有真知灼見人語。不喜東坡以至淮海、劍南,或以深惡虞山之故。然頗
> 持平,非難陽明,而不許呂留良以東坡擬陽明,亦不許世人以元美擬東坡,謂
> 非其倫。七子、鍾、譚皆在菲薄之列,而不盡沒其善。

可見船山之評詩論詩,乃秉持其真切的體認,而且下過觀千劍而後識器的工夫,
船山於《夕堂永日緒論》序中云:「十六而學韻語,閱古今人所作詩,不下十萬首。」
誠非拾人餘唾者。其論詩亦不止於《詩繹》及《夕堂永日緒論》,尚有《薑齋詩話》、
《詩廣傳》、《古詩評選》、《唐詩評選》、《明詩評選》等與序文等。❸故其論詩

---

❸ 王船山論詩之作,楊松年博士於王船山之詩論研究第二章「王夫之的詩論作品」,考證列舉甚詳,
其《南窗漫記》,亦與詩論有關,此外尚有《南窗外記》,《夕堂永日宋詩評選》、《李詩評》、
《杜詩評》、《劉復愚集評》、《詞選》而未之見,殆已亡佚。丁福保合《詩繹》於《薑齋詩話》
中。本文以《夕堂永日緒論》、《薑齋詩話》、《詩廣傳》等為主,而參稽其他可見之資料,以見
船山情景論之精微。

之作亦「一作家」矣。

　㈢船山論詩以道情的精義：船山論詩，主張「詩以道情」。船山云：

> 詩以道情，道之為路也。詩之所至，情無不至。情之所至，詩以之至。（《古詩
> 評選》卷四）

　　釋道為「道路」，謂詩出於情，非以言情而已也。「詩之所至，情無不至。」謂
作品所陳現的，無非是情，詩與情相對應，而實際上情為主導，決定詩的創作，故曰：
「情之所至，詩以之至。」乍視之，與陸機「詩沿情而綺靡」等主張，似無差別，實
際上，情的意義，大有不同，船山云：

> 情者陰陽之幾也，物者天地之產也。陰陽之幾動於心，天地之產麗於外。故外
> 有其物，內可有其情矣；內有其情，外可有其物也。（《詩廣傳》卷一）

　　楊松年博士釋「幾」云：

> 「幾」，《說文》釋為「微」、為「殆」、為「危」。《辨字正俗》本許慎之
> 見解，以為「幾」的基本意義有二：「危」、「近」。然而，用「微」、「殆」
> 「危」、「近」以釋陰陽之「幾」字，都不妥切。「幾」字於此應解為「變動」、
> 「變化」。《易傳·繫辭下傳》以「幾」為「動之微」，雖以「幾」與微有關，
> 但已涉及動字。疏易者解釋「幾」字，雖亦持「微」義，但已注意到它是指宇
> 宙發生，演變之過程。這很可以作為王氏此語「幾」字之注腳。

　　釋「幾」為宇宙之變化者並非他人，而是王夫之自己。他在《讀四書大全說》
云：

> 氣之誠，則是陰陽；氣之幾，則是變合，是情才。（卷十）（見《王夫之詩論研
> 究》）

　　楊氏之說，雖言之成理，但應釋幾為動，並且「幾」與物之「產」也為對文，詞
性相近，作「動」解，才能解釋《四書大全說》「氣之動，則是變合、是情才。」情

是「陰陽之動」，能否如楊氏所言：「情」指宇宙本體之變化，則仍有可議。❹因為《詩廣傳》云：

> 情附氣，氣成動，動而後善惡馳焉。（卷三）

「氣成動」，氣指陰陽，「陰陽之幾」，豈不義同「氣成動」，「情附氣」，於是隨有識之心，感外物而變動；其產生情感上的變化；亦由心識的本身而有不同，所以《詩廣傳》云：

> 有識之心而推諸物者焉，有不謀之物相值而生其心者焉。知斯二者，可與言情矣。（卷二）

可見船山言情，係以思想家的理性照察，析論了情的起源，有外感性和自主性。並就「詩言志」的傳統說法，而釐清了「情」字的界限，使「志」、「情」、「意」、「欲」的涵義不致淆雜，船山云：

> 詩言志，非言意也；詩達情，非達欲也。心之所期為者志也，念之所覬得者意也，發乎不自已者情也，動焉而不自持者欲也。意有公，欲有大，大欲通乎志，公欲準乎情。……（《詩廣傳》卷一）

把「情」確定在「發乎不能自已」的意義上，殊當人意，詩主情的觀念，便極為凸出了。自陸機詩緣情之說出，成為詩人之常言後，性情的界限，也隨之不明，船山於此亦有明確的辨析。

> 性主陽以用壯，大勇浩然，亢王侯而非忿；情賓陰而善感，好樂無荒，思輾轉而非欲。（《周易外傳》）

雖由《周易》之陰陽立論，但提出了「性主陽」，「情賓陰」之說，性有近代理

---

❹ 楊松年博士於《王夫之詩論研究》第二章釋情，考釋「情」的涵義有十三項之多，可供參考。至於「情」指宇宙本體之變化，雖亦可通，但有擴大解釋之嫌。因為由宇宙本體之體用觀論之，本體之外，均可解作本體之變化。

性之意，情乃情感，於是以論詩，而形成其卓識。船山云：

> 詩以道性情，道性之情也。性中儘有天德、王道、事功、節義、禮樂、文章，
> 卻分派與《易》、《書》、《禮》、《春秋》去。彼不能代詩而言性之情，詩
> 亦不能代彼也。（《明詩評選》卷五）

可見詩之道性之情，與性中之「理性」——天德等不同，五經由此而分二大類，
一主於理性，如《易》、《書》、《禮》、《春秋》，一主於「情感」，則為《詩經》。
此決非臆測，船山云：

> 陶冶性情，別有風旨，不可以典冊、簡牘、訓詁之學與焉也。（《詩繹·薑齋詩話》
> 卷上）

明確地劃分了詩與學術之作的疆界，由此而於杜工部致其不滿。

> 決破此疆界，自杜甫始桎梏人情以揜性之光輝，風雅罪魁非杜其誰耶？（《明詩
> 評選》卷五）

船山認為「一用史法，則想感不在言和永聲之中，詩道廢矣。」因為詩道主情：

> 凡百有心，各如其意而生感。（《古詩評選》卷一）

> 風雅之道，言情而使人自動。（《古詩評選》卷四）

並明白揭示了「詩源情，理源性，斯二者豈分轅反駕哉」的主張。非源於情，故
理語、議論不能入詩，即詠物詩亦然。船山云：

> 議論入詩，自成背戾，蓋詩立風旨以生議論，故說詩者於興觀群怨而皆可。若
> 先為之論，則言未窮而意已先竭，在我已竭而欲已生人之心，心不往矣。（《古
> 詩評選》卷四）

不許以議論入詩，而又云「詩立風旨以生議論」，似「自成背戾」，然船山之意，
謂詩之可以入議論，必須「議論」隱伏，透過興觀群怨之感性領受，而不許議論流於

直說，將詩固定在詩以道情的感性訴求上。所以又云：

> 古人之詠物者，固以情也，非情則謎而不詩。（《古詩評選》卷四）

詠物詩若止如「如印之印泥」，而無情感上的感發興起，亦所不許，故亦反對「詩入理語」，可見船山「詩道性情」，於「情」的界定明確，故而立論周延，卓然超出時流，甚至發千古之蒙覆。船山於「情」的確認，大異於理學家「性善情惡」之說，《詩廣傳》云：

> 可以為善者情也。（卷一）

船山當然知道情不等於善，故《讀四書大全說》云：

> 不善雖情之罪，而為善則非情不為功。（卷十）

所以有「君子莫慎乎治情」和「君子之情以節」的主張，但反對「窒情」，《詩廣傳》云：

> 釋氏窒情而天下賊恩，狺狺以果報怖天下，天下怖而不知善之樂，徒賊也，而奚救乎？（卷二）

其言為反對釋家而發，很多的理學家將人心、道心分而為二，而以去人欲、存天理為入道成聖之方，其弊正同，節情、治情之外，船山主張「舒情」，船山云：

> 欲治不道之情者，莫若以舒矣。舒者，所以沮其血性之躁化。（《詩廣傳》卷三）

而詩正有舒情而達情的作用，船山云：

> 詩者所以蕩滌怸滯，而安天下於有餘者也。（《詩廣傳》卷一）

> 將欲與之言，因其情以盡之，不得其情，不可盡也。
> 將欲與之言，匡其情而正之，苟非其情，非所匡也。（《詩廣傳》卷二）

依情感的能否接收而言，只要能得其情，盡其情，才能起「蕩滌」、「匡正」等

作用，得其情、盡其情，必以情真正為條件，船山云：

> 無大故而激，不相及而憂，私憤而以公理為之辭，可以有待而早自困，耳食鮑
> 焦、申徒狄、屈原之風而呻吟不以其病，凡此者惡足以言性情哉！（《詩廣傳》
> 卷一）

> 人即無以自貞，意封於私，欲限於小。（同上）

　　即針對不真不正之情而為言，不真則為虛假、矯情，不正則為偏激、放蕩，何能
感人、匡人？詩能產生感人、匡人等效果，船山則歸於興觀群怨四情：

> 興觀群怨，詩盡於是矣。經生家析〈鹿鳴〉、〈嘉魚〉為群，〈柏舟〉、〈小
> 弁〉為怨，小人一往之喜怒耳，何足以言詩。何以云者，隨所以而皆可也。（《薑
> 齋詩話》卷下）

> 詩可以興，可以觀，可以群，可以怨，盡矣。辨漢魏唐宋之雅俗得失以此，讀
> 三百篇者必此也。何以云者隨所以而皆可也。於所興而可觀，其興也深；於所
> 觀而可興，其觀也審；以其群而怨，怨愈不忘；以其怨而群，群乃益摯；出於
> 四情之外，以生起四情；遊於四情之中，情無所窒。作者用一致之思，讀者各
> 以其情而自得。故〈關雎〉，興也，康王晏朝而即為冰鑑；「訏謨定命，遠猷
> 辰告」，觀也，謝安欣賞而增其遐心。人情之遊也無涯，各以其情遇，斯所貴
> 於有詩。（《薑齋詩話》卷上）

　　其論興觀群怨，全由「情」字着眼，而不言詩教，所謂「出於四情之外，」指人
的情感，複雜多端；「以生起四情」，則指詩作所產生的動情效果；其所以能產生「四
情」，不是作者懸此以為創作的目的，而是出於作者「一致之思」，殆指本於情而形
成的思想意識，讀者在情感的引發感動上「各以其情而自得」，同一詩而感受不同。
這是船山「詩以道性情」主說的大略。

　　基於上敘，可見船山之論，實根源於《詩經》；由情的發生的本源，到情的意義
的確定，詩乃源於情而不源於理，詩作必與源於理之學術、議論、理語劃境；詩在感
人，而歸於興觀群怨之四情。可謂有本有源，有體有用，卓犖特出。然而王闓運論之

云：

> 看船山詩話，甚詆子建，可云有膽，然知其詩境之不能高也。不離乎空靈妙寂
> 而已。又何以賞「遠猷辰告」之句？（《湘綺樓說詩》、見《清詩紀事》引）

實未深入探究，乃皮相之妄評，船山殊未主「空靈妙寂」之論，闓運論詩絕句又
云：「船山一卷存高韻，長伴沅湘蘭芷芬。」已自相違戾，因為不啻否定了他自己「空
靈妙寂」的評論。

(四)船山「景語」即「情語」的實義：船山論詩主於情而又重景，其重景也，根本
未援引各詩家之說以為根源線索，乃其體會有得，而自出胸臆者。船山見詩作之中，
有抒情的「情語」，寫景的「景語」，而有「情語」、「景語」的提出，這是論詩的
共見。船山云：

> 古今人能作景語者，百不一二，景語難，情語尤難也。（《明詩評選》卷五）

> 不能作景語，又何能作情語耶？（《薑齋詩話》卷下）

顯然是船山於詩作中，見到詩有「情語」、「景語」之別，然二者的關係如何？
由劉勰至謝榛，大多認為是二種不同內涵的詩語，「巧言切狀，如印之印泥」，是景
語之最工巧者；「狀難寫之景，如在目前」其義一致；謝榛雖有「兩不相背」之說，
但仍然於成詩時，分二者為兩截，已論說如前。與船山並世同時之李漁於論詞時有「情
為主，景是客，說景即是說情（見《窺詞管見》）。」但有本有源，多方論說，舉例釋明，
精密深入，則未有如船山者。船山認為「景語」非孤立之景語，在以寓情：

> 不能作景語，又安能作情語耶？古人絕唱多景語，如「高臺多悲風」，「蝴蝶
> 飛南園」、「池塘生春草」、「亭皋木葉下」，「芙蓉露下落」，皆是也，而
> 情寓其中矣。以寫景之心理言情，則身心中獨喻之微，輕安拈出。（《薑齋詩話》
> 卷上）

一方面說明了詩的景語，都是情寓其中，非為寫景而孤立之景語；一方面指出了
「身心中獨喻之微」——情之虛空難見，恍惚難達者，得具體之景，以景語寫之，具

極佳之形象效果，而「輕安拈出」。景語達情，乃以「同色」的道理，以樂景寫樂，哀景寫哀，或以盛景見興盛，衰景見殘敗，或相反而形成反襯，形成景語即情語。如「明月松間照、清泉石上流」，引發的是「隨意春芳歇，王孫自可留」的閒適和可悅；「茂樹行相引，連山望忽開」而見「所親驚老瘦，辛苦賊中來」的高興，是樂景、盛景寫樂，寫興盛或高興的例子。「惟見林花落，鶯啼送客聞」，則以顯見「近淚無乾土」對房太尉人天永隔之悲；「雞聲茅店月，人跡板橋霜」，以見行路羈旅的棲苦，正是哀景寫哀，哀景見殘敗淒然之情，至於以樂景寫哀，哀景寫樂，則是景情上的反襯，船山云：

> 唐人〈少年行〉云：「白馬金鞍從武皇，旌旗十萬獵長楊。樓頭少婦鳴箏坐，遙見飛塵入建章。」想知少婦遙望之情，以自矜得意。此善於取影（景）者也。「春日遲遲，卉木萋萋，倉庚喈喈，采蘩祁祁。執訊獲醜，薄言還歸。赫赫南仲，玁狁於夷。」其妙正在此。訓詁家不能領悟，謂婦方采蘩而見歸師，旨趣索然矣。建旌旗，舉矛戟，車馬喧闐，凱樂競奏之下，倉庚何能不驚飛？而尚聞共喈喈；六師在道，雖曰勿擾，采蘩之婦，亦何事而暴面於三軍之側邪？征人歸矣，度其婦方采蘩而聞歸師之凱旋，故遲遲之日，萋萋之草，鳥鳴之和，皆為助喜。而南仲之功，震於閨閣，室家之欣幸，遙想其然，而征人之得意可知矣。乃以此而稱南仲，又影（景）中取影（景），曲盡人情之極至者也。（《薑齋詩話》卷上）

船山之所謂「取影」，意義欠明確（應為景字之誤），但解釋「春日遲遲」三句為助喜，則甚為有理，即以盛景寓喜悅之情，同理「遙見飛塵入建章。」正係以此聲勢浩大之盛景，「想知少婦遙望之情，以矜得意。」船山又云：

> 「昔我往矣，楊柳依依。今我來思，雪雨霏霏。」以樂景寫哀，以哀景寫樂，一倍增其哀樂。知此，則「影靜千官裏，心蘇七校前」，與「唯有終南山色在，晴明依舊滿長安」，情之深淺宏隘見矣。（《薑齋詩話》卷上）

船山認為「楊柳依依」是樂景，而寫的是出征將士離家的哀思，「雨雪霏霏」，是哀景，而表達的是將士凱旋的快樂，依其所言，是以景寓情的反襯。可是周振甫的

《詩詞例話》引船山另一則論詩之言：「知『池塘生春草』、『蝴蝶飛南園』之妙，則知『楊柳依依』、『零雨其濛』之聖於詩」一條，而解釋之云：

> 「昔我往矣，楊柳依依。今我來思（猶兮），雨雪霏霏。」上兩句是寫出征時的情形，下兩句是寫回來時的情況。出征時是春天，回來時是下雪天。出征時看到柳條柔弱隨風飄動的樣子，這個「依依」是寫柳條，又不限於寫柳條。這時征人懷念家室，不說自己和親人依依不捨，說楊柳依依不捨，把楊柳擬人化，把自己和親人的感情寄託在楊柳上。（學海出版社，〈情景相生條〉）

顯然認為不是景情的反襯，而是經擬人化之後，景語即情語，釋說非常合理。但是反襯這種用法亦常見，例如「木欣欣以向榮，泉涓涓而始流，羨萬物之得時，感吾生之行休（〈歸去來辭〉）」，和「沉舟側畔千帆過，枯木枝頭萬樹春。」正是樂景寫哀，哀景寫樂的例子。而《詩經》：「我徂東山，慆慆不歸。我來自東，零雨其濛」。「零雨其濛」，正和「楊柳依依」同一機杼，可是沒有擬人化的可能，也非哀景寫樂的反襯，而是景語即是情語，《詩詞例話》說：「正因為軍士在回家路上有各種各樣想法，心裏感迷茫，所以這個濛字不光寫細雨，也反映士兵迷濛的心情。」這一解釋雖然不錯，但是「濛」是寫細雨，不能又是寫士兵迷濛的心情，而是把景語作情語，投射或寓託士兵紛亂迷濛如雨的心情。才合乎船山所云：「以寫景之心理言情」，故而景語即情語，如其所舉的例子，「高臺多悲風」、「蝴蝶飛南園」等，是景語，而實係情語，則船山所謂「不能作景語，又安能作情語耶」，其言方可解。因為景語即情語，不能作景語，自不能作情語了。而景語作情語，則有上述的種種手法。這種景語即情語的產生，是心中情和目中景的「融浹」一致，船山云：

> 「池塘生春草」、「蝴蝶飛南園」、「明月照積雪」，皆心中情、目中景與相融浹，一出語時，即得珠圓玉潤，亦各視其所懷而來，而與景相迎者也。「日暮天無雲，春風散微和。」想見陶令當時胸次，豈夾雜鉛汞人能作此語？程子謂見濂溪一月坐春風中，非程子不能知濂溪如此，非陶令不能自知如此也！（《薑齋詩話》卷下）

船山所舉「池塘」等三景語，均是情語，何以產生？認為是「心中」──情與「目

中」──景，「與相融浹」而成，所謂「亦各視其懷而來！」所懷者即其所懷之情或襟抱修養，舉陶淵明的景語，實即其「所懷」、「胸次」的情感所致，所以景語才能成為情語，船山秉此認識，批評賈島「推敲」之不當：

> 「僧敲月下門」，只是妄想揣摩，如說他人夢。縱令形容酷似，何嘗毫髮關心。知然者，以其沉吟推敲二字，就他作想也。若即景會心，則或推或敲，必居其一；因景因情，自然靈妙；何勞擬議哉！「長河落日圓」，初無定景；「隔水問樵夫」，初非想得，則禪家所謂「現量」也。（《薑齋詩話》卷下）

細味船山之言，非從詩成已後的詩語計工拙，而係指摘賈島的沉吟推敲，乃「就他作想」，不是直據心中之真情與入目之實景，而當下定奪，故落入擬議之中，故斥其如「說他人夢」，而不關自己體會的情景之實，誠可謂係依即景生情，即情生景的卓識而致評的，而且有以見賈島的「推」「敲」不能自決，乃係虛擬而非親身經歷所感發。

因景寓情，故景語即情語，因情而取景、或生景，故船山有情中景之說，船山云：

> 情景名為二，而實不可離。神於詩者，妙合無垠，巧者則有情中景，景中情。景中情者，如「長安一片月」，自然是孤棲憶遠之情；「影靜千官裏」，自然是喜達行在之情。情中景尤難曲寫，如「詩成珠玉在揮毫」，寫出才人翰墨淋漓，自心欣賞之景，凡此類知者遇之。非然，亦鶻突看過，作等閒語耳。（《薑齋詩話》卷下）

「詩成玉珠在揮毫」，雖然船山說是「寫出才人翰墨淋漓，自心欣賞之景。」實在傳達詩思泉湧，可貴可珍之情。船山又云：

> 「親朋無一字，老病有孤舟」；自然是登岳陽樓詩，嘗試設身作杜陵憑軒遠望觀，則心目中二語，居然出現，此亦情中景也。孟浩然以舟楫垂釣鈎鎖合題，卻自全無交涉。（《薑齋詩話》卷下）

船山認為杜工部的〈登岳陽樓〉詩：「戎馬關山北，憑軒涕泗流。」自然是情。而「親朋無一字，老病有孤舟」，則為情中之景，此二句正與「詩成珠玉在揮毫」，

船山所說情中景的理論一致,自無差誤,但是所舉的句例則成疑問,因為多是敘事句,而非寫景的景語,因為「親朋無一字」,全然是敘事,同理「詩成」,「老病」也是敘事,筆者以為要舉「魂隨南翥鳥,淚濕北枝花」❺或「感時花濺淚,恨別鳥驚心」方佳,因「魂隨」、「淚濕」、「感時」、「恨別」是寫情,而「南翥鳥」、「北枝花」、「花濺淚」、「鳥驚心」是寫景,方是「情中景」的確例。同理所舉的「長安一片月」乃是船山寓情於景,景語作情語的例證,而非景中情。景中情應以「浮雲遊子意,落日故人情」、「落日心猶壯、秋風病欲蘇」為例,「浮雲」、「落日」等寫景,「遊子意」、「故人情」等寫情,而形成景中情。船山其所以有此小小的誤失,殆因未析出敘事句例,把敘事句作為寫景句看待,觀其論詩,無一語論及敘事句,應可證明。

此外詩中也有極多分寫景抒情為二的景語、情語,而相配合,形成一情一景,如范晞文所舉,或先情後景,或先景後情的存在,船山當然不會昧於這一事實,船山云:

> 近體中二聯,一情一景,一法也。「雲霞出海曙,梅柳渡江春。淑氣催黃鳥,晴光轉綠蘋。」「雲飛北闕輕陰散,雨歇南山積翠來。御柳已爭梅信發,林花不待曉風開。」皆景也,何者為情?若四句俱情而無景語者,尤不可數,其得謂之非法乎?夫景以情合,情以景生,初不相離,且如「九月寒砧催木葉」,二句之中,情景作對;「片石孤雲窺色相」,情景雙收,更從何處分析?陋人標陋格,乃謂「吳楚東南坼」四句,上景下情,為律詩憲典,不顧杜陵九原大笑,愚不可瘳,亦孰與療之也。(《薑齋詩話》卷下)

船山也非不承認情語一聯與景語一聯的相互搭配,而是不許奉為「憲典」──定法;船山根據四句俱情語或四句俱景語,也有一聯之中,上句為景語,下句為情語,

---

❺ 「魂隨南翥鳥,淚濕北枝花」,前人評云:「情景交融,杜公常用此法。」筆者以為係情景雙寫的句例,全句中一部分寫情,一部分寫景,比之稱為「情景交融」更為恰當。見拙作《詩與詩學》。推此句例,而有事理兼帶的詩句,如「計拙無衣食,途窮仗友生。」「計拙」為說理的部份,「無衣食」乃述事。也有景事雙陳的句例,如「浮雲一別後,流水十年間。」「浮雲」、「流水」為寫景,「一別後」、「十年間」為敘事。依王船山之見,「情景雙寫」之句,也可謂之情中景,或景中情。

又有四句寫景而景中帶情的「情景雙收」等三種實例的存在，而不許一聯景、一聯情為定法。也無異說明了「情景相生」，有此三種方式，對於詩的創作、欣賞和論評，有了種種助益。

船山情語，景語的種種論說，深切有見，兩者的一體關係的認定，乃緣於其情景合一之說。船山云：

> 情景合一，自得妙語，撐開說景者，必無景也。（《明詩評》卷三）

而這「情景合一」的看法，船山宣示其理由云：

> 外有其物，內可有其情矣。內有其情，外必有其物矣。（《詩廣傳》卷一）

> 夫景以情合，情以景生。初不相離，唯意所適，截分二橛，則情不足興，而景非景。（《薑齋詩話》卷下）

內情感而外景物，二者常分作「兩橛」，於是情語、景語，乃成為搭配，船山則認為二者是「合一」的，外在的景物而興起內在的情感，內有的情感，必待外有的景物而感發生起，在根本上，兩不相離。如果分作「兩橛」處理，則情失去景物之後，不能興生，景失去起情之後，將是孤立的「死景」，「景以情合」，「情以景生」的根由在此，而形成了船山「情景合一」之說。這一看法，似亦來自《詩經》。船山云：

> 興在有意無意之間，比亦不容雕刻。關情者景，自與情相為珀芥也。情景雖有在心在物之分，而景生情，情生景，哀樂之觸，榮悴之迎，互藏其宅。天情物理，可哀而可樂，用之無窮，流而不滯。……（《薑齋詩話》卷下）

隱然將情景的觸生，認為與比興相關，尤其是興。不然綴興、比兩語於此，則無意義。船山進一步析論了情與景的關係：景關涉到情，但情是主動、主體，景是被動、客體，正如「琥」，吸引了芥子，情為內在，生於人心，景物是外在，二者有對立的事實，但「景生情」，所謂「物色相召，人誰獲安」是也；「情生景」，是物隨情感而改變，所謂「黑色的太陽」是也；所以詩人「哀樂之觸」，乃景生情，「榮悴之迎」，指情生景，是互動互生的，故曰「互藏其宅」，這一分析，極為深入，詩人掌握了這

一原則，運用在創作上，便如船山所言：「天情物理，可哀而可樂，用之無窮，流而
不滯」。易言之，景語是為情語而發，不是離情而孤獨地寫景，所以要寓景於情，景
語即情語；或景中情；縱然一聯景，一聯情，也要情景相合；或情景雙收；故而賈島
不主於情的「推敲」，便為船山所呵。純求如印之印泥的詠物詩，也在排拒之列。尤
有進者，如此作詩，用字自不必求有出處。船山云：

> 「落日照大旗，馬鳴風蕭蕭」。豈以「蕭蕭馬鳴，悠悠斾旌」為出處邪？用意
> 別，則悲愉之景，原不相貸。出語偶然湊合耳！必求出處，宋人之陋也。（《薑
> 齋詩話》卷下）

船山認為「落日」一聯的用語，不是用《詩經·車攻》的「蕭蕭馬鳴，悠悠斾旌」
為出處。乃根據情景相生的原則而言。「落日」一聯，乃表塞外戰士悲涼之感，而「蕭
蕭馬鳴，悠悠斾旌」乃行獵愉悅之情，前者的即情即景的抒發，何致「貸借」到〈車
攻〉的用語呢？就情景合一的觀念而言，甚為合理，連帶地船山所云：「撐開而說景
者，必無景也」，也得到了印證，詩不能撐開、脫離「情」而言景。甚至捨景語而作
情語，也為船山所非，船山云：

> 「世人皆欲殺，吾意獨憐才。」「不才明主棄，多病故人疏。」尤非情語。（《明
> 詩評選》卷五）

因為徑情直露，「沖喉直撞」，不但無情景相生的感發，也未藏匿主題，使人感
動啟發，故被船山指斥「為尤非情語」。明白了這一主要原因，船山連杜、孟這一「萬
口傳誦」的情語都在反對之列，故必然反對宋人的下理語，以議論為詩了，可見陳田
所云：「其論詩則薄宋元，猶是七子陳說。而於東坡、山谷，亦多詆諆之詞，未可盡
為典要。」實為瞽說，因為船山是基於「詩以導性情」而薄宋元詩，而非「七子陳說」；
基於情景之合一，而致不滿於孟浩然、杜甫、賈島，批評東坡、山谷，何得目為「詆
諆」。根據船山所建樹情景之說，其批評足為典要。

五、結　論

　　船山的詩論，涉及多方，其情景說、情景合一、景語、情語的分辨和運用，以之論詩、評詩，形成了閎識特見，將由漢魏到明的模糊之談，幾乎一一廓清，其獨特的貢獻，就在這一方面，故表而出之。也可見近人歸納的有關情景合一和情景關係的體認，幾全是以船山所言為架構，是其言說，經得起時間的考驗，愈見其價值與意識，不但是古典詩的明燈，也是現代作家的典要。

　　在情景之說裏，船山提出了「在心在物」之分，雖未提出情主而景賓的「明言」，而實有此意，船山云：

> 賓主歷然，情景合一，升庵欲截去後四句，非也。（《古詩評選》卷四）

> 詩文俱有賓主，無主之賓，謂之烏合。

> 立一主以待賓，賓無非主之賓者，乃俱有情而相浹洽。若夫「秋風吹渭水，落葉滿長安。」於賈島何與？「湘潭雲盡暮煙出，巴蜀雪消春水來」，與許渾奚涉？皆烏合也。「影靜千官裏，心蘇七校前」，得主矣，尚有痕跡。「花迎劍佩星初落」，則賓主歷然，鎔合一片。（《薑齋詩話》卷下）

　　「賓主歷然，情景合一」是詩人乃作品之主，亦「情」的感應之主，而景乃「賓」，加之以情為主，以作者為主，故曰「賓主歷然」。船山又云「立一主以待賓，賓無非主之賓，乃俱有情而相浹洽」，乃指賓不能無主，景不能不以情為主、不能不以詩人之情為主，而與之「相浹洽」，「秋風」一聯、「湘潭」一聯，為船山所譏議，正以其景不洽情，賓不從主之故。杜工部的「影靜千官裏、心蘇七校前」，乃以其達行在喜悅之情為主，二語乃以形容之而達襯主之效，故船山許之曰「得主矣。」「花迎佩劍星初落」，「花迎」、迎此「主」，「劍佩」係此「主」所佩，「花迎」、「星初落」乃以景達情之賓，以賓襯主者，故曰「賓主歷然」，一句之內「有賓有主」，故曰鎔合一片。故情主、景賓之論，亦主於船山。

　　船山言景，有大景，小景和活景之說，大景、小景，是詩人創作時的感受，凝煉成具體的形象而表達之，有大景，小景之分，小景在以傳大景之神，船山云：

有大景，小景，有大景中小景。「柳葉開時任好風」、「花覆千官淑景移」，及「風正一帆懸」，「青靄入看無」，皆以小景傳大景之神。若「江流天地外，山色有無中」，「江山如有待，花柳更無私。」張皇使大，反令落拓不親，宋人所喜，偏在此而不在彼。（《薑齋詩話》卷上）

以小景傳大景之神，似為船山獨特的提倡，如其所舉，大景是主，小景是從，「白雲迴望合」，而出以「青靄入看無」，大小相襯，「潮平兩岸闊」，出以「風正一帆懸」，亦可收同樣的效果，推此例以求，則「氣蒸雲夢澤，波撼岳陽城」等，亦係如此。船山的不喜「江流天地外，山色有無中」，也是主於道性情的一貫立場，認為「落拓不親」，如果「落拓而能親」，似亦不在反對之例了。

船山論活景云：

「天際識歸舟，雲間辨江樹。」隱然一含情凝眺之人，呼之欲出，從此寫景，乃為活景。（《古詩評選》卷五）

仍然是情主、景賓，景以寓情，賓以從主的一貫主張。有別於「狀難寫之景如在目前」，故不言「切」，而言「活」。

此乃船山情景說的餘波遺響，不是主幹正流，亦甚有可取。清代論詩者，頗多以情語、景語、情景交融為言，不惟無以超出船山的範圍，且多沿襲宋明以前迷頭弄影之談，殆未讀其書之故。其後的論詩者，復不足以知船山，故其言晦而不彰。謹抒其一得之愚，祈博雅君子有以教之。

拾柒、袁枚的詩學理論

在乾隆詩壇上，袁枚是獨樹一幟的異軍，與袁枚先後並世的名家甚多，前一輩的如王士禛、朱彝尊、葉燮、趙執信，約略同時的如薛雪、沈德潛、蔣士銓、趙翼、洪亮吉、錢大昕、翁方綱、郭麐、方東樹等，袁枚在詩的創作上，成績不亞於其中的任何一人，而且除一二大家可與並肩之外，均駕而上之。以詩學理論而言，在神韻、格律、肌理諸說興起的時候，枚發為性靈之說，風靡一時，影響深遠。李慈銘《越縵堂詩話》云：

> 昭代文至於劉海峰、朱梅崖，詩至於沈歸愚、袁子才，可謂惡劣下魔矣。

這是由袁枚詩作的影響立論，雖力加詆毀，但在清代的詩壇上，去了二人，未免聲光大減。張際亮在〈劉孟塗詩稿書〉後一文中道：

> 自詩道之衰，南則袁子才，北則翁覃溪，咸自命風雅，以收召後進，後進能名詩而不染其流弊者寡矣。

則由詩學理論的影響上立說，在當時袁枚、翁方綱也許可以比肩並論，但翁方綱的《石州詩話》遠不如《隨園詩話》流行之廣，在詩的創作成績上又遠遜袁枚，由這些方面綜觀，則袁枚的地位可概見了。

袁枚，字子才，號簡齋，以辭官後退居在金陵小倉山下的隨園，所以時人尊稱為隨園先生。先世慈溪人，後遷浙江錢塘，生在貧窮而又以詩書傳家的環境中，這位才氣縱橫而又早慧的不凡人物，十二歲即入泮，二十一歲受廣西巡撫金鉷之薦，到北京參加了博學鴻詞科的會考，雖未高中，但已嶄然露頭角，得交當世賢豪，二十四歲成進士，入翰林院，卻以學習清書──滿州文不及格，分發江南當知縣，開始了「此去好脩循吏傳，當年枉讀上清書」的俗吏生活，當了八年左右的知縣，政績斐然，以不慣當時官場的台參和迎送，「為大官作奴」，急流勇退，經營隨園，奉母優遊，讀書

寫作，迄於老死，八十二歲才辭世，留下了十餘種著作，和身後的是非，任人評章。

袁枚在論文論詩兩方面均有建樹，在文學史上占了重要的一席，但論詩的影響，比論古文的影響更大，一方面是天才高絕，作品能震撼當代；一方面是《隨園詩話》的風行，收到了鼓吹的功效，如錢默存的《談藝錄》所說：

> 此書百年以來，家喻戶誦，深入人心，已非一日，自來詩話，無可比倫。

其影響之大，已超過了王漁洋的神韻，沈德潛的格調，所建立的詩學理論，自成系統，思深而慮遠，識高而論切，可是一般的人，只誤認其「才辨懸絕」，似乎只能服人之口，而不能服人之心，如惲敬在〈孫九成墓誌〉中所言：

> 子才以巧麗宏誕之詞動天下，貴遊及豪富少年，樂其無檢，靡然從之，其時老師宿儒，與為往復，而才辨懸絕，皆為所摧敗，不能出氣，且數十年。

郭紹虞在《中國文學批評史》中說袁枚有「言偽而辨，行醜而博，順非而澤」的本領，橫說豎說，反正全是他的理由。如果袁枚所建立的只是「似是而非」的詭論邪理，縱然能摧折當時的詩人和詩學家，也不足多論。郭紹虞又認為袁枚只是八面玲瓏，卻是無懈可擊，如果真是如此，不過是詩學理論中的「調人」，不會有了不起的建樹，所論不過一時煙雲，不會有什麼了不起的影響了。可是袁枚的詩論，是當時集大成的理論，特別是由袁枚在詩論方面所摧折的及所建立的，分別加以闡述，二面俱呈，也許優劣見而是非出了。袁枚所反對的約有四大專案：

一、反對溫柔敦厚及詩關人倫之說：《禮記·經解》篇說：「入其國，其教可知也，……其為人也，溫柔敦厚，詩教也。」後人遂取此數語，作為創作詩的最高典則，當時沈德潛主之最力，袁枚反對這一主張道：

> 至所云：詩貴溫柔，不可說盡，又必關係人倫日用，此數語有褒衣大袑氣象，僕口不敢非先生，而心不敢是先生，何也？孔子之言，戴經不足據也，惟《論語》為足據。子曰：可以興，可以群，此指含蓄者言之，如〈柏舟〉、中谷是也；曰可以觀，可以怨，此指說盡者言之，如「豔妻煽方處」，「投畀豺虎」之類是也；曰邇之事父，遠之事君，此詩之有關係者也；曰多識於鳥獸草木之

名，此詩之無關係者也。（《小倉山房文集》卷十七，〈答沈大宗伯論詩書〉）

首先袁枚認為溫柔敦厚的說法，出自《禮記》，不是孔子所說的，不足為據，足信據的是《論語》。其次指出《詩經》之中，有溫柔敦厚、不說盡而含蓄解之的一面；也有憤怒怨誹、說盡無餘的部份，以明沈德潛所論，乃偏於一邊。事實上誠係如此，人在遭受小拂逆，有所怨所怒的時候，以詩表之，自然以溫柔敦厚、含蓄淺說為佳。如果遭受到重大的悲痛，國破家亡，極盡人間的慘痛疾苦，尚違拂性情，以求溫柔敦厚，以求含蓄言之，豈不可笑？何況人的性情，有陽剛陰柔之別，人性中自有大義凜然，義正辭嚴的一面，也有溫柔和順，含蓄婉轉的一面，這些事實，一一表現在古人的詩中，如果只一味以溫柔敦厚，以含蓄為貴而論詩，真未免有目無珠了，所以袁枚詆為門面語，無關美惡：

> 老學究論詩，必有一副門面語，作文章必曰有關係，論詩必曰須含蓄，此店鋪招牌，無關貨之美惡。……（《隨園詩話》卷七）

又詩的創作目的，固關係人倫日用，然亦非全然如此，而且以人倫日用為唯一的目的，必使詩有成為道德的附庸，實用的奴隸的危險，以人倫為準則而論，白居易在杭州的憶妓詩，當在摒除之列了：

> 宋蓉塘詩話譏白太傅在杭州，憶妓詩多於憶民詩，此苛論也。〈關雎〉一篇，亦腐論也，文王輾轉反側，何以不憶王季、太王而憶淑女耶？孔子厄於陳、蔡，何以不思魯君而思及門耶？（《隨園詩話》卷一）

以人倫道德而言，白居易根本不應該有憶妓詩，以抒達情感而言，則憶妓詩不足譏笑；以尚用而言，則月露風雲草木鳥獸，無補世用；以性情而言，正乃性情之所托。袁枚又云：

> 黃黎洲先生云：詩人萃天地之清氣，以月露風雲花鳥為其性情，月露風雲花鳥在天地間俄頃滅沒，惟詩人能結之於不散。先生不以詩見長，而言之有味。

情感是詩的生命，月露風雲花鳥是詩的素材，詩人以天賦的高才，敏銳的感受力，

透過詩的素材，融情入景，寫景如繪，留下了不朽的詩篇，搖蕩情靈，使人嗟歎歌詠，不見得完全要與人倫日用有關，實有與之無關而僅怡情性的一面。袁枚道：

> 張燕公稱魚朝隱詩，炫裝倩服，不免為風雅罪人。王荊公因之作字說云：「詩者寺言也，寺為九卿所居，非禮法之言不入，故曰思無邪。」近有某太史恪守其說，動云：詩可以觀人品，余戲誦一聯云：「哀筈兩行淚，約指一勾銀。」當是何人之作？太史意薄之曰：「不過冬郎、溫李耳」！余笑曰：「此宋四朝元老文潞公詩也，太史大駭。余再誦李文正公昉贈妓詩曰：「便牽魂夢從今日，再覩嬋娟走幾時？」一往情深，言由衷發，文正公為開國名臣，夫亦何傷於人品乎？《孝經含神霧》云：「詩者持也，持人性情，使不暴去也。」其立意比王荊公差勝。（《隨園詩話》卷二）

以道學家的觀點來看，袁枚所論，不免離經叛道，為豔詩張目，事實上詩主達情，人的情感是多方面的，有莊嚴肅敬的一面，也有輕鬆諧趣的一面，有禮法制約的時候，也有任情恣意的時候，都可以形之詩篇，也無妨「思無邪」之旨，作俳句豔詩，其人品非無可取，由《詩經》至集部，事實俱在，不是袁枚故為標新立異，更不是在建立豔詩的理論。

二、反對唐詩分期和詩分唐宋：唐詩分期，起於宋人，嚴羽的《滄浪詩話》，已立了盛唐，晚唐等名目：

> 論詩如論禪，漢魏與盛唐之詩，則第一義也；大曆以還之詩，則小乘禪也，已落第二義矣；晚唐之詩，則聲聞辟支果也。……（《滄浪詩話·詩辨》）

至明高棅《唐詩品彙》，明確地分出初唐、盛唐、中唐、晚唐，《四庫全書總目》評之云：「寒溫相代，必有半冬半春之天，豈得謂四時無別哉？」由某一時期，所顯示的共同風格，以見風會所趨，則分期確實有道理，但若執一不化，以為初唐、中唐、晚唐均不如盛唐之作，則是極大的錯誤，即使是詩仙李白，詩聖杜甫，仍然有不成語句的，所以詩宜分優劣，所謂「略其蕪穢，顯其菁英」是也，不當以時代來分判優劣，袁枚便是以這種立場，反對唐詩分期和分唐分宋，袁枚道：

論詩區別唐宋，判分中晚，余雅不喜。嘗舉盛唐賀知章〈詠柳〉云：「不知細葉誰栽出，二月春風似剪刀」。初唐張謂之〈安樂公主山莊〉詩：「靈泉巧鑿天孫錦，孝筍能抽帝女枝」，皆雕刻極矣，得不謂之中晚乎？杜少陵之「影遭碧水潛勾引，風妬紅花卻倒吹」，「老妻畫紙為棋局，稚子敲針作釣鈎」。瑣碎極矣，得不謂之宋詩乎？不特此也，施肩吾古樂府云：「三更風作切夢刀，萬轉愁成結腸線」，如此雕刻，恰在晚唐以前，耳食者不知出處，必以為宋元以後之詩。（《隨園詩話》卷七）

由風格言，古今詩人亦有相同之處，盛唐詩以渾成自然高妙見稱，宋人詩非無渾成而自然高妙者，晚唐以雕刻見病，盛唐詩人也有雕刻求工的，不能執一而論，袁枚又云：

徐朗齋嵩曰：有數人論詩，爭唐宋為優劣者，幾至攘臂，乃援嵩以定其說。嵩乃仰天而歎，良久不語，眾問何歎？曰：吾恨李氏不及姬家耳，倘唐朝亦如周家八百年，則宋元明三朝詩，俱號稱唐詩，諸公何用爭哉！須知論詩只論工拙，不論朝代，譬如全玉出於今之土中，不可謂非寶也，敗石瓦礫流自洪荒，不可謂之寶也。眾人聞之，乃閉口散。余謂詩稱唐，猶稱宋之斤、魯之削也，取其極工者而言，非謂宋外無斤、魯外無削也。（《隨園詩話》卷十六）

袁枚取徐嵩的說法，認為隨朝代而作文學上的分期，未必得當，分唐分宋既然是隨朝代作劃分，如因此而樹立門戶，詩分唐宋，在以尊唐而賤宋，則尤無意義，論詩只論好壞，不因朝代而定詩的好壞，詩尊唐，不過是唐詩有其特殊的地位，如某地有某種特產，並不是其他地方就沒有這種產品，或者是有這類的產品，而毫無價值，所以用「魯之斤」、「宋之削」來作說明，這對明七子文必秦漢，詩必盛唐，是一種反擊，尤其是止息吳之振《宋詩鈔》以後，尊唐尊宋的紛爭，袁枚道：

詩分唐宋，至今人猶恪守，不知詩者人之性情，唐宋者帝王之國號，人之性情，豈因國號而轉移哉！亦猶道人人共由之路，而宋儒必以道統自居，謂宋以前，直至孟子，此外無一人知道者。吾誰欺？欺天乎！七子以盛唐詩自命，謂唐以後無詩，宋儒習氣語，倘有好事者學其附會，則宋元明三朝，亦何嘗無初盛中

晚之可分乎？莊子云：辨生於末學，此之謂也。（《隨園詩話》卷六）

「詩以道性情」，性情是千古人心之所同，自不會隨時代而作本質上的變化，袁枚因而反對分唐分宋，在答沈德潛論詩書中，正式提出了「詩有工拙，而無古今」的主張，並探索出詩分唐宋，乃明朝講學立門戶的習氣使然：

大抵古之人，先讀書而後作詩，後之人先立門戶而後作詩，唐宋分界之說，宋元無有，成宏後始有之。其時議論講學，皆立門戶以為名高，七子狃於此習，遂皮傳盛唐，搤拏自矜，殊為寡識。（《小倉山房文集》卷十七）

明七子李夢陽等人倡「文必秦漢，詩必盛唐」，遂形成門戶派別，這當然與明代的習氣有關，詩學盛唐，本來沒有毛病，如果只從形式格律上著手，字擬句摹，得形似而遺棄了神味，則形成了「皮傳盛唐」的弊病了，袁枚所反對的在此。袁枚雖站在詩以道性情，只論工拙，不論古今的立場，反對詩分唐宋，但不是不知道唐宋詩的變化差異之處：

唐人學漢魏，變漢魏，宋學唐變唐，其變也，非有心於變也，乃不得不變也，使不變不足以為唐，亦不足以為宋也。子孫之貌，莫不本於祖父，然變而美者有之，變而醜者有之，若必禁其不變，則雖造物有所不能，先生（沈德潛）許唐人之變漢魏，而不許宋人之變唐，惑也。且先生亦知唐人之自變其詩，與宋人無與乎？初唐一變，中晚再變，至皮、陸二家，已浸淫乎宋氏矣。（同上）

這一段議論，精彩極了，自詩的風格變化而言，代有差異，唐人不同於漢魏，宋人不同於唐人，是極自然的事，完全是由於代相變化的原故，即使是同一朝代，亦各有變化，故「初盛一變，中晚再變」，好像袁枚立論，是自相矛盾，既反對詩分唐宋，反對唐詩分初盛中晚，又承認詩有宋唐的不同，唐詩又有初盛中晚的差異，仔細研究，袁枚是以詩的本質在道性情，詩只求分工拙的立場，主張詩不應分唐宋，唐詩不應分初盛中晚，從詩有風格技巧上的變化而論，承認有唐宋的變化、三唐的不同，這是袁枚反對唐詩分期和詩分唐宋著眼之所在。

三、反對以格律論詩：明七子主「詩必盛唐」，可是所開出的是格律，至葉燮、

沈德潛論詩，則倡為格調論，其立論有二大要點：一是尚實用，沈德潛在《說詩晬語》
中道：「詩之為道，可以理性情，善倫物，感鬼神，設教邦國，用如此其重也。」一
是重格調，又道：「今雖不能竟越三唐之格，然必優柔漸漬。仰溯風雅，詩道始尊。」
尚用是自詩的創作目的立論，講究格調是詩的創作法則，這二點是格調論主要論點。
袁枚後於葉燮，而與沈德潛同時，沈德潛名望顯赫，《說詩晬語》一書，影響頗大。
袁枚反對格調的理由是：

> 夫詩寧有定格哉？國風之格，不同乎雅頌，皋禹之歌，不同乎三百篇，漢魏六
> 朝之詩，不同乎三唐，談格者將奚從乎？善乎楊誠齋之言曰：格調是空間架，
> 拙人最易藉口，周櫟園之言曰：吾非不能為何李格調以悅世也，但多一份格調
> 者，必損一分性情也，故不為也。（《小倉山房文集》卷二十八，〈趙雲松甌北集序〉）

袁枚反對格調，最主要的是詩的格調，古今不同，談格調者，無所適從，格調只
是空間架，如歸女刺繡時的花樣，邯鄲學步，會喪失自己的精神面貌；又講格調者，
如果沒有斂才就法的本領，又沒有創格的才分，在創作時拘忌局限，才情受到了格調
的牽制，不能發揮，必損及性情。當然詩的創作，基本上不能離開某些格調規則，但
亦不能徒然死守格調規則，故應講求變化：

> 當變而變，其相傳者心也；當變而不變；其拘守者跡也，鸚鵡能言，而不能得
> 其所以言，豈非以其跡哉？（〈答沈大宗伯論詩書〉）

這正是給主格調派領袖的沈德潛以鍼砭，因為格調派最大的缺點，除了「屈才就
法」以外，就是學他人的形貌，而失去自己的本真，「鸚鵡能言，而不能得其所以言，
豈非以其跡哉」的著眼就在此，「人悅西施，不悅西施之影，明七子之學唐，是西施
之影也」。則明言攻格調派的短處了，學古人的形貌風格，學得極為成功，亦不能逃
「空架雖立，而諸妙盡捐」的弊病，學得不成功，則更一無是處。袁枚道：

> 高青邱笑古人作詩，今人描詩，描詩者像生花之類，所謂優孟衣冠，詩中之鄉
> 愿也。譬如學杜而競如杜，學韓而競如韓，人何不觀真杜真韓，而肯觀偽韓偽
> 杜之詩乎？孔子學周公，不如王莽之似也，孟子學孔子不如王通之似也，唐義

山、香山、牧之、昌黎同學杜者，今其詩集都是別樹一旗；杜之所伏膺者，庾
鮑兩家，而中亦絕不相似，蕭子顯云：「若無新變，不能代雄」，陸放翁云：
「文章切忌參死句」，黃山谷云：「文章切忌隨人後」，皆金針度人語。《漁
隱叢話》笑歐公如三管畫筆，專替古人傳神，嫌其描也。五亭山人嘲鸚鵡云：
「齒牙餘慧雖偷拾，那識雷同轉可羞」，又曰：「爭似流鶯當百囀，天真還是
一家言」。（《隨園詩話》卷七）

　　這段話在極力攻擊詩必盛唐的格調派，每一指摘，都切中了格調派的要害。深入
推究，李夢陽主張詩必盛唐，不是不知道盛唐詩的佳處在意境高遠，含蘊有味，但學
盛唐詩，又不能由虛無的意境和韻味上著手，只好由有規則的格調上尋求，李夢陽道：

規矩者法也。僕之尺尺而寸寸之固法也。假令僕竊古之意，盜古之形，剪裁古
辭以為文，謂之影子誠可。若以我之情，述今之事，尺寸古法，罔襲其辭，猶
班圓倕之圓，倕方班之方，而倕之木，非班之木也，此奚不可也。（《空同集》
卷之十一）

　　依李夢陽的說法，一言以蔽之，是承襲古人的法式格調，改變作品的內容實質，
以這種方式來學盛唐，可是其結果只學得了形式格調，只見句摹字擬，成了袁枚所謂
假杜假韓，所謂學舌鸚鵡，至沈德僭等，雖著意立論以救其偏失，仍不能革此流弊，
而為袁枚所非難。

　　四、反對以考據典實為詩：天才與學問，是作者所必需的條件，有的重視天才，
有的重視學問，杜甫「讀書破萬卷，下筆如有神」，是偏重學問的典型代表；嚴羽主
張「詩有別材，非關學問」，有偏重天才的傾向，至清朝乾嘉之際，考據之學大盛，
風氣所播，至以考據典故作詩，形成詩的內容，袁枚力加反對：

近日有巨公教人作詩，必須窮經讀註疏，然後落筆，詩乃可傳。余聞之笑曰：
且勿論建安大曆開府參軍，其經學何如，只問關關雎鳩、采采卷耳，是窮何經
何註疏，得此不朽之作。陶詩獨絕千古，而讀書不求甚解，何不讀註疏以作之？
梁昭明太子〈與湘東王書〉云：「夫六典三禮，所施有地，所用有宜，未聞吟
詠性情，反擬〈內則〉之筆，操筆寫字，更摹〈酒誥〉之作，遲遲春日，翻學

《歸藏》；湛湛江水，竟同〈大誥〉。此數言振聾發聵，想當時必有迂儒曲士，以經學談詩者，故為此語以曉之。（《隨園詩話補遺》卷一）

袁枚從根本上推翻了以經讀註疏為詩的說法，就《詩經》舉例，以詩人為證，更引昭明太子的話，以借古諷今，因為以註疏典故為詩，則有傷性情的真美，袁枚道：

近今詩教之壞，莫甚於以註疏誇高，以填砌矜博，掊摭瑣碎，死氣滿紙。一句七字，必小註十餘行，今人舌繞口呿而不敢下，於性情二字，幾乎喪盡天良，此則二千年所未有之詩教也。（《小倉山房尺牘》卷八，〈答李少鶴書〉）

滿紙只見典故，只見註疏等材料，不是訴於情靈的搖盪，而是訴於理性的析賞，雖好也不是詩的正途，不好則只見死氣滿紙了。至於用典，本無可厚非，自宋以後，人稱杜甫的詩，韓愈的文，無一字沒有來歷，於是作文吟詩，貴有出處，「劉郎不敢題糕字」，即係此故，後世用事用典，成為風氣，袁枚評論此一弊病道：

大抵古人用典，惟恐人知，今人用典，惟恐人不知。明季以後，時文學興，古文學少，人人空疏，於是一二名士，先有自誇博雅之意，然後落筆，僕嘗笑其心術不端。須知詩貴性情，不貴塗澤，文肆而質纖，古人所戒。鍾嶸《詩品》云：「高臺多悲風」，「攜手上河梁」，皆一時情景所觸，羌無故實，竟成絕調，大明太始中，誇用典故，文章遂同書抄，文體大壞，《南史》稱沈隱侯用事，能如其胸臆之所出，不知有異，所以難及。此皆前哲明訓，不可不知。（《小倉山房尺牘》卷五與〈楊蘭坡明府書〉）

不主張在詩中用典，這是前人的見解，不得已而用典，亦求明當，如未用典，如此方不致有損性情的真美，而免於塗澤裝飾，在當時的詩壇，自是針砭病弊的主張。

以上四項，足見袁枚破壞的所在，不破無以立，有所破壞，正是袁枚建立其詩學理論關鍵之所在。袁枚論詩，其理論中心，自是以「性靈」的主張為中心，此外可稱道者仍多，特闡述於下：

一、詩主性靈的精義：袁枚的標舉性靈，一方面是對格調派的反抗，一方面在反對宋詩以學問考據為詩的風氣，袁枚道：「明七子貌襲盛唐，而若輩（當時浙派詩人）

乃皮傳殘宋，棄魚菽而嗽豨苓，尤無謂也。」（《小倉山文集卷》十，〈萬柘坡詩集跋〉）於
是以性靈立說，欲以救偏起弊，而形成了其詩學理論的中心。

「性靈」一詞，袁枚屢以為言，當時他的女弟子嚴蕊稱袁枚的詩道：「先生之詩，
專主性靈。」時人如孫星衍也說：「絕地通天寫性靈」。可見性靈實係袁枚論詩所堅
持的主張。可是此外又標舉性情，袁枚道：

> 或稱予詩，專主性情，不得已而逢典故，不分門戶，乃無心而合唐音，雖有所
> 不及，不敢不勉。（《隨園詩話》卷七）

又《隨園詩話補遺》卷十載女弟子金纖纖的評論道：「余讀袁公詩，取《左傳》
三字以蔽之，曰必以情。」可見袁枚論詩作詩的主張，除性靈之外，復主張性情，或
單標情字，單詞曰情，複詞曰性情，二者涵義，可能相同，但性靈是不是等於性情？
性靈的涵義如何？則異說紛紜，後人的解說，可能不十分切合袁枚的真意；竊以為袁
枚用「性靈」一詞，有與性情同義之處：

> 自三百篇至今日，凡詩之傳者，都是性靈，不關堆垛。（《隨園詩話》卷五）

> 謝深甫云：詩之為道，標舉性靈，發抒懷抱，使人易於矜伐，此言是也。（《隨
> 園詩話》卷十二）

> 余作詩雅不喜疊韻、和韻及用古人韻，以為詩寫性情，惟吾所適。（《隨園詩話》
> 卷三）

> 千古言詩者，莫如虞舜教夔典樂曰：「詩言志」，言詩之本乎性情。（《隨園詩
> 話》卷三）

以上四則，性情與性靈二詞，幾乎可以互相代用，又：

> 李嘯村最長絕句……歸愚《別裁集》只選〈上巳憶白門〉一首云：「楊柳晚風
> 深巷酒，桃花春水隔簾人。」不過排湊好字面，最為下乘，捨性靈而講風格者，
> 往往捨彼取此。（《隨園詩話》卷十三）

以性靈與風格對舉，此處之性靈，實指詩的無形因素——性情而言，涵義一無差別。可是袁枚論性靈，亦有別於性情之處，靈指靈機、靈活、靈妙，袁枚云：

> 今人浮慕詩名而強為之，既離性情，又乏靈機，轉不如野氓之擊轅相杵，猶應風雅焉。（文集卷二十八，〈錢嶼沙詩序〉）

> 王荊公矯揉造作，不止施之政事也。王仲主：「日斜奏罷長楊賦，閒拂塵埃看畫牆」，句最渾成。荊公改為：「奏賦長楊罷」，以為如是乃健；劉貢父⋯⋯「明日扁舟滄海去，卻從雲裏望蓬萊。」荊公改雲裏為雲氣，幾乎文理不通。唐劉威詩云：「遙知楊柳走門處，似隔芙蓉無路通」，荊公改為：「漫漫芙蓉難覓路，蕭蕭楊柳獨知門」；蘇子卿詠梅云：「只應花是雪，不悟有香來」。荊公改為「遙知不是雪，為有暗香來」，活者死矣，靈者笨矣。（《隨園詩話》卷六）

> 有人以某巨公之詩求選入詩話，余覽之，倦而思臥，因告之曰：「詩甚清老，頗有功夫，然而非之無可非也，刺之無可刺也，選之無可選也，摘之無可摘也。」孔子曰：「剛毅木訥近仁」，某公之詩，不脫一木字，謂之近仁則可，謂之近詩則不可。或曰：其話皆莊語故耳！余曰：不然！筆性靈，則寫忠孝節義俱有生氣；筆性笨，雖詠閨房兒女亦少風情。（《詩話補遺》卷二）

「既離性情，又乏靈機」，二者對舉，性情乃指創作時的情感狀態，靈機是論創作後的表達成效；至於論王安石改詩：「活者死矣，靈者笨矣」，則靈係靈活的意思，因為活與靈相對為文，義歸一致。至於「筆性靈，筆性笨」，則靈有靈妙的涵義，可見袁枚所謂性靈，性是指性情真摯自然，靈是表達靈活靈妙，以此為論詩的根本，特舉袁枚的評詩實例，以作信證。

> 嘯村工七絕，其七律亦多佳句，如「馬齒坐叨人第一，蛾眉應對月初三」；「賣花市散香沿路，踏月人歸影過橋」；「春服未成翻愛冷，家書空寄不妨遲」。皆寫性靈，自然清絕。腐儒以雕巧輕之，豈知鈍根人正當飲聖藥耶？（《隨園詩話》卷十）

香岩有句云：「案前堆滿新來筍，牆角開殘去後花。」又西湖云：「看來直似難忘友，想去還多未了詩。」一片性靈，筆能曲達。（《隨園詩話補遺》）

所謂「一片性靈，自然清絕。」「自然」正以形容性情自然真摯，清絕乃指其表達的靈妙。「一片性靈，筆能曲達」，前句指性情的真純，後句指表達的靈活。一言以蔽之，袁枚的性靈說，是兼創作時的性情動機，和表達時的靈妙靈活而論的，這一類的例證，在袁枚的全部著作中，比比皆是，不勝枚舉。

二、天才論：性靈雖為袁枚論詩的中心，但並非袁枚獨創的見解，黃宗羲、趙執信、尤侗等已倡其說，黃宗羲所謂「詩之為道，從性情中出」。趙執信道：「詩以道性情，故宜辭婉」。尤侗說得更深刻：「詩之至者在乎道性情，性情所至，風格立焉，華采見焉，聲調出焉。無性情而矜風格，是鶩集翰苑也；無性情而炫華采，是雉竄文囿也；無性情而誇聲調，亦鴉噪詞壇也。」這些見解，不但與袁枚所主的性靈說有符節相合之處，更是以性情論詩的先驅，所以最重要的，是能把這種理論實踐發揮，以指導創作，袁枚認為詩的創作，在於天才，沒有天才，不但不能道性情，也不能表現靈活、靈妙，袁枚論才的重要性道：

> 作詩如作史也，才學識三者宜兼，而才為尤先。造化無才，不能造萬物；古聖無才，不能制器尚象；詩人無才，不能役典籍，運心靈。才之不可已也如是夫。
> （《小倉山房文集》卷十八，〈蔣心餘藏園詩序〉）

才與學識並重，是人所共見共知的理論，袁枚獨重才，認為才在學與識之上，與主才學並重，和偏重學識的人，已有不同，袁枚重視天才，到了認為無才分的人，不能做詩的程度。

> 從古非常之士，未有不根於天授，弈之為數小道也，然成國手，必須弱冠以前，過此則終身無望。駃騠生七日而超其母，李鄴侯七歲為曲江小友，楊妃抱劉士安坐膝上為之畫眉，厥後皆功在社稷。（《小倉山房尺牘》卷七，〈答何水部〉）

> 楊誠齋云：「從來天分低劣之人，好談格調，而不解風趣，何也？格調是空架子，有腔口易描，風趣專寫性靈，非天才不辦。」余甚愛其言，須知有性情便

有格律，格律不在性情外，三百篇是勞人思婦率意言情之作，誰為之格？誰為之律？而今之談格調者，能出其範圍否？況禹皐之歌，不同乎三百篇；國風之格，不同乎雅頌，格豈有一定哉！許渾云：「吟詩好似成仙骨，骨裏無詩莫浪吟。」詩在骨不在格。（《隨園詩話》卷一）

這是袁枚天才論的有力理論，其要點有三，一是天才是詩家的基本條件，「吟詩好似成仙骨，骨裏無詩莫浪吟」，「詩在骨」，便是詩的創作在於天才。二是天才出於性情，有天才方能專寫性靈，作品方有風趣。三是律格不在性情外，有性情，便有格律，格律是死的，因表達性情，隨性情而造成了格調，有天才方能創造格調，或是突破前人的格調，「若無新變，不能代雄」，而新變乃是以天才為主要條件。所以袁枚於王漁洋、方望溪頗有不滿，並不是不滿於二人論詩論文的理論，而是不滿於其創作成就——缺乏天才，所以說：「一代正宗才力薄，望溪文集阮亭詩。」袁枚的重視天才，可見一斑。

人的性情不同，天賦各異，才分之高下，有得之於先天的部份，自然有得於後天的學問經歷的部份，袁枚天才論，但並非不知道後一部分的重要。以詩的創作而言，其不能不講學問、經歷，不能不上學古人，但袁枚主張最力的，是要以自己的性情才分為主，去善學古人，善用學識，形成自己的面貌風格。在運用才分而言，一是用其所長，一是避其所短，袁枚自己雖未明言所長何在，但至少做到了避其所短，故一生不填詞，不作曲，不畫畫。在詩的創作上，主張就自己的才分性情發揮，所以主張詩中「著我」——詩貴表達自己的性情、才分、經歷、遭遇的感發。袁枚論「著我」的重要道：

不學古人，法無一可。竟似古人，何處著我？字字古有，言言古無。吐故吸新，其庶幾乎！孟子學孔子，孔子學周公，三人文章，頗不相同。（《小倉山房詩集》卷二十，〈續詩品·著我〉）

說出了著我的真義，貴詩中「著我」，「著我」之道，在不求似古人，既不求似古人，當然更不會求似今人了。其意義在形成自己的風格面貌，「吐故吸新」，是學古變化的原則，「字字古有，言言古無」，是表達時的理論，而與詩必盛唐的格調派

畫清了界限，袁枚在〈與洪稚存書〉中論這一道理說：

> 古之學杜者無慮數百家，其傳者皆其不似杜者也。唐之昌黎、義山、牧之、微之，宋之半山、山谷、後村、放翁，誰非學杜者？今觀其詩皆不類杜。……董文敏跋張即之帖，稱其佳處，不在能與古人合，而在能與古人離，詩文之道，何獨不然？足下前年學杜，今年又復學韓，鄙意以洪子之心思學力，何不為洪子之詩，而為杜子韓子之詩哉，無論儀神貌襲，終似是而非，就令是韓是杜矣，恐千百世後人仍讀杜之詩，必不讀類杜之詩。使韓杜生於今日，亦必別有一番境界，而斷不肯為從前韓杜之詩。……（《小倉山房文集》卷三十一）

在這篇書札裏，充分說明了不可從人似人，棄己而不著我，所以勸洪稚存發揮自己的心思學力，獨自創格而為「洪子之詩」，不必似韓似杜，而且附帶地說明了世變事變，即使韓杜復生，也必然會別有一番境界，而不肯為「從前韓杜之詩」。從每個人的才分性情不同，應各獨自發展，獨自創格，故文不必秦漢，詩不必盛唐，更不必文學韓愈，詩學杜甫了。因為縱使杜甫韓愈的詩文中有泰山東海，但天下「仍有匡廬武夷之奇，瀟湘鏡湖之妙」。袁枚有此獨特的見解，才能不依傍他人門戶，而自成家數，自是其天才論的發揮。

三、詩道廣大論：袁枚的詩論，能聳動當時，摧折老師宿儒，立論面面俱到，是因為袁枚體認到「詩道廣大」，才能不偏於一邊。詩道甚寬，袁枚屢以為言：

> 詩境最寬，有學士大夫讀破萬卷，窮老盡氣而不能得其間奧者；有婦人女子村氓淺學偶有一二句，雖李杜復生必為低首者；此詩之所以為大也。作詩者必知此二義，而能求詩於書中，得詩於書外。（《隨園詩話》卷三）

在詩的國度裏，包容廣大，未必讀破萬卷書的「學士大夫」才是詩人，婦人女子和一般的小民，在天機到時，性情所感，也可以有壓倒李白杜甫的好詩，從《詩經》時代到現在，這種現象，層出不窮，倡伶僕役僧尼乞丐與達官名儒，都被包容在詩的王國裏，這是詩道廣大之一。以內容言，詩的題材和表現，可以包涵萬有，論詩者認為詩不可以說理，但袁枚認為不然：

或云詩無理語,大雅:「於緝熙敬止。」「不聞亦式,不諫亦入。」何嘗非理
語?何等古妙?《文選》:「寡欲罕所缺,理來情無存。」唐人:「廉豈沽名
具,高宜近物情。」陳後山〈訓子〉云:「勉汝言須記,逢人善即師。」文文
山〈詠懷〉云:「踈因隨事直,忠故有時愚。」又宋人:「獨有玉堂人不寐,
六箴將曉獻宸旒」,亦皆理語,何嘗非(原誤為有)詩家上乘,至乃月窟天根等
語,便令人聞而生厭矣。(《隨園詩話》卷三)

詩本係訴之人的情感,不宜說理,更不宜下理語,但能寓理成趣,袁枚認為亦係
詩家的上乘作品,袁枚又道:

詩不能作甘言,便作辦語(辦係辯字之誤)荒唐語,亦復可愛。國初閻某有句云:
「殺我安知非賞鑑,因人決不是英雄。」〈詠漢〉高云:「能通關內風雲氣,
不諱山東酒色名。英雄本不羞貧賤,歌舞何曾損帝王。」可以謂之辣辛矣。或
贈道士云:「煉成雲母堪炊飯,收得雷公作吏兵。」或自述云:「我向大羅看
世界,世界不過手掌大。當時祇為上界忙,不及提向瀛洲賣。」可以謂之荒唐
矣。(《隨園詩話補遺》卷十)

袁枚認為詩除甘語之外,辦語、荒唐語亦復可愛,是認為詩的內容,可包羅萬有,
這一見解在當時是特出眾流的。詩以作者言,各有所長,各有風格特色,袁枚論之道:

詩人家數甚多,不可硜硜然域一先生之言,自以為是,而妄薄前人,須知王孟
清幽,豈可施諸邊塞?杜韓排冪,未便播之管絃;沈宋莊重,到山野則俗;盧
仝險怪,登廟堂則野;韋柳雋逸,不宜長篇;蘇黃瘦硬,短於言情。悱惻芬芳,
非溫李冬郎不可;屬詞比事,非元白梅村不可。古人各自成家,業已傳名而去,
後人不得不兼綜條貫,相題行事,雖才力筆性,各有所宜。未容勉強,然宵藏
拙而不為則可,若護其短而反譏人之所長則不可。………(《隨園詩話》卷五)

說明了古時的大詩家,各自建立了不同的風格,各有所長,都應受到尊重,也均
在後人取法之列,不宜「域一先生之言」,妄加菲薄,所以袁枚論王漁洋、馮班的見
解道:

嚴滄浪借禪喻詩，所謂羚羊挂角，香象渡河，有神韻可味，無跡象可尋，此說
甚是，然不過詩中一格耳！阮亭奉為至論，馮鈍吟笑為謬談，皆非知詩者。詩
不必首首如是，亦不可不知此種境界，如作近體短章，不是半吞半吐，超超元
（避諱，應作玄）著，斷不能得絃外之音，甘餘之味，滄浪之言，如何可詆？若作
七古長篇，五言百韻，即以禪喻，自當天魔獻舞，花雨彌空，雖造八萬四千寶
塔，不為多也。又何能一羊一象，顯渡河挂角之小神通哉！總在相題行事，能
放能收，方稱作手。（《隨園詩話》卷八）

王漁洋因嚴羽《滄浪詩話》的理論，倡神韻說，選《唐賢三昧集》推崇王維、孟
浩然，馮班則作《滄浪詩話糾謬》，指嚴羽不但不懂詩，也不懂禪，（有關二人的詩論的
批評，見拙著《禪學與唐宋詩學》），袁枚站在詩道廣大的立場，加以論斷，認為是詩中一
格，雖然不必獨尊專宗，也不可以詆毀，並認為近體短章，以這種風格見長，長篇鉅
制，則不能守此而自困，真是明通的高明見解。以詩的格律來說，律詩應力求合於音
調平仄的規律，但違反律體規則的拗體，袁枚亦加推重：

杭董浦論七律，不喜拗體，余道：「詩道甚寬，實有因拗轉峭者。」因誦倪紫
珍先生〈客中憶雨湖〉云：「江水不如湖水澄，南峰涼暖時堪登。入雲但問采
樵客，踏葉偶隨歸來僧。一掬泉因瘦蛟活，滿山桂與青霞蒸。白波渺渺未可渡，
空倚葛波三尺藤。」似此八句，一調平仄，便索然無味矣。杭亦以為然。（《隨
園詩話補遺》卷一）

袁枚以詩道甚廣的立場，認為人所不喜的拗體，亦有因拗轉峭的作用。袁枚進而
以這一觀點，認為詩可以拙，可以巧，可以濃，可以淡，可以求於心思發露的人巧，
也可出於不經琢磨的天籟，可以用典，也可以不用典，其論詩似面面俱到，無懈可擊，
實際是由於其見解正確。

四、以理論詩：自古以來的文學理論家，無不思建立完密的理論，創作的法則技
巧，示後人以徑道。袁枚的論詩，當然有此傾向，但有異於常人的地方，不論詩的法
則，而論詩理，袁枚道：

《宋史》：嘉祐間朝廷頒陣圖以賜邊將，王德用諫曰：「兵機無常，而陣圖一

定,若泥古法以用今兵,慮有僨事者。」〈技術傳〉:「錢乙善醫,不守古方,時時度越之,而卒與法會。」此二條皆可悟作詩之道。(《隨園詩話》卷五)

這是袁枚對詩文不當泥守死法和死規則的基本觀點,趙執信有《聲調譜》,是七古詩的聲韻規則,袁枚大加攻擊:

> 近有《聲調譜》之傳,以為得自阮亭,作七古者奉為秘本。余覽之不覺失笑。夫詩為天地元音,有定而無定,到恰到好處,自成音節,此中微妙,口不能言,試觀國風、雅、頌、〈離騷〉,各有聲調,無譜可填,杜甫、王維七古中,平仄均調,有如七律者,韓文公七字皆平,七字皆仄,阮亭不能以四仄三平之例縛之也。倘必照曲譜排填,則四始六義之風掃地矣。此阮亭之七古,不如杞國伯姬,不敢那(挪)移半步。(《隨園詩話》卷四)

袁枚以有定理,無定法的觀念,認為《聲調譜》的死法死規則,是一笑話,王漁洋因為死守這些規則,「不敢那(挪)移半步」,在七古的創作上,沒有好的成績。

> 近又有講聲調而圈平點仄以為譜者,戒蜂腰、鶴膝、疊音、雙聲以為嚴者,栩栩然矜獨得之秘,不知少陵所謂「老去漸於詩律細」,其何以謂之律?何以謂之細,少陵不言,微之云:「欲得人人服,須教面面全。」其作何法,微之亦不言。蓋詩境甚寬,詩情甚活,總在乎好學深思,心知其意,以不失孔孟論詩之旨而已。必欲繁其例,狹其徑,苛其條規,桎其性靈,使無生人之樂,不已僨乎。唐齊已有《風騷旨格》,宋吳潛有《詩眼》,皆非大家真知音者。(《隨園詩話補遺》卷三)

明言反對死的法例規條,所以袁枚的論詩,是以理,不以法,各種的評論,多基於理,有系統的論說,則推《續二十四詩品》,自崇意、精思、博習、相題、選材、用筆以至戒偏、割忍、求友、拔萃、滅跡,所言無一語及於定法規條,均係論闡詩的道理,例如袁枚論葆真道:

> 貌有不足,敷粉施朱。才有不足,徵典求書。古人文章,俱非得已。偽笑佯哀,吾其優矣。畫美無寵,繪蘭無香。揆厥所由,君形者亡。(《小倉山房詩集》卷二

十）

全詩是頌出作者貴以自己的面目示人，不可徵典求書，求形似而失本真，所標示的是論詩的理，不是法例規條，因為法例規條，徒禁錮性靈，而以理論詩，卻可使人自悟；袁枚道：

> 詩文之道，全關天分，聰穎之人，一指便悟。霞裳初見余，呈詩十餘首，余不忍拂其意，盡粘壁上，渠亦色喜。遂同遊天臺，一路唱和，無一言及其前所呈詩也。往返兩月，霞裳歸家，急奔園中，取壁上詩，撕毀摧燒之，對余大笑。余戲作桓宣武語曰：可兒！可兒！（《隨園詩話》卷四）

這段生動的記載，是袁枚以詩理指化學生，使其自悟的明證，所以論詩理而不論詩法，是袁枚特別的地方。至於其揭示的詩理，則無法一一細說了。

以上所述，袁枚所破所立，雖不足以見袁枚詩論的全部，但頗足以顯示其論詩特出的地方。下面錄其詩話中的二則，以闡明袁枚論詩的大要，以見所破所立的一斑，兼以證明上面的敘說，非出於捕風捉影：

> 抱韓杜以凌人而粗腳笨手者，謂之權門託跡；倣王孟以矜高，而半吞半吐者，謂之貧賤驕人；開口言盛唐，及好用古人韻者，謂之木偶演戲；故意走宋徑者謂之乞兒搬家；好疊韻，刺刺不休者，謂之村婆絮談；一字一句，自注來歷者，謂之骨董開店。（《隨園詩話》卷五）

> 詩有幹無華，是枯木也；有肉無骨，是夏蟲也；有人無我，是傀儡也；有聲無韻，是瓦缶也；有直無曲，是漏巵也；有格無趣，是土牛也。（《隨園詩話》卷七）

袁枚在詩學理論方面所破壞和所建立的，已可見其大要了，是以性靈說為中心，反對格調，反對詩分唐宋，反對以學問典故為詩，主張天才，而不廢學識，論詩理而不主法例規則，形成了其玲瓏透闢而又面面俱到的詩論。

拾捌、桐城於「義法」之綜錯意見

一、前　言

　　韓文公提倡的古文，到了有清一代，繼八大家之後，出現了旗幟鮮明、聲勢浩大、影響廣大而長遠的桐城派。這一派有創派的領導人物；有相當一致遵奉的創作理論；有風格約略相同的優秀作品；以地區性為派名，而又有全國性的活動與影響，並且有影響於後世的方面。在清代的社會和文壇之中，如果摘除了這一派的活動及其貢獻，雖不致光沈采銷，但當係無可彌補的缺憾與損失，則是不爭的事實。在桐城的創作理論中，有共同性、一定性的影響，當推方苞的古文「義法」論及其創作，由於這二方面的成就，方苞才成為桐城的初祖。方氏雖係自許為「學行繼程朱之後，文章在歐曾之間」（見《方望溪先生全集》，王兆符〈望溪文集序〉）的人物，讚譽溢美者不少，而最當情實的批評應推袁枚「一代正宗才力薄」的說法，語異而義同的，不乏其人，如：

> 望溪所得，在本朝諸賢為最深，而較之古人則淺。……（姚鼐《惜抱軒尺牘·與陳石士書》）

> 然望溪豐於理而嗇於辭，謹嚴精實則有餘，雄奇變化則不足，亦能醇不能肆之故也。（劉開《劉孟塗文集》卷四〈與阮芸台公保論文書〉）

> 然望溪之於古文，則又有未至者，是故旨近端而有時而歧，辭近醇而有時而纇。（惲敬《大雲山房文稿·上曹儷笙侍郎書》）

　　以上諸家之評，全然針對望溪之作品優劣而發，於其創作均致其不滿。蓋其作品之影響，不若其文論影響之鉅大。而文論之中，又以「義法」論最具影響，如郭紹虞氏所云：

> 方苞論文以義法為中心，《望溪文集》中談到義法的很多。桐城派的文論，是
> 在義法論的基礎上逐步發展提高而形成一個體系的。（見《中國歷代文論選》下冊·
> 第四篇·第二章）

　　誠然係中肯之見，義法論是方苞文論的中心，也是桐城文派中的重要論點，可是
由於誤會方苞於義法的釋說，而有意義分歧，不幸竟而引起了基本上的混淆；後人的
解釋，過於「擴大」和「簡化」，產生籠統的概括印象，致將方苞論文的主張，幾乎
全部納入「義法」論之內；甚至將桐城文派論文的見解，與方氏南轅北轍者，亦闌入
「義法」論之中，而「義法」論的真際，桐城文派於「義法」論以外的建樹，亦蔽而
不彰，例如郭紹虞云：

> 義法之說可以看作方苞的文學觀，也可以看作他的人生觀。義者，期其文之思
> 想不背於理，即程朱所祈向者是；法者，期其文之形式不越於度，即以韓歐為
> 宗主者是。（《中國文學批評史》下冊·第四編·第二章。）

　　將「義法」看作方苞的文學觀，已嫌其擴大；再將其看作方苞人生觀，尤屬大而
無當。其對「義」和「法」的解釋，有的也非望溪的原意。郭氏又云：

> 所以桐城文論又始終不離所謂古文義法的問題。蓋在此名詞之下，可以範圍以
> 前理學家的文論，也可以範圍以前唐宋八大家之文論。……（同上）

> 什麼是古文義法？古文義法有二種意義，即如上文所述：就文之整體言之，則
> 包括內容與形式的調劑，而融合以前道學家與古文家之文論。就文之局部言之，
> 即專就學文方式而言，則又能融合秦漢派之從聲音證入以摹擬昔人之語言，與
> 唐、宋派之從規矩證入以摹擬昔人之體式，這樣，所以能集古今文論之大成。
> （同上）

　　如其所言：㈠桐城文論，除「義法」之外，幾無內容了。㈡「義法」論也不過調
和融合理學家和古文家的理論而已。㈢郭氏將文學理論簡化為內容與形式，以等於「義
法」的內涵。㈣「義法」不過將「秦漢派」的語言摹擬和體式摹擬，歸納包涵，而集
其大成。很明顯的，有了嚴重的誤會和誤解，「義法」論的內涵因而不明，桐城派的

文論,將蔽而不彰,而且郭氏的說法,影響甚大,故宜加導正,以免形成偏誤。在根本上,應就方苞所言,以探求其「義法」論的界定與內涵;在發展上應明白桐城諸家於「義法」論的繼承和變革,以見其分歧別異之所在。有了這樣綜錯而深入的探究,而各家之建樹與精神,方能明白。綜者謂綜理、綜合,就方苞之義法而承受領會也;錯者交錯也,錯出也,就綜合義法之所得,而各有其主張與分歧之見也。

二、方苞「義法」論的綜錯內涵

㈠「義法」論的基本取向:方苞,字鳳九,一字靈皋,晚號望溪,桐城人(今安徽省懷寧)。生於清聖祖康熙七年,卒於清高宗乾隆十四年(西元一六六八——七四九)享年八十二。這位桐城派的始祖,「學行繼程朱之後,文章在韓歐之間」,卻先由詞章入手,然後再講求經學,攀躋宋儒:

> 僕少所交多楚越遺民,重文藻,喜事功,視宋儒為腐爛,用此年二十,目未嘗涉宋儒。及至京師,交言潔與吾兄,勸以講索,始寓目焉。其淺者皆吾心所欲言,而深者則吾智力所不能逮也,乃深嗜而力探焉。(《望溪先生集·再與劉拙修書》。以下省稱《文集》)

> 靈皋自與余往復討論而相質正者且十年。每一篇成,輒舉以示余,余為之點定評論,其稍有不愜於心,靈皋即自毀其稿。而靈皋尤愛余文,時時迴圈諷誦。(戴名世〈方靈皋序〉)

> 季野獨降齒德而與余交,每曰:子於古文信有得矣,然願子勿溺也。唐宋號為文家者八人,其於道粗有明者,韓愈氏而止耳,其餘則資學者以愛玩而已,於世非果有益也。余輟古文之學而求經義,自此始。(《文集》卷十二〈萬季野墓表〉)

由上所引,可見望溪由文學而宗宋儒,而研經術的大致歷程,望溪「義法」說的提出,在其晚年《古文約選》前後,在基本的傾向上是擺脫了八大家文論的影響,而趨於經學與宋代理學家的立場,方氏於古文之名而定其界限云:

自魏晉以後，藻繪之文興，至唐韓氏起八代之衰，然後學者以先秦盛漢辯理論事、質而不蕪者為古文。蓋六經及孔子、孟子之書之支流餘肆也。（《古文約選·序》）

全然視古文為經學、孔孟語錄之支流，其立場與韓歐有合之外，與其他六大家則不能同其塗轍。就文章之內容而言，言之有物，是望溪的凸出主張：

古之聖賢，德修於身，功被於萬物，故史官記其事，學者傳其言，而以為經，與天地同流。其下如左丘明、司馬遷，志欲通古今之變，存一王之法，故記事之文傳；荀卿、董傳，守孤學以待來者，故道古之文傳；管夷吾、賈誼，達於世務，故論事之文傳，凡此皆言有物者也。（《文集》集外文卷四〈楊千木文稿序〉）

除了獨尊經學之外，將「道古」的學術，亦入於古文的言之有物中，顯然超越了八大家等文學家的主張，而與理學家的主張相近。至於「法」的方面，受古文家的影響極少，所以「文以氣為主」，「以意為主」的理論，均不為望溪所援用，他的「義法」論，不但是引用《易經》，而其思想根本，則顯係受《論語》文質說的影響。方氏云：

自周以前，學者未嘗以文為事而文極盛，自漢以後，學者以文為事而文益衰，其故何也？文者、生於心而稱其質之大小厚薄以出者也。爰爰以文為事，則質衰而文必敝矣。（同上）

方氏之揭「義法」論，其意義顯然與「文質」相當，不言「質」而言「義」，不言「文」而言「法」，既免於雷同一響，而且較為具體、明確。所以方苞的「義法」論，是紮根在經學和理學家的主張上，不是融合或範圍道學家和古文家的文論。此一立場與趨向，至為明顯，不容誤認。方氏有取於古文家的，只是日進的表達技巧。除韓、歐之外，方氏於其他六大家，均有不滿，故云：「韓愈、歐陽脩，不欲以文士自處者也，故文莫盛焉。」（同上）弦外之音，餘人亦文士而已，殊有不屑之意。蓋方氏所歸心者，惟宋五子：

生乎五子之前者，其窮理之學，未有如五子者也；生乎五子之後者，推其緒而

廣之，乃稍有得焉。其背道而馳者，皆妄鑿牆垣而殖蓬蒿，乃學之蠹也。（《文集》卷五〈再與劉拙修書〉）

這誠然是歸心五子之極的表示，由學術思想的影響，到文學理論的形成，以致「義法」論的提出，根源可見。

㈡古文界定的真義：方苞於古文的界定，自然是義法論的根本。望溪云：

太史公自序：「年十歲，誦古文」，周以前書皆是也。自魏晉以後，藻繪之文興。至唐韓氏起八代之衰，然後學者以先秦、盛漢辯理論事，質而不蕪者為古文，蓋六經及孔子、孟子之書之支流餘肄也。（《古文約選·序》）

蓋古文所從來遠矣，六經、《語》、《孟》其根源也。保其枝流而義法最精者，莫如《左傳》、《史記》。（同上）

韓退之云：「漢朝人無不能為文。」今觀其書疏吏牘，類皆雅飾可誦，茲所錄僅五十餘篇，蓋以辨古文氣體，必至嚴乃不雜也。（《古文約選·凡例》）

古文氣體，所貴澄清無滓，澄清之極，自然而發其光精，則《左傳》、《史記》之瑰麗濃郁是也。始學而求古典，必流為明七子之偽體。故於〈客難〉、〈解嘲〉、〈答賓戲〉、〈典引〉之類，皆不錄。（同上）

退之、永叔、介甫，俱以誌銘擅長。但序事之文，義法備於《左》、《史》。退之變《左》、《史》之格調，而陰用其義法；永叔摹《史記》之格調，而曲得其風神；介甫變退之之壁壘而陰用其步伐。……（同上）

子厚文筆古雋而義法多疵，歐、蘇、曾、王亦間有不合，故略指其瑕，俾瑜者不為揜耳。（同上）

《易》、《詩》、《書》、《春秋》及《四書》，一字不可增減，文之極則也。降而《左傳》、《史記》、《韓文》，雖長篇，句字可薙荄者甚少。……（同上）

夫周秦以前，學者未嘗言文，而文之義法，無一之不備焉。唐宋以後，步趨繩

尺，猶不能無過差。東鄉艾氏乃謂文之法至宋而始備，所謂強不知以為知者邪？

（《文集》卷五〈書韓退之平淮西碑後〉）

以上所迻錄，乃望溪於古文的界定，最重要、最明確的部份，綜而述之，其要義如下：⑴古文之名，望溪以為周以前之書皆是古文，其時駢文尚未產生，魏晉以後，藻繪之文興，韓愈所起的八代之衰，正是先秦所產生的這種文體。⑵就內容而言，古文是能「辯理論事」，「質而不蕪」──有內容而不蕪雜的文體。⑶先秦的書，六經和孔、孟之書，才是古文的正宗，古文是其「支流餘肆」，《左傳》、《史記》，有古文最精微的義法存寓其中。⑷漢人的作品，具有古文的「氣體」，指的是「澄清無渣」，「嚴而不雜」而又「瑰麗濃郁」的文章，如果捨去了這些，將是明七子的偽古文。⑸堪為古文的極則的，是《易》、《詩》、《書》、《春秋》、《四書》，次一點的是《左傳》、《史記》、韓愈的文章。⑹周秦以前，未曾講究古文的義法，而義法無不完備，而存於篇章之內。後人之作，步趨繩尺，卻不能無差失，八大家之中，柳宗元疵病最多，歐、蘇、曾、王，亦間有不合。在誌銘的文體中，韓、歐、王最擅長，這種序事的義法，都是從《左》、《史》變化而得。有了這六項明白的界定，再行探論方氏的「義法」論，才能疆域清楚，源流明白，涵義可得而論定，不致陷入迷離混淆的偏蔽中。

㈢「義法」論的真義及詞義：關於「義法」論的淵源，近人段熙仲認為係受明代陽明學派講學揭櫫宗旨的影響❶，其實這是遠紹禪宗分宗立派的所謂「門庭設施各有不同」和宋儒講學風氣而各立宗旨的影響，至於「義法」論的內容，「言之有物」和「言之有序」，段氏指出係受歸有光和錢謙益的影響❷，當然方氏推重《史記》的義法的完備，可能大受歸氏評點《史記》的刺激，而《史記》又有為文章「義法」之祖的實際，然「言之有物」，「言之有序」是論文者的基本觀念，不必一定受錢氏的刺

---

❶ 段熙仲〈論桐城派的「義法」說及其實質〉，原載《江海學刊》一九六一年十一月號。收入《桐城派文論》一書中。

❷ 同註❶。段氏云：「望溪陰用牧齋之言而不為其所限制，一面以『義法』與『言之有序』，代替了牧齋的『詞必己出』，擴大了『言有物』的涵義。……」案：「『言之有序』與『言之有物』，均與『詞必己出』意義乖隔甚遠，不能有替代關係。」

激。方氏重大的創獲，筆者以為係以「言有物」，以具體地界定了義法論「義」的要恉，以「言有序」確定了「法」的重要內涵，使「義法」論不致流於空疏，此乃發前人之所未發處，予桐城派以重大規範和影響在此。此蓋源於以往的古文家，未形成有系統、而又簡明概括的文論，以規範古文家的創作，故方氏「義法」論一出，遂震動一時。方氏的「義法」論，有有效的指導性，所舉的範文，素為古文家所服膺；方氏深明古文家的「義法」所在及其優劣，而於《古文約選》一書中，以評點方式顯示之，一掃空言而無當的文論習氣。其產生重大的影響在此。

　　望溪之「義法」論，意義無可疑，於「義」與「法」界說最明確者，見於〈書貨殖傳後〉：

> 《春秋》之制義法，自太史公發之，而後深於文者亦具焉。義即《易》之所謂言有物也，法即《易》之所謂言有序也。義以為經而法緯之，然後為成體之文。
> （《文集》卷二）

方氏標揭「義法」論，指出係受史公所發明，顯係依託古人以自重，蓋《史記·十二諸侯年表序》云：「孔子明王道……論《史記》舊聞，興於魯，而次《春秋》。上記隱，下至哀公之獲麟。約其文辭，治其煩重，以制義法，王道備，人事浹。」後人認為太史公的「義法」即「儀法」、「儀表」，三詞實為一事，實皆同義複詞。這一指陳，在訓詁上仍有疑義。然望溪「義法」之意，是分用的，而且以「言有物」，界定「義法」論之「義」；「言有序」，界定「法」，故於〈書歸震川文集後〉又云：「孔子於艮五爻辭釋之曰：『言有序。』家人之象釋之曰：『言有物』，凡文之愈久而愈傳，未有越此者也。」

　　雖未明言「言有物」即「義法」論之義，「言有序」即「義法」論之法，然統合〈書貨殖傳後〉而論之，實即以「言有物」釋「義」，以「言有序」釋「法」。至於在作複詞使用之時，仍然固定在此一界定上。例如：

> 得其支流而「義法」最精者，莫如《左傳》、《史記》。……惟兩漢書疏及唐宋八家之文，篇各一事，可擇其尤，而所取必至約，然後「義法」之精可見。……
> （《古文約選·序例》）

記事之文，惟《左傳》、《史記》各有義法。（《文集》卷二〈書五代史安重誨卷後〉）

子長世表、年表序，義法精深。（《古文約選·序例》）

雖以「義法」為複詞，均以形容所舉之書或文，均合乎「義法」也，可是自郭紹虞主張「義法」合為「駢詞」的意義，而意義竟不可分的說法，不惟是對「義法」詞義的誤解，而且影響後人，產生怪異的釋說和主張，郭氏云：

於是，再由義法二字為駢詞的意言，則義之與法，本是分離不開。古文既依於事物之理，則有其理而法自隨之，所以法隨義生，而義法遂不可分離了。……是則所謂義法云者，必須洞乎義，始能暗合於法。義為法之依據，法隨義變，亦從義出，義法雖分，可以看作一件事了。……

法而與義相合，於是義法之說，又可視為「雅潔」之稱之同義詞。……（見《中國文學批評史》第四篇·第二章）

根據前面的引徵，望溪用「義法」作複語或駢詞時，「義法」非「同義」詞，更不可以看作一件事，苟如此會在基本上造成了界定的淆亂；如郭氏所言，「義法僅有密切之關係，如「體之與用」，「體用一如」，非體用不可分也，故云：「義為經而法緯之」。後人受此影響，而形成怪異的詮釋，竟大違望溪之原意，而厚誣古人了，如段熙仲云：

但在建立「義法」說體系時，概念並不明確，有時甚至自相矛盾。問題出在視「義法」為駢詞而合用。「義法」合用或單用「義」字，竟成為素材去取的標準，是其第一種解釋；「義法」是指行文的詳略虛實的注措，是其第二種解釋；「義法」為文章前後呼應、隱顯偏全的技巧，是第三種解釋；各種體裁各自有其「義法」，而「義法」等於結構，又是一種解釋。❸

除了係受郭氏的影響之外，根本上是對於望溪的「義」與「法」所指的意義與內

---

❸　同註❶。段氏又指出方望溪之意，在使「文統與道統緊密結合。」案「文統」一詞，能否成立，已有問題，方氏認為古文出於經與孔孟二聖，實不待此一綰合。

涵有了極嚴重的誤解，未能分別觀之，分析當理，實事求是所致。

　　㈣望溪義法之「義」的內涵：望溪標舉「義法」，即揭露了二者的密切關係，「義以為經而法緯之，然後為成體之文。」定位在並重的地位上，然後特別「以言有物」，確定「義」的內涵，本段㈡⑵所述，當然是「言有物」的大要，加上史體的「記事之文」，論學的「道古之文」，談世務的「論事之文」，就是「言有物」的具體主張。又〈書史記十表後〉云：

> 十篇之序，義並嚴密，而辭微約，覽者或不能遽得其條貫，而「義法」之精變，必於此乎求之，始的然其有準。（《文集》卷二）

　　此處「義法」之「義」，指「義並嚴密」，乃內容上之嚴正精密也。蓋內容的偏正邪誤，自應涵蓋在內容中，如在〈楊黃在時文序〉中所云：

> 言心之聲，而以代聖人賢人之言，必其心志有與之流通者。（《全集》卷四）

　　心志既通於聖賢，內容自能得其正。如以內容言，文各有當，書疏論策，主於議論，記事之文，以敘事為主，各有其「義」。同一內容不宜相犯，但是有時可以變通，故〈書五代史安重誨傳後〉云：

> 記事之文，惟《左傳》、《史記》各有「義法」，一篇之中，脈相灌輸而不可增損。然其前後相應，或隱或顯，或偏或全，變化隨宜，不主一道。《五代史·安重誨傳》，總揭數義於前，而次第分疏於後，中間又凡舉四事，後乃詳書之，此書疏策論體。記事之文，古無是也。《史記》〈伯夷〉、〈孟荀〉、〈屈原傳〉，議論與敘事相間，蓋四君子之傳，以道德節義，而事跡則無可列者，若據事自書，則不能排纂成篇，其精神心術所運，是以興起乎百世者，轉隱而不著。故於〈伯夷傳〉歎天道之難知；於〈孟荀傳〉見仁義之充塞；於〈屈原傳〉感忠賢之蔽壅，而陰以寓己之悲憤；其他本紀、世家、列傳，有事跡可編者，未嘗有是也。（《文集》卷二）

　　所謂記事文之義，是以主題形成「脈相灌輸」而構成其內容，主於敘事，而不同於書疏論策的主議論，可是《史記》〈伯夷〉、〈孟荀〉、〈屈原〉等列傳的議論與

敘事相間雜，究其原因，(1)是由可編的事跡太少，不能排纂成文，故不能不出以議論。(2)是四傳各有主題及獨特的精神，不能由事以見時，故借議論而明見確說。(3)其他本紀、世家、列傳有事跡可編而能傳達主題，形成內容者，則未有此議論與敘事相間雜者。說明了基於內容的需要，而有正變的問題。

以記事文而論，「常事不書」——不把常見慣用之事，形成內容，因為「不可勝書」的原故，不然是流水賬，是裹腳布。方氏〈書漢書霍光傳〉云：

> 《春秋》之義，常事不書，而後之良史取法焉。昌黎韓氏目《春秋》為謹嚴，故撰《順宗實錄》，削去常事，獨著其有關於治亂者。班史「義法」視子長少漫矣，然尚能識其體要。其傳霍光也，事武帝二十餘年，蔽以「出入禁闥，小心謹慎。」相昭帝十三年，蔽以「百姓充實，四夷賓服。」而其事無傳焉，蓋不可勝書，故一裁以常事不書而非略也。其詳焉者，則光之本末，霍氏禍敗之所由也。……（《文集》卷二）

常事不書是「義」，非常之事必書當然也是「義」，至此傳必詳其人的本末，敘其禍敗成功之由，自然也是「義」，由此「義」而決定內容的當否。至於去繁複亦有其「義」，望溪於〈書韓退之平淮西碑後〉云：

> 碑記墓誌之有銘，猶史有贊論，「義法」創自太史公。其指意辭事，必取之本文之外。班史以下，有括始終事跡以為贊論者，則於本文為複矣。此意惟韓子識之，故其銘辭，未有義具於碑誌者。或體制所宜，事有覆舉，則必以補本文之間缺。如此篇兵謀戰功詳於序，而既平後情事則以銘出之，其大指然也。（《文集》卷五）

史傳的論贊和碑記墓誌的銘，為避免內容和意義上的重複，故(1)二者的辭事，避免重複，銘的內容，必取其意指辭事，在序文之外者。(2)如果應文體之宜，事有覆舉之時，必取有補本文的間缺者，蓋如此方形成「互見」、「互補」的相互宣明的效果，故不嫌重複。(3)事跡敘於序前，曬括其意而為贊論於後，為《史記》的贊論所無，出於班固，難免序與論、序與銘有意義重複之失。(4)推此義應用於銘、贊以外時，則前後的避免重複，如何同書此事此意，而有「互見」、「互補」的效益，使複而不嫌其

複，亦係所立的「義」的內涵，則以題材之取捨之意為原則。

文體一旦形成，於是「義」因體定，而「義」例以先，這與《文心雕龍》「即體成勢」和《文賦》的定體之後，所以「防閑而制放」，其意相近，望溪則入於「義法」之「義」以內，故〈答喬介夫書〉云：

> 蒙諭為賢尊侍講公以表誌或家傳，以鄙意裁之，第可記開海始末，而以侍講公奏對車邏事及四不可之議附焉，傳誌非其宜也。蓋諸體各有「義法」，表誌尺幅甚狹，而詳載本義則臃腫而不中繩墨；若約略剪裁，俾情事不詳，則後之人無所取鑑，而當日忘身家以排廷議之義，亦不可得而見矣。《國語》載齊姜語晉文公重耳，凡數百言，而《春秋傳》以兩言代之，蓋一國之語可詳也。傳《春秋》重耳出之亡之跡，而獨詳於此，則義無所取。今試以姜語備入傳中，其前後尚能自運掉乎？世傳《國語》亦邱明所敘，觀此可得其營度為文之意也。（《文集》卷六）

此謂由文體而產生此體制約之「義」，(1)表誌的尺幅甚狹，不能容納過多的內容。詳載本議，則形成臃腫而不合規則的弊病。(2)加以剪裁，則失之簡略，後人不能悉獨排廷議的見義勇為。(3)同書一事，以《國語》的繁詳而得體，《春秋》則簡而得要，以見體各有當，由文體而產此體制約之「義」以明。

古文的寫作原則，在求情辭之動人，簡雅而生光潤，而非以頌功德，誌繁蕪見長，而見創作之「義」。望溪〈與程若韓書〉云：

> 來示欲於誌有所增，此未達於文之「義法」也。昔王介甫誌錢公輔母，以公輔登科甲為不足道，況瑣瑣者乎？……然則在文言文，雖功德之崇，不若情辭之能動人心目也，而況職事族姻之纖悉乎？夫文未有繁而能工者，如煎金錫，麤礦去然後黑濁之氣竭而光澤生，《史記》、《漢書》長篇，乃事之體本大，非按節而分寸之不遺也。（《文集》卷六）

徒頌崇功德，不見感性，不如情辭之動人心，這是望溪進步的觀念；文不以繁而工，繁非繁多而係指繁蕪、冗雜，故以金錫的鍊去粗礦為比擬，望溪的去繁蕪乃以成其雅潔之意，沈蓮芳引其語云：

南宋元明以來，古文義法不講久矣，吳越間遺老尤放恣，或雜小說，或沿翰林舊體，無雅潔者。（《清文錄》卷六十八）

又其辭號雅潔，仍有近俚而傷於繁者。（《文集》卷五〈書歸震川文集後〉）

這是望溪言「義法」之義的主要內涵，已不全然是言之有物所可限制，涉及了內容的形成、去取、安排、表現，和受文體制約的種種。但其意義和內涵，細心求之，仍極明確。

㈤望溪「義法」之「法」的內涵：望溪論文，以「義法」並稱，而又以「言有序」形成法的內涵，所謂「言有序」，當然最基本的意義，是指具首尾、見表裡，傍見側出而悉著，無表達上的雜亂現象，其〈書漢書霍光傳後〉云：

古之良史於千百年不書，而所書一二事，則必具其首尾，並其所為旁見側出者而悉著之，故千百世後，其事之表裡可按而如見其人。後人反是，是以蒙雜暗昧，使治亂賢奸之跡並昏微而不著也。（《文集》卷二）

所言是書事之法，首尾是指敘事的完整性；「旁見側出」是指敘事時的客觀性與曲達法；「表裡」乃指理藏於事，禍敗榮辱是非，借事而明，能如此，自然合乎「言有序」了。論述之時有詳有略，有虛有實，自然係表達之法，如《春秋》之義，已常事不書，並非全予刪除不論也，望溪又云：

其傳霍光也，事武帝二十餘年，蔽以「出入禁闥，小心謹慎」；相昭帝十三年，蔽以「百姓充實，四夷賓服。」而其事無傳焉，蓋不可勝書，故一裁以常事不書之「義」而非略也。其詳焉者，則光之本末，霍氏禍敗之所由也。（同上）

這一段揭示了述事時詳略、虛實之「法」，「常事不書」，只是省其「不勝書」的繁蕪，但要一筆虛寫交待，「蔽以出入禁闥，小心謹慎」、「蔽以百姓充實，四夷賓服」，是略述，也是虛寫之法；「其詳焉者，則光之本末，霍氏禍敗之所由也。」是必詳，顯示了此一法則，表誌、家傳，不能詳敘「本義」，而在史傳則不然；在《國語》可詳者，則《春秋》而可略，由二書述重耳出亡，可見此法的應用實際，就所言的述事「互見」、「互補」而言亦有其法，以史的贊論、墓碑的銘文為例，贊銘在補

本文的間缺，方能「事有覆舉」，而又是避重出的「法」。

　　一篇之中，主題確定了，內容決定了，決定了「言有物」的內容，而法亦相應而生，例如「義並嚴密」是「義」，「而辭微約」是「法」，「一篇之中脈相灌輸而不可增損」是「義」，可變的「法」隨之而生，望溪〈書五代史安重誨傳〉後云：

> 然其前後相應，或隱或顯，或偏或全，變化隨宜，不主一道。（《文集》卷二）

於是方能「言有序」，使述說而得宜。「前後相應」，是「言有序」的基本要求，不如此則「首尾橫決，陳義蕪雜」。「隱」指所寓之理，所立之主題，常隱藏於事物材料之中；「顯」指的是事物題材，或主題的說破，這種種的變化，並無一定，貴在隨變得宜，謂有法而能活用也。

　　至於義與法的關係，一方面是義立而法隨，「法」乃達「義」的手段或技巧，「言有序」，乃以達成「言有物」的目標，例如〈書漢書禮樂志後〉云：

> 甚哉班史之疏於「義法」也。太史公序禮樂而不條次為書，蓋以漢興禮儀皆仍秦故，不合聖制，無可陳者，郊廟章，並非雅聲。故獨舉天馬，藉黯言以明己意，其稱引古昔，皆與漢事相發，無泛設者。固乃漫原製作之義，則古禮樂反先聖賢之微言，可勝既乎？是以不貫不該，倜然而無所歸宿也。其於漢之禮儀則缺焉，而獨載房中、郊祀之歌及樂人員數。夫郊廟詩歌，乃固所稱「體異雅頌又不協於鐘律」者也。既可備著於篇，則叔孫所撰藏於理官者，胡為不可條次以存一家之典法乎？（《文集》卷二）

　　舉太史公序禮樂，為有義有法，「義」主而「法」隨，「法」能彰「義」；班固則不能，失「義」於先，故「法」不能隨之而立。一方面則「法」隨義變，望溪書〈五代史安重誨傳〉後，引《史記》〈伯夷〉、〈孟荀〉、〈屈原傳〉為例，一反述事不雜議論的原則，故而形成且述且議之「法」，乃法隨義變之故：

> 重誨傳乃雜以論斷語。夫「法」之變，蓋其「義」有不得不然者。歐公最為得《史記》法，然猶未詳其義而漫效焉，後之人又可不察而仍其誤邪……（《文集》卷二）

「法」隨「義」變，蓋「義」為「法」主也。至於體例既定，「言有序」之「法」，亦影響「言有物」之「義」，如〈答喬介夫書〉所云：「蓋諸體各有義法，表誌尺幅甚狹，而詳載本義，則臃腫而不中繩墨。」故因此「法」例，而不得不損減「內容」。此義法之關係甚密切者。

綜觀望溪之「義法」論，常「義」、「法」駢舉，駢舉之時，界定「義」的內涵，必及「法」的界定，故而不可如郭紹虞所云：「法隨義變，亦從義出，於是義法雖分，可以看作一件事了。」（見《中國文學批評史》下卷，第四篇‧第二章）因此疆彼域，劃分及界定甚為明白；望溪以「言有物」界定「義法」論中之「義」，意義相當於今人所謂文之內容，但並不全然受此局限，「法」亦影響「義」，當內容無法獲得所需之素材時，常變「法」以求內容之充實，並非全然係內容決定形式；其所言之「法」，以「言有序」而界定「法」，「法」具有法式、方法、技巧、原則等意義，而後人輒以「形式」當之，並認為全然是內容決定形式，忽略了「義法」互相依存影響的一面，尤失真實；「義法」作駢詞用時，乃代表「義」與「法」之複合義，而非如郭氏所說的「另一義」，更非如段熙仲所說的「眾多義」。瞭解了方氏言「義法」的綜錯性，但仍受「言有物」、「言有序」的制約，則對郭紹虞氏於「義法」的總結，便倍感怪異了。

因此，我們說方氏義法之說有二重意義，分析言之，則是學與理的問題，而法屬於文。綜合言之，則義又是學古之塗徑，也可稱為古文的標準。後來，劉海峰重在後一事，專就文的方面發揮，而義法之說遂成為具體化；姚姬傳重在前一義，就學與理方面推闡入微，而義法之說又成為抽象化。（同上）

殊不知方氏之「義法」，純就文而論，並非「義」與文無關；「義」不是學古的塗徑，乃是得創作理論於古人之作品中；「義法」乃古文之創作理論與方法，而非古文標準，方氏的古文標準，則見之於古文的定義中，至於他論劉海峰、姚姬傳的缺失，則於文後加以析論。

四、桐城各家於「義法」論的綜錯見解

桐城派的形成，主導者為桐城人，然影響所及，則遍天下。劉聲木的《桐城文學淵源考》一書，著錄者約六百四十餘人，雖不免於攀引，然非毫無關涉也。「天下文

章其在桐城乎！」雖為程晉芳、周永年諸人之戲言，然以眾多學者、文士之歸心，以致能成為巨流，主導文壇。桐城諸人的創作與文論，能繼方氏之後，張大其軍，甚者有駸駸然駕而上之之勢，非標榜門戶，植聲氣者所可比論也。

桐城諸家於方苞「義法」論，在基本上雖表接受，蓋誠可為古文寫作之法戒，然諸人自視甚高，成就亦極卓犖，故論文所見，自有獨抒心得，不肯雷同一響的一面。然言桐城的文論者，或將整派之文論「簡化」，以為方苞之「義法」，概括了桐城諸人的論說，頂多只是加密轉精而已；或將望溪之「義法」論「大化」，解釋為形式與內容，自然涵蓋了各家的理論，亦有將「義法」論「醜化」，以為係為擁護君主專制的統治階級服務，或者責其以古文為時文，以時文為古文。於是桐城文論的各家成就無法得到正確的定位，各家文論的真正見解，亦蔽障而不彰，故撥除「義法」論的「大化」，無理的「簡化」與「醜化」，方能實事求是，以見各名家的慧心灼見。

劉大櫆乃繼望溪而起的桐城中堅，大櫆字耕南，一字才甫，號海峰，桐城人。姚鼐出其門下，郭紹虞認為他是方姚之間的聯繫，其實是桐城一脈的傳繼人。其《論文偶記》，於桐城文論，甚有建樹，後人以為大櫆論文全然在補苴望溪的不足：

> 義理，是方姚論文的中心，在海峰論文，則並不如此。海峰謂義理是材料，而不是能事，能事應在神氣音篇中求，於神氣中求行文能事，於是義法之說，便成具體了。（《中國文學批評史》·下卷，第四篇、第二章）

> 望溪論「義」，頗涉於虛，海峰闡法，較入於實，望溪重文外之義，海峰則就文論文。❹

二人之說，均以為海峰殊途同趨繼承了望溪的「義法」論，可是細觀海峰所云，顯然有大反望溪所云者：

> 行文之道，神為主，氣輔之。曹子桓、蘇子由論文以氣為主是矣。然氣隨神轉，神渾則氣灝，神遠則氣逸，神偉則氣高，神變則氣奇，神清則氣靜。至專以理

---

❹ 同註❶。段氏此文，引發王竹樓的反駁，見〈關於桐城派的義說〉一文，認為「也不存在幾種不同的解釋。」見《桐城派文論》，原載《江海學刊》一九六二年四月。

為主，則未盡其妙。蓋人不窮理讀書，則出詞鄙倍空疏；人無經濟，則言雖累牘，不適於用；故義理、書卷、經濟者，行文之實。若行文自另是一事，譬如大匠操斤，無土木材料，縱有成風盡堊手段，何處設施？然有土木材料，而不善設施者甚多，終不可為大匠。故文人者，大匠也，神氣音節者，匠人之能事也。義理、書卷、經濟者，匠人之材料也。（《劉海峰文集》卷端）

顯而易見者，海峰主「神氣」，如以望溪所主的「義法」論準之，則海峰實自建立其「神氣」論矣。其論氣則自言受曹丕、蘇轍的影響。而所謂「神」，乃其體會有得者。惟「義理、書卷、經濟」的行文之實，方約略等於「言有物」之「義」，也無異於補充修正了望溪「義」的內容，因為範圍更加擴大。至於所謂「匠人」的能事，縱然可相當於「言有序」的「法」，但決不是望溪所主的「義法」，而且他所建立的「法」一能事，自成系統，又非望溪所可範圍，其內涵極為不同：

神氣者，文之最精處也；音節者，文之稍粗處也；字句者，文之最粗處也。然予謂論文而至於字句，則文之能事盡矣。蓋音節者，神氣之跡也；字句者，音節之規也。神不可見，於音節見之；音節無可準，於字句準之。（同上）

凡行文多寡短長，抑揚高下，無一定之律，而有一定之妙，學者求神氣而得之於音節，求音節而得之於字句，則思過半矣。其要只在讀古人文字時，便設以此身代古人說話，一吞一吐，皆由彼而不由我，爛熟後，我之神氣即古人之神氣，古人之音節都在喉吻間，合我喉吻者，便是與古人神氣音節相似處，久之自然鏗鏘發金石聲。（同上）

此乃海峰因聲以求氣，由誦讀以求合古人之聲氣，以得己之聲氣的主張；而且「無一定之律，而有一定之妙，可以意會，不可言傳」，正以界定「神氣」論的「神」的含意，且寓有反對「法」而加以修正的意味，其主張者與望溪的「言有序」的法，全然不同，何得謂於是「義法之法，便成具體了」。又大櫆云：

古人文章可告人者惟法耳，然不得其神而徒守其法，則死法而已。要在自家於讀時微會之。

在基本上可認為是受了望溪的影響，但並不全然認同，所以才主張進一步的「得神」。由以上的引述，可見大櫆另有建樹者在，決非望溪的「義法」所能範圍，僅受其啟導影響而已。大櫆的影響，亦別有在，決不下於望溪的「義法」論。

繼方、劉而起，最能光大桐城的，當推姚鼐。姚鼐字姬傳，桐城人，著有《惜抱軒集》，學者稱惜抱先生。所選《古文辭類纂》，其影響更在《古文約選》之上。以其作品與文論，奠定了桐城派的傑出地位，當然論文也受了「義法」論的基本影響。姚氏云：

> 抑人之學文，其功力所能至者，陳理義必明當，布置取捨繁簡廉肉不失法，吐辭雅馴，不蕪而已。（《惜抱軒文集》卷六〈復魯絜非書〉）

「陳理義必明當」，大致是「義法」論「言有物」的內容；布置取捨繁簡廉肉不失法，合乎「言有序」法的主張；至於吐辭雅潔不蕪，更是望溪對古文的堅定主張，「義法」論的基本影響，灼然可見。姬傳的論文，主義理、考據、詞章的相濟，亦相當於「義法」論的「言有物」，更與劉大櫆所言的「義理、書卷、經濟者，行文之實」，脈絡一貫。但也擴大了望溪「言有物」的範疇：

> 鼐嘗論學問之事，有三端焉，曰義理也，考證也，文章也。是三者苟善用之，則皆足以相濟；苟不善用之，則或至於相害。（《惜抱軒文集》卷四〈述庵文鈔序〉）

然而於望溪之「法」，則別出無定法之見解：

> 鼐聞天下之善射者，其法曰：平肩臂、正胹，腰以上直，腰以下反句磬折，支左詘右。其釋矢也，身如槁木，苟非是不可以射。師弟子相授皆若此而已。及至索倫蒙古人之射，傾首、僂背，發則口目皆動，見者莫不笑之。然而索倫蒙古之射，遠貫深而命中，世之射者，常不逮也。然則射非有定法亦明矣。夫道有是非而技有美惡，詩文皆技也，技之精者必近道。故詩文美者命意必善。文字者、猶人之言語也，有氣以充之，則觀其文也，雖百世而後，如立其人而與言於此，無氣則積字焉而已。意與氣相御而為辭，然後有聲音節奏高下抗墜之度，及復進退之態，彩色之華，故聲色之美，因乎意與氣而時變者也。是安得

有定法哉！（《惜抱軒文集》卷六〈答翁學士書〉）

姬傳以射喻文，蒙古索倫人之射，無定法，而能中的及遠；漢人傳統之射，則有定法，僵化而失自然，雖云：「有定者，所以為嚴整；無定者，所以為縱橫變化也。」殆於望溪論「法」，有所不滿者，故承認文之有法，然不宜拘於法，而主無定法，以適變達用。復承大櫆「神氣」論而加以補充，導出「意與氣相禦而為辭」，三者相輔相成，以「義法」論揆之，已突破藩籬矣。而所開出之「風格」論，則其所自主者：

> 鼐聞天地之道，陰陽剛柔而已。文者，天地之精英，而陰陽剛柔之發也。惟聖人之言，統二氣之會而弗偏。……其得於陽與剛之美者，則其文如霆、如電、如長風之出谷、如崇山峻崖、如決大川、如奔騏驥；……其得於陰與柔之美者，則其文如升初日、如清風、如雲、如霞、如幽林曲澗、如淪、如漾、如珠玉之輝、如鴻鵠之鳴而入寥廓……。（《惜抱軒文集》卷六〈復魯絜非書〉）

這實承劉勰《文心雕龍》、司空圖《詩品》之後，而倡之「風格」論也，自不能由「義法」論之義，加以範圍。然郭紹虞云：

> 他不必復據義法之說，而所言無不與義法之說合。他不言義法，即因義法二字不足以盡，但仍是合義法，即因基礎依舊築在義法上。（《中國文學批評史》下卷·四篇·第二章）

立說渾淆模糊，蓋於望溪「義法」論，未盡基本析分瞭解之功；又於姚氏所云，未仔細究察；復以門戶之見，將「義法」論「大化」，將劉、姚二氏所論「簡化」，「義法」遂概括了一切，也概括了劉、姚的文論，視大櫆為「法義說之具體化」，姬傳為「義法說之抽象化」，厚誣古人，妄定界說，莫此為甚，尤以大陸研究桐城文論學者的論文，在基本上接受了這一見解，用為立論的架構❺，幾成一哄之市，不復知桐城於「義法」之別異性與錯綜性，而將精微之見，見理之言，定於一模式之中，精

---

❺ 見柳作梅氏〈桐城三祖文論之演變〉，《大陸雜誌》第四十六卷第五期。此論說，殆亦受郭紹虞主張之影響。柳氏云：「望溪集所論義法，側注於義，而其義幾與儒家之義理同一」。與郭氏「義理是方姚論文的中心」頗有語異心同之處，方苞義法之義，筆者已略加疏解。

光勝義泯滅而不彰矣。

桐城經姬傳之光大，而門戶益大，俊彥輩出，如方東樹、管同、梅曾亮、姚瑩、陳用光、吳德旋等，不可悉數，而於「義法」論，則依違於三人之間，而各有體會，以方東樹為例，論三人云：

> 學博論文主品藻，侍郎主義法。要之不知品藻，則其講於義法也慤；不解義法，則其貌夫品藻也滑耀而浮。先生後出，尤以識勝，知有以取其長，濟其偏，止其敝，此所以配為三家，如鼎之不可廢。（《儀衛軒文集》卷六〈書惜抱軒墓誌後〉）

可見三人論文各有得，「義法」論縱然係基本，而實各有所得，取其長者，望溪「義法」論之影響也。「濟其偏、止其敝」者，二人之建樹有以補救而發揚光大之也。至於方東樹於「義法」亦自述其所見云：

> 三代秦漢之書可見也。顧其始也，判精粗於事與道；其末也，乃區美惡於體與辭；又其降也，乃辨是非於義與法。噫！論文而及於體與辭、義與法，抑末矣。而後世至且執為絕業專家，曠百年而不一覯其人焉。豈非以其義法之是非，辭體之美惡，即為事與道顯晦之所寄，而不可眛而雜，冒而託耶？文章者，道之器；體與辭者，文章之質，範其質，使肥瘠脩短合度，欲有妍而無蚩也，則存乎義與法。（同上）

是於「義法」之外，別主文體與文詞為文章之「質」，文之精粗，在事與道，而妍蚩則繫乎「義法」，可見「法」並非文章之形式，惟能使之「合度」而已。至於「義法」之意，植之亦有補益：

> 在《易》之家人曰：「言有物」，艮曰：「言有序」，夫有物則有用，有序則有法；有用尚矣，而法不可偝。必有以矯而正之，講明切究，遵乎軌跡，以會其精神，使夫古人音響之篇，律法之嚴，學者所望而取則焉；豈可以隨俗恒言，任意驅役楮墨乎？（《儀衛軒文集》卷六〈切問齋文鈔書後〉）

植之於「言有物」之「義」，而以尚用為解釋，作為「言有物」的準則，自係進一步的主張；認為「有序則有法」，與望溪之主張，似無違異，卻以「音響之篇，律法之

嚴」，以標舉「法」的不可偕，則顯然受大櫆「因聲以求氣」的影響。亦非拘拘於一先生之言者。有以見其自有體會，而不肯雷同勦說於一人。

五、結　論

桐城自方望溪以「義法」為天下倡，大櫆、姬傳繼志述事，而宗派以立，茲後言古文者，無不知有桐城，無不知桐城論文之主「義法」。其後陽湖沿波，湘鄉繼起，餘脈支流，影響仍在，「義法」論仍有其基本的意義，與一定的作用。袛以後之論評者，未能以實事求是的精神，求其同異，究其畢同畢異與同而有異、異而有同之所在；知其綜錯，明其變化之因果；一人導誤，竟陷於「簡化」、「大化」以及「醜化」的泥沼中。故由望溪之古文界定，以見其根本；次述望溪「義法」論的綜錯意義，以見本真，而有以明誤解的原由；再求大櫆、姬傳、植之的「義法」主張，以見錯綜變化而各有建樹，蓋各人所入不同，所得有異，決無雷同一響之言，不可「大化」望溪的主張，「簡化」後者的論說，而減其精光也。由「義法」的綜錯義而言，施之古文，固得其宜；施之駢文、時文，亦有冥合者。蓋「言有物」、「言有序」，乃為文之基本理念，用於今之新文藝，亦無不合，何能「醜化」而否定之？就望溪於「義法」的綜錯意義而言，亦上取前人的作品，出以獨特的體會，而立不同的界說，雖示人以門徑法戒，非為文的門徑法戒畢在於此也。其後諸家繼起，從師受業，得其「義法」，何不許其青出於藍，或就其內涵而光大之；或因其偏失而補救之；甚至極廣大而盡精微，空依傍而獨創之乎？故試加探討，成此蕪文，以限於時間，窘於篇幅，於桐城諸大師有未盡及者，以為發凡起例，足以見「義法」綜錯之意。求全求備，則有未能。

拾玖、由岳陽樓記等五記
探論范仲淹之散文

一、前　言

范文正公仲淹以事功顯揚當時，昭垂後世，不以文章與八大家爭名，非不能文也。誠如蘇東坡所云：

> 嗚呼！公之功德，不待文而顯，其文亦不待敘而傳。（見《四部叢刊》本《范文正全集》，以下簡稱《全集》）

仲淹之文，篇什無多，然皆躬行實踐所得，非徒爭勝於文字間者可比數也。東坡又云：

> 今其集二十卷，為詩賦二百六十八，為文一百六十五，其於仁義禮樂忠信孝弟，蓋如饑渴之於飲食，欲須臾忘而不可得，如火之熱，如水之濕，蓋其天性有不得不然者，雖弄翰戲語，率然而作，必歸於此，故天下信其誠，爭師尊之。孔子曰：有德者必有言，非有言也，德之發於口者也。（同上）

是仲淹之文，得力於躬行實踐，如韓文公所云：「行之乎仁義之途」，而且「遊之乎詩書之源」，故王洙之〈神道碑〉云：

> 居五年，大通六經之旨，為文章論說，必本於仁義。（同上）

是其文又深於經者，乃成德之文也，見道之文也。誠於中而形於言，故其感發為獨深，是以天下靡然而信之尊之，歐陽永叔、蘇子瞻、王介甫者，八大家之翹楚也，

莫不欽仰之，良有以也。

仲淹之文，合乎散文之類者，當推〈南京書院題名記〉、〈桐廬嚴先生祠堂記〉、〈清白堂記〉，〈邠州建學記〉、〈岳陽樓記〉❶，故據此五記，以探論其散文之成就。雖龍現一爪，鼎嘗一臠，而全神足味，固有在也。以文章之創造技巧而論，仲淹固深明法度者，其丁母憂，居南都，晏殊請掌府學之時，即以文章課督諸生：

> 出題使諸生作賦，必先自為之，欲知其難易及所當用意，亦使學者準以為法。
> （見《百部叢書》本《范文正公文集》卷九，以下省稱《文集》）

是仲淹於文章之講求，固已盡講習之功。又其立功經世之故，文章矩矱，復與常人不同，周孔教云：

> 若夫大臣經世之文，其矩矱從律令中來，其精神從肺肝中流出，敷宣陳告，動
> 合典謨，旁引曲喻，張弛文武，唯所用之。獨范文正一人而已。（文集序）

其文法是否由律令中來，雖非定論，但其歷練、識度必因此而倍異常人，則無可置疑，其思慮之縝細，裁斷之得宜，亦當與之有關也。綜而論之，仲淹之文，就本源而言，根本乎六經；由修養而論，則躬行乎仁義；由法度而究，則矩矱乎識度；故其不磨滅者，正在此也。

二、范仲淹之生平

范仲淹，字希文，宋蘇州吳縣人，生於太宗端拱二年（西元九八九）八月二十三日，

---

❶ 據全集尚有〈天竺山日觀大師塔記〉，此文係應酬之作，蓋公於佛教未有深入之探究，似不足與五記並論。又據年譜云：「寶元元年……由彭澤，謁狄梁公廟，慨慕名節，為之作記（見《百部叢書集成》《范文正公文集》卷六，附錄，《范文正公年譜》，以下省稱《年譜》）。」然全集與《四庫全書》《范文正集》補編均未收錄，文集則作〈唐狄梁公碑〉，與記體略別。故以此五記為研究之依據。

卒於仁宗皇祐四年（西元一○五二）五月二十日，享年六十四。❷謚號文正。

　　仲淹之身世，頗為奇特。其遠祖范滂，東漢時以博士為清詔使，摧折權貴，直聲動天下，死於黨錮之禍。裔孫履冰，為唐宰相，世居河內；至唐懿宗朝，一支渡江南遷，中原亂離，流寓不歸，遂為吳縣人。曾祖夢齡、祖贊時、父墉，均仕吳越，宋有天下，墉從錢俶歸順，任武寧軍節度書記，居徐州，仲淹為第三子。二歲而孤，母謝氏，貧無以依存，更適淄州（今山東淄川縣）朱氏，以朱為姓，遂名說。年二十一，讀書長白山醴泉寺，刻苦自勵，畫粥分韭以食者三年。年二十三，始知為「姑蘇范氏子」，遂感憤，決自立門戶。二十四歲進士禮部第一，二十七，中乙科第九十七名成進士，仍用朱說名，懼傷母氏之心也。至天禧元年，二十九歲，為亳州節度推官，始奏請復范姓，易名仲淹，蓋已於先一年迎養太夫人謝氏，得其同意矣。仲淹入仕登朝，行事不避權貴，立言唯論是非，朝政得失，民間疾苦，諫論無所避忌，蓋不以一心之戚，而忘天下之憂也。丁母憂，以晏殊之薦，為秘閣校理，時太后親政，天聖七年十一月，仁宗率百官上皇太后壽於會慶殿，仲淹上疏云：「天子有事親之道，無為臣之理，有南面之位，無北面之儀，若奉親於內，以行家人禮可也，今顧與百官同列，虧君體，損主威，不可為後世法。」（見《年表》）疏入不報。晏殊聞之大懼，召公責以「狂率邀名，且將累朝薦者。」仲淹正色抗言曰：「某緣屬公舉，每懼不稱，為知己羞，不意今日反以忠直，獲罪門下。」殊不能屈，仲淹又報以書云：「某迂拙之效，不以富貴屈其身，不以貧賤移其心，儻進用於時，必有甚於今者，庶幾報公之清舉。如求少言少過自全之士，則滔滔乎天下皆是，何必某之舉也。」申論其無畏無屈，銳於言議之抱負，儻晏殊畏懼自全，撤除其保舉可也。故又云：「儻察某之志，如不可教，則願昌言於朝，以絕其進，前奏既已免咎，此書尚可議責，使黜之辱之，不為賢人之累，則退藏其身，省求其過，不敢以一朝之責，而忘平生之知，報德之心，亦無窮已。」此一執義不回，論事不避之決心，晏殊為之媿謝。仲淹言當時宰輔、諫官之所不敢言，已聳動朝廷。諫而不從，仍不懼禍之稍，復進而疏請皇太后還政，未獲採納，故改補外官，出為河中府通判。此一入朝論政之初試啼聲，有以見其「富貴不能淫，威武不

---

❷　張伯行《范文正公年譜》云：「太宗皇帝端拱二年己丑秋八月丁丑，公生於徐州節度掌書記官舍。神道碑及國史皆云年六十四，薨於皇祐四年。

能屈」之風骨矣。仲淹以爭仁宗廢皇后事，忤宰相呂夷簡，因此旋入旋出，而直聲動天下。宋建都於汴（今河南開封），為收復燕雲計耳，實非建都之地，故仲淹請遷都洛陽，漸加營造，略云：「太平則居東京通濟之地，以便天下；急難則居西洛險固之宅，以守中原。陛下內唯修德，使天下不聞其過；外亦設險，使四夷不敢生心，此長世之策也。」此係極能見其遠大之議，仁宗果能採行，則何致有靖康之難，敵前京城棄守，天下莫救乎？仁宗以遷都事，諮訪於夷簡，夷簡以為「迂闊」，「務名無實」。仲淹時以吏部員外郎權知開封府之微低地位，抗章與爭辯，竟指斥呂夷簡云：「漢成帝信張禹，不疑舊家，故有王莽之亂，臣恐今日朝廷亦有張禹壞陛下家法，以大為小，以小為大，以易為難，以未成為已成，以急務為閑務者，不可不審辯。」故不為呂所容，以朋黨之罪再被貶謫，外知饒州，朝士畏宰相權威，無敢過訪者，唯李紘、王質出郊餞飲。時尹洙、余靖，上書論救，尹洙並請以朋黨罪從坐，歐陽脩以右司諫高若訥阿附宰相，移書切責，亦貶官外放，而黨朋之爭以起。仲淹因而名重天下，蔡襄作〈四賢一不肖〉詩傳於時，不肖者，高若訥也。西夏趙元昊反，仲淹因韓琦之言，同為陝西經營安撫副使，鎮守延州，分邠州兵為六將，各將三千人，量賊眾寡，赴敵禦戰，調度靈活而有功，賊相戒不敢犯曰：「今小范老子，腹中自有數萬甲兵。」仁宗復用其剿撫兼用，進據險要，屯兵營田之持久漸進之策，羌人樂附，士卒效命，故元昊遣使稱臣乞和。慶曆三年拜樞密使，除參知政事，銳意改革，而規模濶大，論者以為難行；又任按察使，多所舉劾；立法裁抑權貴子弟之蔭官倖進；遂為僥倖者所不喜；益以與呂夷簡之爭，形成朋黨派系，故謗毀浸盛，因杜衍、章得象之讒，遂出知鄧州，後徙知杭州、青州。皇祐四年，卒於潁州任內，贈兵部尚書，諡文正。

　　仲淹幼年失怙，隨母改姓，得知身世後，獨自振拔，有此動心忍性之艱苦歷練，而學以進，德以成，非僅熟諳世事而已。復能甘於窮苦，益以天下為己任之抱負，故自入仕之微官，以至參知政事時之顯達，均以國事政務之得失，蒼生士卒之苦樂為念，銳身任事，正義執言，面對權貴，無所回避；富貴之後，分其俸以禮四方之賢士，胡瑗、孫復、張載、歐陽脩等，均受其獎掖；設置義莊，以贍養族人，更見泛愛樂施之仁心；其論遷都及朝政革新諸事，尤能見其識見之宏遠，誠如曾文正公論〈出師表〉所云：「故知不朽之文，必自襟度遠大，思慮精微始也。」（《鳴原堂論文》）仲淹有焉。由其生平經歷，足知其文之不朽，固有在矣。

三、五記之內容述要

仲淹五記，以〈岳陽樓記〉最為有名，然依成文之先後而論，則先〈南京書院題名記〉，次〈桐廬郡嚴先生祠堂記〉，又則〈清白堂記〉，〈邠州建學記〉，〈岳陽樓記〉殿焉。五記均以記事為主，而敘事藏理、寫景、寓情以成文，非柳宗元〈永州八記〉、山水登臨之類也。蓋與其居官涖事相關最切，故而感慨遙深，襟抱悉見，有諸內而形諸外矣。

〈南京書院題名記〉，蓋記戚同文之隱居講學，府民曹誠私人興學，而成為官立南京書院之事。文集列此篇於〈嚴先生祠堂記〉之後，實失情實，蓋南京書院之緣起，見於《宋史・戚同文傳》：

> 大中祥符二年，府民曹誠，即同文舊居旁，選舍百餘區，聚書數千卷，延生從講者甚盛，詔賜額為本府書院，命綸子奉禮郎舜賓主之，署誠府助教。

事在宋真宗大中祥符二年，而〈南京書院題名記〉云：「觀夫二十年間相繼登科，而魁甲英雄，儀羽臺閣者，蓋翩翩焉。」而仲淹丁母憂，寓南京應天府，則在仁宗天聖六年，距大中祥符二年，恰為二十年，當作於此時矣。戚同文為宋之隱士，從楊慤學，慤不仕，同文遂亦不仕，為將軍趙直所重，為之築室聚徒，請益之人，有不遠千里而至者，登第五六十餘人，登臺閣者有宗度、許驤、陳象輿、高象先、郭成范、王礪、滕涉等，由教授有成，以迄曹誠捐資建書院，而成為南京書院，乃仲淹作斯記之背景。全篇以之為經，而以論教學、論經義、論學成後之進退出處為緯，文云：「若夫廊廟其器，有憂天下之心，進可為卿大夫者；天人其學，能樂古人之道，退可為鄉先生者，亦不無不矣；……他日門人中，絕德至行，高尚不仕如睢陽先生者，又當附此焉。」不唯與〈岳陽樓記〉之「先天下之憂而憂，後天下之樂而樂」，襟抱一貫，亦與〈嚴先生祠堂記〉之崇獎隱逸，精神相通。

景祐元年，仲淹以爭仁宗廢后一事，忤宰相呂夷簡，遂移知睦州（今浙江建德），桐廬屬焉，於是建嚴先生祠堂，以表彰嚴光之隱居不仕，恬然巖穴之高風，復其子孫四家而奉祀焉。《後漢書・逸民傳》云：「光武推崇逸民，而天下歸心焉。」仲淹亦此意也。其〈與晏尚書書〉略云：「二浙之俗，躁而無剛，豪者如虎，示之以文，弱

者如鼠，存之以仁，吞奪之害，稍稍而息。」足見仲淹之建祠用意。嚴光不屑富貴，安於漁釣，其遺風可息躁進而抑豪強，故曰：「而使貪夫廉，懦夫立，是大有功於名教也。」可以見其建祠奉祀之怡矣。特藉斯記表而出之，並圖唐處士方干像於堂之東，二人皆此郡之名人先賢，遺風餘烈，在人心目，故表而旌之，使產生重大之影響。

〈清白堂記〉，乃寶元二年，仲淹知越州時所作，蓋於會稽府署，蓬萊閣之西，涼堂之岩下，芟除蕪穢而得廢井，浚渫而得甘泉，「泉清而白色」，於是署其堂曰清白堂，構亭於其側曰清白亭，全文在記得井之經過與泉水之甘美。而名以清白者，蓋「有德義，為官師之規」，可異者，以《易經·井卦》之卦象辭，隳括其義，以入文中，流暢而無書抄之失，與〈嚴先生祠堂記〉之徵引屯卦，同一機杼，誠如沈謙兄之所言：仲淹學通六經，尤長於《易》。❸故時有憂危之心，而文多憂危之意，曾文正公論此意云：

> 知道者時時有憂危之意，其臨文也亦然。仲尼稱：「易之興也，其於中古乎？作易者其有憂患乎？」又曰：「於稽其類，其衰世之意耶？」蓋深有鑒於前聖之危心遠慮，而揭其不得已而言之。故即夫子之釋咸四、困三、解上下等十一卦之爻辭，抑何其惕屬而深至也！（《曾文正公全集·雜著》）

〈清白堂記〉，乃得甘泉而有茗飲之樂，卻潛存憂危之心，以清白為名者，在垂戒來者，庶幾居斯堂，登斯亭，而無忝其名哉！實以自警自勉，與〈岳陽樓記〉之「先天下之憂」，「進亦憂，退亦憂」，均足以見其憂危之思。〈邠州建學記〉一文，亦引《易·小畜卦》之象辭，以證成事實，可見仲淹之文，深於易而有其憂患意識也。

〈邠州建學記〉，作於慶曆五年，仲淹以在諫議大夫參知政事、除資政殿學士、知邠州兼陝西四路緣邊安撫使，雖權位顯赫，然已因朋黨之譖，受王益柔作傲歌之累，蓋王為仲淹所薦，王拱辰劾奏之，意實在仲淹，雖仁宗悟察，而仲淹不自安，故乞知邠州也。邠州今陝西邠縣，西周之根據地，故仲淹云：「吾居后稷、公劉之區。」斯篇乃仲淹重視郡縣地方之學，而記其新孔廟，廣學宮之經過。記云：「慶曆甲申歲，予參貳國政，親奉聖謀，詔天下建郡縣之學，俾歲貢群士，一由此出。」是此一重大

---

❸ 見《案頭山水之勝境》，〈岳陽樓房〉。尚友出版社。

政令，乃仲淹參知政事時之決策，迄知邠州，故力為推動，「長廊四迴，室總而周，總一百四楹，廣廈高軒」，可見其規模矣。殷望生員，能樹其德業，以長養人材，庶乎「材不乏而天下治，天下治而王室安」，有以覘仲淹重視郡縣學之心意矣。

〈岳陽樓記〉，作於慶曆六年九月十五日，應同年滕子京之請也。斯樓乃唐岳州刺史張說所創建，位於湖南岳陽縣之西門，俯臨洞庭湖，遠眺君山，極遊目騁懷之勝，滕子京謫守岳州，重修斯樓，乃丐文於仲淹也。本篇以敘事為經，抒情為緯，而抒情見志，雖以「進亦憂，退亦憂」，「先天下之憂而憂，後天下之樂而樂」，勉慰滕子京於貶謫之中，而《年譜》謂「『先天下之憂而憂，後天下之樂而樂』之句，蓋公平日允蹈之言。」證以仲淹之一生行履，誠為確論，非臨文觸事而發者，其「憂讒畏譏」，「進亦憂，退亦憂，」非特為子京道，亦自況自憂之辭也。《年譜》記仲淹於慶曆五年罷參知政事、陝西四路安撫使、知鄧州之經過云：

> 富弼自河北返，將及國門，右正言錢明逸希（章）得象等意，言弼過。又言公去年受命宣撫河東陝西，聞有詔戒勵朋黨，心懼彰露，稱疾及醫。才見朝廷別無行遣，遂拜章乞罷政事、知邠州，欲固己位，以弭人言，欺詐之跡甚明，乞早廢黜，以安天下之心，使奸詐不敢效尤，忠實得以自立。明逸疏奏，即降詔罷公及弼。

蓋誣仲淹以朋黨及以退為進，因而讒譖之，遂移知鄧州，憂讒畏譏之情，實勝於子京，故而情見乎辭矣。明乎此則於斯篇自不宜以平常敘事紀景之文論之，其情之真，其行之篤，故為情餘言外，感人至深之作也。又仲淹生平足跡，未至洞庭，有謂其抒寫洞庭佳景，乃就太湖親炙所得而言之耳❹，考其經歷所及，應屬可信。

四、由五記探論范仲淹之散文成就

仲淹五記，自非經世之文，跡其生平仕進，實乃以事功顯，非以文章垂不朽者，

---

❹ 見《話說長江》第十四回：「洞庭天下水，岳陽天下樓」之旁白。謂仲淹足跡未至岳陽，乃據子京提供之資料，參以太湖物景之感受而成。

然其人實乃經世之人，其文章之特色，有如周孔教所云：

> 若夫大臣經世之文，其矩矱從律令中來，其精神從肺肝中流出，敷宣陳告，動
> 合典謨，旁引曲喻，必依名教，張弛文武，唯所用之，獨范文正一人而已。（見
> 〈范文正公全集序〉）

其言誠是，蓋謂仲淹之文：㈠自有法度，非全從辭條文律中來，乃由經世之律令
出，故不拘於文家之法，而矩矱獨具。㈡仲淹之文，乃躬行實踐有得，誠於中而形於
外，故其精神不可磨滅蓋掩，所以感人獨深，其特色在內涵之深邃，識度之遠大，意
境之高遠。㈢仲淹之文，合乎典謨，依乎名教，謂得力經術，獨以易學為多；依乎名
教，蓋志存匡濟，故無滑稽狂激之言。㈣仲淹之文，開合變化，不主故常，而多獨特
之處，不為開合變化所囿，周孔教之論，其大意如此。仲淹五記，自亦有此卓異之處，
周孔教又論岳陽樓、嚴子陵二記云：

> 昔人謂不關世教，雖工無益也。余嘗以是揚榷千載，鴻裁鼎藻海內者獨岳陽樓、
> 嚴子陵祠堂二記。（同上）

以世教為言，特就其為文之蘄向，立言之影響而論，此一殊勝之處，其他三記亦
有之。總其成就，亦非此一端而已也。謹就下述諸項，敘而論之：

㈠主題彰顯

五記之內容，已如前敘，每篇之主題，無不彰顯。〈南京書院題名記〉在表揚講
學興教之功效；〈嚴先生祠堂記〉則凸顯逸民之節風；〈清白堂記〉以勵居官者廉潔
清白之操守；〈邠州建學記〉係仲淹重視州縣教育，乃人才之所出；〈岳陽樓記〉係
記事寫景，以寓進憂退憂，先憂後樂之情懷，以勉慰滕子京。主題無不明白如見，而
又未直接揭露說破，藏隱於材料文章意句之中，合乎曲而達之理，意在言外，故有旨
趣待尋，諫果回甘之妙。雖〈嚴先生祠堂〉略有斥破，卻出以借賓襯主之法，以光武
之富貴，烘托嚴先生謝絕富貴之高節，使人目移神奪，不覺其已說破；〈邠州建學記〉
亦然，主題有不容不逗漏者，乃詳建成之原委，成後之壯觀，期望諸生之講習，以收
迴復掩映之效，故無直露之失；於〈清白堂記〉，略於文末，綴以二語，如畫龍之點
睛，於此數者，有以見主題處理之法，藏而能露，露而能藏矣。

㈡詳略得宜

一篇主題既定,端在取材、表達之得宜,繁複者如長江萬里,山重水複,景色各殊,引人入勝;簡略者,如龍現一爪,而厥狀可求。仲淹五記,能詳略得宜,而尤長於能略。詳略得宜,貴在有識斷,而取捨皆當也。例如〈南京書院題名記〉在五記之中篇幅最長,亦不過五百字,〈邠州建學記〉,字數稍差,而敘事明暢,使人能明其原委之餘,更無廢辭膚語,故潔而簡。〈嚴先生祠堂記〉,則不過二百二十字,有敘事,並敘光武之富貴,以襯托嚴先生之隱逸,且有讚頌,而意境全出,非有縮龍成寸之大本領不可。〈岳陽樓記〉僅三百七十四字,其敘事則止於滕子京之謫守巴陵,重修岳陽樓而請其作記,可云略矣。至於寫景則總述洞庭全景之餘,而於可悲可喜者則仔細描繪,形成詳略之對比,略而能明,詳而切貼,故曰詳略得宜,其他三記皆然。綜此五記,皆簡文短篇,可敘可記者甚多,非柳宗元〈永州八記〉之倫也,而簡略近之,非特長於用略乎?「動人春色不須多」,仲淹五記,足以當之!

㈢章法嚴明

古人名篇,文成法立,皆有規矩法度可觀,仲淹之五記,更係如此,章法之著者,首為結構,結構之明確可論者,不外首段起,中段敘說論證,尾段結,陳師曾云:

> 為文之法,頭起欲緊而重,腹中欲滿而曲折多,……凡結欲輕而意足。(〈文法論〉)

首段在總起全文,拈出主題,故曰「欲緊而重」;文之中腹各段,為闡明主題,滿足主題,凡旁出側出,多方敘說,曲折變化,以盡其妙者,均極力為之,以求內容充實,故曰「腹中」——非指一段也。故又曰「欲滿而曲折」,言容受多而曲折悉見也。結則收束全文,內容已於中段發揮,自不宜多,故曰「輕」,在文意上必點出主題,總結主題,補足主題,故曰「意足」,此乃文章結構上之基本原則,陳氏係由歸納名家名篇之結構而得,以之衡量仲淹之五記,除〈嚴先生祠堂記〉結構較為特殊之外,其餘四篇無不如此。以〈岳陽樓記〉為例,首段敘滕子京謫守巴陵郡,重修岳陽樓,囑仲淹作記,以「謫守」二字,確立一篇之主題;全然合乎「頭起欲緊而重」之原則;中段述岳陽樓所見之洞庭景色,有總敘、有因陰雨春晴而悲喜之分敘,可謂「欲滿而曲折」矣;以仁人先憂後樂為心,故不以物喜,不以己悲,勉慰知交於遷謫之中,

以收束全文，雖結語非輕，然「意足」之要求，全然滿足矣。即〈嚴先生祠堂記〉，在形式上雖有變化，在原則上亦相冥合。觀此可以覘仲淹五記結構緊密合理。

　　章法之嚴明者，又見於文之章節段落，凡一章、一節，能合乎劉勰所云：「章總一義，須意窮而成體」（《文心雕龍·章句》）之原則，則每章每段，意義滿足獨立而明確，於全篇之中，人人可據此而分章分段，自係章法嚴明之表現。以〈清白堂記〉為例，芟草得泉為首段，泉之佳美，得茗飲之樂與井道之義為中段；名之為清白堂之故為結段。〈邠州建學記〉，則以庠序之教之重要為首段；邠州學宮之興建經緯為中段；作記及勗勉諸生之意為結段，章節明白如見，人人可分。其他三記，亦復如之。

　　古文家之所謂有法，謂言之有序也，方苞云：

> 義即《易》之所謂言有物也，法即《易》之所謂言有序也。義以為經，而法緯之，然後為成體之文。（〈書貨殖傳後〉）

　　方氏義法之說，為以後之古文家所遵奉，其所謂「言之有序」，含義甚廣，所謂「言有序」之意，當如姚鼐所云：

> 古人文有一定之法，有無定之法，有定者，所以嚴整也；無定者，所以為變化也。（〈與張阮林書〉）

　　方苞所主之法，實具此「一定之法」、「無定之法」二義，唯「言之有序」，則姚氏所謂「嚴整」者，庶幾得之，謂井然有序，無有錯亂也。具體言之，敘事、寫景、抒情、說理，不論繁簡及其表達之方式，而有一定之表達次序，如由先至後、由始至終、由遠及近、由大至小、由右至左、由簡至繁、由易及難、由主及賓，或與之相反而形成次序者，皆「言之有序」之意。仲淹五記，深得此意，五記之中，敘事時無不以時間之先後，事之始終鋪敘，如〈清白堂記〉：

> 會稽府署，據臥龍山之南足，北上有蓬萊閣，閣之西有涼堂，堂之西有巖然（焉）。巖之下，有池方數丈，密蔓深叢，莽然就荒。一日命役徒芟而闢之，中獲廢井，即呼之出其泥滓，觀其好惡，曰嘉泉也。

　　就敘事而言，乃以發現井之始末為鋪敘之次第；就會稽府署至廢井所在之位置言，

乃由大至小，而至井之一點，而形成次第者。又〈嚴先生祠堂記〉云：

> 及帝握赤符，乘六龍，得聖人之時，臣妾億兆，天下孰加焉！
>
> 既而動星象，歸江湖，得聖人之清，泯塗軒冕，天下孰加焉！

一就權位之顯赫，一就隱逸之清高，由小及大，形成順序。又〈岳陽樓記〉云：

> 陰風怒號，濁浪排空，日星隱耀，山嶽潛形，商旅不行，檣傾楫摧。
>
> 波瀾不驚，上下天光，一碧萬頃，沙鷗翔集，錦鱗游泳，岸芷汀蘭，鬱鬱青青。

一則就景物之覽而可悲者，就其激情程度之由弱而強，形成先後；一則就景物之可喜者，由遠至近而為之描繪，如此方有次第、順序，以形成所「嚴整」，蓋未有言之無序，表達無條理層次，而能「嚴整」者。

仲淹五記，就其意法嚴明之大者而言，可言確論者如此。至於文意相符，「外文綺交，內義脈注，跗萼相銜，首尾一體」，以至文句之承接得當，「句司數字，待相接以為用」，則又不待言矣。

(四)理醇詞雅

仲淹五記，雖均以事為主，而內容各異，性質不一，蓋「書記廣大，衣被事體」使然。觀其所言，間有情見乎辭，而實以寓理為多，而又洽乎人心，蓋其造道有得，見理深醇，無偏激狂放衰頹之失，恰當事理、情理、物理，而尤合乎聖賢經世愛人之理，故能深中人心。如：

> 講議乎經，詠思乎文，緩以明道，若太陽之御六合；文以通理，若四時之妙萬物。（〈南京書院題名記〉）
>
> 在〈蠱〉之上九，眾方有為，而獨不事王侯，高尚其事，先生以之；在〈屯〉之初九，陽德方亨，而能以貴下賤，大得民也，光武以之。蓋先生之心，出乎日月之上；光武之器，包乎天地之外。微先生、不能成光武之大，微光武、豈能遂先生之高哉！（〈嚴先生祠堂記〉）

是皆深醇乎事理，故而貼切深警也。文章之能事，必待文詞以竟其功，雖然「飾

羽尚畫，文繡鞶帨」，為劉勰所非，然一家之文詞，乃一家形貌、風格別異之所繫，就詞字之運用而論，有淺俗、通達、雅正、僻硬等之不同。仲淹之文，以貼切達意為主，無鞶帨豔麗之失，而以典雅見長，前所徵引五記之文，已可顯見。又如：

> 雲山蒼蒼，江水泱泱，先生之風，山高水長。（〈嚴先生祠堂記〉）

> 飲之若餌白雪，咀輕冰，凜如也。（〈清白堂記〉）

> 長煙一空，皓月千里，浮光耀金，靜影沈璧，漁歌互答，此樂何極。（〈岳陽樓記〉）

貼切而兼典雅，如倩裝淡抹之淑女，自可邀人悅賞。

(五)聖賢襟抱

古文家倡文以明道之說，雖韓愈有云：「行之乎仁義之途，遊之乎詩書之源，無迷其途，無絕其源，終吾身而已。」（〈答李翊書〉）然包世臣論之云：

> 其離事與禮，而虛言以張其事者，自退之始，而子厚和之。至明允、永叔，迺用力於推究世事，而子瞻尤為達者。然門面言道之語，滌除未盡，以致近世治古文者，一若非言道，則無以自尊其文，是非世臣之所敢知也。（〈與楊季子論文書〉）

是於八大家之以言道為門面語，而致其不滿也。而仲淹則不然，自微賤時即有淑世憂時之聖賢襟抱，益以躬行實踐之功，雖言道、為文必本於仁義孝弟忠信，而無虛言以張其事之失，蓋為秀才時，即以天下為己任，及通籍入仕，所憂所急，所言所行，皆以悲憫仁愛之心，解除民之疾苦而增進其福祉，使國家臻於郅治為職志，故「居廟堂之高，則憂其民；處江湖之遠，則憂其君」，誠為其屢進屢黜，廟堂江湖俱不能免於憂愁之寫照。故《年譜》論〈岳陽樓記〉云：「記中有先天下之憂而憂，後天下之樂而樂之句，蓋公平日允蹈之言也。」歐陽脩之言，則更為明確：

> 公少有大節，於富貴貧賤毀譽歡戚不一動其心，而慨然能有志於天下，常自誦曰：「士當先天下之憂而憂，後天下之樂而樂也。」（〈范文正公神道碑〉）

可見其聖賢淑世救人之襟抱矣。而篤踐之切,除不計名位利害之外,更於恆常之生活中見之:

> 公為人,外和內剛,樂善汎愛,喪母時尚貧,終身非賓客食不重肉,臨財樂施,意豁如也。及退而視其私,妻子僅給衣食。(同上)

誠於中而形於言,故其感人至為深切,基於此種襟抱與踐履,益以處事練歷之功,故有千古不磨之精光在,其文之憂憂獨造者在此。包世臣謂明允、永叔、子瞻迺能用力推究世事,而有別於韓柳,竊以為乃仲淹有以啟導之、影響之也。

綜此數者,有以見仲淹五記之特殊,雖文詞無不工,然非徒求工於文詞者,所可比數也。

五、結　論

仲淹之五記,僅其文集中之一類,且為薄物短篇,然其精神經歷寓焉,精光境界存焉,文詞規矩藏焉,李扶九論〈岳陽樓記〉云:

> 通篇不矜才,不使氣,使自己胸襟,顯得磊磊落落,正大而光明,非其存於中者大而果能若是乎。(《古文筆法百篇》)

誠為知人知文之確評,推論其他四記,亦莫不然。然前人於此篇,頗有微詞,陳師道云:

> 范文正公為〈岳陽樓記〉,用對語說時景,世以為奇。尹師魯讀之曰:「傳奇體爾」。傳奇,唐裴鉶所著小說也。(《後山詩話》)

又方苞云:

> 范文正公〈岳陽樓記〉,歐公病其詞近小說家,與尹師魯相議不約而同。歐公諸記不下濃麗語,而體制自別。其辨其微,治古文者最宜研究。(〈評歐陽永叔真州東園記〉)

蓋指仲淹以俳偶之句,寫寄情之景,為古文家所非,方苞所謂體制有別者在此,
近人高步瀛直言其失云:

> 其中二段寫情景處,殊失古澤,故或以為俳。然先天下而憂,後天下而樂,實
> 為千古名言,故姚選不取,而雜鈔錄入也。(《唐宋文舉要》)

蓋古文家戒用六朝俳語,故而以小疵棄連抱之材,曾國藩《經史百家雜鈔》,改
變姚鼐《古文辭類纂》擯落之失,而將之入選,高氏以為「先憂後樂」二語為千古名
言之故,其實此二語亦係殊失古澤之俳偶,推之〈嚴先生祠堂記〉及其他諸篇,類此
者正復不少,此乃古文家私立戒約,為無理之文律,殊乖事理,不足為仲淹病也。

貳拾、幾番風雨到紅樓

——大陸三十年來「紅樓夢研究」批判

引　言

　　在中國的古典小說——章回小說中，《紅樓夢》一直是有著「孤峯獨秀」的地位，自這本小說問世的同時，即有了脂硯齋的批本，被認為是「紅學」的發軔；隨著八十回本和一百二十回本的流傳，而有摹擬仿續之作，如《紅樓圓夢》、《紅樓復夢》、《綺樓重夢》之類。隨著時光的流逝，學術研究的勃興，因研究《紅樓夢》而形成的「紅學」，已形成了國際學術，真是古今中外「稗官野史」作品中的異數了。尤其令人驚異的，是這一抒寫「男女愛情」為主的「風月寶鑑」，竟能在中共政權成立之後，在以馬克思、列寧的唯物思想為統制，沉雷密雨，遍及大陸的學術界之時，而紅學未受重大的打擊，而轉入「用馬列主義來研究紅樓夢的階段」。十年「文化大革命」的浩劫，這本古典小說也未在打倒之列，在破四舊的迅雷暴雨之下，也是未遭波及的唯一例外，更是奇蹟中的奇蹟。筆者於民國六十九年十一月至七十年八月，赴日本京都大學研究一年，紅學不在預定的研究範圍內，可是在今年的三月間，接到香港友人寄到的《北方論叢》，其中有馮其庸的〈關於當前紅樓夢研究的幾個問題〉一文，披閱之下，該文回顧既往，展望將來，實無異是中共學術界三十年「紅學研究」的總結，於是引發了探究大陸「紅學」真相的興趣。可是限於時間，加上要完成預定的研究計劃，所以於資料的收集，極不週詳，僅就馮文的論述，加以探討，以明白大陸的紅學，何以能免於「政治屠殺」和不被摧殘。雖然「紅學」能幸運地成為唯一的漏網之魚，但仍然避免不了被污染、被曲解和被利用的噩運。回顧三十幾年前，披髮受書之時，在書齋裏「閉門讀禁書」——偷閱《紅樓夢》，幼弱的心靈，受到這本奇書的震撼，

今瞬已一世，遙望神州，深有「風景不殊，舉目有河山之異」的悲痛，而腥風血雨的鬥爭，也間接地波及了《紅樓》。予學術以研究自由，還紅學以本來面目，是筆者撰稿時的期待和祝福。本文的分析和批判，在一葉知秋，由大陸紅學研究的實況，以認知整個研究的實況。國內的紅學專家，繁有其人，如潘師石禪、高陽、墨人，同門友王關仕先生等，有的卓犖成家，有的深造有得，筆者此文，如野狐參禪，聊備一格，尚期不棄淺漏，進而教之。

一、大陸三十年來「紅學研究」述略及批判

馮其庸這篇〈關於當前紅樓夢研究中幾個問題〉，是一篇達四萬字的長文，考其內容，是大陸三十年來紅學研究的總結，所以馮氏云：

> 紅學已經有了二百多年的歷史了，「新中國」成立以來，紅學也已繼續發展了三十年。就其成績來說，這三十年所達成的成就，可以說遠遠超過了過去二百年來紅學成績的總和，雖然三十年的成就與過去的紅學是不能截然分開的。

所以馮氏此文，應是大陸三十年來紅學「研究成績的總結」，馮氏語多誇大，就學術的發展而言，應是「前脩未密，後學轉精」，大陸的學者，在傾其全力之下，縱然真的超過了二百年來紅學成績的總和，也是理所當然。因為以前的一百多年，是紅學的萌芽期，在前人視小說為「小道」的社會背景下，一部小說由成書到流傳，由流傳到盛行，由盛行到成為專家研究之學，非經過一段漫長時期的醞釀不可。總算馮氏未泯滅良心，未抹殺民國三十九年以前學者研究的成績，如果沒有胡適氏的《紅樓夢考證》，沒有俞平伯氏的《紅樓夢辨》的話，大陸所謂三十年的「研究成績」，恐將無一可述。即使現在大陸的「紅學專家」，大多是國民政府所培養的人才，所以「三十年的成就與過去的紅學是不能截然分開的」一語，顯示了馮氏尚有學術良心，可是胡、俞二氏所遭受的，卻是被鬥爭、被攻擊的對象。根據馮氏的述說，大陸三十年的「紅學研究」，可分為好幾個階段，馮氏稱之為「曲折」，實際上是大陸學術界的幾番狂風暴雨，馮氏在文中的引言部份云：

「建國」三十年來，《紅樓夢》的研究工作，經歷了一個曲折的過程。

從一九四九到一九五四年，在這短短的五年裏，當時的《紅樓夢》研究，仍然是新紅學派佔主要地位。

所謂新紅學派，乃指胡適、俞平伯等人的紅學研究，反對舊紅學派的「索隱」研究，以批評的立場和考證的態度，「破舊立新」，馮氏承認新紅學派的「成就」道：

> 後起的新紅學派，對索隱派發起了猛烈的攻擊，他們用資產階級的考據學和實證主義摧垮了當時盛極一時的索隱派，這一點是新紅學派創始人胡適建立的功勳，新紅學派比起索隱派，畢竟先進得多了。新紅學派用確鑿的史料考證出「紅樓夢」的作者是曹雪芹，並考證出作者的祖父是康熙時的江寧織造曹寅。新紅學派還注意到了《紅樓夢》的乾隆抄本，最先對甲戌本、庚辰本等乾隆抄本進行了研究，開始了《紅樓夢》的版本學。這一切，都是新紅學派留下的歷史功績，是誰也不能抹煞的。然而，新紅學派依據考證出來的家世史料而建立起來的自傳說，這個新紅學派最根本的理論和觀點，以及坐吃山空樹倒猢猻散等等的說法，仍舊沒有能夠解釋這部巨著。

是承認大陸初期甚至現在的紅學，乃建立在胡適等人的研究基礎之上，但是旋即基於思想的立場，而加以攻擊，馮氏論之云：

> 一九五四年展開了對俞平伯的批判，之後，隨即展開了對胡適派主觀唯心主義的學術思想和文藝思想的批判，在這一場文藝思想的批判運動中，新紅學派的一些基本觀點，例如：自傳說，色空觀念說，釵黛合一論，怨而不怒論等等，都受到了批判。

站在學術思想的立場而言，胡適、俞平伯等人的研究結果，如果理由不充足，證據不確鑿，導致結果和判斷的偏失，自可加以批判；即使基於個人看法的不同，亦可道並行而不悖，倡立己說，甚至加以評論，亦不為過；可是這一場學術上的迫害和鬥爭，卻全是由於思想的歧異，政治觀念的不同而引起的，馮氏坦白地承認道：

> 這一場文藝思想鬥爭，實質上是反映了以馬克思、列寧主義為指導的「中國革

命」取得勝利以後，在學術領域裏，也要求確立起馬克思、列寧主義的指導地位。這一場運動，除了上面指出的那些消極的方面外，它在當時的學術界和文藝界，還是起了積極的作用的，現在來回顧這場鬥爭，也應該採取分析的態度，不能把它一概否定。它的積極方面的作用，即鼓勵人們用馬列主義來研究《紅樓夢》和中國的古代文化遺產，不斷清除學術領域裏的唯心主義思想和方法。因此，一九五四年的這場文藝思想的批判運動，也就成了紅學發展史上的歷史分界線和歷史轉捩點。自從這一場運動以後，也即是自一九五四年以後，紅學就進入了一個新的發展階段，即用馬列主義來研究《紅樓夢》的階段。

這一段表白，顯示中共是以政治和思想意識的力量，強將唯物思想和所謂的馬列主義的觀念，大力加在大陸的學術界上，不但以馬列思想來畫框框，把《紅樓夢》放進這框框裏，而且要把一切的「中國古代文化遺產」放進這框框裏，毫不顧中國的文化傳統和背景，也不顧《紅樓夢》發生的事實，因為《紅樓夢》決不是唯物主義思想下的產物，它不但早於馬列主義，而且在本質上更不代表階級鬥爭，而富有浪漫主義的色彩，傾向唯心思想，應係不爭的事實，紅學和從事紅學的研究學者，決不會接受這項不合式也戴不上的紅帽子。可是中共卻以強迫的方式，不以理性的辯論和說服方式，而以群眾運動的鬥爭方式，使之凌躪紅學和一切學術之上。不過由俞平伯和胡適的鬥爭開端，馮氏委婉而間接地指明其缺點和錯誤道：

> 這一場批判運動，現在看來，自有它的缺點和錯誤，例如用搞運動的方式來解決學術問題和文藝思想問題；有一些文章缺乏研究和分析，缺乏辯證的觀點，流於片面性簡單化，有形而上學的毛病，等等。但是，從建國初期學術界、文藝界的思想狀況來看，從歷史發展的角度來看，這一場哲學思想和文藝思想的鬥爭是不可避免的（當然完全可以採取討論的方式而不應該用政治運動的方式）。……

這是批判胡適等人新紅學的手法，也是對所有的學術思想所運用的方法，馮氏已坦承不應當用政治運動的方式，而應該完全採用討論的方式，可是中共不只是運用政治運動的方式，而實際是用鬥爭迫害的方式，混入文字獄的定罪手段，使知識份子由坦白、認錯、勞動改造，到千萬人頭落地，並且由思想意識追溯到行為方面，由中共

統治以後，追究到中共統治以前，雖然秦始皇有焚書坑儒的暴政，但比之以中共的文網完密而普遍，使人興望塵莫及之感。所以新紅學派的成就當時都抹煞了，而環攻其「自傳說、色空觀念說、釵黛合一論、怨而不怒論」等等了。

馮氏認為從一九五四年到一九六三年，是大陸研究「紅學」的「盛時」，他追述這一時期的「成就」道：

> 從一九五四年到一九六三年這首尾十年間，紅學沿著這條康莊大道也確實得到了較大的發展，它的標誌是一九六三年由文化部、全國文聯、作者協會、故宮博物院聯合主辦的「曹雪芹逝世二百周年紀念展覽會」。在這個展覽會上除展出了大量的有關曹雪芹家世、時代和有關《紅樓夢》的各種文獻資料外，還展出了一九五四年以後出版的研究《紅樓夢》的新作，其中主要的有李希凡、藍翎的《紅樓夢評論集》，何其芳的《論紅樓夢》，蔣和森的《紅樓夢論稿》，劉大傑的《紅樓夢思想與人物》等等。……到一九六六年，一場把我們的「國家」和人民投入災難的文化大革命就爆發了。

如上所敘，大陸紅學「最盛」的十年，其成就的標誌，不過是「官方」機關聯合主辦了「曹雪芹逝世二百周年紀念展覽會」，而展出的「紅學」作品，具有代表性的不過寥寥數部，其中的何其芳、劉大傑等人，均是成長在國民政府的教化下，以實際的學術成就而論，恐怕與俞平伯、胡適諸氏相距有雲泥之別。「十年文革」，紅學不但未投入這場劫火中，反而得到「資養」，馮氏云：

> 「文化大革命」，現在已正確地稱之為「十年浩劫」。在這「十年浩劫」期間，一切文化遺產統統被打倒，以往的歷史被納入一個窄狹的農民起義的框框，唯框框以內是光明，框框以外，全是黑暗和罪惡。……
> 在「十年浩劫」期間，唯一例外的事情，是《紅樓夢》不在打倒之列。不但不被打倒，而且還得到了多次的提倡、褒揚。……這種幸運，為紅學的發展帶來了有利條件同時又產生了新的曲折；有利條件是廣大群眾在無書可讀之餘，還可讀《紅樓夢》，研究《紅樓夢》；新的曲折，是「四人幫」為了達到他們的陰謀目的，在大搞「評法批儒」的同時，又大搞所謂「評紅運動」。他們肆意

曲解踐踏《紅樓夢》，通過他們的御用班子大搞影射紅學。項莊舞劍，意在沛公，「四人幫」的評紅則是意在「周公」。四人幫的這種影射紅學，給紅學造成了極大的混亂，一九五四年已經受到批判的主觀唯心主義的文藝思想，這時期又大肆泛濫，這種情況，一直延續到一九七六年，「四人幫」的垮臺。……

由這段陳述，得知：一、一切文化遺產統統被打倒，前後達十年之久，這是多麼漫長而廣闊的浩劫呀！二、十年浩劫的結果，使廣大的群眾，到了無書可讀的程度，只有讀《紅樓夢》，當時在北平買不到一本《唐詩三百首》，外人以為係難以相信的「天方夜譚」，今由馮氏事後的追述，竟係真實不妄的事實。三、四人幫的「評紅」和大搞影射紅學，表面是「四人幫」的發明，實際上是因襲中共「古為今用」，「政治掛帥」的獨創，不管「四人幫」的出身如何？陰謀為何？絕對是不折不扣的中共黨徒。不管事後如何推卸責任，把「四人幫」推向「法壇」，但是我們和大陸同胞一樣要追問：是誰炮製了四人幫？是誰使「四人幫」有這樣大的權力？誠如馮氏所言：「四人幫的評紅，則是意在周公」，「周公」為誰？周恩來嗎？在「十年浩劫」的時候，共黨表決有關議案的時候，周不是在舉手或鼓掌贊成嗎？不是對「紅小將」訓示或鼓勵嗎？不但沒討伐管蔡的義師，而且是毛主席的忠實幫兇。令人深感奇怪的，是在中共和四人幫所劃的「無產階級革命」或「農民革命」的框框裏，《紅樓夢》都是放不進這二個框框的作品，但何以能倖免斯劫呢？可是細讀馮文，仍有不少的逗漏：

「毛澤東同志」對於「紅樓夢具有他個人的特殊愛好」，這是人所共知的事實。他前後對於《紅樓夢》講過不少話，這也是人所共知的事實。

在中共的政治結構之下，毛澤東的「講話」和指示當然是「聖旨」。使大陸學者為難的，是那些有關「紅學」的「講話」可信，那些是齊東野語，因為「四人幫失腳」之後，毛澤東在這「十年浩劫」期間講過不少有關紅學的「講話」，馮氏區別道：

那些「文化大革命」中傳抄的文字，即使確是「毛澤東同志」講的，也還不能把它與正式發表的文件一樣看待。因為這些意見如果要正式發表，他本人完全有可能再作某些修改，甚至作較大的修改。現在既然沒有經過定稿和正式發表，我們當然不能把這些抄錄的講話當作正式文件來引用，何況抄錄過程中還可能

有抄錯。特別是不少傳抄的文字是經江青或「四人幫」傳出來的，這就更需要我們對這些抄錄的文字採取審慎的態度。以上這種區別，正是我們對待研究工作所必需採取的認真負責的實事求是的科學態度。當然其中有一些講話，是經「周恩來總理」傳達的，這當然是毫無問題是可信的。……

可見中共的「紅學家」，是奉毛澤東的「講話」或「指示」為金科玉律，所要分別的，是在政治上被鬥臭鬥垮的「四人幫」所轉達傳抄的為不可信，至少要出以「審慎」的態度；出於周恩來的，則「毫無問題是可相信的」。難道周恩來「傳達」的就沒有所講的傳錯等問題嗎？就學術而言，毛澤東是以學術權威「領導」紅學，還是以「政治掛帥」指使或「御用」紅學呢？從馮氏的述說可得顯證：

前些時候，曾經在思想界學術界展開了對個人迷信的批判和討論，也涉及到「紅樓夢」研究領域裏的這類問題。

所謂個人迷信，即是指對「毛」的絕對「崇拜」，到了迷信的程度，《紅樓夢》的學術天地，深受波及，在「四人幫」垮臺以後，在政治上發生對「毛」鞭不鞭屍的爭議，在「紅學」的「研究」上連帶地也產生了對毛再搞不搞個人迷信的紛爭，馮氏為「毛」開脫道：

大家都知道毛澤東「同志」對《紅樓夢》是評價很高的，而我們學術界包括紅學界對《紅樓夢》的評價也是很高的。不僅如此，連國際上對《紅樓夢》也是評價很高的，不久前在美國還開了「首屆國際紅樓夢研討會」，難道我們能把這種情況也看作個人迷信的結果嗎？

「此地無銀三百兩」式的解釋，反證成了不合於「無產階級革命」，更不合於「農民革命」框框的《紅樓夢》，其所以成為大陸政權下的「顯學」，完全是「毛」喜歡的原故，在「個人迷信」的情況下，成了民眾除了中共的黨八股以外，惟一可讀的一本書，因為「毛」說過中國「除了地大物博，人口眾多，歷史悠久，以及在文學上有部《紅樓夢》外，很多地方不如人家，驕傲不起來。」（見馮氏原文所引）「毛」又說研究《紅樓夢》，第四回是紅樓夢的總綱，還說要看第四回、第五回、第六回，又說：

「讀《紅樓夢》要瞭解四句話：『賈不假，白玉為堂金作馬。阿房宮，三百里，住不下金陵一個史。東海缺少白玉床，龍王來請金陵王。豐年好大雪，珍珠如土金如鐵。』這四句話是《紅樓夢》的一個綱。」（見馮氏原文所引）可見「毛」深好一部《紅樓夢》，不但倡導讀，而且教人如何讀，沒有所謂「革命原則」和「文藝原則」，只是老子好這個調調兒，如甄欣先生在今年三月間的《明報月刊》，針對《爭鳴》第四十一期怡彥先生的「替毛澤東說幾句公道話」的「評對毛的公道話」一文所云：

> 只有《紅樓夢》是個幸運兒，得到毛澤東的賞識，毛澤東欣賞這部書，除了情之所鍾以外，還有「古為今用」的意思。他說：「《紅樓夢》第四回是全書的總綱」（即以階級鬥爭為綱），一些毫無主心骨的「紅學家」便紛紛著書立說，牽強附會地闡述這個「總綱」，連帶江青也成了「半個紅學家」，胡說八道，肆意歪曲。其實，毛澤東的真正文藝標準是以「我」為中心，合「我」心意的，就是好作品；不合「我」心意的，就是壞作品。比如，他喜歡李白、李賀、李商隱的作品，有人就大贊「三李」的詩。郭沫若並有「李白與杜甫」這樣的大作問世，把李白捧到天上，把杜甫貶到地下。好在就沒有說李白就是毛澤東，杜甫就是劉少奇。毛澤東以「我」為中心評價文藝作品，還表現在對現代文藝作品上。《保衛延安》、《小城春秋》和《洪湖赤衛隊》，就因為沒有「全力以赴」地歌頌他，而歌頌了別人，就都是毒草。樣板戲，就因為「全力以赴」地歌頌他，就都是「香花」。什麼政治標準第一，藝術標準第二！到了實際衡量文藝作品時，還是「老子天下第一」，還是順我者昌，逆我者七。

真是一針見血之論，《紅樓夢》能在大陸風行三十年，完全是「毛」愛好的關係，大陸學者一窩風地攪「紅學」，大多數是阿「毛」所好，結果扭曲了，更誣衊了「紅學」，勝過闡揚「紅學」千萬倍。林曼叔先生不明此理，費了九牛二虎之力，著成《評郭沫若的李白與杜甫》，完全以學術的立場，作公正的批評，不如甄欣先生幾句話便一針見血，因為郭沫若的著作全是馬屁術，不是學術。

在「十年浩劫」的「文革」期間，「四人幫」如何陰謀利用紅學，打擊周恩來等，其詳不可得而知，以其是屬於政治鬥爭的秘密，在審判「四人幫」時，又未用以當「黑材料」，可能使馮氏無法評敘，更可能的是不敢評述，但是也揭露了此一時候研究紅

學所獲致的結論，馮氏道：

> 對於「四人幫」御用班裏有目的有計劃炮製出來的關於《紅樓夢》的文章，我
> 們應該揭露他們的政治陰謀，對於廣大群眾或幹部寫的關於《紅樓夢》的文章，
> 無論是講第幾回是綱也好，講幾條人命案也好，講《紅樓夢》裏的階級鬥爭也
> 好，講《紅樓夢》裏的奴隸反抗也好，講《紅樓夢》裏的反孔精神也好，這一
> 類文章儘管其中有一部分可能受到了當時「四人幫」政治思潮的影響，現在來
> 看這些文章也未必都很有學術價值，但它畢竟不同於四人幫的陰謀紅學。

可見這些結論，很多已歪曲了《紅樓夢》。而「四人幫」更把《紅樓夢》轉變成
「是一部政治性很強，藝術性很高的政治歷史小說」（一九七三年九月二十二日《北京日報》），
《紅旗雜誌》緊接著肯定為「《紅樓夢》所表現的是以社會階級鬥爭為內容的政治主
題，是一部政治歷史小說。」（見一九七三第十一期《紅旗雜誌》）把曹雪芹這部談男女戀
情為主的「風月寶鑑」，變成了表現「階級鬥爭」的「政治歷史小說」，誠可謂指鹿
為馬，極盡顛倒黑白之能事。其始作俑者，固在毛澤東，而厚誣古人，則在搞個人迷
信的徒眾，最後連馮氏也覺太不成話，加以否定道：「不能因為作品具有社會歷史，
政治意義而就稱為政治歷史小說。」因為這種說法傳播中外，會笑掉有識之士的大牙，
更可窺見這一時期的紅學研究是怎麼回事了。

「十年浩劫」以後，「四人幫」既去，毒瘤既割，華國鋒、鄧小平相繼登場，在
《紅樓夢》的研究上，應該不是那麼烏煙瘴氣，而宜「氣象一新」了，可是仍然習染
如故，餘毒難清，馮氏記敘這數年的紅學研究情況道：

> 自「四人幫」垮臺以後，「四人幫」的陰謀紅學立即受到了廣大群眾的揭露和
> 批判，紅學發展史上的一段歪路，也隨之而被截斷。近幾年來，紅學又有了新
> 的繁榮發展的氣象：一九八○年文化部文學藝術研究所正式成立，一九八○年
> 六月美國召開了「首屆國際紅樓夢研討會」，一九八○年八月哈爾濱召開了「全
> 國紅學討論會」，這個討論會上成立了「全國紅學會」。一九七九年「紅樓夢
> 學刊」創刊，一九八○年「紅樓夢研究集列」創刊。以上這些，都是紅學史上
> 前所未有的值得大書特書的大事。

在紅學的討論方面，關於《紅樓夢》作者問題，關於《紅樓夢》的續作者的問題，關於曹雪芹的畫像問題，關於曹雪芹的卒年問題，關於曹雪芹的家世、祖籍問題，關於《紅樓夢》的版本問題，關於《慶藝齋集稿》的問題，關於曹雪芹的書箱問題，關於香山正白旗三九號老屋的問題，關於後四十回的問題，關於大觀園的問題，關於《紅樓夢》的思想內容問題，關於《紅樓夢》的藝術成就的問題，關於脂硯齋的問題等等。

《紅樓夢》的研究，比較以往的二十幾年，已乾淨了不少，似乎已在真正地展開紅學的學術研究了，然而深入分析，仍然是鏡花月水。因為大陸的召開所謂「全國紅學討論會」，成立所謂「全國紅學會」，是緊接在美國召開「首屆國際紅樓夢研討會」之後，深具有學術統戰的作用和跡象。在紅學上所討論的種種問題，並沒有很多的創意性，而仍然在堅持以「馬克思主義」研究《紅樓夢》，仍然循毛澤東的「指示」和「綱領」，在搞個人迷信，所以馮氏道：

> 總之，三十年的紅學史證明，要使紅學得到發展，要使紅學在新的歷史時期呈現出自己劃時代的嶄新的面貌來，就必須依靠馬克斯主義，除此之外，不論什麼主義，都不可能使紅學得到新的全面的發展。……所以我們不能因為反對個人迷信、批判個人迷信，因而不加分析地把正確的東西也當作個人迷信來反對。……

由於這二種「堅持」，大陸的紅學研究，仍然陷在這二種迷雲裏。下面是馮氏在這二種「堅持」下，對紅學研究的方向所下的結論：

> 總之，《紅樓夢》的內容是深廣的，包含著階級鬥爭和政治鬥爭（統治階級內部的政治鬥爭）的內容的，只要我們不對它作不符客觀實際的牽強附會的解釋，從這方面去進行研究和探索，是完全必要的，我們不要加以禁止和嘲諷，它可以與形象分析和藝術分析相輔相成，而不會互相排斥。

可見馬克斯的教條，毛澤東的政治幽靈仍然在宰制大陸的「紅學研究」，在這種研究的方向和路線之下，一定會牽強附會，所以馮氏才懇求不要嘲笑，所謂「它可以

與形象分析和藝術分析相輔相成。」不過在為這種研究的路線和結果，抹上一點學術研究的脂粉。最嚴重的，是要以此來扼殺真正的紅學研究，馮氏道：

> 與此同時，在討論中也反映了各種各樣的思想和派別，例如索隱派和自傳說，近幾年頗有一些活躍，我就接到幾部索隱派的稿子，還是大講《紅樓夢》是反清復明，襲人就是龍衣人，寶玉就是傳國玉璽等等，也看到過公開發表的這一類的文章。自傳說也並未絕跡，只不過是有所遷化而已，至於用唯心主義的觀點來分析這部小說，考證小說的作者以及與這部小說有關的一些問題，則更是屢見不鮮。

上述這些情況，但我們提出了一個問題：即《紅樓夢》的研究，馬列主義還有沒有用？是用馬列主義來研究紅學呢？還是回到唯心論的老路上去？這就是當前的「紅學研究中不能不加以思考和認真解決的問題。

> 馬克思主義是一門完整的革命的科學，是放之四海而皆準的「真理」，它的「真理性」是早已為全世界工人階級和勞動人民的革命實踐所證實了的，是無可懷疑的。就拿紅學發展的歷程來說，也充分說明了離開馬克思主義能不能正確地解釋這部奇書——《紅樓夢》。

可見中共的御用紅學家，仍然在磨刀霍霍，準備隨時向所謂索隱派、自傳說派、唯心主義觀點派開刀，仍然在以階級鬥爭和政治鬥爭來扭曲和誣衊這本奇書。使我們略感高興的，在三十年中共的鬥爭之後，仍然有索隱派、自傳說派和唯心主義的存在，足見大陸的學者，學術良心未泯，各持己見，不向邪說屈服，在《紅樓夢》的研究上，透出經風雨而不挫，凌霜雪而愈勁的志節，應予表彰和喝彩。

三、大陸學者的「紅學研究」方法和成果之批判

大陸的「紅學研究」，沾沾自喜自誇的，與「舊紅學派」和「新紅學派」劃清界限的，一是研究的方法，一是研究的成果，茲就這二方面，論評於下：

新紅學派以考據的方法，奠定了紅學研究的基礎，胡適和俞平伯二氏在這一方面

的成就，中共學者無法用「否定之否定」的法則予以否定，於是乃以二分法否定其方法，馮氏云：

> 當然，考證一定要是唯物辯證的，是歷史主義的，是實事求是的，而不是虛空結構，浮想聯翩的，一句話，我們要的是唯物史觀的考證而不是唯心史觀的考證，讓我們在這一方面繼續做出成績來。

考證是尊重事實，尊重證據，在理證確鑿之下而得出結論、發現真實的治學方法。妄分唯心史觀的考證和唯物史觀的考據，顯然是一種錯誤。因為唯心史觀既是錯誤的治學方法，理無得出正確結果的可能。可是胡、俞二氏的正確結果，不能否定，所以馮氏「統一」這一矛盾事實道：

> 但是考證應該區別「馬克思主義」的「歷史唯物考證」和資產階級「主觀唯心主義」的考證。對於前者，我們要大力提倡，始終堅持，對於後者我們可以承認他們取得的經過實踐檢驗定了的成果或結果，因為封建階級和資產階級的歷史科學包括他們的考據學，也作出了他們的不可低估的成就，這些成就之所以取得，是由於他們在一些具體問題上堅持了實事求是的精神。因此對於被實踐證明是正確的某些結論，我們不應該站在偏狹的立場上盲目加以排斥。但是作為一種思想體系，作為一種方法論，我們應該拋棄主觀唯心主義的思想方法，拋棄那種先有結論後找材料，用片面的材料去強證事先設好的結論的這種主觀唯心主義的考證方法。我們應該提倡實事求是，充分掌握材料，用歷史唯物主義的觀點對材料進行分析，從客觀材料中經過科學分析得出科學結論的這種「馬克思主義」的歷史唯物主義的考證方法。

既然「唯心主義」的考證，是「虛空結構，浮想聯翩的」；是「先有結論後找材料，用片面的材料去強證事先設好的結論」，又何以能實事求是，而有不可低估的成就呢？中共統治下的「學者」運用「歷史唯物主義」的考證法已三十年了，又為何還應該提倡「實事求是，充分掌握材料」這種治學應有的基本常識呢？一定是以前常犯這種錯誤，現在仍然在犯才這樣說的。「四人幫」中有「文章金棍子」之稱的姚文元等，應該是能運用所謂「歷史唯物主義」的考證方法的了，何以又會把紅學「搞成陰

謀紅學」，成為政治奪權的工具，搞成「政治歷史小說」呢？不知「四人幫」和御用的班子，顧及到「實事求是，充分掌握材料」沒有？姑如馮氏所言，「四人幫」等人是唯心主義者，那樣毛澤東應該不是假「馬克思主義」者，應該是能正確運用「歷史唯物主義」的考證方法的人了，毛澤東指出第四回是《紅樓夢》的總綱，應該是運用這一考證法，而成為至當不移的定論了，可是馮氏批評云：

> 對這個問題，到底應該怎麼看呢？我認為如果說，第幾回是綱的提法意味著曹雪芹當年寫《紅樓夢》時是有計畫的以第四回，或以一、二、四、五回作為綱的，那末，我認這樣的理解不見得符合曹雪芹的原意。因為曹雪芹當年寫《紅樓夢》未必像今人一樣先擬出寫作提綱來，然後動筆，相反，他倒是因為「閨閣中歷歷有人」，不能「一併使其泯滅」，才「用假語村言，敷演出來」的。他寫作的當時，連章回目錄都未分出，這章回目錄都是後來分的，那末想當初他怎麼能夠以第四回或第幾回為綱呢？「回」且沒有，何來第幾回的「綱」？

筆者頗信服馮氏這一論斷，然則毛澤東第四回是《紅樓夢》總綱之說，不但方法用錯了，結論也錯了，何以大陸的「紅學家」，又居然不顧「歷史唯物主義」的考證法，而一盲引眾式的哄然相和，立論著書以證以從呢？想必馮氏早已發現了此一錯誤，為了保全首領，隱忍未言，筆者非常同情這種立場，也非常高興馮氏能在毛澤東死後，自己不再搞個人迷信，批判了毛澤東這一方法和結論的錯誤，「祖師爺」尚如此，「四人幫」和其他的人就不必問了，可以得出一個結論，不是「歷史唯物主義」的考證法錯了，就是使用的人錯了，最可能的是二者都錯了。

在「全國」只許讀《紅樓夢》，在毛澤東、江青等人的倡導下，大陸研究「紅學」的風氣自然極盛，研究的成果應該是「蔚然可觀」，馮氏也誇言「這三十年的紅學所達成的成就，可以說遠遠超過了過去二百年來紅學成績的總和。」又說：「只要看一看下面這個簡要的書目，就大體可以瞭解三十年來紅學成就的大概了。」筆者為能使「畢窺全貌」，將這些象徵大陸「紅學」成就的書目，全面轉錄於下：

㈠影印《石頭記》抄本

1.脂硯齋重評《石頭記》（庚辰本），一九五五年古籍出版社影印。

2.乾隆抄本百廿回《紅樓夢》稿，一九六三年中華書局影印。

3.戚蓼生序本《石頭記》，一九七三年文學出版社影印。

4.脂硯齋重評《石頭記》（甲戌本），一九七三年上海中華書局影印。

5.脂硯齋重評《石頭記》（己卯本），一九八〇年上海古籍出版社影印。

㈡影印有關《紅樓夢》的重要資料

1.四松堂集附鷦鷯庵筆塵，宗室敦誠撰，一九五五年文學古籍刊行社出版。

2.懋齋詩抄，宗室敦誠撰，同上。

3.春柳堂詩稿，宜泉先生著，同上。

4.綠煙瑣窗集，明義，一九五七年文學古籍刊行社出版。

5.棗窗閑筆，裕瑞，同上。

6.高蘭墅集，高鶚，同上。

7.閱《紅樓夢》隨筆。周春，一九五八年中華書局上海編輯所出版。

8.楝亭詩鈔，曹寅，一九〇〇年上海古籍出版社。

㈢排印《紅樓夢》

1.紅樓夢，一九五八年人民文學出版社依程乙本排印，此後曾多次校注重印。

2.紅樓夢八十回校本，俞平伯校訂，王惜時參校，一九五八年人民文學出版社出版。

3.脂硯齋紅樓夢輯評，俞平伯，中華書局上海編輯所一九六六年新二版。

㈣重要論著

1.紅樓夢辨，俞平伯撰，一九七三年人民文學出版社重印。

2.紅樓夢研究，俞平伯撰，一九七三年人民文學出版社重印。

3.紅樓夢新證，周汝昌著，人民文學出版社一九六一年初版，一九七六年增訂重版。

4.曹雪芹小傳，周汝昌著，人民文學出版社一九六一年初版，百花出版社一九八〇年增訂重排。

5.曹雪芹叢考，吳恩裕著，上海古籍出版社一九八〇年版。

6.曹雪芹佚著淺探，吳恩裕著，天津人民出版社一九八〇年版。

7.曹雪芹的故事，吳恩裕著，一九七九年香港中華重版。

8.紅樓夢探源，吳世昌著，英國牛津大學出版社一九六一年出版英文本。

9. 論紅樓夢，何其芳著，一九五八年人民文學出版社出版。

10. 紅樓夢評論集，李希凡、藍翎著，一九五七年初版，一九七三年人民文學出版社再版。

11. 紅樓夢論稿，蔣和森著，一九五九年人民文學出版社初版。

12. 論鳳姐，王朝聞著，一九八〇年百花出版社出版。

13. 漫說紅樓，張畢來著，一九七八年人民文學出版社出版。

14. 紅樓佛影，張畢來著，同上。

15. 紅樓夢論叢，鄧紹基、劉世德、陳毓羆著，一九八〇年上海古籍出版社出版。

16. 論庚辰本，馮其庸著，一九七八年上海文藝出版社出版。

17. 曹雪芹家世新考，馮其庸著，一九八〇年上海古籍出版社出版。

18. 紅樓夢詩詞曲賦評注，蔡義江著，一九八〇年北京出版社出版。

19. 紅樓夢研究小史稿，郭豫適著，一九八〇年上海文藝出版社出版。

20. 紅樓夢卷，一粟編，一九六三年中華書局版。

21. 紅樓夢書錄，一粟編，中華書局上海編輯所一九五八年初版，一九六三年增訂再版。

22. 關於江寧織造曹家檔案史料，故宮博物院明清檔案部編，中華書局一九七五年出版。

23. 李煦奏摺，故宮博物院明清檔案部編，中華書局一九七六年出版。

㈤專　刊

1. 紅樓夢學刊，王朝聞、馮其庸、李希凡主編，季刊，一九七九年百花出版社出版。

2. 紅樓夢研究集刊，紅樓夢研究集刊編輯委員編，一九八〇年上海古籍出版社出版。

　　第一至第三類的書目，只是資料彙編的性質，雖有其重要性，但與學術研究的成就顯示，相涉不多，而且是在胡適和俞平伯兩先生的研究基礎上得來的，如果新紅學派未考證出《紅樓夢》是曹雪芹作的，則第二類的重要資料彙編性質的書就會無所附麗了。如果不發現八十回和高鶚續四十回的問題，則第一和第三類的書就受影響了。就第四類重要論著而言，應是大陸「紅學」研究的「結晶」，相信已去蕪存菁，把「四

人幫」的政治作品——「影射紅學」去掉了，而具有代表性，可是最後三本書，仍是資料彙編，而且後二本是間接資料，僅有助曹家先世的瞭解；《紅樓夢詩詞賦評註》，也算不上學術著作；所謂「漫說」、「淺探」、「小傳」、「故事」其學術性和學術成就恐亦有限；此外第一本書即以俞平伯氏的《紅樓夢辨》冠其首，而俞氏此作，成書及出版於一九二二年七月八日，有引論可證，不知道是否存心掠美，合此以觀，其能否超越二百年以來之紅學，實大有問題。筆者苦無機緣細讀其餘的十七本著作，不知是否有姚文元一類「照像館裏出美學」一樣的怪論，但依據其他的資料，仍可略窺一二，例如周汝昌之《紅樓夢新證》，吳世昌評之云：

> 此外，尚須提到一部重要著作，即周汝昌的《紅樓夢新證》。周君書中有許多主要的結論是錯的（例如脂硯齋又署「畸笏叟」，他以為即是「史湘雲」，簡直是匪夷所思），但他書中搜羅了許多不易經見的材料，許多人對此書批評很苛，只是評他的文學觀點。但如把它當作一部史料書來看，是有價值的。……（吳世昌等著《散論紅樓夢》、吳世昌之〈我怎樣寫紅樓夢探源〉）

依吳氏所評，這本「重要的紅學著作」，「許多重要的結論是錯誤的。」只有「史料價值」了。至於吳氏之「紅樓夢探源」，最主要的結論是「脂硯齋是寶玉的模特兒——是曹雪芹的叔父」。吳氏舉了一些旁證，最主要的論證如下：

> 「元春」省親時不過二十多歲，入宮以前教過「寶玉」讀書，所以「憐愛寶玉與諸弟不同」，這個「寶玉」是「自傳說」中的曹雪芹嗎？我們且看脂硯齋在這段文字旁的批語：
>
> 「批書人領至（到）此教；故批至此，竟放聲大哭：俺先姊先（仙）逝太早，不然余何得為廢人邪！」（脂丙本十七回三八七）
>
> 原來「元春」是批書人脂硯齋的「先姊」，這裏的寶玉是批書人脂硯齋自己！讀普天下一切「自傳說」的擁護者來看此批。（同上）

脂硯齋是「寶玉」的模特兒——是曹雪芹自己。誠然是驚人的「發現」，但仍不足以推倒「自傳說」，頂多是把曹雪芹的自傳說，擴大到曹家的「家傳說」而已，決

不是什麼「政治歷史小說」了。吳氏又考出脂硯齋即字竹磵的曹碩，為曹宣的第四子，則有點匪夷所思了。吳氏云：

> 曹寅有一個雙生的兄弟曹宣，早死，其子女由他教養。曹宣有一個兒子：曹頫，即雪芹之父，曹頎，即曹寅詩中所指「三姪」；另有一「四姪」字竹磵，卻不知其名。曹頎幼時即善畫梅，曹寅給他的畫題了許多詩。曹寅的「楝亭詩鈔」卷六有「和竹磵姪上巳韻」，此時他只有十四、五歲，已能詩，而且他伯父竟和他的韻，可見他詩做得很好。這和寶玉十三、四歲就能做詩也相像。曹家兩代取名都用詩書成語，如曹寅字子清，即用〈舜典〉：「夙夜惟寅，直哉惟清。」曹宣字子猷，用〈大雅·桑柔〉：「秉心宣猶（即猷），考慎其相。」顋字見〈小雅·六月〉：「其大有顋」，頎字見〈魏風·猗嗟〉：「頎而長兮。」竹磵之「磵」字不見於六經，大概是「澗」字或體。〈衛風·考槃〉說：「考槃在澗，碩人之寬。」則竹磵之名當是「碩」字，顋，頎、碩、頫，同輩之名都用同一偏旁「頁」。「碩」和脂硯之「硯」，篆文相似。二字都從石，所以「寶玉」的故事，即「石頭」的故事。雪芹題此書為《紅樓夢》，而脂硯齋卻堅持要用「石頭記」。如上述推論不誤，則脂硯齋是曹宣第四子，名碩，字竹磵，從小即會做詩。大概是宣子中最小而最聰明，深為曹寅所愛。（同上）

吳氏應是猜謎專家，「射虎」能手，無憑無據猜出了竹磵和上巳詩的年齡是十四、五歲，又憑磵字大概是澗字的或體字，找出「考槃在澗，碩人之寬。」猜出了竹澗的名字是「碩」，可是《說文》無磵字，如果竹磵命名之義的確取義於此，則要用澗字，更宜用「槃澗」了，竹磵與「考槃在澗」，有何關涉？憑什麼斷定「竹磵」的名字是碩，而又形轉為硯呢？這是「歷史唯物主義」的考證法嗎？這只是附會影射的猜謎法。又即使脂硯齋為「寶玉」的模特兒，他已父親早亡，而且兄弟四人，為何《紅樓夢》中的化身——「寶玉」，不惟父親健在，且又單子而無兄弟呢？吳氏把這些要項不顧不提，益見其「浮想聯翩」了。這種治學方式，又不止於吳氏，吳柳的〈京華何處大觀園〉，「神奇」尤有過之。

大觀園的地址，胡適根據袁子才的《隨園詩話》已有所考定，張次溪〈記齊白石談曹雪芹和紅樓夢〉一文中云：

　　首先，大觀園的地址問題，齊白石認為：大觀園應該在南京，袁子才說隨園就是大觀園的遺址，是可以相信的。因為曹家在南京，做了數十年的「織造」，有一所規模相當宏麗的園子，當然不成什麼問題，雍正五年（西元一七二七）曹雪芹的父親曹頫革了職，第二年被抄了家，所有家產，都由皇帝賞給了繼任「織造」隋赫德，曹頫在南京的園子，隋赫德改名為隋園，袁子才買到手後，又改稱隨園，這是很清楚的沿革。……抄家時，曹雪芹年紀還很小，但總能聽到老人們回憶在南京時的生活狀況，所以在寫《紅樓夢》時，就把南京的園子作為大觀園的藍本了。（吳世昌等著《散論紅樓夢》）

　　任何人提出新的大觀園所在地的說法之前，都應顧及到這一段資料，而且要先破後立，先破斥其非，可是吳柳氏云：

　　但是認為「大觀園」在北京城西北部份，是長久以來較為普遍的說法。周汝昌先生從《紅樓夢》小說中，找出十餘點，證明「大觀園」的地址，是座落在北京城西北角。《紅樓夢》十八回寶釵一首七律詩說：「芳園築向帝城西。」看來，「大觀園」在城西北角說，似乎有些道理。但是在西北何處呢？現在還有遺址嗎？

　　北京紅學專家傳說：「有，在後海恭王府！」（見《散論紅樓夢·京華何處大觀園》）

　　吳柳氏以此為據，又引了曾作〈恭王府沿革考略〉的單士元氏先後相反的意見，在〈恭王府沿革考略〉中，否定了恭王是《石頭記》中大觀園之說，而現在卻無明證顯據，竟而表示「我認為恭王府是大觀園遺址，完全有可能。」於是走訪現在的「大觀園」，標出了「『誤走尤二姐』小巷」、「彷彿林黛玉走過的路」、見過「鳳姐所經管的後樓」，真是「夢遊記」了。這樣的治學態度，這樣的考證方法，而要治學有成，無異緣木求魚。導致此種結果的誘因，是中共以政治干涉學術，倡導「古為今用」，「借古諷今」為治學的指標，於是學者在急功好利之下，求趨赴時勢，曲阿所好，才向壁虛構，浮想聯翩，失去了求真求實的基本精神。好在《紅樓夢》是一本小說，縱然「異想天開」，或是「猜謎大會」，也貽誤不大，如果在哲學和科學的研究上，也如此虛誕誇張，則必後患無窮了。

質而言之,大陸三十年的紅學研究,其成就在資料的發現或彙編,因為這種工作是屬於「人多好辦事」的性質,至於忘我忘人,功夫能貫徹古今,智悟能徹上徹下,能力能掌握資料,方法能考證然否,求之大陸的學人,真是鳳毛麟角,因為即使有了這些個人內在的條件,而外在的條件也使之無可發揮,因為沒有講話的自由,也沒有不講話的自由,講錯了不是學術上的批評,而是政治上的批鬥,小則勞動改造,蹲牛棚,大則人頭落地,例如俞平伯氏被鬥之後,他對毛澤東的第四回大綱說,甚至姚文元等等的怪說,敢贊一詞嗎?所以對於大陸「紅學家」研究的結果,雖然站在學術求真的立場,予以不留情的批評,但內心予以莫大的同情,方符合孟子「知人論世」的原則,希望能做到取人以恕,論道以嚴的原則。

關於大陸《紅樓夢》有關資料的發現,馮氏亦有敘及:

> 至於文物方面的發現,特別是遼陽曹振彥題名碑的發現,五慶堂上祖曹得選、曹得先、曹世爵題名的彌陀寺碑的發現,「文化大革命」以前「五慶堂曹氏宗譜」的發現,幾年前五慶堂曹氏祖塋的發現,康熙期的兩篇曹璽傳的發現,三回又兩個半回的己卯本殘文的發現,有正書局石印戚蓼生序本前四十回底本的發現,《慶藝齋集稿》的發現,更是紅學界的盛事。

這些資料,應是研究紅學的人所重視的,例如兩篇曹璽傳,自是考證曹雪芹家世的重要資料,特抄錄於下:

> 曹璽,字完璧,宋樞密武惠王裔也。及王父寶宦瀋陽,遂家焉。父振彥,從入關,仕至浙江鹽法道,著惠政。公承其家學,讀書洞徹古今,負經濟才,兼藝能,射必貫札。補侍衛之秩,隨王師征山右建績。世祖章皇帝拔入內廷二等侍衛,管鑒儀事,升內工部。康熙二年,特簡督理江寧織造。江寧局務重大,黼黻朝祭之章出焉,視旅杭特為繁劇。往例收絲則憑行儈,顏料則取鋪戶,至工匠缺,則僉送在城機戶,有幫貼之累。眾奸叢巧,莫可端倪,公大為釐剔。買絲則必於所出地平價以市;應用物料,官自和買,市無追胥,列肆案(安)堵;創立儲養幼匠法,訓練程作,遇缺即遴以補。不僉民戶,又朝夕循拊稍食。上下有經,賞賚以時,故工樂且奮。天府之供,不戒而辦。歲比祲,公捐俸以賑,

倡導協濟，全活無算，郡人立生祠碑頌焉。丁巳、戊午兩督運，陛見，天子面
訪江南吏治，樂其詳剴。賜御宴、蟒服，加正一品，更賜御書匾額手卷。甲子
六月，又督運，瀕行，以積勞成疾，卒於署寢。遺誡惟訓諸子圖報國恩，毫不
及私。江寧人士，思公不忘，公請各台崇祀名宦。是年冬，天子東巡，抵江寧，
特遣致祭。又奉旨以長子寅仍協理江寧織造事務，以纘公緒。敦敏淵博，工詩
古文詞。仲子宣，官廕生，殖學具異才。人謂盛德昌後，自公益驗云。

　　曹璽為曹雪芹之曾祖父，曹家之興，由曹璽始，此傳為康熙二十三年未刊稿本《江
寧府志》一卷十七〈宦跡〉，原書四十卷，現存三十四卷，為康熙時江寧知府于成龍
纂修。另一篇〈曹璽傳〉云：

曹璽，字完璧。其先出自宋樞密武惠王彬。後著籍襄平。大父世選，令瀋陽有
聲。世選生振彥，初扈從入關，累遷浙江鹽法參議使，遂生璽。璽少好學，沉
深有大志，及壯補侍衛，隨王師出征有功。康熙二年，特簡督理江寧織造。織
局繁劇，璽至，積弊一空，幹略為上所重。丁巳、戊午兩年陛見，陳江南吏治，
備極詳剴。賜蟒服，加正一品，御書「敬慎」匾額。甲子卒於署，祀名宦。子
寅，字於（子）清，號荔軒。七歲能辨四聲，長，偕弟子猷講性命之學，尤工於
詩，伯仲相濟美。璽在殯，詔晉內少司寇，仍督織江寧。特敕加通政使，持節
兼巡視兩淮鹽政。期年，疏貸內府金百萬，有不能償者，請豁免。商立祠以祀。
奉命纂輯《全唐詩》《佩文韻府》，著《練（棟）亭詩文集》行世。孫顒、字孚
若。嗣任三載，因赴都染疾，上日遣太醫調治，尋卒。上歎惜不置，因命仲孫
頫復繼織造使。頫字昂友，好古嗜學，紹聞衣德，識者以為曹氏世有其人云。

　　此文刊於康熙六十年刊之《上元縣志》卷十六〈人物傳〉，為唐開等所纂修，其
書現存日本內閣文庫。世所詳熟的同治《上元縣志》中之曹璽傳，則是這兩篇曹璽傳
的合併和刪削。（詳情見馮其庸〈曹雪芹家世史料的新發現〉）前一傳詳於曹璽，略於曹寅，
後一傳則增加了「子寅」以下的大部分，使曹雪芹的先世情節更明白了，誠有助於紅
學的研究。此外在版本上最後在南京發現了藏於靖氏的「靖本」，有曹雪芹遺物「筆
山」，刻有「高山流水詩千首，明月清風酒一船。」發現了疑為曹雪芹遺物「圖章」

——有快綠怡紅的陰刻篆文。有脂硯齋的硯石，有曹雪芹的畫像，有曹雪芹佚著《慶藝齋集稿》和《南鷂北鳶考工志》自序、歌訣和〈自題畫石詩〉，相關者有「董邦達」為《南鷂北鳶考工志》序，敦敏的《瓶湖懋齋記盛》亦有關「南鷂北鳶考工志」的殘文，則是直接與曹雪芹生活、交遊、材藝有關的資料，國內的紅學家當已注意及此。

四、結　論

今後大陸的紅學研究的發展與如何？想當為吾人所注意，以筆者之見，仍陷在馬克思、列寧唯物主義的框框裏，所以馮其庸氏才在結論中大喊：「紅學的發展，必須依靠馬列主義。」其次在中共「政治掛帥」，古為今用的口號下，大陸的「紅學研究」，未入學術研究的正途，所以馮氏又大喊：「當前紅學的研究，重點應該放在對《紅樓夢》本身的研究上。研究它的思想，研究它的藝術成就。」可見過去的研究，是忽略了「本身」，忽略了「它的藝術成就」了。馮氏又云：「我們要大聲疾呼，樹立紅學研究的好學風，樹立起實事求是的『馬列主義』的學風和文風，杜絕一切以學問來作為攻擊別人以達到某種個人目的的壞風氣。」正可見目前大陸的「紅學研究」，風氣仍壞，「學術」竟成為打棍子的鬥爭的工具。如果不放棄「馬列主義」思想和立場的堅持，仍然走文學和學術為「政治服務」，為政治作工具，則文風和學風焉能導正，對《紅樓夢》的思想研究和藝術研究，亦將落空，亦將無成。

批判過馮氏的全文後，筆者得到幾點結果：

㈠大陸的「紅學」的形成，是由毛澤東個人的愛好所引起，而且使「個人迷信」形成了學術迷信。

㈡大陸的「紅學研究」，在「古為今用」之下，成為鬥爭的工具，完全失去求真求是的學術研究的基本立場。

㈢由於政治掛帥，以「唯物主義」、「階級鬥爭」和「農民革命」畫框框的結果，將《紅樓夢》畫入這些框框之中，大陸學者研究之時，扭曲了《紅樓夢》，其結果有許多不足信、不能信者。

㈣總括三十年來之「紅學研究成績」，是資料的發現和彙編，大於學術上的研究「成果」。

㈤《紅樓夢》雖是章回小說中的名著，但只是小說類的一種，在九流十家之中，只佔一小的地位，而竟成為大陸上群眾唯一能讀的書，表面上是《紅樓夢》的幸運，實際是中國學術的大不幸，毛澤東等人摧毀中華文化到了這種地步，真使人有「是可忍而孰不可忍」之感慨與憤怒，馮氏已有此醒覺，希望大陸的學者亦能警醒，要求學術研究的自由。大陸至目前止，連出版的書刊，均止於小說筆記一類，因為出刊黃梨洲、王夫之等人之作，則無異於指著中共而斥罵之。

㈥中共成立所謂全國性的「紅學會」，目的在統戰，馮氏在文中云：「紅學目前已成為世界性的學問，理應把海外學者的卓越成就包括進去，如美國的趙岡教授……『我國』臺灣省的潘重規教授、高陽教授……等等，他們都作出了卓越的貢獻。」完全是在拉攏。我們應加注意。

筆者無紅學研究的素養，謹就資料進行客觀、公正的分析，淺陋錯誤之處，尚所古典文學會的先生，海內外的紅學名家，予以指正。

貳拾壹、退溪的寓理詩

一、前　言

　　李滉，字景浩，韓國真城人，生當明孝宗弘治十四年（一五〇一），卒當穆宗隆慶四年（一五七〇），享年七十，以晚年棄官歸隱，卜居退溪之上，故學者推稱退溪先生。退溪的立身為學，歸本於中國的儒家，所論均根於孔子、顏子、曾子、子思子、孟子以及濂、洛、關、閩諸家，尤宗朱子，王甦氏云：

　　　　其所學所守，一以朱子為宗，不異同遊面命，有「海東考亭」之稱。❶

　　此一推論，甚得情實，當然，「海東考亭」之稱的獲得，一是退溪能服膺力行朱子之學。二是能發揚朱子之學。三是學朱子及張皇其學，都極有成效與影響。四是在韓國有了學術思想上的根本影響地位，方能得此美稱。

　　在傳統的儒家學者以及理學家，多少有道本文末的思想傾向，如孔子云：

　　　　弟子入則孝，出則弟，謹而信，汎愛眾，而親仁，行有餘力，則以學文。❷

　　這一「行有餘力，則以學文」的見解，對理學家的影響，尤其重大，由程子以至朱子，均依循夫子的主張而加以發揮：

　　　　程子云：為弟子之職，力有餘則學文，不修具職而先文，非為己之學也。

　　　　尹氏曰：德行、本也，文藝、末也。窮其本末，知所先後，可以入德矣。

---

❶　見《淡江學報》，第 16 期，王甦：〈李退溪的詩學〉。
❷　見《論語·學而》。

　　洪氏云：未有餘力而學文，則文滅其質，有餘力而不學文，則質勝而野。

　　朱子云：愚謂力行而不學文，則無以考聖賢之成法，識事理之當然，而所行或
　　出於私意，非但失之於野而已。❸

　　以上四家之論文，在理學家中，頗具代表性，對於自幼熟讀《論語》，能背誦朱
子《論語集注》注解的退溪，自然大有影響，退溪云：

　　文學豈可忽哉：學文所以正心也。（《增補退溪全書》第四冊，〈言行錄〉卷二，以下
　　簡稱《全書》）

　　學文所以正心，已經不是把文藝視為末，然其言尚嫌簡略，觀其告弟子李宏仲所
云，正可引作進一步之詮釋：

　　願公姑且停之，順先讀詩，至佳至佳。孔子以不為二南為面牆，韓公以不學詩
　　書為腹空，假使公專意此學，自古安有不學詩書底理學耶。（《全書》第二冊，卷
　　三十六）

　　可見退溪於詩文的看法，雖然此外所言的詩，屬於經學範圍，而實乃文學性質，
「自古安有不學詩書底理學耶。」正可為「學文可以正心」的自注自解，與朱子之言：
「愚謂力行而不學文，無以考聖賢之成法，識事理之當然。」雖語意內涵不同，而精
神旨歸可通，退溪勸李宏仲在讀朱子之書以前宜先讀《詩》、《書》，當然是《詩》、
《書》「可考聖賢之成法，識事理之當然」的作用，然而學文何以能正心？退溪雖未
有明言；應指載理見理之文，方有正心的效用，《詩經》中雖有豔辭麗句，但經過後
人依政教立場所作的訓解，亦具備了正心的作用了。廣義的文，包括了詩，由論文可
以推知其論詩的主張。退溪為理學大家，就其學養之所及，志事之所存，其於詩的創
作，已擴大了說理言志的部分，而非抒情詠物所可範圍，故探論其說理詩，以見其心
志之所存，論事說理的見解，教人訓誨的宗旨，兼可以為研究退溪的幫助。更是其詩
特色的所在。

---

❸　見朱子《四書集注·論語·學而·弟子章》注。

二、退溪寓理詩的內涵

詩可以說理嗎？恐怕答案是否定的，可是卻有說理的事實。袁枚云：

> 或云：詩無理詩，余謂不然。〈大雅〉：「於緝熙敬止，不聞亦式，不諫亦入。」
> 何嘗非理語？何等古妙？《文選》：「寡欲罕所缺，理來情無存……。」文文山
> 〈詠懷〉：「疎因隨事直，忠故有時愚。」又宋人：「獨有玉堂人不寐，六箴將
> 曉獻宸旒。」亦皆理語。何嘗非（原誤為有字）詩家上乘。至乃月窟、天根等語，
> 便令人聞而生厭矣。❹

袁枚所舉的，都是說理詩，是不是詩家上乘，雖然未可論定，然就人的本性而言，
是兼具情感與理性的二方面，表現在文學上，抒情者為詩歌等，說理者為議論等，但
並非以抒情為主的詩歌，便絕對不能說理議論，袁枚所言，便是最佳的說明。然以詩
論詩，此為「真心直說」，直言說理者，未曾泯去說理的痕跡，吳喬所云，才是說理
詩的更進一層：

> 予友賀黃公曰：「嚴滄浪謂詩有別趣，不關於理，而理實未礙詩之妙。如元次
> 山〈春陵行〉、孟東野〈遊子吟〉，直是六經鼓吹，理豈可廢乎？其無理而妙
> 者如：『早知潮有信，嫁與弄潮兒。』但是於理多一折耳。」❺

真正好的說理詩，是泯去了說理的痕跡，以比興的方法，取形而下者以寓說形而
上者，不泛說理，而狀物以明理，如袁枚所云：

> 詩家有不說理而真乃說理者，如唐人〈詠棋〉云：「人心無算處，國手有輸時。」
> 〈詠帆〉云：「恰認己身住，翻疑彼岸移。」宋人：「君王若看貌，甘在眾妃
> 中。禪心終不動，仍捧舊花歸。」〈雪〉詩：「何由更得齊民暖，恨不偏於宿
> 麥深。」〈雲〉詩云：「無限旱苗枯欲盡，悠悠閒處作奇峯。」……。❻

---

❹ 見《隨園詩話》，卷七。
❺ 見《圍爐詩話》，卷上。
❻ 見《隨園詩話》，卷三。

袁枚所舉的詩例，恰是寓理於物象之中，因事物以寓理，而不直言說理，似不說理，而實係說理。依其所云：應係詩家上乘。至於無理而妙，乃反常合道之意，又為說理詩的另一類型，綜合以上的論說，可見說理詩有直言論說的一類，有寓理成趣的一類，有反常合道的無理而妙一類，謹以此論敘退溪的寓理詩。惟無理而妙，不易探得，故不論及。

㈠直言說理

在退溪眾多的詩作之中，直言說理的作品，到處可見，亦習氣使然。劉大勤云：

> 問：「宋詩多言理，唐人不然，豈不言理而理在其中？」答：「昔人論詩曰：不涉理路，不落言詮。宋人惟程、邵、朱諸子為詩好說理，在詩家謂之旁門，朱較勝。」❼

理學家的詩好說理，亦係心志之所存，有諸內而形諸外的習染所致，退溪的詩，亦係如此，謹就下述四類，撮論如下：

1.明志自箴：理學家的功夫，多用在修己治人的上面，而以存誠慎獨，去惡去染，不愧不怍，歸於至善為用功之所在，在造道有得，明善有功之餘，不禁溢於言外，於是把所志所事，所感所得，形之篇什，例如退溪的〈求志〉一詩，正是一生修持的鵠的之宣示：

> 隱志非他達所由，天民德業尚順求。希賢正屬吾儕事，守道寧忘此日憂。大錯鑄來容改範，迷途覺處急回軔。祇從顏巷勤攸執，貴富空雲一點浮。（《退溪先生文集》卷三，以下省稱《文集》、《外集》、《續集》、《年譜》）

可見希賢希聖是退溪一生的志事，志道守道是所兢兢自憂的大事，知大錯而急於改範，覺迷途而立能回軔，正是守道希賢的用功處，顏子的簞食瓢飲，當然要加執持，才能浮雲富貴，不移易所志。退溪希賢希聖的目標，和為賢為聖的方法，已表露在此詩中了。又〈自歎〉詩云：

---

❼ 見《師友詩傳續錄》。

已去光陰吾所惜，當前功力子何傷。但從一簣為山日，莫自因循莫太忙。（《文集》卷三）

前二句意在惜時，後二句言修身用功，不可因循怠惰，也不宜急切求功，否則有揠苗助長的危險。其〈養心堂〉一詩，正是治心克己的要訣：

美木齊山斧與羊，人心何況日交戕。久知理欲相消長，莫遣微塵翳鏡光。（《文集》卷三）

「美木齊山斧與羊」，用的是孟子一書的典故。齊國的牛山，富有美木，可是經不起斧斤的砍伐，牛羊的踐踏，而變成牛山濯濯。惟微的道心，亦復如之。人欲天理，互為消長，在這種情勢下，要憑心作主，方能把握得定，「莫遣微塵翳鏡光」，正比喻此一心主，不容污染，才能去欲明理。這一主張，是程朱等理學大師「減得一分人欲，便復得一分天理」的發揮。又〈居敬齋〉詩云：

一寸膠無千丈渾，玉淵秋月湛寒源。端居日夕如臨履，箇是存存道義門。（《文集》卷五）

朱子為學，「主敬以立其本」。❽退溪此詩，乃發皇此意。「一寸膠無千丈渾，玉淵秋月湛寒源。」指修持功深，外在的污染，起不了很大的作用，如一寸的膠，渾濁不了千丈的淵水，仍然是湛然清潔，其所以如此，奧妙全在居敬二字，平居時如臨深淵，如履薄冰，存養其善心善性，便可臻此地步了。其〈詠懷〉一詩，乃退溪造道有得的自然流露：

獨愛林廬萬卷書，一般心事十年餘。邇來似與源頭會，都把吾心看太虛。（《外集》卷上）

在向學用功十餘年之後，達到了「邇來似與源頭會，都把吾心看太虛。」似乎到了悟道而逢源得體，達於虛闊空明的境界，頗有天人相合之意。

---

❽ 見《宋元學案》，卷四十八。

綜上所述，不但可見退溪一生的志事，而其用功著力之處，造道修持的境界，在文章論述之中，不便言說的，在其詩中卻有真純的流露了，應是研究退溪學的主要參證之一。誠如他的〈示諸友〉所云：「臥雲庵裡存心法，觀善齋中日用功。要識講明歸宿處，請將踐履驗吾躬。」（《文集》卷三）可見退溪的修持，非止於講說，而有篤實履行之功存焉。

2.論道述學：詩人為詩，在情激志往的時候，便發為吟詠，喜怒哀樂之情，見於篇章，無所隱諱。理學家見道論學，有獨得之秘，會心之處時，亦寄意詩中，如退溪的〈講道〉詩，便大有此意：

> 聖賢有緒言，微妙非玄冥。源流有所自，毫末有所爭。講之欲何為？志道求其寧。（《文集》卷二）

此詩揭露了退溪所存的聖賢之道，非微妙而虛玄不可探求者，「源流有所自」，指此道乃賢聖所傳，「毫末有所爭」，謂是非辨別，細入毫末，不可講之不明，其爭無他，欲詣正道而心安耳。退溪的志道，乃受前賢往哲的影響，其〈東齋感事十首之二〉云：

> 少小林泉有好懷，中間心事太相乖。若非前哲回吾駕，逆旅茫茫詎有涯？（《文集》卷三）

退溪幼好林泉，其涉世復出而仕宦，致事與願違，「若非前哲回吾駕，逆旅茫茫詎有涯？」謂讀先哲之書，明義理，識途徑，所以迷途知返，不向外物馳求，否則「逆旅茫茫詎有涯。」有失落之虞矣。又云：

> 古人何事惕淵冰，從善如登惡似崩。美質尚難無悔吝，吾今安得不兢兢。（《文集》卷三）

這應是退溪修身自箴之言，古人之如臨深淵，如履薄冰，是凜於從善如登，從惡如崩的戒懼，美質良材，尚不能無悔吝，則退溪焉能不朝乾夕惕，兢兢戒慎乎？其〈玩樂齋〉詩，正是以身合道，怡然自得的宣示：

主敬還須集義功，非忘非助漸融通。恰臻太極濂溪妙，始信千年此樂同。（《文集》卷三）

主敬是朱子的用功處，集義是孟子養浩然之氣的方法，主敬而又能集義以養其善，是退溪修治的著力處，日子久了，功夫深了，合乎孟子所講的勿忘，勿助長，自然與道相合，事理融通，到了濂溪二儀不分，事理一如的太極妙境，則千年以後，前賢後生所體會的悅樂境界，相信是相同的。

理學家的讀書為學，非止於知識上的挹取，而且要見之於修持之際，日用之間，退溪〈修書〉一詩，便有此意：

我讀啟蒙書，一管窺玄關。傳疑自備忘，不托麻衣姦。靜中聊一修，得處非世間。（《文集》卷二）

《易學啟蒙》，係朱子所撰，退溪讀朱子此書，未能盡悉奧義，且不能無疑，「不托麻衣姦」，指麻衣道人所作的《麻衣易傳》，朱子斥為偽書，退溪研究《易》學，不從其姦邪之說，「靜中聊一修，得處非世間。」靜中參讀朱子之書，所得非世俗間之事理，會心之處，有超入玄微者矣。又〈崇仰朱子〉云：

雲穀書傳千聖心，讀來如日破昏陰。平生不上羅浮望，幾向冥塗枉索尋。（《文集》卷三）

福建建陽縣西之蘆峯山，朱子改名雲穀，自號雲谷老人。朱子著述極多，宣明經義，宏揚聖學，卓然為一代儒宗，故退溪推為能傳千聖之心，於己有照破昏暗的啟導，誠如福建寧州的羅浮山，平生不登此眺望，則有尋不著路塗的危險，可見退溪於朱子的推崇，其得力於朱子的著述尤為明顯。又詩云：

文遺理趣但爭新，經說相沿曲且陳。眼眩空花心眩霧，可憐科目誤時人。（《別集》卷上）

這是退溪讀文讀書的感歎，言當時的文人，遺理尚奇，惟尚新異，經說相沿，曲折繚繞，陳陳相因，使人目眩神迷，不見道真，乃是由於志在科舉，因而迷誤。即使

退溪亦不免斯累，又云：

> 我遊場屋久埋頭，及轉身來道更悠。欲把塵編求晚境，病無工力只增愁。（《別集》卷上）

此退溪自悔誤於場屋，幡然改圖時，於道轉遠，欲再致力塵封的書冊，已無精神工力了。雖係謙退之詞，亦有追悔無及之意。

以上是退溪論道述學的詩，其宗旨心得與用功著力之處，已灼然可見。誠如其〈明誠齋〉詩云：「明誠旨訣學兼庸，白鹿因輸兩進功。萬理一原非頓悟，真心實體在專攻」。（《文集》卷五）〈中庸〉的明誠功夫在慎獨，〈大學〉的誠意，先之以格物，內養外漸，此兩進之功，固退溪讀書有得的訣要。

3.詠物見意：退溪的詩篇中，詠物詩佔了相當的份量，然決非如詩人止於「吟風月，狎池館」。或者只求形似而別無寓寄，其〈賞花〉一詩，大有因花見道的意味：

> 一番花發一番新，次第天將慰我貧。造化無心還露面，乾坤不語自含春。澆愁喚酒禽相勸，得意題詩筆有神。詮擇事權都在手，任他蜂蝶護紛繽。（《文集》卷三）

「造化無心還露面，乾坤不語自含春。」大有「天何言哉！四時行焉，百物生焉」的意味，「詮擇事權都在手，任他蜂蝶護紛繽。」深寓見花明理見道，超乎賞花之外的用意，蜂忙蝶鬧徒覺其繽紛忙亂了。又〈庭草〉云：

> 庭草思一般，誰能契微旨。圖書露天機，只在潛心耳。（《文集》卷三）

退溪於題下自注云：「閑庭細草，造化生生，目擊道存，意思如馨。」可見詠草，實寓物外別有會心之處，由庭草而思及一般的草木，欣欣生意，正是生生不息，機用不停的啟示，可是誰能契此玄微的意旨呢？大地庭草正是洩漏天機的圖書，人能不能領會，只在於是否潛用心思，加以領會罷了。下面引的一首詩，則係以水的動靜，喻心的動靜：

> 止水如心靜為體，動時波淘靜難尋。縱饒不靜非無靜，浪息依然水靜深。（《文

集》卷五)

　　靜係心之體，動係心之用，心動如波起，心靜如水止，心在動時，非無靜也，於
浪息水靜可見此理，全詩實係藉水的動靜，詠心的動靜。其〈光影塘〉一詩，大有朱
子「半畝方塘一鑑開，天光雲影共徘徊。問渠那得清如許，為有源頭活水來」的意境。
退溪詩云：

　　　小塘清徹底，天光共雲影。更待月印心，真成灑落境。（《文集》卷五）

　　又〈風竹〉一詩，饒有物事相依相待，互為因果的意義：

　　　風來竹嘯兩非空，風定聲歸沈寥中。畢竟有聲緣底物？風還鳴竹竹鳴風。（《別
　　　集》卷上）

　　風來竹嘯，風止聲寂，是風鳴竹？是竹鳴風？殊難判定，事物是如此互為因果的。
退溪的〈觀瀾軒〉亦寓理因物顯，及時努力之意：

　　　浩浩洋洋理若何？如斯曾發聖咨嗟。幸然道體因茲見，莫使功夫間斷多。（《文
　　　集》卷五）

　　浩浩洋洋是水波之起，可見波由水起，以喻用由體生，所以才說：「幸然道體因
茲見。」

　　以上的詩，都是因物觀理，托物見理，與詩人的托物起情，借物詠懷，迥然不同。

　　4.開示勸勉：退溪棄官歸隱之後，專心致力於學問的講求，心性的修養，名動當
時，為諸方所尊仰，故延接後學，激勵友朋，不但吟詠不絕，而且藉詩以開示道理，
規勸勉勵，這類的作品，亦復不少，如〈巖棲讀啟蒙示諸君之一首〉云：

　　　七十居山更愛山，天心易象靜中看。一川風月須閒管，萬事塵埃莫浪干。（《文
　　　集》卷五）

　　這不但是退溪學《易》的說明，而且意在勸勉同遊之人，應親近林泉，不宜浪攖
塵網。又〈易東書院示諸君三首之二〉云：

儒館經營洛水邊，幸同今日會群賢。初來易道乾坤闔，漸貴文獻日月懸。好待
後人能契發，恭聞此學在精專。莫將外慕相撓奪，無價明珠得自淵。（《文集》
卷五）

此乃勉書院學者，不要外慕富貴榮名，移奪求學求道的專精之心，因學貴自得故
也，所以才說「莫將外慕相撓奪，無價明珠得自淵。」其〈示金惇敍〉云：

點樂難從且學淵，非求地底與天邊。勸君火急添功用，莫慢追思廿載前。（《外
集》卷一）

曾點舞雩之樂難學難從，顏淵不遷怒，不貳過，一簞食，一瓢飲，是學習效法的
對象。求聖求賢，不是隔天隔地般的遙遠，所以勸金氏急火加功，可謂善於用詩加以
啟誘了。又〈寄子中詩〉，同一意境，卻更渾成：

我齒如君尚礪心，中間虛負好光陰。回車自歎迷途遠，食蔗方知悅味深。當處
便行無物礙，用時雖晦絕塵侵。檢身不及其如子，歸去功夫只在欽。（《外集》
卷一）

更無異係以自己的修持歷程，作為他人的借鑑，「歸去功夫只在欽」，欽者，敬
也，希望子中在一敬字上用功，「主敬以立其本」，正是朱子一生的用功所在，可見
其期望的殷切了。又〈宓姪來從問業〉詩云：

清漢滔滔日夜流，古今人事豈曾休。遺芳遺臭爭蠻觸，為夢為真失壑舟。幾度
運斤思郢質，可堪乘鶴上揚州，阿咸要作奇男子，莫為他人讓一頭。（《別集》
卷一）

這首是勉宓姪要作奇男子，因古今人物，在時光如逝水的情勢下，都會「浪淘盡
千古風流人物」的，爭生前死後的聲名，亦如夢中的蝸角蠻觸，人生是夢是真，如果
看不透的話，亦非究竟，用功讀書，即使功夫到了，如郢人的運斤般的巧妙，在用以
獵取功名富貴嗎？故所貴在作奇男子，透出榮名貴富的牢盆。其〈示孫兒阿蒙命名安
道〉詩云：

記誦功夫在幼年，從今格致政宜然。但知學問由專力，莫道難攀古聖賢。（《文集》卷二）

這首小詩，正如一篇勸學篇，一方面勉勵其孫，用功記誦須在幼年，一方面期望從即日起，致力格物致知的功夫，專力學問，攀躋聖賢的境域，可見諄諄囑咐之意。又退溪以詩作針砭朋友後輩之用，其〈答土烱時甫〉詩云：

立腳能堅不轉機，借虛喻實未為非。恐君未到程朱域，欲攻異端終誤歸。（《外集》卷上）

退溪於詩後自注云：「僕曾規時甫，論學果引《南華》說為證。今來書云：老莊造理之言，程朱所不諱，故云。」退溪認為學人能立定腳跟，才能借虛喻實，不為他人作轉移，縱然治老莊之學，也不會受到「異端」的影響。退溪懷疑時甫未達程朱等人的境界，恐因治異學而誤迷歸途。

可見退溪以詩作為接引學人，開示勸勉，雖然詩的情味不夠，不免有理學習氣，但是卻出於諄諄訓誨之誠，加以是自己見道有得，修治功深，有諸內而形諸外，想必為當時受教者所樂於接受。

以上諸詩，皆直言說理，詩的韻味也許不夠，但退溪的用功，讀書修己接人的著力，可以探知了。

（二）寓理成趣

退溪的寓理詩，除了上述的直言說理之外，尚有寓理成趣的好詩，蓋說理而不下說理的名相，藏理於事物情景之中，詩味盎然，有玩詩得理，由理得趣之妙，例如〈陶山春暮偶吟〉云：

浩蕩春風麗景華，蔥瓏佳木滿山阿。一川綠水明心鏡，萬樹紅桃絢眼霞。造化豈容私物物，群情自是競哇哇。山禽不識幽人意，款曲嚶鳴至日斜。（《文集》卷五）

在這首詩中，退溪認為綠水明心，桃紅麗眼，都是造化無私的生物妙用，在造化妙用之下所化育的物群，卻哇哇然充滿了喧鬧，山禽不住的啼叫，自然領略不到幽人

的會心。就詩言詩，這是一首格律工穩的七言律詩，敘事寫景，已盡體物描繪之功，故全詩切貼流暢，一氣流貫，自然而渾成，未專意說理，未下說理的名詞，而就物寓理，就景抒情，使人但覺詩趣盎然，玩味之餘，而理蘊其中，有感於心，而〈喜還亭〉一詩，更有佳趣：

> 已識藏舟壑，休談失馬翁。閒愁餘鬢雪，真樂當襟風。桃柳光陰好，梅筠節韻同。每於遙想處，雲際送飛鴻。（《續集》卷二）

已明曉了莊子「藏舟於壑」的道理，不談塞翁失馬得馬的禍福，閒愁呈現在雪白的鬢髮上，適意的真樂是披襟當風，「桃柳光陰好，梅筠節韻同」，正是大塊假我以文章呀：「每於遙想處，雲際送飛鴻」，一方面表示人與物契，一方面表示如倦鳥知還，不再高翔遠引。這首詩除首二句用了典故之外，都是寓理渾成，富有詩趣。又〈對客〉詩云：

> 本收蹤跡入深林，何意親朋或遠尋。齚舌未須談別事，開顏正好款同心。溪雲婉婉低相酌，山鳥嚶嚶和共吟。他日思君獨坐處，不堪明月盡情臨。（《文集》卷三）

入山藏跡，本在避世逃塵，親友遠尋，出於望外，齚舌不談別事，有遠脫塵網之意，開顏能款同心，則樂在兩心相通矣，溪雲婉婉近人，山鳥嚶嚶共吟，有物我一如之境，他時別後相憶，是不堪明月照臨之時，更見相念之殷矣。其〈遊春詠野塘〉，更是詩味與理趣，兩臻佳妙：

> 露草天天繞水涯，小塘清活淨無沙。雲飛鳥過元相管，只怕時時燕蹴波。（《年譜》上）

此詩成於十八歲，應是望道檢修之時，退溪所謂「小塘清活淨無沙」，正以喻己心性之明徹，「雲飛鳥過元相管」，乃脫化於朱子的「天光雲影共徘徊」，外在的事物，在妙明心鏡的照鑑之下，自然會應物現形，心物交感，可是所懼的，乃物欲的外緣，如燕之蹴波，而引起心湖的震盪。又〈涉自溪上踰山至書堂〉詩云：

花發岩崖春寂寂，鳥鳴澗樹水潺潺。偶從山後攜童冠，間到山前看考槃。（《文集》卷三）

王甦氏釋之云：

> 此詩首句言靜，次句言動，春寂寂而花發，則靜中自有盎然之生意，水潺潺而鳥鳴，則動中便有活躍之機趣。此須有瀟灑之襟懷，怡然自得之情致，始能有如此美妙之意境。此與王維〈鳥鳴澗〉詩：「人閒桂花落，夜靜春山空。月出驚山鳥，時鳴春澗中」之意境極相類。❾

評釋極佳，能得退溪之意，「偶從山後攜童冠，間到前山看考槃。」大有曾點風乎舞雩，詠而歸的意味，而且天機之動，純乎自然，所看者又係《詩經·衛風·考槃》，寓有遯隱之義。其〈春朝〉詩云：

> 霧捲春山錦繡明，珍禽相和百般鳴。山居近日無來客，碧草中庭滿意生。（《文集》卷四）

霧捲雲收，春山如錦繡般的呈現，珍禽弄舌，百般鳴和，山居無人到訪，心情閒靜之餘，覺滿庭碧草，儘是欣欣生意，與濂溪不除庭草，同一意境。

以上所引，真乃不說理而實寓理的佳作，以能藏理於事物情景之中，故能玩之有得，味之有趣，惜退溪頗多理學家習氣，類此之作不多耳。

三、結　論

退溪乃「海東考亭」，致力在儒學，不過出其餘力為詩而已，然而有詩二千餘首，可見其用功之勤。他並沒有詩以載道的主張，卻認為可以正心明道。在詩的創作上，不認為是雕蟲小技，退溪有句云：「莫笑文章為小技，胸中妙處狀來真。」認為詩文是情志的實錄。然以修持甚勤，存養功深，有諸內而形諸外，故以論事說理為獨多，

---

❾　見《淡江學報》，第 16 期。同註❶。

如以純粹詩人之詩例之，嫌其多理語，有理學家習氣，則非知退溪者矣，蓋正可由其詩以明其學，以知其為人，以得其語出心源，真心直語之所在，因退溪之所志所業，在彼而不在此故也。

貳拾貳、退溪和陶飲酒詩研究

一、退溪及其詩

　　李滉，退溪先生，有「海東考亭」之稱，自係理學家，而非詩人，然其詩作甚多，共五卷，有二千零十三首❶，雖不足以比肩李、杜、蘇、黃，然於域外詩人之中，於漢詩之創作，無論質、量均有其不可磨滅之地位在也。退溪篤志儒學，銳意朱子，有視詩文為末技之論，退溪云：

> 詩雖末技，本於性情，誠不可易而為之。言或至於放誕，義或至於龐雜，一切不問而信口信筆胡亂寫去，以此等為能，而習熟不已。尤有妨於謹出言，收放心之道。（見《退溪全書》第五冊，〈李子粹語〉卷四，〈答鄭子精〉）

　　不免道學家習氣，視詩為末技，但仍重視詩之創作，惟不許信口而道，信筆而書，胡亂寫去。又由於性之所近，喜為詩，其《言行通述》記之云：

> 先生喜為詩，樂觀陶杜詩。晚年尤喜看朱子詩。其詩初甚清麗，既而剪去華靡，一歸典實，莊重簡淡，自成一家。（《全書》第四冊卷一，《言行通述》，鄭惟一撰）

　　據此，退溪之詩，當深受陶杜之影響，然綜觀其全集，用東坡韻者共有五次，實為最多，其次為杜工部，其次為朱子，亦有及韓退之，柳柳州者。其追和古人之作，則朱子、陶彭澤而已。朱子為退溪推服仰慕之人，追和其〈九曲櫂歌十首〉，深有「隱

---

❶　王甦氏著：〈退溪詩學·附表二之統計〉。《淡江學報》第十六期。

居以求其志」，和「益求其所未至」之自述意義。❷而和陶詩則除〈移居〉二首之外，竟然和其〈飲酒詩二十首〉，使人殊感詫異而有趣，蓋淵明為隱逸詩人之宗，放浪於酒，以之怡情悅性，消愁遣悶，抒發解脫，乃其所宜。退溪雖五十以後，屢退屢進，實非山林人物，縱然同路而不同調。又復退溪為道學家，以減人欲，存養善心善性為依歸，而酒則視為亂性縱情之物，戒絕之，疏遠之惟恐不及，竟然追而和之，且有二十首之多，比之於追和朱子之〈九曲櫂歌〉，豈非人生意境另一面之顯示乎？實有引人入勝之探究興趣。

二、淵明之飲酒詩及退溪之追和

　　酒與文人、詩人、隱士有密不可分之生活關聯，無論借酒言歡，以酒澆愁，藉酒抒感，酒成為詩文之催發媒介；自有專家之詩文集後，酒成為題目、題材、內容，韓國年輕學者金南喜論飲酒詩云：

> 大體來說：「飲酒詩」可有廣、狹二義。狹義的「飲酒詩」，應是：
> 題目明顯地標有飲酒的詩篇，如晉、陶淵明的〈飲酒詩二十首〉，唐、李白的〈將進酒〉之類。
> 詩題雖然不以酒名篇，但詩中或寫著詩人正在飲酒的情況，或描寫詩人對酒有感，而付與它一種思想或意義。無形中，酒便成為詩中之主題之一者，如魏、曹操〈短歌行〉，晉、陶淵明〈停雲詩〉之類的詩即是。
> 除此外，在詩中「酒」乃不可缺少的社交工具，可以促進人際關係的和諧。此類常見於酒會中所作的宴會詩之類的詩歌。如魏、王粲的〈公讌詩〉，晉、應貞〈晉武帝華林園讌集詩〉等都是。（《魏晉飲酒詩探析》，台大中研所碩士論文）

　　此一界定，固無問題，然實即以酒為題目，題材，內容也。詩與酒之關係，王瑤

---

❷　王甦氏著：〈李退溪九曲櫂歌析論〉，分析退溪作〈九曲櫂歌〉云：「既不能『行義以達其道』，只有『隱居以求其志』，儒家的修行過程，是無限的，也是銖累寸積，死而後已的。『益求其所未至』，這也帶有『無限修行過程』的意味。」

氏認為至淵明是將詩與酒連了起來之人:

> 但陶淵明最和前人不同的,是把酒和詩連了起來,即使阮籍「旨趣遙深,興寄
> 多端」的詠懷詩底作者,也還是酒自酒,詩自詩的;詩中並沒有關於飲酒境界
> 和趣味底描寫。但以酒大量地寫入詩,使詩中幾乎篇篇有酒的,確以淵明為第
> 一人。(《中古文學史論·中古文人生活》)

其論酒與淵明詩關係之密切,誠然無可爭議,蓋淵明飲酒嗜酒、樂酒、醉酒,酒
已係其生活中不可缺者,於是催動吟情,以酒為題目、題材、內容,而有〈飲酒詩二
十首〉之作,係極自然之結果。甚至發詩情於酒興之外,〈飲酒詩二十首〉之中,竟
然有十首❸全然不及酒者,故東坡怪之云:

> 「顏生稱為仁,榮公言有道。屢空不獲年,長饑至乎老。雖留身後名,一生亦
> 枯槁。死去何所知,稱心固為好。客養千金軀,臨化消其寶。裸葬何必惡,人
> 當解意表。」此淵明飲酒詩也。正飲酒中,不知何緣記得此許多事?(《東坡詩
> 話·書淵明飲酒詩後》。弘道,《詩話叢刊》下冊)

東坡有〈和陶飲酒詩二十首〉,陶詩二十首前有序,東坡和詩亦有序,非不知陶
詩之作,係在「兼秋夜已長,偶有名酒,無夕不飲。……既醉之後,輒題數句自娛,
紙墨遂多,辭無詮次。」蓋謂其脫離酒之主題也。東坡所論,乃淵明〈飲酒詩第十一
首〉,以此例求之,則尚有九首亦「正飲酒中,不知何緣記得此許多事」,此許多事,
全然與飲酒之主題無涉,非「發詩情於酒興之外」,不足以解之矣。此十首乍一看酒
自酒,詩自詩,進而論之,此詩自詩之飲酒詩,及酒後之詩,非與酒無關涉者。

關於和陶淵明之詩者,東坡自負為第一人,大都成於謫南海之時,蘇子由述東坡
之言曰:

---

❸ 鮑霈〈蘇陶飲酒詩比較研究〉云:「案陶〈飲酒第十六首〉」,「孟公不在茲,終以翳吾情」一句,
  據丁福保箋注「孟公」當是指劉龔,陶詩以未能如張仲蔚逢劉龔一般,得一知己暢敘衷情為遺憾。
  黃文煥據舊注誤以孟公指善飲之陳遵,所以將這一首也納入「明及酒」之中,實際上,二十首歌酒
  詩,「明及酒」及「不及酒」者各為十首。

是時轍亦遷海康，書來告之曰：古之詩人有擬古之作矣，未有追和古人者也。
追和古人，則始於吾，吾於詩人，無所甚好，獨好淵明之詩。淵明作詩不多，
然其詩質而實綺，癯而實腴，自曹劉鮑謝李杜諸人，皆莫及也。吾前後和其詩，
凡一百有九篇，至其得意，自謂不甚愧淵明。（見《蘇東坡全集·續集卷三》〈和陶
詩〉）

東坡和陶，飲酒詩自在其內，其實在東坡之前，白居易已有〈效陶潛體十六首〉
❹，篇篇有酒，雖未以追和題篇，且無二十首之數，然有和詩之實。東坡之後，自必
更多，蓋宋以後詩集，指不勝屈，不勝稽考矣。退溪之和陶詩，顯係受東坡之影響，
誠如東坡所言，東坡之前，有擬作，有仿效，而無追和名篇者。香山效陶，篇篇有酒，
東坡和陶，僅一首無酒，退溪和陶，僅有七首言酒，殆亦「發詩情於酒興之外」，繼
陶之命意者乎？然大有不同者，陶詩二十首，非成於一夕、一時，乃酒後命筆，退溪
之和詩，當係一氣呵成，應入連章詩之列，自應「章法必深於布置」，較陶之「辭無
詮次」，應有不同，然揆之實際，卻無任何發現，以證明應有不同之處。是退溪之和
詩，大有邯鄲學步之可能。陶多無酒之篇，故亦多無酒之作，陶無合理合序之次第，
故亦無合理合序之次第也。尤其首首步韻，故而每首之可數之次第亦相同也。

三、退溪和陶飲酒詩析論

㈠退溪與酒

酒與人類生活，有極密切之關係，由祭祀酬神，社交成禮，到怡情適性，禦寒滋
養，甚而至於洩發愁苦，忘憂忘勞，非止於一端也。退溪於酒，有多方面之體認，自
認有「沈酒之失」：

素有沈酒之失，近年稍稍醫治，自謂已免此過。前月方伯見訪，偶發情興，不
覺昏醉，多至失常。醒而思之，正如韓子所謂「躋攀分寸不可上，失勢一落千
丈強。」操舍之間而善惡之分如此。（《全書五·李子粹語卷四·答黃仲舉條》）

---

❹ 見《全唐詩》卷四二六。

是其嗜酒甚深,而深自警戒,不使沈緬也。證以「酒誡」之作,更能見其情實:

> 酒誡贈金應順曰:嗟哉麴蘖禍人之酷,毒腸生疾,迷性失德。在身戕身,在國覆國。我嘗其毒,子阽其窖。抑之有誡,胡不共勖?剛以制之,自求多福。(同上,〈文集條〉)

是自述懲於「沈酒」之失,而痛加戒絕,並以勉金應順。蓋退溪少年曾醉而墜馬,「我嘗其毒」,殆指此歟!

> 先生能免間斷否?先生答曰:何敢便道無間斷?吾於靜中莊敬之際,雖或免放倒,若宴飲酬酢之時,或不免弛放走作,此平日所以懍然戒懼,不喜赴人會飲之招者也。(同上)

是以赴人會飲,恐其亂性,「間斷實體」而違仁也。然而有與此相反之記述:

> 凡對客設酒,初無概量,而進四五杯,見紅暈入於顏面,則輒節之,雖終日成禮,而未嘗劇飲至醉,率以為常。未見有改。(《全書四・言行錄卷三》)

> 先生飲酒,未嘗至醉,微酡而止。其接待賓客,隨量勸之,稱其情款焉。(同上)

是謂先生款賓客,未嘗至醉,而己亦未嘗醉也。然則何以如此自悔責,而戒懼乎?是知退溪未必酗酒,然有醉酒之實,沈酒之嗜,故其和陶之飲酒詩,雖未至酒與詩合,然因酒及詩,因詩及酒,則為確切之情實矣。

(二)和陶言酒諸詩之探論

退溪和陶之飲酒詩,明言及酒者僅有(一)、(二)、(八)、(十)、(圡)、(茜)、(㶳)、(㕙)等八首,起結有酒,頗合連章詩之結構,謹就其及酒諸章,略加探論。

> 無酒苦無悰,有酒斯有之。得閒方得樂,為樂當及時。薰風鼓萬物,亨嘉今若茲。物與我同樂,貧病復何疑?豈不知彼榮,虛名難久持。(其一・《全書冊一・卷一・詩》)

無酒苦而不樂,甚有淵明之意,亦合乎「沈酒」之自述;「有酒斯飲之」,乃隨

酒而飲，不強加索求，固退溪之本色；引出行樂及時，物我同樂，乃極自然之發展；而結以因物興感，「豈不知彼榮，虛名難久持。」物之榮枯，常有定數，襯托人之虛名，難以永久持有。全詩一氣流轉，在意義上似甚受淵明〈飲酒之一〉：「衰榮無定在，彼此更共之」之影響，然飲酒之趣不同，淵明云：「忽與一樽酒，日夕歡相持。」蓋以酒為樂，忘此「衰榮無定在」也。

> 我欲挾天風，遨遊昆崙山。區區未免俗，至今無足言。前有百千世，後有憶萬年。醉中見天真，那憂醒者傳。（其二）

昆崙神山，數見《楚辭》，後為道教嚮往之聖地；天風遨遊，更有神仙思想，據此可見退溪思想隱伏之另一面，雖不至歸心道教，但亦不免俗而有此神仙思想，非欲修道修仙，乃欲如神仙之長生，以破除時光之極限，故云「前有百千世，後有憶萬年」也，仙道無憑，惟有付之一醉，何況醉中可以得仙境，有時醉境也就是仙境，如陶淵明之〈連雨獨飲〉詩云：

> 故老贈余酒，乃言飲得仙。試酌百情遠，重觴忽忘天。天豈去此哉，任真無所先。

正可為退溪此詩作解，故結以「醉中見天真，那憂醒者傳。」真正醉酒之酒徒，何足以知醉境之意乎？「醉中見天真」之理乎？此句用杜甫「嗜酒見天真」語。「那憂醒者傳」，用李白「但得醉中趣，勿為醒者傳」之意，至此境界，「那憂醒者傳」，言醒者亦不能知，不能傳也。

> 園林朝雨過，蔥倩嘉樹姿。晚涼生眾虛，餘靄棲高枝。沈寥茅屋靜，谽谺洞壑奇。酒無獨飲理，偶興聊自為。陶然形跡忘，況復嬰塵羈。（其八）

美景在前，物色相召，因無佳客作伴，酒無獨飲之理，而竟獨飲，以雅興大發之故。陶然一醉，忘其形跡，不復知有攖塵網，受羈絆者在矣。此詩和淵明之第八首，頗有「提壺挂寒柯」，「吾生夢幻間，何事紲塵羈」之意味。

> 所思在何許？天涯與地隅。迢迢隔塵嚻，浩浩綿川塗。人生如朝露，羲馭不停

驅。手中綠綺琴，絃絕悲有餘。獨有杯中物，時時慰索居。（其十）

「所思在何許？天涯與地隅。迢迢隔塵囂，浩浩綿川塗。」所指不明，證以「手中綠綺琴，絃絕悲有餘。」乃思念悼亡之意。根據年譜，退溪先娶許氏，生一子，再聘權氏：

> 六年丁亥，先生二十七歲，秋赴慶尚道鄉解進士試，居首生員第二。十月子寀生。十一月夫人許氏卒。（《全書四·言行錄卷七·年譜》）

> 二十五年丙午，先生四十六歲。……七月夫人權氏卒。（同上）

權氏卒後，未再娶。殆感於中饋無人，復抱絃絕之戚，故而寄情於酒；「獨有杯中物，時時慰索居。」以時間情理推之，似追思夫人權氏。中年失伴，故有索居之感，於是而飲也。

> 問君今何為？麥秋正當時。山泉清可釀，自勸寧有辭。每攬昔人懷，感慨祇如茲。安得金蘭友，趣舍不復疑。片言釋千誣，一誠消百欺。此時忘憂物，吾亦可已之。（其十二）

細察此詩，退溪於酒，有自釀之能，非止於祭祀之用；有獨酌之快，非止於成禮而已。所感慨者，無金蘭誠信之友，由「片言釋千誣，一誠消百欺」觀之，當係有激而發，惟事難確考。苟得此良友，則酒可止矣，可見其感慨之深。此詩似可為「沈酒」作一間接證明，明言忘憂。恐非如王甦氏所云：「明誠兩進」也。❺

> 酒中有妙理，未必人人得。取樂酣叫中，無乃汝曹惑。當其乍醺醺，浩然兩間塞。釋惱而破吝，大勝榮槐國。❻畢竟是有待，臨風還愧默。（其十八）

「酒中有妙理」用杜工部「濁酒有妙理」。「未必人人得」，退溪有人不能得而

---

❺ 王甦氏著：〈李退溪的醉夢詩〉。《淡江學報》第二十六期。王氏云：「而金蘭之友，相契不疑，志同道合，明誠兩進，能釋千誣而有消百欺，此乃心學之實功，修身之極詣。」

❻ 榮槐國，出處難考，殆為槐安國之誤，槐安國，見李公佐之〈南柯記〉。

獨得之之意。飲酒之時，酣飲大叫為樂，是眾人之「惑」，不能得飲酒之理。酒後醺
醺然之時，浩氣四塞，釋除煩惱，破掃慳吝，消除富貴之夢，此皆有待於酒，非修持
之道，故而臨風愧默也。

> 近代蘇雲卿，漢時鄭子真。避跡意如何？聊欲還其淳。千歲如流電，萬事更故
> 新。伯夷本歸周，黃公竟避秦。古來英傑士，終不墜風塵。聖賢救世心，豈必
> 夙夜勤？卓哉柴桑翁，百世朝暮親。湯湯洪流中，惟子不迷津。同好陸修靜，
> 晚負廬山巾。安得酒如海，喚起九原人。（其二十）

此為飲酒詩之完結篇，全詩之恉，在推宗隱士，而歸敬仰於淵明。蘇雲卿，南宋
人，與張浚善，浚入相，貽書徵聘，雲卿遁去，不知所往。鄭子真，漢時隱士，不應
大將軍王鳳之聘，家於谷口，號谷口子真。黃公，即夏黃公，商山四皓之一。述伯夷、
鄭子真等四人，皆隱逸之士，烘雲托月，以襯托淵明而已。蓋淵明為退溪所仰慕之人，
兼好其詩，故有和陶詩之作也，《年譜》云：

> 九年甲戌，先生十四歲。愛淵明詩，慕其為人。（見《全書四·言行錄·卷六·年譜上》）

此時退溪已入晚年，非止慕其為人而已，亦進出陶山，雖不同其隱居林下，然有
引淵明為同調之意。「同好陸修靜，晚負廬山巾」，語意頗不明確。陸修靜為道士，
居廬山簡寂觀，與淵明同入遠公之白蓮社，晚年就宋徵聘，故云「晚負廬山巾」也。
似蓋傷淵明失此隱逸伴侶，以喻己之無同調者。借陸修靜之空負廬巾，以自傷不能堅
持其歸隱之志，被迫出山也，蓋退溪於四十九歲退官家居，至五十二復出，以後進退
常不由己，故借修靜以寄慨。喻己願如陸修靜之伴淵明，以伸其嚮往之忱。以退溪之
出處證之，當以未遂隱居之志為是。「安得酒如海，喚起九原人。」則寄慨遙深，甚
見慕陶之意，竟欲起之於九原而與之同飲矣。此亦飲酒詩之所由作。惜陶公之「性嗜
酒，家貧不能常得」，千秋之後，欲有以補其缺憾。己亦願如淵明之隱居飲酒。總而
言之：大有「悵望千秋一灑淚，蕭條異代不同時」之慨。

以上七首均有飲酒之義，且明言及酒，蓋以酒及詩，以詩言酒，深符合飲酒詩之
題意。

(三)和陶而未及酒諸詩之探論

　　陶詩有篇中未明言及酒者，非與酒無關，如第十六首云：「孟公不在茲，終以翳吾情。」

　　黃文煥據舊注，以為指善飲之陳遵❼其他詩不及酒之諸篇，黃文煥論之云：

> 其不及酒者凡九❽，或舉所可慨，或舉所可欣，令人讀之未竟而消愁志喜，思盃起以索嘗焉。不言飲之中，益深於欲飲矣。（《陶詩析義》卷三）

　　證以淵明之自序：「既醉之後，輒題數句自娛」，雖未明言及酒之諸篇，亦酒後之抒發與感慨，「發詩情於酒興之外」，退溪之和詩，亦應作如是觀。尤其追和之作，兼步其韻，無形之中，自亦受其影響及局限。然大有不同者，淵明乃嗜酒而又好飲，常飲之人。退溪雖自認「沈酒」，然據其年譜，實無常飲之生活習慣，而和詩當成於一時，又非淵明成於漫長之秋季可比，故未明言及酒者，亦係「發詩情於酒興之外」，則大有可疑，故較之淵明，除「可慨」，「可欣」之外，有言志，說理，論學之篇，如以東坡怪淵明者怪之：「正飲酒中，不知何緣記得此許多事？」「正飲酒中，不知何緣記得此許多敗酒興事？」此則與陶詩大有別異之處也。故探論退溪十三首未明言酒之詩時，除「可欣」，「可慨」之外，益之以言志，說理，論學為着眼也。

> 智者巧投機，愚者滯常情。滔滔汨末流，總為中利名。古來賢哲人，吾獨後於生。此道即裘褐，奈何或驚猜。拳拳抱苦心，淹留愧無成。（其三）

　　此乃感慨之餘，復伸己志也。世之智者、愚者，均熱衷名利，己則不然，生於聖賢之後，欲繼其道，而世人不之信，而愧於己之無成，無以袪眾人之驚猜，惟「此道即裘褐」，義頗不明，古人用裘褐，首見於《莊子·天下》：「以裘褐為衣，以跂蹻為服」，疏云：「裘褐，粗衣也。」惟此義方可入此句中，有以見節儉之意❾，以之解為聖賢之道，已有不合；縱然可通，亦無特別意義；與名利之人，智者之投機，愚者之滯於常情，未足形成相對相比之情狀，頗有湊句之嫌。

---

❼　同註❸。舊注亦可備一解。

❽　同註❸。黃氏據舊注，故言不及酒者凡九。

❾　裘褐一詞，有冬衣之意，《晉書·郗超傳》：「北土早寒，三軍裘褐者少，恐不可以涉冬。」富貴之服，《後漢書·梁鴻傳》：「吾欲裘褐之人，可與俱隱深山者爾。」

> 白雲在空谷，無心天上飛。偶然隨風超，更何有戀悲？遊空何泛泛？含雨亦依依。苟不霈嘉澤，曷若遄其歸。我思古賢達，末路何多衰？既而不能罷，亦與天道違。（其四）

乃因浮雲空遊以寄慨，有為蒼生作霖雨的抱負，並認古聖賢亦如此，且不能中道而廢。

> 我本山野質，愛靜不愛喧。愛喧固不可，愛靜亦一偏。君看大道人，朝市等雲山。義安即蹈之，可往亦可還。但恐易磷緇，甯敦靜修言。（其五）

此乃言情志、修養之作。喧靜兩宜，不偏一邊，大有禪家意味。尤有等市朝與山林，無往不適之意境。所懼者惟污染，故所尚亦不在靜修。

> 有人生卓然，吾獨異於是。少愚晚益戇，無成反有毀。自耽眾所棄，屏跡亦宜爾。區區口體間，豈必魚與綺。（其六）

此亦自述其情志抱負而致其感慨。自謙無卓然之才質，少愚而晚戇，為眾所棄，屏跡退隱，大有淵明世與我而相遺之意。不求魚與綺之口體之養，乃其餘事。

> 憶昨始來茲，四山花繁英。俄然暗眾綠，悄悄幽居情。甯聞有石人，百歲若易傾。邈彼古聖賢，身死道長鳴。不及望門牆，咄咄如吾生。（其七）

退溪感於景物改移，時光易逝，人壽易盡，石人可傾，惟聖賢不朽，以道名世，而致慨歎，並以未及其門為憾。

> 暾日出東北，岩居霧露開。川原曠延矚，爽朗幽人懷。萬物各自得，玄化妙無乖。飛飛雙燕子，長夏自來棲。有口不啄粟，卒（瘁）瘏銜其泥。巢成養雛去，物性天所諧。無機似獨智，用巧還群迷。晴簷語呢喃，主人蘿初回。（其九）

全詩乃物象可欣兼涵物理之意，與淵明〈飲酒詩第五首〉：「山氣日夕佳，飛鳥相與還。此中有真意，欲辯已忘言」，語別而意同。

> 東方有一士，夙志慕斯道。春糧欲往從，守隅今向老。孰能諭迷塗，人皆惡衰

槁。憂憂顧四方，不見同所好。空知五車書，終勝萬金寶。至哉天下樂，從來不在表。（其十一）

此亦言志之作，蓋求良師益友，未得其人，而以讀書為樂，勝於金寶。惟詩中所云「東方有一士」，應指韓國之鴻儒，依年譜等求之，未知為何人耳。

我思千載人，盧峰建陽境。藏修一庵晦，著書萬古醒。往者待折衷，來者得挈領。懿哉盛授受，源遠雜魯穎。口耳障狂瀾，心經嘉訓炳。（其十三）

退溪崇仰朱子之學，情見乎詞，「著書萬古醒。往者待折衷，來者得挈領。」推崇朱子學術上之成就也。惟「藏修一庵晦」，係晦庵之倒文，作「一庵晦」，則不成辭矣。

舜文久徂世，朝陽鳳不至。祥麟又已遠，叔季如昏醉。仰止洛與閩，群賢起麟次。吾生晚且僻，獨昧修良貴。朝聞夕死可，此言誠有味。（其十四）

退溪以去聖已遠，鳳麟不至，聖人不出，衰世之人，如昏如醉，而寄其感慨。故仰止閩洛諸賢，表其向道之忱：「朝聞道，夕死可矣。」叔季，乃叔世、季世之義，朱子〈白鹿洞賦〉云：「在叔季而且然，況休明之景運。」

道邇求諸遠，滔滔曠安宅。哲人有緒言，因可追心跡。苟未及唯一，何異誇聞百。常怪楚狂輩，妄自分黑白。遇聖不遜志，潔身還可惜。（其十五）

此歎天下滔滔，棄道不求，曠安宅而勿居。宜因哲人之言，而加追求之功。責人不能唯精唯一；又怪楚狂接輿之見聖人而不遜其志。

吾東號鄒魯，儒者誦六經。豈無知好之？何人是有成？矯矯鄭烏川，守死終不更。佔畢文起衰，求道盈其庭。有能青出藍，金鄭相繼鳴。莫逮門下役，撫躬傷幽情。（其十六）

此退溪於韓國先正，備極嚮往之忱，以未能及門為憾為歎，實係論學一類。鄭烏川，乃鄭夢周，為韓國理學之祖；佔畢齋乃金宗直之號，韓國一代儒宗；金指金宏弼，

號寒喧，師事佔畢齋；鄭指鄭汝昌，號一蠹，佔畢之高弟，以上諸人，均受刑戮，以
學問節義鳴，金、鄭二人，且從祀文廟。

> 蕭蕭草蓋屋，上雨而旁風。就燥屢移床，收書故篋中。但撫無弦琴，寧知窮與
> 通。誇言笑宋玉，欲挂扶桑弓。（其十七）

退溪之飲酒詩，言「可欣」之情極少，此篇自言其貧窶，而能如淵明之撫無絃琴，
忘其身之窮與通，而有欣然自得之意。雖有如宋玉之誇言，欲挂弓扶桑之上，而無傷
於「可欣」之情。

> 小少聞聖訓，學優乃登仕。偶為名所累，輾轉徒失己。龍鍾猶強顏，竊獨為深
> 恥。高蹈非吾事，居然在鄉里。所願善人多，是乃天地紀。四時調玉燭，萬物
> 各止止。畢志林塾中，吾君如怙恃。（其十九）

此乃退溪奉官守儒之感慨。頗有進退不能自主之憾，且不能與隱士同一步調。希
望國多善人，萬物得所，己雖畢志林塾，而仍心存朝廷。

退溪無酒之飲酒詩，內容大要如此，可以「可慨」、「可欣」、言志、說理、論
學盡之，而以「可慨」為獨多，「可欣」者極少，雖有以見其抱負，但許多篇目，非
酒後之所當言與所能言，與陶公之「發詩情於酒後」，大異其趣矣。

四、結　論

飲酒詩，應係合詩酒而為一，或因詩及酒，或因酒及詩；或「發詩情於酒興之外」；
其內容自可涉及多方。淵明之飲酒詩，前人雖許其詩酒相合，然不能無疑，東坡之言
甚為有理。退溪之和陶飲酒詩，不但羨其為人，且喜其詩，亦有嗜酒、飲酒之習性，
故而追和之也。詩以道性情，其中詩酒相合者，固足以見退溪之真之淳，克己復禮之
餘，藉酒為歡，藉酒慰其寂寞之一面與夫飲酒閒適之情。其不及酒者，應有酒後之作，
亦應有未曾飲酒時之作，而借詩以見其所志、所感，其歸心儒學，崇宗閩洛，感時傷
世，自任自處，所憂所樂，尤情見乎辭；是此二十首飲酒詩，有以窺見退溪之胸中世
界矣。

貳拾參、錢鍾書宋詩選注之評論

一、前　言

　　詩有唐宋，詩分唐宋，乃我國古典文學上的大事。詩之有唐宋，係時代演進的必然結果；詩之分唐宋，則涉及：㈠唐宋詩的特質：內涵不同，故而分唐分宋。㈡分唐分宋，即以尊唐抑宋，或者唐固宜尊，宋亦不宜抑。㈢分唐分宋，由學詩之主張與歷程，因而涉及明、清詩壇之派別是非，尊唐多抑宋，得貌遺神，不免有「瞎盛唐」之譏：為宋詩張目者，亦有擊排他人之意。㈣抑宋之極，至於謂「宋詩近腐」，「明詩其復古也。」（見沈德潛〈明詩別裁序〉）顯有愛憎任情之失。㈤調停分唐分宋之爭。有主張不應分唐宋之論，如袁枚所主張者，又昧於時代的演進，未見唐宋詩的不同，不足以饜服人心。也無以見其真實。現在時移勢異，我們固然可以超越這些糾纏，依據真實，作最公平的論評，免於印象式的臆斷。可是面對繁多浩博的宋詩，沒有經過去蕪取菁的工作，形成選樣已定的鞏固基礎，實在難以得出公論、定評。故對近人錢鍾書氏的《宋詩選注》，實賦予這種厚望。因為錢氏的《管錐編》，顯示了他治學的功夫，《談藝錄》又證明了他對詩的特見卓識。他的《宋詩選注》，由一九五七年六月的成書出版，至一九七八年四月的重印（見〈宋詩選注序〉），其成書所費的時間雖不明，已相隔二十一年之久，縱有缺失，亦當能如沈德潛的《明詩別裁》❶，有所增益補損，故以他的重印本《宋詩選注》，試加研究論評，以見其貢獻與優劣。以唐詩選本為例，《四庫全書總目》云：

　　　　詩至唐無體不備，亦無派不有，撰錄總集者，或得性情之所近，或因風氣之所

---

❶　沈德潛重訂〈唐詩別裁序〉云：「鐫版問世，已四十餘年。」

趨，隨所撰錄，無不可各成一家。（見〈御選唐詩提要〉、《四庫全書總目》卷一百九十）

選唐詩者甚眾，選宋詩者遠有未逮，選宋詩而詳加評論及注釋者，尤當推錢氏此一後出的書。

二、選詩之準則

錢氏於《宋詩選注》（以下簡稱選注）的種種，有一長達一萬七千字左右的序言，實無異仔細臚陳他的選取標準。序言中以極大的篇幅，說明宋代的歷史背景、時代風尚、以及一些以今論古，抒發己見的議論和說明之後，說出了去取的標準，特據原文❷加以分款抄錄於下：

㈠押韻的文件不選。

㈡學問的展覽和典故成語的把戲也不選。

㈢大模大樣的仿照前人的假古董不選。

㈣把前人的詞意改頭換面而絕無增進的舊貨充新也不選，前者號稱：「優孟衣冠」，一望而知；後者容易蒙混，其實只是另一意義的「優孟衣冠」，所謂「如梨園演劇，裝扮日異，細看多是舊人」。

㈤有佳句全篇太不勻稱的不選，這真是割愛。

㈥當時傳誦而現在看不出好處的也不選，這類作品就彷彿走了電的電池，讀者的心靈電線也似的跟它們接觸，卻不能使它們發出舊日的光燄來。

㈦我們也沒有為了表示自己做過一點發掘工夫，硬把僻冷的東西選進去，把文學古骨董在古典文學裏。假如僻冷的東西已經殭冷，一絲兒活氣也不透，那末頂好讓它安安靜靜的長眠永息。一來因為文學研究者事實上只會應用人工呼吸法，並沒有還魂續命丹；二來因為文學研究者似乎不必去製造木乃伊，費心用力的把許多作家維持在「死且不朽」的狀態裏。

---

❷　原序未分項，為論敘方便，故特予分項，未改動文字或文意。

這一去取標準的宣示，具有成一家之選的氣概，而且明確痛快，一掃過去選家「法例」的習氣。綜其所言，㈠、㈢是基本的常識；㈡是反對宋詩「資書以為詩」的宣示，錢氏在序言中道：

> 不但西崑體害這個毛病，江西派也害這個毛病，而且反對江西派的「四靈」竟傳染著同樣的毛病，他們給這樣習氣的定義是：「資書以為詩」，後人直率的解釋是：「除卻書本子，則更無詩」。

㈣大多是針對江西詩派的奪胎換骨而發，錢氏在選黃庭堅詩時評論道：

> 他是「江西詩社宗派」的開創人，生前跟蘇軾齊名，……他說：「老杜作詩，退之作文，無一字無來處，蓋後人讀書少，故謂韓杜自作此語耳。古之能為文章者，真能陶冶萬物，雖取古人之陳言入於翰墨，如靈丹一粒，點鐵成金也」。在他的許多關於詩文的議論裏，這一段話最起影響，最足以解釋他自己的風格，也算得江西詩派的綱領。（見選注第一一一頁）

所引山谷之言，除了有「資書以為詩」的意義外，就是奪胎換骨的說明了，字有來歷，是讀書的問題；「取古人之陳言入翰墨」，自然不能直同書抄，山谷和江西詩派諸人的妙法，大都是用奪胎換骨，在錢氏看來，雖有優劣之分，都不免於「優孟衣冠」。㈤是說明以一首詩的完整性作為取捨的主要準則。㈥是錢氏說明其所選取，跳出前人的圍限，而依照現代人的能感、所感，作為原則。可是實際上很受毛澤東「人民生活」是創作源泉，「文藝作品不是源而是流」（見選註序）的影響，故反對「資書以為詩」。從前人的作品中所產生的作品，自然不具備所謂「生活性」、「人民性」，不能為現代所感和所能感了，錢氏在序中道：

> 從古人各種著作裏收集自己詩歌的材料和詞句，從古人的詩裏孳生出自己的詩來，把書架子和書箱砌成一座象牙之塔，偶而向人生現實居高臨遠的憑欄眺望一番。內容就愈來愈貧薄，形式也就愈變愈嚴密。（同上）

無異於說宋詩中形式嚴密被當時傳誦的好詩，因為內容的貧薄，依現代的眼光加以評論，已經是走了電的電池了，錢氏又舉了實際的例子，加以說明道：

譬如南宋有個師法陶潛的陳淵，他在旅行詩裏就說：「淵明已黃壤，詩語餘奇趣。我行田野間，舉目輒相遇。誰云古人遠，正是無來去！」陶潛當然是位大詩人，但是假如陳淵覺得一眼望出去都是六七百年前的陶潛所歌詠的情景，那未必證明陶潛的意境包羅得很廣闊，而也許只表示自己的心眼給陶潛限制得很偏狹。這種對文藝作品的敏感只造成了對現實事物的盲點，同時也會變為對文藝作品的幻覺，因為他一方面目不轉睛只注視著陶潛，在陶潛詩境以外的東西都領略不到；而另一方面可以白晝見鬼，影響附會，在陶潛的詩裏看出陶潛本人夢想不同的東西。（同上）

這一例證是說明何以會內容貧薄的原故，而且也暗示了錢氏選詩時，是內容重於形式。㈦是說明錢氏選詩的底本，除了吳之振的《宋詩鈔》、曹庭棟的《宋百家詩存》、厲鶚的《宋詩紀事》、管庭芬的《宋詩鈔補》、陸心源的《宋詩紀事補遺》（同上）以外，參考到其他的總集、別集以至於類書筆記等等。至於選取的標準，還有可以作補充說明的，是他對大家不夠公道，而讓小家佔盡了便宜，錢氏道：

> 尤其對於大作家，我們準有不夠公道的地方。在一切詩選裏，老是小家佔便宜，那些總共不過保存了幾首的小家更佔盡了便宜，因為他們只有這點點好東西，可以一股腦兒陳列在櫥窗裏，讀者看了會無限神往，不知道他們的樣品就是他們的全部家當。大作家就不然了。在一部總集性質的選本裏，我們希望對大詩人能夠選到「嘗一滴水知大海水味」的程度，只擔心選擇不當，弄得仿佛要求讀者從一塊磚上看出萬里長城的形勢。（同上）

這是錢氏處理大家和小家的選取說明。在這篇長序裏，關於宋詩選取的準則，大致不外此八款。

三、全書之體例

錢氏此書的體例，係由長序、作者介紹、選詩及注解四大部份所構成，序言重在說明詩的去取標準，主要內容已撮述如上。關於作者的介紹，大致是以作者的年代、

名號里籍、詩集為基本,而略去了功名、官銜等部份,特別著重於遭逢的時代背景,詩作反應社會情況,詩的風格形成及影響,和屬於何派別,錢氏在序言中道:

> 關於宋代詩歌的主要變化和流派,所選各個詩人的簡評裏講了一些。(同上)

而且係以評論為主,在評論中,往往正反俱陳,避免了有褒而無貶,敘而不論的缺點。評論的內容,相當豐富,往往超過了所選取的詩和注釋的篇幅。可以說是評論作者、鑒衡作品的簡論。至於詩的注釋,也脫出舊注的窠臼,注重詩的背景,不著重於字義訓釋的根源,成語典故的出處,錢氏云:

> 關於詩歌反映的歷史情況,在所選的作品注釋裏,也講了一些。(同上)

在注釋的體例上,也大反傳統的方式,很多地方是以譯代注,注重於詩意的直接傳達,而不注重字面意義的注釋,注音更是稀少,關於詩的所受影響和所產生的影響,以至詩的析賞,承襲了以往詩話的論詩談詩的精神,以詩證詩,甚至以詩證詞,出入古人的作品,爬梳談論,很多處是《談藝錄》習氣的發揮,所差別的,只是欠缺詳細的考證,冗長的論斷而已。有關文字語詞,以明白流暢的語體文,注釋論說,甚具可讀性。全書的體例,可謂綱舉目張,能得大要。

作者之後,繫以選注之詩,作者大體以時代先後編排,詩未再作任何分類,故而古體、近體不分,絕句、律詩不別;而且連章之詩,也沒有援據慣例用其一、其二加以分隔,致在古體詩中產生了小問題,有同題二段的,不知道是一首二段?還是二首?同一作家,所選多首,也未分類編排,五、七言不加次第;所選之詩,出於何集?何卷?均未注明,增加了讀者查索時的困難。這是全書體例,序中沒有說明。

總而言之,全書雖依據舊有選注之例,但甚有變革創新,故有可讀性和啟示性,在這一方面,對類似的著作,會產生一些良好的影響。

四、入選之作家及作品

錢氏以《宋詩選注》為書名,而且無作家、作品任何數量上的限制;又非分體分期,釐定界限;更無析賞、學詩的設定;就其序言及其詩論,乃係以宋代全部的作家

和作品為目標，故其采選，自係以全部的宋詩為對象，而「略其蕪穢，集其菁英」，其所選取的作家和作品，能否具有代表性及涵蓋性？是否各體皆備？由其所選取的作家與作品數量的多寡，可以見其大概。

錢氏採錄的作家，共計八十人，最多者為陸游，選入三十三首，其次為范成大，二十七首；蘇軾，二十四首；汪元量，二十一首。依數量而言，此四人應為大家；楊萬里，十五首；陳與義，十一首；王安石，十首；張耒、姜夔，各九首；劉克莊，八首；梅堯臣、劉子翬，各七首，歐陽脩、秦觀、唐庚、呂本中、蕭立之，各六首；蘇舜欽、黃庭堅、陳師道、洪咨夔、趙汝鐩、葉紹翁、華岳、方嶽，各五首，應在名家或次大家之列；文同、鄭獬、劉攽、賀鑄、汪藻、周紫芝、許棐、文天祥、樂雷發、周密，各四首；王禹偁、李覯、王令、洪炎、李彌遜、王庭珪、曹勳、章甫、裘萬頃、劉宰、戴復古、王禹邁、羅與之，各三首，應為小家；寇準、曾鞏、林逋、呂南公、孔平仲、張舜民、曾幾、朱弁、王質、陳造、翁卷、趙師秀、高翥、利登、嚴羽，各二首，介乎小家之間；柳開、鄭文寶、晏殊、柳永、陶弼、晁端友、徐俯、江端友、韓駒、宗澤、李綱、董穎、吳濤、尤袤、蕭德藻、徐璣、徐照，各一首；應係「備員」，無以名家了。

選取的作品，共三百七十七首，以古體、近體分類，計五古三十二首，七古六十三首，五絕十首，七絕一百九十二首，五律二十首，七律五十四首，五言排律、七言排律，均未選取。所取之詩，大致能符合其所標舉的原則，頗能反應有宋之時代情況及生活實際。

以上所述，為《宋詩選注》之大概，由選取之原則，至全書之體例，入選之作家與作品，為客觀之撮述，以見其真實。

五、選詩準則之論評

錢氏此書，頗能一新耳目，除了繼承以往選家的脈絡精神之外，另具開創意義，形成了較特別的形貌，其具體的成就為：㈠嚴謹地定出了選取的準則，而又擺脫前人以溫柔敦厚、以詩之體裁、以詩之家數、以詩之正變等作為選取的標準，而以具時代精神，能反映生活實際者為準則，選注的結果，完全洗刷了「宋詩近腐」的印象。㈡

選取之作品，不受歷來評論的影響，選取的結果，雖有「同乎舊談者」，而以「異於前論」，經其新挖掘者為最多。卻也不是標新立異，而是特別注重個人的時空不同的感受之故。㈢所選取的作品，因摒棄了「資書以為詩」和摹擬仿效之作，故而朗暢淺易，無詰屈贅牙，晦澀艱深者。㈣以割愛的態度，不受佳句而增價的影響，故所選的詩，太多全篇均無重大的缺失，形式、內容，具有均衡性和完整性。㈤創作與學問，雖有關係，然而詩有別材，「學問的展覽不選」，故而所選取的結果，沒有頭巾氣，免於掉書袋子的毛病，也無「詩必柱下之旨歸，賦乃漆園之義疏」的偏失。綜此五者，本書能突破前人的樊籬，實在由於選詩準則釐訂的結果。

錢氏對宋詩選取的標準，雖相當正確，然亦有其缺漏處，於其所標的準則，亦有疏失之病。特綜述於下：

㈠以時代為著眼，而未注意宋代學術思想之進展，造成選詩準則的缺失：錢氏深切地認識到時代與生活的重要；「作品在作者所處的歷史環境裏產生，在他生活的現實裏生根立腳」，然而目光所及，卻將焦點集中在宋代領土的仄狹，外侮的頻生，民生的瘡痛上。這誠然是宋朝的時代特徵之一，並非全部。由文化學術、思想藝術的進展而論，宋代實居於關鍵性的地位，如清翁方綱云：

> 唐詩妙境在虛處，宋詩妙境在實處……。宋人之學，全在研理日精，觀書日富，因而論事日密。……（《石洲詩話》卷四）

宋詩之「實」，由「研理日精，觀書日富」所形成，翁氏之言雖簡短而甚得精要，以學術思想的演進而論，宋人大變唐人以前的精神面貌，疑古、考古，實由宋代的學者發其端，理學、心學，至宋人而充實發皇，這些進展和成就，均影響了宋代詩的內容和意境，錢氏昧於這一時代特徵，理學家之詩，佛禪寓道之作，一首也沒有選入，說理議論之作，也極力摒棄，錢氏在介紹劉子翬時評論道：

> 結果就是像劉克莊所說：「近世貴理學而賤詩，間有篇詠，率是語錄講義之押韻者耳」。道學家要把宇宙和人生的一切現象安排總括起來，而在他的理論系統裏沒有文學的地位，那彷彿造屋千間，缺了一間；他排斥了文學而又去寫文學作品，那彷彿家裏有屋子千間而上鄰家去睡午覺；寫了文學作品而藉口說反

正寫不好，所以並沒有「害道」，那彷彿說自己只在鄰居的屋檐下打個地鋪，並沒有升堂入室，所以還算得睡在家裏。這樣，他自以為把矛盾統一了。(見《宋詩選注》一六九頁)

這顯然是不選理學家詩的理由，與劉子翬無關。其實錢氏應將之放入序言中，撇開他不選理學家詩，甚至佛禪宗匠的作品的原因。他明明有意以劉子翬來代表理學家的詩，所以說：「劉子翬卻是詩人中的一位道學家，非只在道學家裏充個詩人。」可是劉子翬不能代表理學家的詩，卻是事實，何況所選的，全然不是寓理寓道之作(同上)，故無這一方面的代表性可言。錢氏也見到了道學家做詩的事實：「詩依然一首又一首的作個無休無歇，妙的是歪詩惡詩反而因此增添，就出於反對作詩的道學家的手筆。」(同上)如其所言，道學家即使做了很多很多的歪詩、惡詩，如果其中有好的詩，選詩的人也該盡沙裏淘金的責任，加以選出，何況錢氏更推許朱子為道學家中的大詩人，卻不選其詩，豈非矛盾？錢氏在《談藝錄》中有「以禪喻詩」之論，更了然於以詩寓禪的事實，可是於宋代佛禪宗匠之作，文學史家所評論的九僧，無一入選，事實上道學家寓理之詩，佛禪寓道之作，詩情理趣俱妙者不知凡幾(可參閱拙著《禪詩三百首選注》)。此一重大的疏失，大大的縮損了該書的代表性和包容性。也許錢氏廁身文革的前後，凜懼道學家是唯心主義的「毒草」，「宗教是人民的鴉片煙」，故不但不選其詩，恐其賈禍，更大加撻伐，貶為歪詩惡詩，以求遠禍，自應予以同情的了解。可是他在序言中批評宋代的詩人，未能真實地，全部反應歷史和社會，並舉宋江和梁山泊一事道：

假如人民受不了統治者的榨逼，真刀真槍的對抗起來，文人學士們又覺得大勢不好，忙站在朝廷和官府的一面，後世的士大夫在詠梁山泊事件的詩裏說官也不好，民也不好，各打五十板。北宋士大夫親身感到階級的利益受了威脅，連這一點「公道話」似乎都不講。在北宋詩裏出現的梁山泊，是個風光明秀的地區。不像在元明以來的詩裏是「好漢」們一度風雲聚會的地盤。(見〈宋詩選注序〉)

宋江嘯聚梁山泊，在當時是殺人越貨的強盜，是公然倡亂的「叛逆」，詩人避免觸及這類題材，正如「文革」前後，十年浩劫之時，錢氏默然不言一樣，是可以諒解

的，錢氏站在學術的立場，選注宋詩，而不注意宋代學術思想的進展和成就，或者囿於政治現實，知而不言，則可原諒；標舉毛澤東的語話，捧之為準則，以之當幌子，避禍免罪，則可原諒，真的作為其基本選取的取向——以反應百姓疾苦為「人民性」的標準，則尤不可原諒。在這個選本中，政治性的宣示太過強烈了，因之不能不懷疑錢氏的政治動機，但是最低限度在選詩時，未能扣準宋代的時代性，應係不爭之論。

　　㈡信從人民生活是文學藝術的「源」，文藝作品是「流」，對宋詩有嚴重的誤解，反對資書以為詩：錢氏在序中引用毛澤東冗長的話，以上敘的觀點，作為選宋詩的觀點，極力加以吹捧道：「宋詩就可以證實這一節所講的顛撲不破的道理，表示出詩歌創作裏把『流』錯認為『源』的危險。」其實毛澤東這一看法，在近代是極普通的常識，例如李辰冬的《文學與生活》一書，早就有這一類的主張，但生活上的體會，能不能成為詩的題材？適不適合詩的表達？詩人的鎔鑄本領如何？均關係甚大，例如錢氏評梅堯臣的詩云：

> 他要矯正華而不實，大而無當的習氣，就每每一本正經的用些笨重乾燥不很像詩的詞句來寫瑣碎醜惡不大入詩的事物，例如聚餐後害霍亂、上茅房看見糞蛆，喝了茶肚子裏打咕嚕之類。可以說是從坑裏跳出來，不小心又恰恰掉在井裏去了。（見選註十七頁）

　　其所舉梅氏的實例，不正是合乎其所謂的「源」嗎？何以如此不佳？而受到錢氏的惡評呢？即係此類生活中的事物，不適合作詩的題材，更與詩人的鎔鑄能力強弱有關，也顯示出錢氏立論的矛盾。再深入一層而論，中國的詩人，絕少為詩而作詩的一類，多崇奉詩主文而譎諫，並未忽視生活的實際。何況詩人雖目注雲漢，但他們的腳總踏在塵土上，總有不能脫離其現實生活的一面，故宋人的作品中，有許多反映現實生活和感受的詩，讓錢氏來挑揀，但他們決非依人民生活是「源」的觀點去創作的。又生活的層面，極為廣泛，佛道許多方外之士，一生修持證悟的詩，難道不是生活的體會嗎？何以又全遭摒落呢？錢氏又把前人文藝作品是創造時的「流」，誤認為即係資書以為詩。錢氏云：

> 從下面的評述注釋裏也看得出；把末流當作本源的風氣仿佛是宋代詩人裏的流

行性感冒。嫌孟浩然無「材料」的蘇軾有這種傾向，把「古人好對偶用盡」的陸游更有這種傾向；不但西崑體害這個毛病，江西派也害這個毛病，而且反對江西派的「四靈」竟傳染著同樣的毛病。他們給這種習氣的定義是「資書以為詩」，後人直率的解釋是：「除卻書本子，則更無詩」，宋代詩人的現實感雖然沒有完全沉沒在文字海裏，但是有時也已經像李逵假洸水，探頭探腦的掙扎。（見〈宋詩選注序〉）

可見錢氏並以之作為評注的準則。而且把這一創作上的「流」，又與「資書以為詩」，混同在一起，因為「資書以為詩」，是用字有來歷，成語典故的取用，詩的材料內容的構成，如錢氏所謂「學問的展覽和典故成語的把戲」，至於因過去的作品，引發創作的動機，如〈文賦〉所云：「遊文章之林府，嘉麗藻之彬彬，」雖然也有資書以為詩之意，以收集「自己詩歌的材料和詞句」為目的，但最大的不同，是由一種作品，引發另一種創作，雖然有類比仿效、脫化成巧的高下之分，但決不同於詩歌材料和詞句收集。錢氏在重「源」輕「流」的心態下，所以貶抑了黃山谷，數落了江西詩派，將這類的詩，貶為「假古董」，視為「改頭換面的舊貨」，不論工巧好壞，都在摒落或批評之列，殊為錯誤。

㈢未劃清大家小家的界線，於大家小家俱不公道：錢氏標舉了大家、小家，自選詩而言，大家、小家的分別，應表現在選詩的數量上，例如沈德潛的《唐詩別裁》，杜甫選二百五十五首、李白選一百四十首、王維一百零四百首（胡幼峯〈試論唐詩別裁集編選之得失〉）❸，大家的地位隨數量以定，今觀錢氏所選，以放翁為第一，范成大為第二，東坡屈居第三，汪元量第四，山谷僅五首，以此而論定宋詩之大家，殊不合理，范成大、汪元量不足當大家，而山谷實難擯落為小家。其他由十五首以下至一首者，依錢氏的分類，概應列為小家了，如尤袤、徐璣、徐照，應各選一首，林逋、曾幾、翁卷、趙師秀僅選二首，錢氏云：「小家更佔盡了便宜，因為他們只有這點好東西，可以一股腦兒陳列在櫥窗裏。」如其所言，以上諸家只有這一點好東西嗎？都陳列在錢氏所構造的櫥窗裏了嗎？答案應是否定的。有的可能不應列為小家，縱使列為小家，

---

❸　見《古典文學》第十集，學生書局。

也決不止這麼一點好東西，小家應是吃了錢氏的大虧，如果這本書代表了宋詩選本的話。

㈣未掌握詩的藝術屬性，偏重詩的意義和內容，又局限於所謂「人民性」、「生活性」，形成偏誤：文學創造，不可忽視其藝術性，乃係不爭的事實，所以他不能接受林逋有名的詠梅詩，而取了他的〈孤山寺端上人房寫望〉，更不能接受黃山谷〈和答錢穆父詠猩猩毛筆〉，而比之於「走了電的電池」，其實是錢氏的心靈中，少了一根「藝術性」的導電線，才不能接觸，接觸了也發不出舊日的光燄。他於排律一類，一首未取，更是旁證。

㈤未能扣準選取的原則：錢氏立了「有佳句而全篇太不勻稱的不選」，衡以所選取的作品，卻選了部份有瑕疵的詩，未能扣住自訂的選取原則。例如以陸游的〈寒夜〉為例：「斗帳重茵香霧重，膏粱那可共功名？三更騎報河冰合，鐵馬何人從我行。」「斗帳」不足以狀享受奢侈，膏粱子弟不可立功名，則係事實，不可共功名，則有問題；「鐵馬何人從我行。」以及河冰合，乃立功邊塞，或從軍立功之意，非共功名也，全詩如責善求全，頗有疵累，且與大風登城意有重複，如錢氏所云：「這詩裏寫『西家』、『東家』一段可以算是『寒夜』第一二句的引伸。」放翁好詩甚多，何必選〈寒夜〉呢？二首意既重複，選一首就好了，何必都選呢？又如戴復古的〈夜宿田家〉七律一首：「身在亂蛙聲裏睡，身從化蝶夢中歸。」在第三聯的對句中，不但有字的重出，而且以「身」對「身」，均係疵累；又周密的〈西塍廢園〉詩：「吟蛩鳴蜩引興長，玉簪花落野塘香。園翁莫把秋荷折，留與遊魚蓋夕陽。」在此處之吟蛩不能作仄聲，因為取的是蟋蟀鳴蟲的意義，故聲律上造成了不合平仄的毛病，而且整首詩表現不出廢園的主題，汪元量的〈醉歌〉為七絕，「熒熒庭燎待天明」，一仄聲字、六平聲字，也係不容或犯的瑕疵，〈湖州歌〉寫南宋亡國，母后、幼女、宮娥、樂官等俘擄北去，其中一絕云：「曉鬟鬅鬆懶不梳，忽聽人說是南徐。手中明鏡拋船上，半揭篷窗看打魚。」不能顯見亡國之痛，狼狽流徙，反類閒適詩，真是法眼有差了。錢氏在序中謙虛地表示：「有時心腸軟了，有時眼睛花了，以致違背這些標準，一定犯了缺或濫的錯誤。」故不必予以苛論了。

有了以上選取準則上的缺失，故而難期公道和難求其具有極大的代表性和涵蓋性了。

六、全書體例之論評

錢氏此書的體例，有令人耳目一新，樂於接受之處，也有疵病可議，不合事例之處。

錢氏於作者的評介，費了很大的功夫，用了很多心思，無異於是一簡明的詩的作家傳論，於作家的思想、學術、詩的優劣，成就所在，影響所及，都有明白的論斷，公正的批評，大部份出於自己觀照的結果，不是人云亦云的拾人餘唾。在詩的注釋上，於一詩的題目，儘量注明其背景，故對這首詩的欣賞，大有幫助；甚至這首詩與前人的作品，有何關係？予後世有何影響？也儘量加以述說，使人有窮流知變之樂；對於一聯一句，非止注釋其成語、典故，人名、地名等等而已，更揉合了詩話、詩論，有精闢的論說和析賞，細密而深入，廣博而高明，超越了注釋的局限，形成了全書的特色，能依陳而出新。例如注李覯的〈鄉思〉「已恨碧山相阻隔，碧山還被暮雲遮」道：

> 意思說：故鄉為碧山所阻隔，而碧山又為暮雲所遮掩，一重又一重的障礙，天涯地角要算遠了，可是還望得見，比家來得近。同時人石延年〈高樓詩〉：「水盡天不盡，人在天盡頭。」（劉克莊《後村大全集》卷一百七十七引）；范仲淹〈蘇幕遮〉詞：「山映斜陽天接水，芳草無情，更在斜陽外」；歐陽脩「踏莎行」詞：「樓高莫近危欄倚，平蕪盡處是春山，行人更在春山外」；〈千秋歲·春恨〉：「夜長春夢短，人遠天涯近」；詞意相類。詩歌裏有兩種寫法：一、天涯雖遠，而想望中的人物更遠，就像這些例句；二、想望中的人物雖近，卻比天涯還遠，例如吳融〈渼陂筵上〉：「坐來雖近遠於天」，或王實甫《西廂記》第二本第一〈混江龍〉：「隔花陰，人遠天涯近」。（《宋詩選注》二三頁）

依照一般注釋的慣例，這二句根本可以不作注釋；即使作解說，有了注㈠前面幾句便已足夠；所引石延年以下的詩詞，正是詩話的體例，有了這些引證和析說，大有功於這首詩的析賞。這類的例子，觸目皆是，自然係其專精專長的顯示，全書精粹之所在，顯然已不是注釋的體例所可概括了。議論稍有失當和枝蔓之處，大醇小疵，不必計較了。

錢氏作注，有的依循註疏家的往例，尋根抉源，破疑析惑，可見采以譯代注的方

式，運用得當，可以收明白暢達，直接了當的效果，例如注梅堯臣的〈田家〉：「碎莢落風雨」云「豆莢給風吹雨打得都零落了。」注「空收不束其」云：「豆莖」（見《宋詩選注》頁十九），顯係以譯代注，有簡單明確的好處。注〈田家〉語：「死亡在遲速」云：「早晚就要死」（同上），注〈魯山行〉：「適與野情愜」云：「恰恰配合我愛好天然風物的脾氣。」（選注頁二十二）當然也有不準確的毛病，如注文同〈織婦怨〉：「皆言邊幅好，自愛經緯密」云：

> 大家都說這匹絹的門面很寬，自己覺得這匹絹的身骨也很結實。（《宋詩選注》
> 頁四三）

以「門面很寬」扣邊幅好已不確切，以「身骨很結實」釋「經緯密」，更有問題。並有不必作注而流於枝蔓之處，例如注王禹偁〈寒食〉詩：「山裏風光亦可憐」云：

> 可愛，不是可鄙（注師韓《詩學纂聞》〈可憐有二義〉條）。王禹偁有首詩，《小畜集》裏沒有收，是把唐人的舊詩改頭換面，寫成貶官在外的心情：「憶昔西都看牡丹，稍無顏色便心闌；而今寂寞山城裏，鼓子花開亦喜歡。」（吳曾《能改齋漫錄》卷十一）「亦可憐」就是「亦喜歡」。（《宋詩選注》頁九）

「亦可憐」根本不用注，縱然要注，用「亦喜歡」也足夠了，不必如此多費詞說。亦多有應注而未注者，如梅堯臣〈汝墳貧女小序〉：「自壤河至昆陽老牛陂」，歐陽脩〈啼鳥〉：「綿蠻但愛聲可聽」的「綿蠻」，「戴勝穀穀催春耕」之「戴勝」，「其餘百種各嘲哳」之「嘲哳」。（見《宋詩選注》頁31）其他如「餱糧」、「一緡」、「餉婦」、「拄杖」、「裝壞」等等，比之錢氏所顯示的注例，都應作注而未注。此外錢氏犯了頗為嚴重的校讎上的錯誤：「無據改字」——沒有任何版本上的根據，竟然改正原詩句的文字，例如蘇舜欽的〈城南感懷呈永叔詩〉：「蕩決莫可知」，錢氏竟改為「泱蕩莫可知」，注云：「等於說『莫測高深』。『泱』原作『決』，疑是誤字。」（見《宋詩選注》頁二十五）而且「泱蕩」譯注為「莫測高深」，也無訓詁上的根據，乃依上下兩句而生起的臆測。又鄭獬的〈春盡〉詩：「夜間絕少塵埃汙」，竟改為「野間絕少塵埃汙。」注云：「原作『夜』，疑是誤字。」改作野較佳勝，但因疑而改，不合乎校讎的原則，加以註疏說明即可。徐俯的〈春遊湖〉詩：「春雨斷橋人不渡」，

竟改作「春雨斷橋人不度。」注云:「『度』原作『渡』,疑心是印錯的。」(見《宋詩選注》頁一百二十三)度、渡常多混用,也不必改。王邁的〈觀獵行〉詩:「禦者因追躡。」竟改為「御者困追躡」,云:「『困』原作『因』,疑是誤字。」(見《宋詩選注》二百七十一頁)蕭立之〈春寒家〉詩題,竟改作〈春寒歎〉,注云:「『歎』原作『家』,疑是誤字。」(見《宋詩選注》頁二百二十三)雖然改的較合理,但既無板本上的根據,加以注明就夠了。

錢氏於字音,極少注出,例如「檋稯」,頗為罕用,人多不知音讀,自宜加注明;又章甫的〈即事〉詩:「天意誠難測,人言果有不」這是一首押十一尤韻的五言律詩,「不」應該如廣韻所音「甫鳩切」❹方得入尤韻,凡此皆應注明。

可見錢氏的作注,甚有可議之處,雖然瑕不掩瑜,可是疵累仍在。

七、入選結果之評論

錢氏選詩的結果,整體的印象,是能洗刷了「宋詩近腐」的誤會,也能具體反應宋代版土狹隘、外侮頻侵、民生疾苦等背景。但若云能具有多方的代表性,整體的涵蓋性,清英畢集的精粹性,則殊嫌不足。

以選詩的基礎而言,在《全宋詩》的編纂工作尚沒有完成之前,而選出全宋詩的精粹,應是冒險之舉,錢氏所依據的不過是《宋詩鈔》等書,已如上述。雖於筆記小說等書,有所搜羅,但深入的程度,蒐集的結果,並無明確的交待,質而言之,宋詩的數目究竟有多少?作家有幾人?均未敘說,可見其基礎之不鞏固,選檢之時,自有滄海遺珠之失。根據黃博士永武、張博士高評編撰《全宋詩》的結果,宋詩多達十五萬首以上,作家在七千人左右❺,必須有了這種基礎,才有選全宋詩的可能。

一代之詩,應選多少首?固然沒有一定的準則,但取法前人的編選,應有公道的比例,以沈德潛的《唐詩別裁》為例,大約選了近二千首,根據康熙勅編的《全唐詩》,

---

❹ 見《廣韻》十八尤,不有二讀,一甫鳩一切,又甫九、甫救二切。

❺ 黃永武、張高評博士,有志於全宋詩的編輯,已完成集稿工作,以上的數目,是黃永武博士所透露,不是確定的數據。

總共四萬餘首，接近二十分之一，沈德潛、周準所選的《明詩別裁》，明詩的總數不詳，但亦選了一千一十餘篇（見〈明詩別裁序〉），如以沈德潛《唐詩別裁》二十分之一的選取比例，則宋詩當選在三萬首左右；以《明詩別裁》為例，亦在千首以上，張景星所選注的《宋詩百一》❻，也在五百餘首以上；陳石遺的《宋詩精華錄》，選六百八十餘首；今錢氏所選，共三百七十七首，以十五萬計，入選的比例，大約是百分之零點五五，這一比例，全然不足以代表整體的宋詩。在選取的詩中，五絕十首，五律二十首，不過聊備一格；五言排律，七言排律，全付闕如；最多的是七言絕句，多達一百九十二首，佔了入選詩的三分之一的比例；若非錢氏不考慮詩體分類的界限，便是於七絕情有獨鍾了。被選的作品，注意到一詩的主題，但均係淺顯的作品，彷彿宋詩只有這一格這一類，而且幾乎全是唐詩的餘響，至少所謂「宋詩主理」、「多議論」、「宋氣」一類的風格，幾完全沒有，宋詩的特性，竟全然泯滅了，如此的結果，只能說是錢氏所喜愛的宋詩，不能說是代表宋代的宋詩。或者是宋詩中的「唐詩」。這應是明知故犯的失誤，而且這一缺失自宋詩而言，難以彌補。

一代的詩家，應有多少人入選，同樣是難有定準。《全唐詩》的作者二千餘人，沈德潛選了二百八十餘家，比例是十分之一強，《明詩別裁》於三千四百餘人之中，選了三百四十七家，也是十分之一的比例，而錢氏在七千家左右的宋代作家中，竟然只選了八十家，未免太不成比例了，《宋詩百一》，入選一百四十餘家；《宋詩精華錄》，一百二十餘家，幾乎是錢氏入選詩家的一倍，故錢氏的選注，不僅是滄海遺珠而已，很多名家如楊億、錢惟演、司馬光、劉敞、宋祁、范仲淹、晏殊、韓琦、米芾、文彥博、王十朋、邵雍、呂祖謙、呂夷簡、蘇轍、晁補之、晁沖之、朱熹、李昉、包恢、樓鑰、葉適、黃公度、葛天民、戴昺、真山民、謝翱等，均未收入，實難謂之公道，入選的作家太少，便難具有較多的涵蓋與代表性了。

錢氏於作家，標出了大家和小家，在選詩的數量上，看不出這一界限何在？放翁選的最多，在宋詩的大家中，實不足與蘇東坡抗手，雖然他的詩最多；以數量而言，汪元量也是大家，亦不合理；范成大更不足與蘇黃匹；山谷貶抑成了小家；王安石、陳師道、曾幾等均未能顯示其應得之地位，形成了嚴重的缺失。如純以作家入選的情

---

❻　《宋詩百一》係張景星、姚培齋、王補堂所選，臺灣商務印書館改名為《宋詩別裁》。

況而言，則錢氏之選，僅《唐詩三百首》之類，不足以當《宋詩選注》之稱。

八、結　論

選詩極難，在浩瀚的「詩海」裏，面對內容各別，體裁不同，風格各異、良莠不同、砥跌似玉的作品，選出有代表性、有涵蓋性的作品，誠非易事，李東陽云：

選詩誠難，必識足以兼諸家者，乃能選諸家。識足以兼一代者，乃能選一代。一代不數人，一人不數篇，而欲以一人選之，不亦難乎！（見《懷麓堂詩話》）

其言誠是，而錢氏於選詩之外，復加以注釋、析賞、論評、裁斷作家，鑒衡作品，更非易事。關於《宋詩選注》之優劣得失，已敘論如上，其基本的缺失，是接受了政治人物的觀點，更受到四周政治氣氛的影響——「古為今用」，「學術為政治之用」，使選詩的準則有了偏失。《全宋詩》未編成之前，選詩的基礎不穩固；入選的作品、作家太少，造成了極大的局限；錢氏個性所近，似喜淺明俊爽，所選的幾乎多是這一意境風格的作品，有落在一邊之失；談詩論詩的習氣太重，於注釋的基本，多未遵守。最成功的，是明確的譯注，深入有見的論斷，以詩證詩的本領，加上淺明流暢的文筆，極有可讀性，使這一選本，仍極有價值。可惜不足以代表宋詩的選本，只是《唐詩三百首》一類的書而已。

貳拾肆、魯先生實先史記治學的
特殊成就

一、前　言

　　先師寧鄉魯公實先先生，逝世忽已十五週年，今日能夠舉行這次盛大的學術討論會，以紀念其偉大成就、不朽著述，與乎教誨不倦，作育英才的精神，凡是及門受教、捧書請益的弟子，莫不心懷感激，孺慕追思；老師的哲嗣、親族與同輩的長者魁儒，能遠由神州前來與會，更是兩岸的盛事，追惟往昔几杖從遊，午夜縱談、雷霆獎挹，悉是師恩之餘，含淚秉筆，草成本篇，非敢云以張皇光大老師之學，謹以誌伏案受書、識小而不忘的恩情。老師盡瘁學術，窮年終生，所詣非一，且多凌駕古人而上之，其所以以「魯生先實先史記治學的特殊成就」為題者，蓋以老師之學，悉根柢淵源於太史公書，由是而盤根錯節，枝幹參天；江河行地，廣無涯涘；非止於張皇絕學，成一家之言而已。其獨步曆算，擅精許書，固已戞乎不可及；而其忘寢廢食，無師承指授，僅以覃思專精，才慧天縱，竟能有如此的成就，乃係以生命的投注於《史記》而開始，方能創獲如此的成就，這種開徑獨行，雖無文王猶興的壯志豪情，令人倍興「高山仰止，景行行止」的仰慕與追思，故而成此蕪文，期能與老師「通誠合莫」，並期望同門學長和學界先進的教正。

二、魯師的生平及著述

　　魯師實先，湖南省寧鄉縣人，民國二年三月十二日未時生於邑之傅家灣，譜名佑

昌，字實先，亦字風行❶，晚更號瀞廬。為渭平公長子，母周氏。❷世代業農，至渭平公始投身軍旅，早歲參加武昌起義，後升少將炮兵旅長，故魯師簡要自述云：「先世力農，迄吾父始于役戎行為將銜。」❸魯師有弟四人，曰儀昌、字杏先、亦字慎先；曰俾昌、字新寧；曰作昌、字黔寧；曰伍昌、字連寧。妹一人，名贛蘭。妻陶氏，名先瑜，字詠芝，工詩善畫。長子譜名君傳，名傳先，次子君延；長女曼君，次女麗君，因「文革」紅衛兵之亂，恐因魯師的海外關係而受連累，次子二女，皆被逼改從母姓，

---

❶ 《魯實先先生逝世百日紀念哀思錄》載〈魯故教授實先先生事略〉一云：「譜名佑昌，以字行。」今據家譜，則實先為字、亦字風行，不但人未之知，先生亦未用。（以下省稱《哀思錄·事略》）附家譜為證。

清平五子	似昌	字得之民國十七年戊辰七月十三日寅時生
渭平長子	佑昌	字實先亦字風行民國二年癸丑三月十二日未時生
娶	陶氏	名嗣桓、女、字詠芝民國三年甲寅三月初十日申時生
渭平次子	儀昌	字杏先民國八年己未九月十一日卯時生

❷ 渭平先生原配周氏，以後又娶張氏，周氏20.9.2，似20之前漏「民前」二字。此表由師母交付。

魯實先教授繼承系統表（法定遺族）

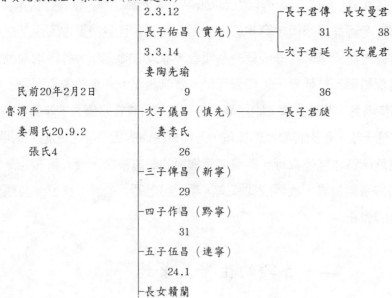

表內 1.阿拉伯數字表出生年月日
    2.民國三十九年表列遺族均存

❸ 此簡要自述乃魯師至師大時自填之人事資料。

長公子則堅不為動，因被下放勞改，文革以後獲平反，曾任中學校長，現已退休。已有孫及孫女數人。這是魯師家世、婚姻和後嗣的概況。

　　魯師僅受過初中的正式教育，結果以自學之力，而為教授、為魁儒，《哀思錄》中〈先生事略〉記其概要云：「秉質殊異，讀書過目成誦，齠齔能文章，動驚老宿。十五歲入長沙明德、大麓兩中學，高材逸足，又心有所專注，彌不樂學校課程之淺雜濡緩，因謝退，買四史鍵戶自課，咸若夙所通習者，乃大快。」這是魯師惟一而又極短暫的在校求學過程，可是與魯師的簡要自述仍稍有殊異：「舞象之時，就讀於長沙明德中學，於時百科皆習，而無壓望者，自取正史讀之，越二年涉覽一周，而尤好太史公書。」是魯師自述於明德中學退學，可能省略為時極短的就讀大麓中學而無關重要的一段；但重要的不是唯讀四史書，而是週覽了正史，然後才選擇《史記》的。退學的時候，魯師作了諮詢和周詳的考慮❹，就張之洞的《書目答問》、梁任公《國學入門書目》等作了參考，並在長沙書肆攫羅捆載而歸。十五歲以後，完全是冥心苦索，無正式的師承傳授，展開自學自求的歷程，所以欽佩張居正：「吾嘗學在師心」之言。筆者曾特別叩問魯師的治學方法，老師正色大言道：「思之思之，鬼神通之。」正係這一治學歷程的感受和心得，所以魯師相當厭惡以師承自我誇耀的人，指責為賣「祖先牌位」。十九歲，得太夫人周氏的資助贊許，夫人陶氏的鼓勵，「至杭州文瀾閣讀所未見之書」，越二年至北平，於北平圖書館閱讀，間至大學旁聽，例如魯師學劉文典氏傳授《文選》的神態，便非親歷其事境者所不能道，後遊訪開封、洛陽，魯師以《史記會注考證駁議》（以下省稱《駁議》）。」一書知名於世，何時命筆著述，已難詳考，但是初稿成於二十四歲時則可以確定，楊樹達氏序之云：「廿六年春，余居北平，寧鄉魯君實先，以其所撰《史記會注考證駁議》一文貽余，余讀之，歎其精博無涯涘。」❺其時尚未成書，後由此文而改撰增益，楊氏云：「未幾，余以親病南歸，歸不二月而盧溝橋之難作……頃者，得君寧鄉道林山中書，道國難後歸里，嘗再訪余於長沙，皆不值，而《駁議》一文，則已擴為一巨帙，以印本郵之余，殷殷屬序其端。可知係由篇文而擴大成書。此書梓行在民二十九年八月以後，楊氏的序可證，由長沙湘芬書

❹　此據魯師的同窗舊友程抱南先生所告知。
❺　見《史記會注考證駁議·序》。

局出版。因此受知於楊氏，且薦為復旦大學教授，魯師簡要自述云：「於民國廿九年刊行，即於是歲應國立復旦大學之聘，任中文系教授凡六年，於民國四十年間關來臺」。計年應為二十七歲，事略云：「時先生裁二十有八歲耳。」亦有一歲之差，可能是計算方式的不同。然而魯師的哲嗣傳先函筆者云：「先公赴川任復旦大學教授，是為西元一九四二年（民國三十一年）秋，先父時年已滿二十九歲。」未知孰是。魯師在復旦，大約授過《毛詩》、《楚辭》、《史記》、《漢書》、《文選》及歷代詩文等課❻，極受學生歡迎及敬重。在復旦任教四年，民三十五年回寧鄉推聘為靳江中學校長，同時兼任駐寧鄉的民國大學教授，次年應江西南昌中正大學的聘請，任教至民三十七年暑期返鄉，其間仍兼長靳江，至次年暑期被迫而辭校長職，為謀全家生計，屈就魯氏宗族所辦的允山女職校長半年❼，民三十九年春曾步行至湘潭謀職未成，故南走香港。以不勝勞役，變名鬻文為主，並峻拒郭沫若的多次電邀，撙節了生活費用，迎養渭平先生，並隨侍來臺。先後任教於嘉義中學、臺中農學院、東海大學，臺灣師範大學，所至因材成就，極受學子的歡迎。民六十六年十二月十九日晚，不幸以腦溢血突然病作，逝世於臺大附設醫院，享年六十五。

魯師的學術著作始於《駁議》，而其特殊成就則為曆術、文字學，嘗自述其故道：「余不喜遊談無根，而求言必有據，治曆術、文字者以此也。」皆根柢於太史公書。又云：「余十七歲，始志於學，竊以牢籠六合，含蓋百家，經義叢林，詞章淵海，莫過於太史公書。」❽其治曆術的成效，在《駁議》中已有具體的顯示，楊樹達氏序云：「尤邃於律曆，語其尤至者，得三事焉。古今治曆者，大都以當時之曆，逆推古先朔蝕，然歲實既有消長，氣朔復有參差，第據一時之曆，以推前古，更時綿遠，恒多鑿枘。……君則於《春秋》魯昭公十七年日食一事，以古代曆法五十餘種詳事推核，於蝕分加時之數，又據時憲曆細為案覆，遍用古今曆法，考核一事，左右逢源，信可謂超越前儒，古今獨步者矣。」魯師洞明了古今曆法，才能運用推步的結果，以考核一事，「超越前儒，古今獨步」，不但不是虛辭溢美，而且尚嫌不足以表顯那種辛苦和

---

❻　見陳子展《殷曆譜糾譑題辭·龜曆歌並序》。

❼　據魯師長公子函告。

❽　見初版《曆術卮言甲集·自序》，民國四十三年油印本。

艱難，因為五十八種曆法明通其推步的算計程式，當然已古今獨步，可是運用這不同的算計方程式去推步出結果，即使在今天有電腦作程式操作，也非一朝一夕之功，在操筆推算的時代，這種辛苦和艱難的情狀，真是難以想像了。魯師曾略述其治學過程道：「於曆術之書，凡宋槧元雕、明清鈔本，涉覽頗夥，於演紀法亦頗能會心有得，以是能據法以推補諸數。」❾語雖謙抑而極輕描淡寫，但搜集資料的辛勤，無師通解的才慧，自我尋思悟達的艱苦，深深地隱藏在文句的後面。關於這一方面的成就，魯師也概要地陳述過：「余所為論曆文字，亦肇端於箋釋《史記·曆書》，厥後探源六曆，尋繹百家，於正史曆志有校注逾五十萬言。於抉幽補漏，匡謬正妄，別為篇者，亦可數十百事。若夫不假運思，即能坐致者，如漢太初以來氣朔表之屬，又不與焉。」❿這種種創獲，其高難度到了極點，言下雖不無自得自快之意，但是那種創獲背後的艱辛，是未曾表達出來而後學應當領會的。陳子展氏曾有詩論評云：「商周以降三百家，拜此殿軍為大將。」差可約略論定了魯師曆術方面的學術成就。魯師為能精確解詁而讀懂《史記》，所以研究文字學，來臺以後，用功尤勤，根源許慎的《說文解字》，出入金文甲骨之中，深通六書的義例，和文字蛻變運用的道理，指明許叔重因未瞭然文字的形義相合之理，而其書有五誤：有釋形、釋義的錯誤。進而形成了分部錯誤、類例和屬入的錯誤；可能由於思慮不周，資料不足而有缺其部、缺其字、闕其形、闕其音、闕其義的五闕；對後世治文字學的名家，於他們的闕失，多有批評和糾正，例如戴、段「四體二用」，形成權威，牢籠多時，魯師提出了「四體六法」，以為修正：四體謂中國文造成以後，只有象形、指事、會意、形聲這四種形體，六法指六書都是造字之法，不過象形、指事、會意、形聲是造字的根本條例，轉注、假借為造字的輔助條例而已。至於假借、轉注的文字運用的道理和方法，皆有理明證確的析論，許書的錯誤，千古的混淆，掃除殆淨了。魯師其所以有上述卓絕精闢的建樹，是入出甲骨金文，索理得證的結果，在師大開金文班時，講授鐘鼎銘文，前後達三、四年之久，解出的字以千百計，於王國維、羅振玉、郭沫若諸家的誤失，糾繩甚多，筆者曾以蠡

---

❾　見嚴一萍《續殷曆譜》。一論《殷曆譜糾譑》後記。

❿　此乃筆者之《魯實先先生遺著編序》中的文句。「遺著」原交黎明文化公司出版，原已排印三冊。因整理費時過久，印刷廠廢除鉛字排印而毀版。此序發表於湖南文獻。

測海，仰而贊論魯師這一方面的成就道：「釐析字形，明其音讀，考其文義，出入百家，爐錘往哲，歸於至當。自名物訓詁以至史事典章，明白曉暢，雖句讀韻腳之微，無幽不燭，旁證引文之細，有錄必徵。」⓾也是當時聽講者的共同感受。所以在文字學上的成就，是「古聖倉頡今聖魯」，誠非過譽虛美。魯師立論為文，析理至精，而出人意表，論說極細，而讀者傾服，楊樹達氏論這種表達的成就道：「大抵君之立說，乍視若至可驚，有如雲中天馬，破空而來，不可逼視。及其廣徵博引，枝葉扶疏，又如錢塘江潮，萬頭俱至，究其歸極，則夷然渙然，皆人人意中所欲出也。」不止是「駁議」一書如此，所有的著作，全然如此。不僅講求文章義法，意明辭確，雅正切貼，而且是理實於中，而以文章發之，因為精義正見，全是治學心得的結果，無一稗販古人的見解和語言，魯師自述這一境界道：「有時候細心研究一個問題，有所心得，我就很快樂，能夠在某一點突破古人；就好比打了一場勝仗，樂此不疲。」⓫可見文辭表達只是末事，重要的是突破古人，而宏道精密的見解，都是從魯師的肺腑中流出。而且不肯為世俗能否接受，而稍作偕俗的「貶損」……讓大眾能解讀，筆者曾冒昧地作此請求，魯師憤然拒絕道：「文章不是寫給豬看的。」這些執持和生動的片斷，歷歷仍如在目前。顯示出魯師不求榮名利養的風標。

魯師的著作甚豐，除了未完稿和未結集成書的以外，因為受到國變兵燹的關係，有的陷伕在大陸；寓居木柵，十年的著述，大半沈飄於山洪，除了發表的著作，很少有存全的，魯師曾感慨道：「蓋於舉世泯昏之時，轉徙羈栖之地，乃欲奮其螳臂，以振前代之墜緒，發千古之屯蒙，其為造物所忌，固其宜乎。」⓬這是魯師五十歲左右的事，想不到十五年以後，所有的著作，又遭到幾乎同樣的運命，不過不是天災而是人為的劫難。幸存的經過蒐集整理，約有以下十五種：一、《尚書講疏》。二、《史記會注考證駁議》。三、《曆術卮言甲集（附補篇）》。四、《殷曆譜糾譑（附補篇）》。五、《卜辭姓氏通釋》。六、《增訂殷契新詮》。七、《殷契類選》。八、《甲骨文講稿》。九、《殷周金文彙纂目錄》。十、《殷周金文彙纂》。十一、《周代金文疏

⓾　見本書頁四五三，〈魯實先先生傳〉。

⓫　見《哀思錄·訪問記》。

⓬　見〈殷契新詮之六跋〉。

證》。十二、《假借遡原》。十三、《轉注釋義》。十四、《說文正補》。十五、《魯實先先生文存》。⓭欲梓行而未果。

三、治史記的特殊成就

魯師的學術成就，根柢淵源，肇自《史記》，故於太史公推服異常，學生偶呼其名諱，常被訶正。然而選擇《史記》，作為治學的鵠的，不是「買四史鍵戶自課」，而是「自取正史讀之，涉覽一週，而尤好太史公書」的，而且超過了二年以上的閱覽時間。方作成了此一取向的決定。考其原始目的，是要為《史記》作校注，所以於「簡要自述」中說：「因思薈前人之說以為之校注。比十九歲至杭州文瀾閣讀所未見書，越二年至北平圖書館糾合宋元本史記以供校勘，采獲清代考證之說，以辨其然否，以是於經史文章及殷虛甲骨、周代彝銘，與夫歷朝曆術之損益變遷，皆涉其藩籬，亦或明其肯綮，因是而有《史記會注考證駁議》之作，於民國廿九年刊行。」綜觀魯師這段自述，可見《史記》是治學的起步，其始也不外如瀧川氏的著《史記會注考證》為鵠的，以成校注而已，卻形成日後波瀾壯闊、長河大海般的巨浸，已令人歎為觀止。可是自魯師大約由十六歲讀正史始，以迄專治《史記》，至《駁議》的成書，震驚學界，以起其家，不過十一年的短暫時光，而且魯師的撰成《駁議》，如楊樹達氏所序：「而君之為此者，以偶觸其書，姑以為述作之發端，非欲屑屑與彼爭短長也。」證以魯師的自述，完全正確，不過是一種偶然的觸發。筆者認為魯師的治《史記》，是以「拒絕學校的正規教學而自行『失學』開始；以十六歲的年齡而讀正史，而專研《史記》，又無師友的指授講討，讀懂了已不容易；讀懂以後，就《史記》的內容，前人的論說，加以掇拾講談，已經是了不起的成就了；以《駁議》而論，瀧川氏中年執筆，皓首成書，顯示了一生精研《史記》的實際，可是魯師抉論了其「七失」，已是石破天驚，可是僅係其著述的開始；以《史記》天官、曆、律而言，這是深奧而專門、枯燥而繁難的學術領域，魯師是如何而能入門？由涉獵而成為通貫博綜的專家？這就是

⓭　此為淡江陳廖安氏整理的結果。其中《魯子語錄》一種，因未輯成，書名未獲確定，故未計入。魯師著作目前現存而可知者者，悉具於此。

魯師研究《史記》特殊之處及其偉大成就之處，能有如此的成就，必須由善讀者始，進而成為善注者、善論者、善講者、善著者，特由這五者，以窺測魯師的《史記》研究特殊之處而見難能可貴的成就。

　　㈠善讀者的蠡測：魯師涉覽正史一週，而從事《史記》研究，即有以見魯師的慧識。就中國的史學發展而論，《史記》是繼《尚書》、《春秋》、《左傳》以後的創體，漢代以後的各朝正史，都大致依遵了《史記》的體例規模，在史書之中，如孤峰獨峙。魯師知其係「正史之祖」，並進一步認識到《史記》的「牢籠六合，含蓋百代，經藝叢林，詞章淵海，莫過於太史公書。」是從歷史以外的文化、學術、文學的評價上認識和論定了《史記》的地位。但是未受過文字、音韻、句讀的閱讀基本訓練，而能讀懂《史記》，並通透《史記》，這誠然如天方夜譚，縱然才慧天授，有過人的資稟，但文字障礙的突破，困難的克服，必然要經過這一歷程，才能成為善讀者，魯師於《駁議》書中云：

> 若今古之字，通叚之文，學者習知，而今人不憚其勞，拾人唾餘，以為箋釋，豈不徒滋穢濫？愚見若〈上林〉之賦，奇字古文，為金石《說文》所不具者，長卿邃於小學，造作必有所本，是當加以音釋，其非此類，並可略諸。《史記》文雖平易，或有章句難明，觀馬融受《漢書》於大家，可推知矣。明清以來，古文辭家，任情圈點，比觀諸家，皆有互異，瀧川之書，亦施圈點，惜於疑難之處，不附說以明之耳。

　　正是魯師突破了「今古之字，通叚之文」、「章句難明」的閱讀難關，才能有如實的閱歷批評，更是善讀者的基本條件。魯師又自述其讀書經歷道：

> 我讀古書不看注解，無論看什麼書都看本文。我讀史書養慣了觀其大略，有時候細心研究一個問題，有所心得，我就很快樂。（《哀思錄·魯實先教授訪問錄》）

　　不看注解，只有在已能直接讀懂原文的條件下才能廢置不觀。「觀其大略」，更是能見概略、精要的讀書境界，能夠提要鉤玄，但是不細密深入，也不能登堂入室，魯師的細心「研究一個問題」，正是其細密深入讀書的說明，其於《今本竹書紀年辨偽》中的舉例，是一確證：

姑舉宋本《御覽》之引《史記》者以例一班，則有驟括其義而大背原文者。若三百六十九引〈吳起傳〉，三百七十引〈張耳傳〉，四百二引〈孔子世家〉，四百四引〈曹參世家〉，四百六引〈張儀傳〉，七百六十八引〈陳平世家〉，是也。有連合兩卷以為一篇者，若七百七十七引〈陸賈〉與〈南越傳〉相連，七百五十六引〈封禪書〉與〈始皇本紀〉相連，是也。有顛倒原文次第者，若七百四十四引〈李廣傳〉，是也。有以注文雜入正文者，若三百七十二引〈蘇秦傳〉，七百七十六引〈孟荀傳〉，是也。有甲卷所引與今本異，乙卷所引與今本同者，〈呂后紀〉云：「召孝惠帝觀人彘。」《御覽》一百五十引觀作視，八十七則仍作觀，〈蔡澤傳〉云：「魋顏蹙齃」，《御覽》三百六十七〈鼻門〉引齃作齄，〈頽門〉及三百八十二，則仍作齃，是也。有雜入他書之文者，若〈皇王部〉所引自殷帝太庚以次多著在位年數，蓋屢雜紀年之文者，是也。有誤引他書而冠以《史記》之名者，則此例彌多，殆不勝舉。若一百七十七、三百六十七、三百七十三、三百八十六、三百九十一、四百四、七百五十，其例也。

就以上所舉，可見其細密深入、得其大要和熟透的程度。善讀者的條件，無逾於此了。魯師自敘學文的經過道：

> 我學文章從來不去讀《文選》，也從來不去讀八大家的文章，雖然這些書我都看過。別人學文章，大都選個幾百篇幾十篇背熟，我一篇也不能背。我就是看的多。一看的多就自然能寫，講不出道理來。看多了，我就懂得怎樣寫一篇文章，怎樣拿定主旨，怎樣布置章法，怎樣造句，在那些地方用莊嚴典雅的字句；在那些地方要用活潑的字句。……（《哀思錄・魯實先教授訪問錄》）

「看多了」，是用功之勤；「自然能寫」，是思索神悟之功；以至於能「拿定主旨」、「布置章法」、「怎樣造句」，更是神而明之，能由看讀而成其文用，魯師大致是如此而成為善讀者，以通明《史記》的。魯師讀過很多醫書、針灸、湯劑，達幾百種；其目的不外是讀懂〈扁鵲倉公列傳〉，這種勤苦和專注，更無人能及了。

㈡善注者的遺憾：魯師讀《史記》，最初的目的，是在為《史記》作校注，魯師簡要自述云：

因思薈聚前人之說以為之校注，比十九歲至杭州文瀾閣讀所未見之書，越二年至北平圖書館糾合宋元諸本《史記》以供校勘，采獲清代考證之說以辨其然否。

魯師雖係善讀者，但成為《史記》的善注者，仍然是距離遙遠，牽涉到治學方法，和校刊註疏的基本觀念和方法運用等問題，「采獲清代考證之說」是極重要的線索，這一方法的獲得，除了魁儒先進的諮問指授外，就是由讀書探索而得，以魯師尊師和學必稱師的觀念和行誼以為證論，如果有師承傳授，必然會稱道不置。而未嘗齒及，應係「學無常師」，縱然有所請益，也未到列門牆，稱弟子的程度，而且極可能全從讀書而得，由魯師批評《駁議》的體例未精一條，可以得資訊和證明：

> 一曰體例未精也。愚以為補注《史記》當仿裴氏註《三國志》、顏氏注《前漢書》之例，合史事與訓詁為之，庶幾蔚為大觀，瀧川蓋依王先謙兩漢書補注之例。王氏本稗販之徒，《後漢書》尤疏略不足齒。然其以酈元《水經》疏證〈地理志〉，頗以此見知於學者，瀧川之書，曾無是善。拙撰於史事略師《繹史》之意，特更加詳，復增考釋，四部之書，有徵必采，下至方志，家乘，旁及異邦典籍，豫是有益，靡不參稽。

注《史記》的體例，魯師認定要依顏師古、裴松之的合史事與訓詁為一，而瀧川則依王先謙兩漢書補注之例，而無王氏的佳善之處。魯師的所謂「拙撰」，顯然不是指「駁議」，而是指其《史記廣注》，因為「於史事略師《繹史》之意」，是主張在《史記》以外，另加四種附錄：〈圖表〉、〈金石〉、〈殷虛文編〉、〈序論〉，而為《駁議》所無，且於四類下，各有注解說明，瀧川之作，僅有序論一類，魯師明白他「惜罣漏甚多」。可證知是此四者係《史記廣注》的附錄內容。證以楊樹達氏的序言：

> 抑聞君年未及壯，精力過絕於人，涉覽之暇，將取史公全書杷梳而剔抉之，蓋欲令後之治遷書者，不能不以君書為始事，烏呼，何其偉也！

所以才說《駁議》姑以為述作之發端。很多週詳的準備，是在作《史記廣注》，故而主張《史記校注》的底本；「當以宋黃善夫本為底本，其殘闕者，配以震澤氏本可也。」也指陳了瀧川氏以金陵刻本為底本的缺失所在：「夫金陵刻本，丁於清季，

張氏劄記，雖有可稱，顧其為書，實多臆改，且為後出，非同古書，阮元校刻《十三經》，必以宋槧為底本，良可法矣。」雖然批評了瀧川氏所取底本的缺失，更係《史記廣注》選取底本的說明。而且明確地指出以校勘名家者：「以其能博考群書，審於聲均，定其得失，而通其義耳。」就這些方面指抉了瀧川一書的缺失為：「魯魚帝虎之譌，不勝指摘；脫改倒增之敝，滿目盡然。」並詳細舉例說明。這些都顯示了魯師於《史記》由善讀者進而為善注者的歷程，而又具備了這些條件。尤有進者，筆者以為《史記廣注》的準備和撰作，極可能在《駁議》之前，因為魯師批評瀧川氏的七失為：體例未精、校勘未善、采輯未備、無所發明、立說疵謬、多所剿竊、去取不明。但不全是針對其書而發，而是積蘊已久，見其缺失，不吐不快的觸動。例如「校勘未善」、「采輯未備」，是已有了這些方面的資料和經驗，才能迅速動筆，快意累累的。根據楊樹達先生的序文，魯師送呈楊氏請益的，先不過是一篇論文，僅僅年餘時間，擴大成為近二十餘萬言的書，如果要再去收集這些資料而動筆，決無如是短暫時限內而能成書的。最確鑿的證據，是衡山張智於《駁議》後有校讀識語云：

> 壬申冬，余從君遊文瀾閣。……今夏訪君於寧鄉舊廬，得窺其《史記廣注》及曆表諸稿，益歎其綜貫之博，用心之精，為不可跂及。蓋自古學無師承，能自樹立，年少而有大成者，未有如君者也。或以王輔嗣方之，非其倫矣。此篇其末藝耳，而老生宿儒，多不通解，友人廖君海廷，伏閣受讀，余亦諷誦再三。

可見《史記廣注》久已撰作，張氏歎其「綜貫之博，用心之精」，係指目此書，「此篇其末藝耳」，指的是《駁議》，雖然用的是間接的推崇法，但極其歎服，認為王弼不能比論的，是《史記廣注》。這一鉅著，在魯師離開大陸前，可能仍未完成或定稿，但是「積年二十，既發憤廣求前人之本，以校訂異文，博稽先儒疑蓋之說，以研思微旨，而專文節記待錄淨本者，稿盈篋衍，而於前人若馬氏《繹史》、梁氏《志疑》、張氏《劄記》、瀧川《會注》之類，亦朱墨駢比。」自謙「不寡一得之愚。」可見時間之久，超過《駁議》成書的時間，不知凡幾；用工的辛勤，和規模的浩大、超過更不知凡幾。可惜這一手稿和大批書籍，據時為縣的文教科長廖海廷的告白❶：

---

❶　據魯師長公子函告。廖亦魯師學生，於民七十六年逝世。

民三十九年土改前夕，由「寧鄉上級」指示全部運往寧鄉縣城，不知所終，筆者曾與淡江教授王甦學長於客歲聯名函請湖南省政府及寧鄉政府查索，未獲音訊，因此而悼惜不已，遺憾無窮。殷望彼岸的執事先生，視為學術界的大事，而專案全力搜尋，因為既然是奉命辦理，必然不致隨意損毀散佚，特不知庋藏何處而已。如果再行拖延，可能漫漶蠹蝕，難有存全了。而且魯師的曆術重要著作，如〈五十八曆古史天象紀年表〉、〈古黃帝、顓頊、殷、周、魯、太初、乾鑿度、三統、元和、乾象諸曆朔閏譜〉❶、〈漢鴻嘉以來氣朔表〉❶等推步之作，和《十四史曆志疏證》❶、《曆術講疏》❶等，曆學基礎的書胥在其中，如果不能尋獲，是學界難以彌補的損失，不僅是魯師的憾事而已。

　　㈢善論者的領受：魯師研究《史記》，搜求了這類的典籍，云達千六百餘種，在《駁議》的第三項「曰采輯未備也」項下，所列舉的《史記》專書，瀧川未經採錄，就日人的著作，魯師敘論而瀧川未兼搜的，亦洋洋大觀。資料蒐集如此的週全，又經過了善讀和善注的歷程，所以魯師更是《史記》的善論者，見於《駁議》的七項，不過是就資料、校注《史記》的缺失而立論，已能見其宏識孤懷。魯師總括古史的價值說：

> 從正史下手，《史記》、《漢書》、《後漢書》、《三國志》一路讀下來。能看完廿四史最好，最低限度也要讀完四史。我經常勸學生讀歷史，肯讀歷史，他志向提高了，胸襟開拓了，文章也作好了。中國學問是對付人的學問，你看九流之學，無不是對付人的。古人過去表現的痕跡，每一代的成敗利鈍，人物的或起或滅，其原因都可在歷史中求到答案，我們應該向歷史去學習。（《哀思錄・訪問記》）

　　這是論古史的宏觀巨見，由人的立志，到胸襟見解，處事立身和文章的表達，其

---

❶　見《史記會注考證駁議》。一曰體例未精，四曰無所發明。又《責善半月刊》一卷二十三期〈荀子箚記〉亦論及。

❶　見魯師《曆術巵言甲集》。陳氏〈中西回史日曆冬至訂誤〉。

❶　見陳子展《殷曆譜糾謬題辭龜曆歌並序》及《哀思錄・事略》。

❶　見《哀思錄》，賴明德〈甯鄉魯實先先生著述年表〉。

基本和訣要在讀史和向歷史學習，不是枝枝節節的一孔之見。其論《史記》的價值，除了「牢籠六合、含蓋百代、經義叢林、詞章淵海」的論定外，並完全由正史的體例論定其地位道：

> 因為《史記》上貫群經，下開諸史。所謂下開諸史，說它是正史之祖，正史是根據它的體例來的。它那紀傳體的發明是前無古人，也不可能後有來者。（同上）

這是魯師對《史記》的單獨評價，「正史之祖」，「紀傳體的發明」，是通常的評論，「上貫群經」，則是魯師獨特性定論，因為論評《史記》的名家，鮮有從經學的價值方面而評估，尤其上貫群經的「貫」字，當係貫通之義，以未聞進一步的析說，故不敢妄參末議。魯師論《史記》，常有獨到的見解，於《史記評林》的看法，常加否定貶抑，例如魯師認為《史記》本紀始五帝，世家始吳太伯，列傳始伯夷，因其有讓國的美德，不以天下、邦國為己私；太史公的史學觀，則以「究天人之際、通古今之變，成一家之言」以為闡發。天指自然環境，人為自然環境中的一分子，要究明自然環境而加以配合、適應，以求生存和發展；天亦指天道，天道有常有變，特舉〈伯夷列傳〉為例，「天道無親，常與善人」是常，不與善人是變，善人如伯夷、叔齊而餓死，惡人如盜蹠，日殺不辜、肝人之肉而壽終，都是變的例子，太史公記載了這種常與變，也感歎於這種變化，天道人道終究不同，「通古今之變」，謂古今有自然環境的變化，太史公特措意於這些變化的述載和宣明；「成一家之言」，是太史公成書的目的，更是繼承了孔子作《春秋》的精神：「貶天子，退諸侯，討大夫，以達王事而已。」而不是為帝王將相英雄作史作傳，而是以明達王事，也否定《史記》是謗書的說法。❶❾雖然言簡意賅，又係為大學部的學生上《史記》課而發，但已能得太史公的深心。魯師為《史記》的善論者，應不為過。

㈣善講者的親炙：魯師二十九歲應聘復旦大學，便講授《史記》，雖然有一口的鄉音，但是其宏論卓見，已壓服了當時的宿儒。筆者有幸，在二十一年前旁聽魯師的《文選》和《史記》，課是開在師大的夜間部，而且是最大的 132 教室，可容一百三

---

❶❾ 上述三項太史公的史觀乃廿年前的個人聽課所記憶。能否不失真實，已無法確定，當時筆記亦未能尋獲查證。

十人左右，選課的只有一班學生，約五十人，旁聽者卻經常擠得滿滿的，竟展開了座位爭奪戰，最後驚動了老師，劃定了選課同學的座位區，才告解決。在魯師的講授下，〈魏公子傳〉中的信陵君、侯生固栩栩若活；項羽的成敗得失，無不一一呈現；鴻門之宴，經魯師的勾畫分析，每一角色的神態個性、位置關係如在目前，高祖何以能脫身而去，漢興楚敗的關鍵，因而大明；講韓信傳時，於史公對材料的取捨，主題所在，和如何烘托渲染，要點如何顯示，大至章法，小至句法用字的分析，使太史公的精心經營、嚴密布置、記事寓義的曲折之處，無不洞明，進而藉以評文章的得失，寫作技巧的應用，經過條分縷析，實例說明，於是瞭悟明白，使人如慧珠在握，自己操筆為文時弊病得失，如棋局在前，便知如何趨避應付，甚至巧妙發揮了。魯師的講《史記》，雖論史論事，但係以講文章、和指授文章的作法為主。因為有許多的旁聽生，所以每年的講授篇目，大多不同。立論定說，雖出於胸臆，但均有根據，多取資古人，不過這些成說大多是反面資料，以觸發新見精解而已。筆者深信魯師的講文學欣賞，以新、真、簡、切為所有文學作品的通則，應係歸納《史記》成文之理而得。魯師的文言文，被推為當代第一人，自許能媲美《漢書》，經細讀魯師之《假借遡原》等書，其簡勁、典雅、切貼、尊題、達題，至少是學術考據文章中的第一。講《史記》時所抉發的寫作法則和為文弊病，正是深造有得的洩漏而已。

　　㈤善著者的欽仰：在十一年之中，由《史記》的善讀者，而成為善注者，《駁議》一書，於瀧川氏經廿年的力作，批抉七失，「如秋風槁葉，分歸隕落。」復壓倒了治《史記》的老生宿儒，例如楊樹達氏的「欲先成長編，以為他日整比之資也。」及見魯師《駁議》之作，「則大喜，謂整理史公書，今得其人，余長編雖不就，可以無憾矣。」這不是楊氏作序時的客套和虛美，因為他已讀過瀧川氏之作，更是講授《史記》於清華的名家，而且長編已在進行，「乃令諸生取清儒及近人專著數十種逐條制為總目。」竟然因而罷手，有讓魯師出頭的獎掖，更有不得不退讓的感歎。魯師的《史記廣注》究竟完成了多少？雖不得而知，如果不是值此兵亂流離，依成《駁議》一書的效率推之，應該早已成就此不朽偉業了。以後魯師的學術著作，又不拘限於《史記》一門，所以由善讀者，而成善注者，再進而成曆學、文字學上的善著者，皆無師而自通，均駕凌百代而上之，是何等的艱難？何等的辛苦？何等的才慧？方能到此地步！以曆術而論，貫通了古六曆和歷朝的曆術，《曆術卮言甲集》，只是冰山的一角，餘

恐多已燼毀於兵禍世亂了；由前述的遺書目錄中可以見到的，是甲骨學的著作較多，亦非完璧；金文亦存全者少而待輯掇者多；文字學雖有《假借遡原》、《轉注釋義》、《說文正補》諸作傳世，課堂傳授，更由同門先進宏傳光大之中，但薈萃諸美的集大成之作一《文字析義》，已完成十之八九，尚未出版，恐將同於《史記廣注》等稿的命運。但就已留存的學術著作而言，曆術上已被推為「商周已降三百家，拜此殿軍為大將。」文字學上是「古聖倉頡今聖魯」。如果魯師的著述悉在，自然世無異詞，復少疑議，竟然有了書缺稿佚的可能遺憾，這種成就的欽仰，雖然受業的門弟子，有此受教親炙後的拜伏，但是不足塞他人的疑竇。然而披覽《駁議》之後，定當如楊樹達、張智二氏的贊佩，否則便無服善之心了。總括魯師的著述，成就卓絕，非止一端，然皆根柢淵源於《史記》，可見魯師學術研究和著作成就，已經突破了這一樊籬，另開天地。但是在《史記》研究上的地位如何？惜《史記廣注》未能成書，佚文未觀，雖有定論，而《駁議》係批評之作，不是研究成果的顯示。楊樹達氏論《史記》研究的困難云：「清代學術郅隆，諸儒銳意整齊古籍，群經率有新疏，周秦諸子亦多校注，獨於史公書未有網羅眾說，為之整比者，豈以其書博大精深，未易致力邪？抑以偏重群經，遂未暇及此邪？」不管是何因素，全面「為之整比」的著作，尚未面世，而被魯師批駁得幾無一善的《史記會注考證》，竟然風行，豈非學界繼起的無人？其實《駁議》七失的提出，不但提供「整比」的觀念及設計，應是《史記廣注》的著手塗徑，更提供了資料和資料所在，應如房屋設計，藍圖已制，此一成就，亦係非凡，繼魯師的志願而加以完成，應為後死者的學術責任，將有發此宏願的人，以成不朽的宏篇，而繼龍門的偉業，仰孚魯師的期望。

四、結　語

魯師心儀史公，根源《史記》，作為入手研究的始事，終於植根振幹，由源生瀾，蔚為參天巨木、滄海巨觀。探求其治學成功的過程，是由無師承的「失學」青年，在願力、智力、勤力的催動下，由《史記》的善讀者，而振拔為善注者、善論者、善講者，以至有關學術的善著者，雖道路崎嶇難艱異常，而魯師若履康莊坦途，年少即有大成，誠然非王輔嗣所能及，可惜丁逢世亂兵戈，天災人禍，而又未享高年，致著述

未能完畢，遺稿多有損毀，甚至可能箱櫝蘊藏，甚於秦火，「門弟子梓行有心，戒護無力」，無可奈何的境遇，魯師在天之靈，或能曲諒，畢竟仍有諸多的遺憾，誠如魯師所感慨：「為造物所忌」，但是有關的後死者，不能以此自忍自了。筆者「識在缾管，何能矩矱」，謹貢其愚蒙，以作涓埃的報答。並呼籲能尋獲可能仍未散佚和亡逸的手稿，以保存魯師的學術生命，庶幾是這次學術紀念會的最大成就和收穫。

附錄一　古典詩

　　古典詩乃新詩相對應後而成立的名詞，是此前中國詩的通稱，包括了古體和近體詩。基本上受到調平仄、押韻腳的限制，尤以五、七言絕句和五七言律詩的近體詩為甚。我有過長時間的學詩和作詩的過程，但因限於才力、拘於個性，而無成就。故而亦無當詩人的念頭。因為性急而坦率，觸思而發，不耐多事推敲，更不必說「苦吟」了。所以常落於流易、紕繆而不自知。但隨事感發、抒寫性情，在走過的路途上，所作不是很多，隨手散佚的也頗不少，今就所存全的，錄選較少錯誤的，再加改正，得六十六首。除最前一首五律、一首七律，在紀念正式學詩的歷程之外，其餘依五古、七古、絕句、律詩的順序編次。不敢望古今詩家於萬一。但慷慨平生，行遊所及，感於中而形於外，總有時代的投影，與我相關的戚友鄉賢，或能有所感發。何況篇章無多，不妨一目十行，快覽而盡。

秋　思

寒蟬聲似咽，候鳥翼難留。

雨泣千階怨，風搖萬樹秋。

斷雲橫楚甸，斜照戀神州。

留守源河恨，千古同此憂。

注：此乃大二詩學習作，大四時曾略修正。因發表於《暮鼓雜誌》，故得保存。老師評云：「氣盪詞凝，彌見功力。」僅把「宗澤源何恨。」改宗澤為留守。之前已有習作，但一無存者，乃以為學詩之始，而冠於前。此後則按古體、近體、時間之先後編定。

謹步雪齋夫子六十述懷（二首錄一）

評唐論宋意翻新，曾侍吟壇坐二春。

悵惘江西成剩法，風雲島上作詩人。（先生江西人而薄江西詩派）

陽城退席鄉關遠，彭澤依籬綠蟻陳。（時由教育部退休）

初老登樓觸咏健，鬢宮未許寄閒身。

注：楊教授向時，號雪齋，授詩詞於淡江等校。

步魯師朱梅七絕

其一

伴雪根雲正綻紅，上庠舒放向春風。

願從高士移香影，畫入彭郎彩筆中。（彭玉麟先正以畫梅著稱）

其二

已盟修竹共年華，惆悵瓊枝暗吐花。

不向青廬飛翠羽，風光難入廣平家。（宋廣平有〈梅花賦〉）

其三

雪覆冰封待發初，空呈綺麗夢成虛。

彭郎只賦悽情句，怎慰冰心入夢疏。

其四

水漬苔浸時日侵，紅銷枝上歲華盈。

卅年冷卻依雲夢，不向人前吐不平。

注：魯師實先任教復旦時，某女暗慕之，有委身之意。先生為作朱梅四絕句以見意，當時和者逾百。其後停雲詩社以此為窗課。叩之先生尚知某女士姓名及概況。

食　鰻（停雲窗課）

似蛇亦曰魚，淹游溟海裏。未具化龍技，聊自樂雲水。更有溯溪游，洋洋伴鰱鯉。網釣捕之來，鼎食喜染指。或同紅藥蒸，用佐樽酒篡。或於火上燒，風味呼醇美。長軀寸寸斷，肉膩入舌齒。鰻鰻且勿悲，爾亦常魚耳。

注：停雲詩社，乃師大師友所組成之吟社。

陳兄伯元惠薛濤箋（停雲窗課）

子昂海外來，分贈薛濤箋。楮皮共竹膜，勻細蘊嵐煙。彩換新紅色，松花亦棄捐。古今異憎愛，尚繪俏嬋娟。得之不忍書，藏之慕高賢。昔為長安女，入蜀徒自憐。「枝迎南北鳥」，詩語竟成讖。淪落無人惜，飛絮任風顛。縱有元韋輩，侍酒賦詩篇。逢怒不敢謝，媚獻十離篇。浣花溪畔宅，女冠送暮年。詩句多不賞，轟傳惟此箋。文章已憎命，紅顏多命薄。紅粉復詩人，如何不流落。吾亦飄零人，欲遊川與洛。此志久未伸，海隅成屈蠖。撫箋夢華胥，恍從戎庵後（戎庵為同社詩人羅尚之字，以古典詩獲國家文藝獎，四川人）。成都尋舊井，共探所居閣。斯人不可求，徒成詠箋作。

注：陳教授新雄，以音韻學知名，復致力於詩詞，崇尚東坡，而風格尤相近，為詩社監察人。

訪觀堂詠王國維（停雲窗課）

我有扶桑行，觀堂訪佚事。巍巍梵王宮，我公讀書地。惜無白頭女，為說當年異。披目求遺文，百結愁難置。自云情感多，難研哲學義。奮筆為文雄，理性多難棄。茫茫求所歸，咨嗟幾哭泣。鉅篇百卷餘，考史尤周備。投水若彭咸，又招身後議。治學二重證，奉之不敢易。

注：觀堂在日本京都，王氏國維曾讀書於此，其集名《觀堂集林》，殆乃紀念之也。其《王靜安先生全書》達百餘卷，所作〈先公先王考〉、〈續考〉，乃以地下文物與紙上材料相印證者，將吾國之信史推遠至殷，因能證明《史記·殷本紀》為可靠，此即其所提之治學二重證據。

遊夏威夷海泳場

萬里雲程來，海上訪名島。泳裝一麗姝，合影似入抱。探勝窘行期，匆忙忘昏早。陣雨壓輕塵，微風日日好。熙攘往來人，笑語無煩惱。擅名海泳場，椰林白沙道。濤來碧波生，千客赴浩浩。一板衝浪兒，跳波隨怒潦。倦來臥沙灘，日光浴杲杲。人種展示場，黑白共少老。塗油似煎魚，躍水再濯澡。采風拍攝忙，勝境吾傾倒。

迎港大陳博士耀南

君從雲外來，喜得平原聚。執手兩依依，熟視問近故。山妻羅酒食，勸飲語不住。酒後聽歌吹，笑云亦有趣。追憶扶桑行，京大成巧遇。西村暫賃廬，屢屢承枉顧。詩酒共留連，茗因論文具。老父羈神州，卅年如囊錮。徒有反哺心，屢為洪喬誤。訊息賴君通，困乏賴轉供。攜來萬金書，讀之淚如注。古之魯仲連，仰此蔭庇樹。

憶遊日本詩仙堂（停雲窗課）

扶桑友人知我心，山水伴我此登臨。詩仙名堂「比叡畔，輿圖索問共追尋。矮屋板門短垣繞，古樹垂藤小林園。三十六仙來我漢，左右排立狀苦吟。淵明吉父竟共社，蘇武去非若賞音。一像一詩相輝映，魯殿靈光異邦欽。茶山誤作花山寫，光羲光義錯待簽。不足責兮不足訾，石川文山情已深。君不見孔聖園林有殘毀，唐詩三百若焚琴」。（文革時孔子墓被砸成小洞，北京城書店無《唐詩三百首》。）念之不覺心魂黯，斜陽歸路雨冷陰。

注：日人石川文山於京都比叡山麓關紀念中國詩人之詩仙堂，塑其像而錄其詩於下。惟曾茶山書作花山，儲光羲竟作光義。然不足責怪也。

香港探親（停雲窗課）

地塌天崩生民苦，永嘉南奔數十春。庾信江南哀不盡，骨肉生死久愴神。兩岸喜傳消禁限，重續親情探六親。香江慶圓天倫夢，白頭父子疑幻真。語罷仍疑人隔世，天曉垂問到鄉鄰。拜妻跪孫何驚喜，欲來寶島細問津。甘旨嘗品天廚味，街場購奉物物珍。匆匆揮別仍各歸，迎養他日仍參辰。

早行——登國旗亭（停雲窗課）

三星猶掛戶，掉臂雲山中。尚稱腰腿健，披翠歷幽叢，啾啾驚棲鳥，微汗當晨風。前後響人語，微紅透半空。孤亭當嶺立，國旗黯淡紅。對之起肅穆，當道棄如蓬。閒坐老兵士，說往氣仍雄。憤悶並嗟嘆，憑誰慰精忠。吐氣穿雲霧，山嵐益濛濛。歸來倦蜷臥，甚懼繁華空。

防煞鬧劇

奶罩橫眉際，全球劇笑聲。因無防「煞」物，掛代鎮驚魂。

注：非典（SARS）厲疫流行，簡稱為煞。臺灣民眾以市無口罩，或有竟以奶罩代口罩者。

榴　火（停雲窗課）

一樹燒窗照眼明，剪紅最愛數枝橫。幽齋午夢蘧蘧覺，幻作江南雨後晴。

宿陽明山臺大招待所（六首錄二）

明窗曙色鳥催人，坐趁晨風對碧茵。空慕武陵漁唱客，不能拋槳息風塵。

水似華清入浴時，浮沉不捨出湯池。垢去汗流筋骨緩，臥任曉風細細吹。

注：時當初秋，攜眷從廉師永英，黃啓源窗友同遊，施人豪兄，則遠在台南成大。

賀丁憲灝、施元榮、游景美三學長升將軍

星光今夜燦繽紛，卅載戎行見冊勳。回首望雲坡上事，當年同學現將軍。

（望雲坡乃入伍之教練場）

午後山行小紀（十首錄四）

其一

遙從蘭若入雲深，曲徑交柯處處陰。正午鐘聲飛梵唱，空階寂寂減塵心。

其四

午後重臨不計回，愛山長是步崔嵬。蟬聲漸噎秋聲晚，碧樹相憐一坐偎。

其六

驟雨清溪濺碧珠，垂綸幾處釣灣隅。竚觀謂免持竿累，數共虛鉤起惜吁。

其八

陣陣幽芬出桂叢，花藏葉密動香風。心怡慮靜徐徐吸，懶骨詩情兩適融。

感　事（六首錄二，呈許舜耕將軍）

其二

百年老店說新開，舊日群英盡棄材。史傳蕭何君記取，人非豐沛莫登臺。

其四

聚議原圖裝表新，誰知競揭逆龍鱗。「主流」未讀李牛傳，應懼「黃巢」造劫塵。

注：唐朝牛李黨爭而政局日非，國民黨自新黨兆分裂亦如之。此處「黃巢」非指農民革命，而懼政權、國運之大變。

愛晚亭偕廖安賢伉儷合影

晚晴夙重見遺風，數樹夭桃照水紅。

怪石樓亭雲影裏，偕君攝取印泥鴻。

注：陳教授廖安夫婦慮余老邁，特陪伴返鄉。愛晚寺在岳麓山畔。

楚望夫子賜宴感賦

東風正拂李桃枝，未有芳菲報綠時。

玉尺已曾衡寸短，烏絲長自記清詞。（余高考及格、夫子閱卷）

逢人推說慚無善，望嶽仰儀初獻詩。

才報春闈冰鑑罷，天廚方治賜新炊。

注：成惕軒先生今之駢文大家，以楚望名其樓。

春日偶成（停雲窗課）

燕子翩翩花白紅，紛飛細雨任東風。

一塘水漫蛙鳴岸，盈地香殘蝶舞叢。

誰問春牛關氣數，黨爭妾婦鬥深宮。

鵑啼切兆繁華落，劫到林園懼掃空。

聞　蟬（停雲窗課）

了了知知葉底聲，幾回夕叫旅魂驚。

風高每抱銷沉恨，露冷誰憐啜飲清。

撼樹朗吟每驟歇，移枝曳響太怔忪。

行都暮靄虛堂裏，一讀離騷相印鳴。

壽汪社長六旬初度

覽揆洪唱九如篇，詩酒聯翩共祝年。

筆走龍蛇今米芾，心羅錦繡昔青蓮。

高庠侍座三千子，異國攀帷七二賢。

觴詠追隨群彥後，榴花嵩祝貢筵邊。

注：汪教授中，工詩善書，數度講學韓國，海內外知名，尊推為停雲詩社社長。

華公仲麐老師六十四年爲國父逝世五十週年 暨青年節國殤　感賦七律四章　　追步　原玉

其一

古樹危巢風雨狂，誰能捨命救時傷。

神州遍地龍旗舞，海角羊城漢幟揚。

別父方生何惜死，捐妻林子豈孤行？

頭顱擲向黃花裏，碧血千秋墓木蒼。

其二

中州日月幾升沉，極目鍾山淚滴襟。

揖讓風懷書史冊（國父讓大總統位於袁世凱），征誅事業付筎音（討袁之役而失敗）。

艱難革命餘孤憤，睿智遺書耐細尋。

識取叮嚀最後語，和平救國一生心。

其三

待復神州整舊冠，墓門木草殆蕪寒。

豐碑應記當年跡，祠廟常從歷劫殘。

易水荊軻歌有恨，沛蘄陳勝心長丹。

椎秦又待除民賊，一奠遺阡告國安。

其四

哀鴻白骨遍神州，那有男兒不淚眸。

此日臺員殤國士，他時河洛挽狂流。

越棉戰火誰能熄？燕薊持梃應可收。

生聚沼吳堅誓願，霜華嗟上少年頭。

中興新村晨興（四章錄一）

靜院酣眠脫俗塵，嘗來訪舊記前津。

天開曉鏡凝紅脂，水出清溪躍錦鱗。

未陟前崗筋骨懶，重逢故友笑談親。

幾回省府更人事，聽罷升沉雀噪晨。

注：中興新村為臺灣省政府辦公所在，家岳退休後仍住宿舍，環境優美。

還鄉雜詠（五十首錄十）

渾同遼鶴嶽雲回，全失當年舊院臺。（家遭清算田宅被分盡）

徑路俱非林木盡，水雲仍似稻粱栽。

鄉音久變蒼鬚繞，服物多殊里族猜。

未悉前村何處是，中庭遙痛素幡開。

注：父親病逝，得准奔喪，後回鄉掃祭，乃成此以誌哀感。

其五　行經舊宅

重經老屋怯登堂，換世歸人悲舊創。

棟折知無巢燕迹，雲飛仍泛水塘光。

兒時兄妹成翁媼，劫後親朋半土崗。

最是椿萱霜露隕，全非景物摧心腸。

注：老屋指杜家灣祖宅。被分割入住者數戶，廳堂不修而破頹。父親平反後歸養大妹家。

十四　　重過舊市

百戶人家小市場，逢墟奔赴望如狂。

棚頭傀儡牽絲戲，鋪面葫蘆粘齒糖。

遼鶴歸來街貌改，篷車眺望路形忘。

兒童故老疑相問，半改鄉音答短長。

十五　　謁舅父母墳

小路依稀至舍前，林園幽雅記當年。

烏衣舊燕離王謝，黃土雙墳奠隴阡。

宅相吾家承奬許，慈親神術賴援全。（舅為神醫，母氏賴救活。）

亂雲殘石深深拜，淚濕冥鏹生白煙。

注：舅父袁先生名魁，行醫有聲，母自戕賴其救活，並濟困乏。

二十　　父遺印章

數石摩挲手澤存，龍回署號眾皆驚。（父親勞改三十年，平反歸里，自署龍回老人。）

卅年勞改幾生死，一世書詩付劫兵。（父親書詩卓越而厄於時亂）

自慶桑隅佳晚景，親書訓誨付孫甥。

斑爛朱字文光射，攜向臺圓共雨晴。

二十八　呈麗澤社馬誼伯鍊

麗澤盟逾四十年，飄零人半隔寥天。

囹圄變服輸錢帛，縲絏窮途進被氈。（家父械返，馬誼伯變服以錢物相濟）

浩浩恩情聞誠命，溫溫辭色仰誠賢。

驅車遠下還鄉拜，竟讀蓼莪傷慟篇。

注：民國間，父親為麗澤社之首唱，以勵友朋成德業、益桑梓。

三十二　對客談臺員事

海客談瀛事事奇，翻瀾對話月星移。

同文合俗扶餘島，異葉同根連理枝。

食貨弦歌追二漢，春秋暖冷只三時。

蓄存外匯將千億，富樂空前不飾詞。

注：鄉親競問臺灣事，幾無停歇。

三十四　因浮言告父老

中歲幸成「博議」書，非同袞馬賦歸歟。

多金竟興雄資諑，高仕紛言美宦除。

一襲輕衫慚絳帳，半瓢素食樂青蔬。

扶桑美國曾遊學，碌碌無奇正是余。

注：童年離鄉，奔喪回里，興多金、高官等浮言，故以此自明。

三十八　楊先生仲揆印家父遺詩成冊

高情風誼梓遺篇，復綴鴻文闡所傳。

白雪詩成傷劫後，南冠聲苦慨生前。

喪帷唱輓滋悲淚，雅聚吟章付和箋。（先生夜讀祭文，全場肅然，惟哭泣聲。）

捧讀靈前惟痛哭，差憑逸響慰人天。

四十四　父母墳側栽松萬株

試種家山萬棵松，重來謁墓應搖風。

青青針葉成佳景，拂拂濤聲起翠空。

月白幽魂堪去住，柯高虬幹競恢洪。

樵人請領栽培意，招鶴棲雲勿斧攻。

注：故園喬木幾盡，乃試栽松萬株，以倡綠化。

訪栢克萊

遠來名校憩階前，且聽吾兒說舊年。（元甫兒方卒業此校）
數載窗燈勤課讀，今朝景事尚情牽。
來遊學子多華裔，粗覽風光喜管絃。
拙作高藏聊一快，神馳山公姓為田。（余有三書見藏於圖書館，校長為華裔）

舊金山保釣即事

兩岸旌旗耀此鄉，仇倭保釣陣皇堂。
春秋十世難抒恨，日美連橫倍可傷。
已背約書同廢紙，竟忘崎廣是屠場。（原子彈毀廣島、長崎）
張拳奮呼徒悲慨，他日惟祈我武揚。

憩漁人碼頭

風帆巨艦沒烟波，不見持綸戴笠簑。（碼頭已成都會商業區）
市物喧囂成鬧地，車輪熙攘似忙梭。
蝦魚試酒姑閒坐，雀鴿依人共婆娑。
信美江山只眺望，憑軒豈可放漁歌。

禮南嶽

未逮成童禮嶽年，南奔永嘉苦顛連。（鄉俗，十六歲許願拜南嶽）
鄉雲闊海空佇望，里舍慈親切繫牽。
峻嶺今登傷髮白，幽林暫眺愛山妍。
融峯麓院匆遽過，倦鳥仍飛祇黯然。

過賈誼宅追步劉長卿韻

自傷卑濕怨棲遲，鵩賦垂傳百世悲。
昔日芳園豐樹地，今朝鮑市冷雨時。（宅改建賈傅祠，為市場矣）

長卿過宅為抒憤，史氏孤恩未論知。（漢文帝寡恩未能存全賈誼，史家未論及）

萬里飛來無一物，嚮祠捫壁又天涯。（時祠正閉門重修，窺無長物）

赴美前效杜工部秋興八首留別曉園老友（錄一）

乍暑榴紅去國人，陽明北屯望中親。（入伍學校所在）

當年往事堪回首，亂世前情倍可珍。（國事已呈離析之勢）

鼓角擁槍常夜讀，崗樓曙色怯晨伸。

學成持令三軍去，未負昂藏八尺身。

旅美感懷（八首錄六）

喜卓君至，書此敬候台員舊友

其一

遯方適性似陶潛，三徑雖無闢小園。

半百紅玫邀戲蝶，一畦青韭映疏簾。

涼風習習穿亭過，佳景重重騁目瞻。

金鈴輟響嘗閒坐，錯落星光上早蟾。

其二

三椽木屋向陽居，花木扶疏出有車。

玫瑰飛香前後院，荒園闢植嫩青蔬。

修心極靜常觀帖，發悟鉤玄一著書。

不覺天涯驚歲晚，台員回首憶無餘。

其三

未盡塵緣近暮年，漸逾耳順到天邊。

徒存剛銳輕狂氣，已乏雄飛創業錢。

學語殷殷無可用，書空咄咄只徒然。

蒓羹日試中州味，活水香茗手自煎。

其五

水草池魚戀故淵，此生憂患苦流遷。
地球飛換東西面，衰質難回少壯年。
夢裡金戈驚往事，窗前述作半談禪。
癡心未共時光逝，作繭春蠶自裹纏。

其六

外丹勤修服藥頻，非求益壽只強身。
世緣漸息心常靜，家累全無肩可伸。
園蹊日涉成佳趣，典藉閒拋任本真。
關懷世事翻書報，國欲沉淪傷佞人。

其八

君來萬里心期久，乍覺分襟時歲周。
向晚園亭消暑氣，迎賓酒炙散清秋。
睽違趣事閒閒數，憶念幽懷一一收。
莫悵雲程縈別緒，托寄殷勤到舊儔。

在美平居懷夢機

君詩作伴赴遐方，動念行吟每探囊。
三印篇章追李杜，一吟法訣邁陳黃。（君曾力學宋詩而後歸唐賢）
藥樓情苦搜奇句，瘖口心悲困病房。（近成藥樓詩稿）
氣蓋停雲思往日，轉輪恬淡作禪床。

注：張教授夢機，詩才美深，英年攖風痺，樓居又困一椅，而吟詠不輟，天涯之遠，懷袖佳章而難忘。

拙著佛學思想綜述梓行兼柬廖安

二冊摩娑堪自珍，十年味會注心神。

靈山遠紹融糟粕，佛學難言貴悟真。

宗門有語多公案，教下經疏非法塵。

相期發慧啓來者，共振頹衰生正因。

注：陳教授廖安整理校正，臂助至多。

成都紀行十草（錄三）

其二　訪曹院長新居

渠渠新廈好樓居，名酒多藏復富書。

孔雀開屏閑偶對，澄黃掛樹雅忘除。（屋頂闢為花園）

胸羅慧識畫籌美，筆抉中西文論紓。（新著中外比較文論史方出版，並承見贈。）

久別知交如日昨，寬杯入市速呼車。

注：曹院長順慶，四川大學文學與新聞學院院長，比較文學巨擘，約十年前識於香江浸會大學
第二屆宗教文學論文會議上。承不棄，邀至川大作專題演講並博士生論文答辯會。

其三　謁杜工部草堂

講杜傳詩嚮草堂，乾坤百劫寓斯鄉。（余曾講李杜詩）

難平淑世儒生氣，且快疏籬菜果香。

似豆微官稱工部，諸方多壘尚戰場。

低徊宇院摩肖像，悵立西風憾卒倉。

其七　都江堰行河床

魚嘴分流內外河，澤垂千古感恩多。

乾澇雙止真奇術，父子同功受讚歌。（李冰父子同享廟祀）

水利河渠崇典範，靈龜廟宇映清波。

斯來水涸穿河過，客歲成都出萬禾。（時內河抽乾修補十年一次）

訪振亞故里感賦並柬振亞

湖塘知憶舊時居，黍麥平疇波跳魚。（湖塘乃振亞故居，振亞仍未曾返訪）

蹈海非求不老藥，回鄉可坐捆輪車。（古以蒲草縈輪之安車）

樓房指點云多變，學舍經營信不虛。（其地將建大學城）

阿姐頻頻抒素願，平安季子曷歸歟。（瑞玉女史創業有成，日望振亞賦歸）

詠天目魚頭火鍋

天目魚頭壓上京，佳廚美味至知名。

潾潾碧水魚清瘦，細細紅爐湯慢成。（魚頭味美多因此）

瓦缽盛來疑玉液，甘香嘗罷勝蓴羹。

易牙調味無斯味，一座咸同此品評。

注：天目湖水清故魚瘦而味美，名廚特烹，為國宴之珍，有某大使連盡八碗。

預迓鄧學長耀秋賢伉儷

千里雲程約手談，吳中秋景待同探。

平生寡合容孤直，晚境知交祗二三。

名利已銷心頭熱，肝膽常快我君談。

盤飧計具名湖蟹，酒後茶回舌底甘。

三峽大壩明渠合壠

截斷江流壩合壠，十年人力勝天工。

防洪發電千秋澤，積水通航萬載功。

土石填填車擺陣，彩旗展展氣如虹。

歡騰此刻傳中外，自有豐碑映日紅。

元熙卿安伉儷邀遊澄湖

破浪乘風向晚霞，流灣幾轉有人家。

水鄉澤國三吳地，魚米殖耕四季瓜。

隨意放歌鱗躍浪，恣情歡笑臉生花。

拱橋九曲來深市，覓酒停車步月華。

園居偶興柬吳元熙賢伉儷

遠市濱湖與世乖，多家果樹共蔬栽。
掠波水鳥唧魚出，繞院香花任露催。
遲眠寂靜沉酣夢，早起徐伸任雀猜。
閒中共約堪忙事，網釣茅亭樂往來。

三峽大壩蓄水通航

滔滔濁水變流金，天工人力兩堪欽。
波光似海浸三峽，舶陣連龍出碧岑。
百噸機輪旋磨石，千尋堰壩壓江心。
工程峻偉全球最，快意揚眉一嘯吟。

附錄二　各體文

　　舞文弄筆，仿佛是性心的所近所喜。自識字不多的幼年開始，即在大半不懂也無力求懂的情況下，讀過《三國》、《水滸》、《紅樓》、《東周列國志》、《西漢演義》，甚至《聊齋》、《閱微草堂筆記》，連《舊約聖經》也曾作小說讀；以後在流浪的日子裏，軍旅生涯中，愛讀翻譯小說，一度細讀《莎士比亞全集》，作過辭彙的摘錄。故而試為新詩、散文、小說，在未走入學術園地之前，嘗試之作，頗有披露。因為不夠專業，更未臻成熟，僅收入了六篇，大膽強名為各體文，自嫌過份而無當。但應時的「方塊」、「專欄」、「社論」，多無保存，不敢敝帚自珍，只有全捨了。也習作過新詩，已無存稿。六篇文章之中，有小說、散文、雜文、文言文。其中〈魯實先先生傳〉，寫其人、敘其學，有其高難度，已收入國史館的《民國歷史人物傳》中，可能是文以人傳了。

一、牆

　　門鈴按了好一陣子，阿秀才出來應門。

　　「啊！原來是總經理回來了，吃過飯了沒有！」這個靈慧的小女孩，大概正在午睡被我吵醒了，臉上慵懶的睡意猶在，對我意外地能在週末回來，仿佛非常驚詫。

　　「飯在公司裡吃過了！太太和玉鳳他們呢？」

　　「太太到吳公館打牌去了，大小姐和三小姐還沒有回來，少爺吃完午飯就到學校練球去了……」

　　「打球，他一天到晚就知道打球……」我警覺這些話不應在下女前面說……

　　「叫老王把車子開到吳公館去，怕太太要用車。」我把公事皮包順手交給了阿秀。

　　「等一下請泡杯濃茶，放在臥室裡，下午七點以前，找我的電話，都回說不在家，玉鳳他們回來了，也不要告訴他們」，今天公司裡的業務檢討，預定要在下午三時開

完，卻順利提前在一點左右就結束了，預定在下午三點來台的日本貿易訪問團，又延緩了動身的日程，才有半日的週末假期，準備和孩子們在一起，他們卻一個都不在，有自己忙碌的小天地。我懷著這份貨而不售的親情，不禁有幾分怏怏若失之感，決定偷閒半天，讓自己好好的休息一下，靜一靜，什麼也可以想，什麼也可以不想，這樣閒適的日子，我失去了很久了。

洗完澡，換上敞大的睡衣，從女兒的房間裡拿了二本文藝小說，望著那淩亂的衣物，我搖了搖頭，回到臥房，把門上司必靈鎖扭至自動的位置，把房門關鎖上了，讓四肢百骸放鬆，舒適地躺在席夢思床上，點了一枝長壽煙，深深地吸著，嫋嫋地吐著煙圈，隨意地翻動手裡的小說，不知什麼時候酣然入睡……

朦朧中電鈴響了，大女兒玉鳳和阿秀有說有笑地進入客廳：

「我們家，真像個古廟，每逢假日，冷冷清清，一個人影也看不見。……」

「老爺……」

「老爺怎麼樣？」

「沒有怎麼樣，老爺和太太，都應酬去了，」阿秀沒有敢違背我的吩咐，說出我在家裡，我閉著眼簾，但玉鳳放東西，推她臥室裡的門，和往返於客廳，洗手間的聲音，一一入耳，我似乎看見她婀娜而充滿青春氣息的身影，忙碌地在眼前移動，一室的寂寞，因他的聲音而驅除殆盡，對這個女兒我的確太滿意了，人長得漂亮，性情好，書念得更好，現在是 T 大英語系的高材生，在大學生視為「黃金時光」的週末，她卻跑回家裡，大概還沒有男朋友吧，我得替她留意留意了，忽然一陣悠揚的琴音，打斷了我紛馳的思維，那是我最喜歡的杜鵑圓舞曲……又是一陣門鈴聲。

「大姐，只有你一個人在家呀！」

「他們都出去了，」琴韻中輟，玉鳳和秀鳳唸開了他們的女兒經。

「大姐！我好高興，這次月考成績，英文，數學得滿分，上次考得最差的國文，這次也考了九十五分……」

「三妹，這次又是全班第一是不是。」

「嗯，給你猜對了，我想把第一這個消息告訴爸媽，可是他們都不在家裡！」

「好向爸媽勒索是不是？」

「大姐，你說得難聽死了！」「阿秀，我渴死，請快弄一杯可樂，大姐，你要不

要一杯！」

「我不要！」

「三妹！這次妳要什麼獎品！」

「大姐，什麼都不要！」

「算了吧，別在我面前耍花招，每次你說不要，結果東西要了一大堆，每次所得到的，仿彿都是妳所希望的一樣，妳是用什麼方法騙得爸媽團團轉的！」

「大姐，別冤枉人。」

「妳再不招，我就……」大概是玉鳳作了個呵癢的姿態，滿屋子都是秀鳳銀鈴般的笑聲，又緊又急。

「大姐！我說！我說！每次我把想要的東西，先告訴媽媽，或者是問爸爸媽媽準備送我點什麼，然後照價折現，拿錢讓我自己去買，不是什麼都如願了嗎？」

「那麼爸媽問你要什麼的時候！妳總是說不要？」

「這樣爸媽才送得更爽快，如果自己提出來，獅子大開口反把他們嚇跑了！」忽然一聲又急又響的口哨打斷了玉鳳姐妹的談話，我的眉頭緊皺了起來，一定是小虎回來了。

「大姐！我說就數他最陰險！」

「就是你狗嘴吐不出象牙！」

「大弟！你真嚇了我們一跳，電鈴也沒有按，你是怎麼進來的！」

「大姐我會飛檐走壁，從牆上翻進來了，噢！爸爸在不在！」

「他們都出去了，你可以稱王了！」秀鳳大概餘怒未息，話中有話！

「噉！就是這個意思！」

「你怎麼啦，人家倒的汽水，你問也不問一聲，就拿來喝，你沒手沒腳啦，不會自己去倒！」

「喝你半杯汽水，你也囉囉嗦嗦，我偏要喝，你以為爸媽寵妳我就怕你呀！哼！妳再嘟曮，我就要揍人！」

「好！你喝，統統讓你喝！」接著汽水潑落聲和杯子落地碎裂聲！

「大姐！你看她真反了，居然敢把汽水潑我！我不揍扁你才怪啦！」接著是一片扭打聲，三丫頭秀鳳的哭罵聲，玉鳳的勸阻聲，我再也裝不下去了，準備現身彈壓，然而秀鳳那一連串犀利如刀的話，大出我的意料，這就是我目中柔順可愛的乖女兒嗎？

棉花下面竟是鋼針，為了多瞭解他們一些，我決定再裝癡裝聾。

「大弟，三妹，你們這算什麼！再鬧下去，我要打電話找爸媽回來！」玉鳳的恐嚇起了作用，小虎、秀鳳分別安靜了下來，都爭著向大姐訴理！

「大弟！你要喝東西，也不打一聲招呼！這是你先不對！」「妳們女生就會幫女生！」

「三妹，你怎麼可以把汽水潑在哥哥的臉上呢！快向二哥道歉。」

「我不！我不！每次都是他惹我！我才不是那麼好欺侮的！」

「看來，只有告訴爸爸媽媽，才能解決了！」

「告訴爸媽就告訴爸媽，我才不怕！」小虎口氣雖硬，但已有怯意：

「讓爸媽來評判好了，我不信我沒有理由！」三丫頭彷彿有恃無恐，在恃寵而驕。

「大弟，我還要問你一件事情，爸爸昨天掛在臥室的西裝口袋裡，不見了一千五百塊錢，是不是你拿的！」

「不是，不是我拿的！」

「哼！你以為爸媽不知道是誰的傑作呀！我告訴你，他們早知道了，爸爸氣得很，要把你送少年隊去修理你。」經秀鳳一提，我不禁氣頭往上沖，由床上一躍而起，準備梳一下散亂的頭髮，就去修理這不肖的逆子，這麼小就偷錢，長大了還得了。

「大姐，爸爸真這樣說過嗎！」

「大弟，你不要在意，也許是爸氣頭上的話。」

「我覺得要送少年隊去修理的，不是我，而是爸爸，媽媽。」小虎石破滅驚的話，使我怔了怔，我把手從司必靈鎖上滑落下來，想聽聽他的謬論。

「大姐，你知道嗎？只有你和秀鳳，才是爸媽手上的鳳凰、掌中的金蛋，每次客人來的時候，爸總是把你們叫出來，這是小女玉鳳 T 大英語系的學生，嘻嘻，上學期得了第一名，這是三丫頭秀鳳，今年剛考上北一女！」

介紹我的時候，總是淡淡的一句，「這是犬子小虎」，「怎麼？不問伯伯好，一點事也不懂，」我最恨的就是媽媽，當著什麼吳媽媽李嬸嬸介紹了你們二鳳一大堆優點以後，總是帶著又傷感又憐惜又無可奈何地評論到我。」

「我家就數小虎這孩子不成器，成天的打籃球，高二已唸了二年了，任我舌尖說破，也沒有絲毫效果！」

「大姐！我！我是家裡的老鼠，是被戲弄，被傷害最多的老鼠。」

「記得吧？你考上了 T 大，不勞您開口，爸媽送了一架值五六萬的鋼琴，秀鳳考上了北一女時，爸媽送給了她一隻名貴的手錶，芭蕾舞鞋，表演的衣服，最後把電視機換了一架最豪華最新式的，說是送給他的禮品，我考上高中的時候，媽提議要送點什麼給我時，你們都記得爸爸是怎樣說的嗎？」

「哼！考上這樣一所爛學校，連我的臉都丟光了，還要獎品！」

「雖然事後媽還是給我買了一個籃球，一雙球鞋，那不是獎品，那是施捨，這兩項獎品，加起來抵不上一個鋼琴角，也抵不上一根天線杆。」

「大姐，家在你們是安樂窩，在我是針尖床，我不去打球，不在外面流蕩，我去幹什麼？」

「大姐，也許你會說我不長進，有一段時期，我發奮改過：可是妳知道，爸怎麼說：

「還不是新鮮茅坑，三天香。」

「我的勇氣被這一句話，徹底擊跨了，老師說的什麼天倫之樂，骨肉之情，統統都是騙人的，就以今天的事來說吧，如果我今年不留級，考上了台大，師大，就是喝乾了秀鳳十杯汽水，她也不會把汽水潑我的，就是我沒有出息，使她忘記了初中三年，我天天騎腳踏車，送她接她的情份，大姐，妳說說，家庭骨肉之間，也不過是利害而已」，小虎愈說愈激昂，竟至聲淚俱下。

「二哥：我錯了，我錯了，你會原諒我嗎？你不原諒我，我就跪著不起來！」客廳裡已是一片泣聲。

「三妹，我不會怪你的，的確，我也不是一個好哥哥！」

「二哥！不要這樣說；不要這樣說，我難過死了，也慚愧死了！」

「大姐！全家只您對我最好，我太使您失望了！」

「大弟！我們委曲了你，但你也不要恨爸爸媽媽，兩位老人家，都是望子成龍，期望過高，才失望愈大，所有對你的傷害，都是無心的！」

「大姐，我知道，可是這次一千五百塊錢，我已花掉了。」

「大弟，才一天的時間，怎麼會花得這麼快！」

「大姐，三妹：在家裡我呆不下去，才在外面交了一批打球的朋友，我的鐵拳替

他們擋了很多是非，出了不少不平之氣，他們都跟著我，捧我當老大，我要他們往東走，他們決不會向西看一眼，當然我要管他們吃，替他們解決問題，昨天拿爸爸的錢，五百元是還了冰店和飯館的帳，一千塊是送一位家境很窮的同學作醫藥費去了！」

「那怎麼辦！」

「不要緊，好漢做事好漢當，最多不過挨一頓揍而已！」

「大弟！」

「大姐！您不要說了，您要說的我全知道，現在我要好好地去想一想！」小虎離開了客廳，把自己關進了房子裡，我此刻已是熱淚滿衣，小虎的話，一半是對的，我的固執築起了一道無形的牆，把他摒棄在這幸福的家庭以外。

「大姐！我偷偷地儲蓄了三千多塊錢？求妳利用機會送一千五百元回爸爸的口袋裡，免得哥哥再受傷害！」

「秀鳳！這都是我們應該做的，以後別讓他再受到更多的損害。」

「是的，大姐！但願爸爸不要探究。」

「我不會探究的，我不會探究的！」我幾乎要著告訴他們：

也許是太疲倦了，也許是這一陣風波，使孩子們憑添了很多心事，他們都回到自己的房間休息去了，我匆匆地穿好了衣服，從鎖匙孔裡張望了好一會，在阿秀經過臥房的時候，我開了門，側著身子，向阿秀招了招手，低沈地吩咐她：

「去把小姐半開的房門帶上，我要出去了，不准說我在家裡呆過！」很快時我作了一個決定，剛才的事情，我要裝做不知道。

以「逃脫者」的心情，悄悄地離開了家，雇了一輛計程車，匆匆地趕到吳公館，剛好趕上她們的牌局八圈已畢，便不顧他們的反抗和「風涼話」，拉著太座就往外跑，要老王把車駛到真北平，吃完了晚飯。

「子堅！有什麼急事，急如星火地拉著我落跑，牌局還沒完啦！」一個偶發的意念，決定讓她看看事實後，才把家裡的週末風波告訴她！

「太太，沒有事，今天是週末，我難得有空，想陪妳跳舞，泡咖啡館。」

「你是不是白頭學少年。」

「不！這叫重溫舊夢。」依華白了我一眼，情調仍似當年。這天下午，我們逛了四家較廉價的舞廳，坐了五家純喫茶的咖啡館，當我們最後在火車站的青龍咖啡館入

座後，依華便埋怨我：

「子堅！怎麼這麼狂了來了，旋風似訪問臺北的舞廳和咖啡館。」

「依華！我問您，你在舞廳和咖啡館內發現了什麼？」

「彷佛！仿佛有很多的小毛頭，穿著奇裝異服，摟摟抱抱的。」

「他們像枝上的青果，在時代的風雨中，過份地早熟，稍一不慎，就會墮落和凋謝！」

「子堅！那你拉我逛這一趟，是別有用心的囉」我點點頭！

「依華！如果我家中的大丫頭和三丫頭也是舞廳咖啡館的座上客，那我們怎麼辦！」

「不會的，不會的，他們都是乖孩子！」

「我知道他們不會，可是小虎呢？」

「子堅發生了什麼事了？」依華疑慮不安地注視著我，我用手臂挽著她的腰，然後把家中的週末風波，一一說給她聽：

「好啊！這混小子，居然敢派我們的不是，回去非好好地修理他不可。」

「依華：別急，我們該檢討一下，該拆除心裡那道牆，不要偏愛玉鳳姊妹，也該給小虎真誠的愛，培養他的自尊，如果再迫下去！他也許不止於打籃球，交交那些混混的朋友。」我向四週嘮嘮嘴。

「也許會像這些青少年樣，把舞廳，純吃茶當作家，沒有錢就騙，就偷，就搶，他們也是好家庭的子弟。」

「子堅，那我們怎麼辦？」

「依華！棉花是彈出來的，琴曲是拉出來的，不是打出來的。我已有了主意，現在只求你的合作。」我摟著依華，細細提出了我的計劃：

「子堅，會不會有效？不然太可怕了！」

「依華！放心，我想我們會成功的；只希望你能配合，多留在家裡。」

「子堅！我再也不上牌桌了，不然，怎對得起你和孩子！」

「也不要太緊張，牌偶爾打打也不要緊的。」夜裡我們回來，他們都已睡了，如果不是我曾耳聞，誰會知道在八小時前曾發生這麼大的風波呢？

翌晨，我穿上掛在客廳的西裝時，發現一千五百元失款已回到口袋裡，並夾著一

張紙條：

> 「爸爸，精明的您，當然不會相信這筆失去的錢，會平安的回來，但是我祈求
> 您別再追究。
>
> 　　　　　　　　　　　　　　　　　　　　　　　　女兒玉鳳上」

　　在早餐桌上，秀鳳呈上了成績單，我和依華眉開眼笑地誇了她一頓，只是刪去了藉題目在小虎頭上做文章的一項。

　　「秀鳳！你準備要點什麼獎品！」

　　「爸爸，我什麼也不要。」

　　「子堅！既然秀鳳什麼也不要，那就算了。」

　　「知女莫若父，秀鳳嘴裡不要，心裡要的可多著啦。」

　　「爸爸！我不來了，我真的什麼也不要！」

　　「別騙爸爸！拿二百元作獎金，不過要存在媽那裡，非經批准，不准動用。」這是我既定策略之一。秀鳳太過逞心機，不是好事，以後不論她成績優良到什麼程度，除非她自己說出要什麼獎品，否則就是一張空頭支票。

　　星期一早晨，二鳳姐妹都已上學去了，小虎房裡也有了聲息，我和依華，在客廳裡唱了一段雙簧。

　　「依華，小虎還在睡懶覺，叫他快點起來。」

　　「老傢伙，你就喜歡冤枉好人，他老早就上學去了，不信你就去看看。」

　　「好！我去看，是不是冤枉了他。」

　　「好！子堅，你不信任你的兒子，連我也不信任了，慢一點，你敢不敢睹，如果小虎還沒上學的話，我把這個腦袋輸給你，上次你說丟了一千五百元，懷疑是小虎偷的，結果還不是你自己放錯了地方，我和你生的兒子，還會有小偷呀！」

　　「好呀！就相信你一次吧。可是明天早上，我一定去查查，妳可別說我多疑。」

　　「好了，好了，昨天你睡的晚，再去休息一下吧。」依華把我拉進臥房，小虎的房裡，馬上有了動靜，不一會兒我從窗簾縫間，看見小虎躡手躡腳開門而去，他碰到倒垃圾回來的阿秀，一把捂住了她的嘴，做了一個噤聲的姿態，才騎車風馳而去！

　　「依華！你看，怎麼樣，遣將不如激將！」我們相對凝望了一眼，眼中閃動了喜

悅的眼光。小虎以後再也沒有睡懶覺的記錄了，他偷偷地向依華要錢買了一隻鬧鐘。

「媽，我以後一定要準時起床上學，不能在爸前面讓你吃鱉。」以後有客人來家，我總是讓小虎上桌吃飯，適當誇一二句，他敬茶遞水，做得非常週到體貼，漸漸地我發現我的兒子，竟有許多優點。

「小虎你們什麼時候籃球賽？」

「爸爸！就是這個週末，我們要與勤聲隊作一次友誼賽。」

「我想去參觀，參觀，爸爸當年，也是某大的院代表啦！」球賽以前，小虎陪我到了球場，他們的隊友，統統地圍了上來，倒茶搬椅子，熱情得不得了，事後小虎子告訴我，他們的球隊成立以來，還沒有家長來過，我又發現他們這一群，大多是家裡得不到溫暖，不得不在球場上消耗那太多的體力，解除那太多的寂寞。

「小虎，你們的球衣太舊了，爸爸替你們各做一套，披風，護膝，球鞋，球襪，統統換新的。」小虎似乎樂了。「做爸爸的，不能白看這場球，也不能讓你這個隊長沒光彩。」

「爸爸，你真好！我錯怪了你，以為你不疼我！」小虎的眼淚滴在我的手臂上。我扶著小虎的肩膀：

「別傻了，讓別人看了，多難為情，我還有個建議，你別打霸王球，多給別人造機會。」

「爸爸，我一定這樣做。」

「星期六練完了球，請他們來吃飯，來玩玩。」

「爸爸，謝謝您，謝謝您。」

過了二個月，小虎有了顯然的變化；再不是一頭蠻牛，和一匹趕不回櫪的野馬了，他期考完了以後，我在餐桌上慎重地宣佈：

「玉鳳你有男朋友沒有。」

「爸爸。」

「有沒有？如果沒有的話，從暑假開始，好好替小虎補習一下，只要小虎盡了力，他考不考得起大學，考上了什麼學校，我都不在乎，也不怪他。」

「依華。」我擠了擠眼睛：

「以後您也別成天在牌桌上混，每天晚上留在家裡，替孩子們弄點夜點，督導他

們做做功課！」

「爸爸，別不憑良心，媽好久好久，都沒上牌桌了！」秀鳳趕緊替媽辯白。

「對不起，那是我冤枉好人了！」

「爸！你本來就是的嘍。」

「秀鳳別發牢騷了，這裡有一筆獎金，是特別給你的，還有一張紙條，唸給大家聽聽。」

「乖女兒，爸沒有理由，讓您平白損失一千五百元的私房錢，特別要感謝你，是您的舉動，保全了手足之義、父子之情，雖然損失了一千五百元，但我多麼高興，我得回了我心愛的兒子，我永遠為您們驕傲。」

「爸爸：我不配接受您的誇獎。」

「快快起來，你們都是爸的乖兒乖女」，我抹掉了臉上的淚珠。

依華接過阿秀遞過來的手巾，替玉鳳他們擦乾了眼淚：

「今天是我們家裡最愉快的一個週末，讓我請大家去看看電影，你們快點換衣服。」

「子堅，你別心疼，今天的花費，全部是我的私房錢。」小孩子們都破涕為笑了，我緊緊地擁著依華，走出飯廳：

「阿秀，今天你看家，明天你再去看中午的一場。」

「謝謝先生和太太……。」

（第一屆暮鼓文藝創作徵文第一名）

二、綠柳蟬唱

　　江南五月，夏日炎炎，最好的享受，莫過於坐在綠楊濃蔭裏，嘴上吊一支香煙，手裏拿一支釣杆，從水波眼裏釣起幾尾魚兒。風輕輕吹著，夾著稻花的清香，徐徐而來好像一片又滑又涼的海絨，拂遍了四肢百骸，每一個毛細孔都張開著，那沁人的涼意，仿佛透入了骨髓，渾身都懶洋洋地。可是柳蔭以外，卻像是爐火一樣，處處冒著薰人的悶熱。忽然蟬聲起了，像百十張名琴，從綠楊裏奏起了悠揚的樂章，穿林渡水而來，不疾不徐，清越動聽，這時候，你什麼都可以想，都可以不想，最後差不多會在這綠楊蟬聲裏，酣然入睡。

　　在江南，最多的要算楊柳了，水塘旁邊，臨河的兩岸，圍繞著的都是依依裊裊的楊柳樹，清澈的波光裏，映著垂楊的倒影，綠楊水色，相得益彰。尤其是那千絲萬縷的柳絲，風寧亦寧，風搖則搖，最易引起人的離愁別恨，那逐風飛揚的楊花柳絮益增飄泊亦如薄命人的感嘆，所以張潮說：「物之能感人者，在天莫如月，在樂莫如琴，在動物莫如鵑，在植物莫如柳。」又說：「松令人逸，桐令人清，柳令人感。」所以折柳送行，表示了那難分難捨的離愁和別恨，「乍見陌頭楊柳色，悔教夫婿覓封侯。」閨中少婦因楊柳而興遙遠的閨怨，楊柳實在是令人傷感的東西。夏天我總愛坐在楊柳下，微風輕動，看那纖嫩的柳絲，像亭亭舞女的腰肢，在隨著輕盈的旋律，婆娑起舞，仿佛我的心，也在隨風飄盪著，偶然一隻掠水的蜻蜓，束翼暫棲在楊柳枝上，真似一位淘氣而美麗的小女孩，在打鞦韆。

　　「春聽鳥聲，夏聽蟬聲，秋聽蟲聲，冬聽雪聲。」無疑地蟬是夏天最好的歌手。蟬又是一位入世的高士，餐風飲露與世無爭，他唯一的使命，就是以不斷長吟，打破長夏悠悠的寂寞，很多的詩人，都以孤芳高潔的蟬兒自況，所以駱賓王在入獄時，借蟬以自喻道：「西陸蟬聲唱，南冠客思深。不堪玄鬢影，來對白頭吟。露重飛難進，風多響易沉。無人信高潔，誰為表予心。」李商隱的詠蟬云：「本以高難飽，徒勞恨費聲。五更疏欲斷，一樹碧無情。薄宦梗猶泛，故園蕪已平。煩君最相警，我亦舉家清。」幾乎是以蟬來寫他自己。

　　「藝花可以邀蝶，累石可以邀雲，栽松可以邀風，築台可以邀月，種蕉可以邀雨，種柳可以邀蟬。」蟬和楊柳，仿佛結了不解之緣，因為多水的地方才多柳，蟬本是生長在水裏，然後爬到水邊的柳上蛻化，加上楊柳的枝葉最濃，又生在水濱，承受的露珠最多，而蟬又是以露水為食，所以牠更差不多選擇楊柳為牠演奏的舞台了。楊柳青青，蟬噪夕陽，這是江南除了雜花生樹，群鶯亂飛以外的又一綺麗風光。

　　在臺灣很少看見柳樹，而蟬聲也仿佛失去了那悠揚的韻調，而且種類數量也沒有江南那麼多，金門更難找到柳樹，現在入夏已久了，還沒有聽到第一聲蟬鳴，登高遠望，「風景無殊，舉目有河山之異。」我多少懷念江南的綠楊蟬唱啊！

三、坎井溯源

　　拜讀蘇同炳先生在《中副》三月二日和三日所發表的〈林公井考辨〉一文，詳述了坎井的原理及其構造的大略，推翻了高拜石先生在〈記新疆之林公井〉一文中將坎井的發明歸於林文忠公則徐的說法，立論甚為正確，因為確如蘇先生所說，在西元一七八〇年以前，林文忠公沒有出世，已有坎井的存在，不能將坎井的發明歸之於他。但蘇先生對坎井的發明，接受了斯坦因的伊朗傳入說，或美國著名地理教授亨廷敦的由波斯，或脫蘭斯加斯皮亞傳入說。斯坦因持伊朗傳入的理由，認為中國舊文獻有關吐魯番的記載中無坎井的記載，亨廷敦教授持由波斯或脫蘭斯加斯傳入的理由，認為在一七八〇年之前，其地人民灌溉是靠地表水和井水的，蘇先生認為這一理論和事實頗可靠，認為係極有可能之事，並將維吾爾語稱坎井為「卡日茲」與波斯語相傅會，又未說明其含義。推原史源，坎井仍由我國傳入新疆，而且係在漢武帝時代，謹作坎井溯源，就教於蘇先生及海內外高明之士。

　　坎井的構造原理，是結合水井與河渠知識的綜合運用方能產生的，沒有鑿井的知識技能，則不能將地下水汲用於地上，沒有河渠的知識技能，則不知將地下水作河渠灌溉之用。伊朗或脫蘭斯加斯皮亞的水利情形，作者所知甚少，不敢妄論；但由中國史料以為窺探，則先民對這二方面的知識，已甚為豐碩，而且秦漢之際，即有坎井的引水方法，茲分述於下：

　　一、鑿井的知識：井在人類生活的進程上，居於一個重要的地位，人類結束遊牧生活，而定居於某一地，與鑿井的技術與知識，相關甚大，蓋能汲取地下水，才能不全受地面水有無多寡的影響，而解決飲水的問題，才不致逐水草而居。關於鑿井的技術，相傳為伯益所發明，許慎《說文解字》云：「井，八家為一井，象構韓形，、，罋象也。古者伯益初作井。」伯益或傳說為黃帝之臣，雖不足信，但以我國上古史推之，殷以後已進入農業社會，至周已幾至全部過著農業生活，故依井而居，發展而成為一種政治制度，所以《孟子》云：「方里而井，井九百畝。」《周禮·地官·司徒》云：「乃經土地，而井牧其田野，九夫為井，四井為邑。」這種政治制度雖未能說是絕對的真實，但足以證明依井而居的事實。依井而居的結果，井旁亦成為以物易物的場所，故亦曰市井。《孟子·盡心》云：「掘井九仞而不及泉。」《易·井卦·六四》

云：「井甃無咎。」參以《說文》：「井象構韓形」，可以見先秦之際，鑿井的技術已相當的發達，因為井而至於有欄杆的圍護，以防人的陷入；井而至於以塼壘壁為甃，雖未必深有九仞，但已不是易湫易涸的小井。至漢以後，鑿井有達四十六丈的，所以《白虎通・五祀》才有：「井者，水之主藏在地中」的知識，且有井渠的建築，從地下引水灌溉的事實。

二、河渠的知識：在先秦的典籍裏，幾乎都有洪水的故事，大禹治水的記載，觸目皆是，至少說明在我們的祖先之中，已經有一位為防水而奮鬥多年的大英雄。其後把防水的知識和技術，轉變而為開發水利的知識和技能，乃有河渠的開築，以便於通船和灌溉。《史記・河渠書》云：「蜀守冰，鑿離碓，辟沫水之害，穿二江成都之中，此渠皆可行舟，有餘則用溉浸，百姓饗其利，至於所過，往往引其水，益用溉，田疇之渠，以萬億計，莫足數也。」又云：「西門豹引漳水溉鄴，以富魏之河內。」又云：「韓聞秦之好興事，欲罷之毋令東伐，乃使水工鄭國間說秦，令鑿涇水自中山西邸，瓠口為渠，竝北山東注洛三百餘里，欲以溉田，中作而覺，秦欲殺鄭國，鄭國曰：『始臣為間，然渠成，亦秦之利也。』秦以為然，卒使就渠，渠就，用注填閼之水，溉澤鹵之地四萬餘頃，收皆畝一鍾，於是關中為沃野，無凶年，秦以富強，卒并諸侯，因命曰鄭國渠。」《漢書・溝洫志》亦有類似的記載，可見春秋戰國之際，渠河水利的成就，甚為可觀，李冰渠、鄭國渠是我國河渠水利工程的偉大成就，而且這種智識和技術，不是外來的，秦國當時與外族相接，但他所用的「水工」鄭國，卻是韓人，漢武帝時開漕渠的「水工」乃齊人徐伯表，都是黃河流域的人士，可見這種技術，並非外來。漢武之世，尤講求水利，築成了媲美鄭國的白渠，《漢書・溝洫志》云：「太始二年，趙中大夫白公，復奏穿渠，引涇水首起谷口，尾入櫟陽，注渭中袤二百里，溉田四千五百餘頃，因名曰白渠。民得其饒，歌之曰：『田於何所，池陽谷口，鄭國在前，白渠起後，舉臿為雲，決渠為雨，涇水一石，其泥數斗，且溉且糞，長我禾黍。衣食京師，億萬之口。』言此兩渠之饒也。」可見這種水利技術，是其來已久的。

三、井渠的知識：所謂井渠，即將鑿井的技術與築渠的技術，接合為一而產生的水利工程，在我國歷史上叫做井渠，亦名坎井，也許傳入新疆以後專叫坎井。因為有了鑿井開渠灌溉的技術，才有井渠的可能，但並不等於有了坎井，因為坎井乃是進一步的發明，故美地理教授亨廷敦所說：「我說：坎井是約在一七八〇年由波斯或脫蘭

斯加斯皮亞傳來的，在這時代以前，人民灌溉是靠地表水和井水的。」這種推論是不合理的，而要看是否有將這兩種水利技術結合為一的事實，在我國的典籍上，正有這種記載。

《史記・河渠書》云：「莊熊羆言：『臨晉民願穿洛以溉重泉，以東萬餘頃，故鹵地，誠得水，可令畝十石。』於是為發卒萬餘人穿渠，自徵引洛水，至商顏下，岸善崩。乃鑿井，深者四十餘丈，往往為井，井下相通行水，水穨以絕商顏，東至山嶺十餘里間，井渠之生，自此始。穿渠得龍骨，故名曰龍首渠，作之十餘歲，渠頗通，猶未得其饒。」

根據上一段記載，龍首渠的築成，是動員萬餘兵卒，經過十年的工夫，才引後名漆沮水的洛水，由澄城而至蒲城縣的，而且是鑿井與開渠的技術相接合的方法引水行於地下，並且渡過了商顏山，而且在山嶺間引水達十餘里。這種「乃鑿井，深者四十餘丈，往往為井，井下相通行水」的井渠與「所謂坎井，乃直井與橫渠之合稱」的坎井，作成的原理與技術，毫無二致，只是工程有大小深淺難易之別而已。只可惜《史記》及其後的《漢書》，沒有將井的大小，井與井相距的距離，暗渠的大小，作明確的記載，但以動員人力之多和作井渠的時間之長而推之，其工程當不在「所謂坎井，乃直井與橫渠的合稱。直井四周，堆有礫石，狀如饅頭，周圍長可一里，其口平時關閉，非至清理渠中淤泥時不開，橫渠長短不一，最長者十四公里，上有七井，短者三公里，上有二井，渠內寬大，可容兩人來往」這種坎井工程之下，龍首井渠是以國家的力量作成的，但這種技術，並未中絕，至明余子俊巡撫陝西時，亦用此法於西安作井渠。

《菽園雜記》云：「陝西城中，舊無水道，井亦不多，居民日汲水西門外，參政余公子俊，知府西安府時，以為關中險要之地，使關閉數日，民何以生，始鑿渠城中，引灞滻水，自東入西出，環甃其下，以通水，其上仍為平地，迤邐作井，曰使民得就以汲。」

這段記載所示，仍是井渠或坎井技術的繼續，不過是渠道的乃環甃而成，非以灌溉，乃在作為防止缺水的軍事工程之一。由以上所徵引，可見井渠或坎井這種由鑿井及開渠技術結合成的水利工程，早於伊朗一千八百多年，即已出現於我國的水利工程上，而且造井或作為坎井的技術，由於西域與匈奴的通使和戰爭，也傳入了新疆。

《漢書・李廣利傳》：「宛城中無井，汲城外流水，於是遣水工徙其城下水。以穴其城。……貳師聞宛城中新得漢人，知穿井，而其內食尚多。」

《漢書・匈奴傳》：「單于年少初立，母閼氏不正，國內乖離，常恐漢兵襲之，於是衛律為單于謀「穿井築城治樓，以藏穀，與秦人守之，（秦人，顏師古謂為秦時亡入匈奴者之後代。顧炎武謂彼時匈奴稱中國人為秦人。）漢兵至，無奈我何。」即穿井數百，伐材數千……。」

從上面的記載，可知：一、鑿井的知識，漢時已輸入新疆。以築一小城而鑿井數百，可能係如所謂的坎井，由水源導水作引水之用。否則不必作井如此之多。若新疆除了冰水而別無其他地下水可用，則更是坎井而無疑了。這也許是無確證的推論，但至少在漢代已沿用過的井渠的工程知識，必已由隨軍的水工隨築井而傳入新疆，歷代沿襲，用而未息，其後的坎井，當規模加大，技巧日新了。

坎井集中在新疆的吐魯蕃和托克遜二地，亦是一個奇怪的現象，若此一水利工程技術，係由伊朗傳入，則與伊朗通路的新疆其他各地上，應有坎井的存在，事實上只發現於吐魯蕃、鄯善、托克遜三地，其原因，是由於於吐魯蕃即漢代的車師，鄯善即鄯善國，托克遜亦在附近，均係漢代屯軍經營西域的軍事根據地，為了不使水道斷絕，以坎井之法而獲得及保護飲水，乃是事理之當然，故坎井又極可能為漢代攻伐匈奴時屯軍所遺，這種水利工程技術的輸入，乃係由我國西漸，而非由伊朗東來，其年代已比斯坦因等所云，早了一千八百多年。

蘇先生引斯坦因所說：「中國舊文獻中關於吐魯蕃的記載非常的多，內容也極詳盡，可是其中從未見有關於坎井的記載。」但也卻無覩於《史記》、《漢書》有關井的記載，坎井一辭，就我歷史的記載法，亦可省去坎字而簡稱井。而且在漢代的典籍上，亦有坎井之名，《說苑・談叢》云：「坎井無黿鼉。」《後漢書・杜篤傳》云：「坎井之潢汙，固不容夫參舟。」足以作為次要的證據。

蘇先生把坎井的得名，以維吾爾語與波斯語相傅會，然又何以知非坎字的漢語胡譯呢？何況坎字正有水流地下的意思，《易經・說卦傳》云：「坎者水也，正北方之卦也。」又云：「坎為水，為溝瀆，為隱伏。」坎井的得名，當起自中華，而非外來，《莊子・秋水》有坎井之蛙一辭，註者以壞井釋之，乃昧於實際的事物，認為正常的井，不可能有蛙類的生物，故釋坎井為壞井，但由《說苑》所云：「坎井無黿鼉。」

而不云無小類的水族如魚蛙或魚鼈，《後漢書·杜篤傳》所云：「坎井之潢汙，固不容乎參舟。」而不云井之潢汙，可見坎井並非一般的井或壞井而且是極大的井了。

蘇先生又云：「林則徐生長南方，當地的雨量充足，農作物的灌溉從來不需引用地下水源，他在未到新疆以前，並沒有利用地下水的舊經驗可資利用，縱使他具有天賦才智，又如何能在這短時間內完全了解沙漠地區的特殊地理條件，設計出這一套完整的勘察地形，開鑿暗渠，導引地下岩層蓄水的方法與技術，來從事水利灌溉呢？」由筆者以上所述，林文忠公可能由史書和舊籍中知道了坎井的道理，並不是他出生的南方水利方法的運用。正如在西安作井渠的余子俊，係江南人而知道此一水利智識一樣（余係四川青神人），至於在新疆的坎井何以成為林公井，不是由於他的發明，或許與他的推廣有關，或許與他向新疆大吏建議重建這些水利工程有關，則文獻猶在，故老尚存，必有能言之者，故不加辯論。

治中國學問史地的外國人，往往因為對中國的文獻未作全部的或深入的研究，而以他所具的熟知熟見的西方歷史文物的知識，來解釋在我國所見的文物制度的起源及變易，正如所謂郢書燕說，不錯的極少。以一個外國學者的立場而言，其錯誤是可原宥的，但身為中國人的一份子，則對這些說法，雖可作為參考，但不可不細加考辯而予以接受，否則容易為人所誤導，致產生棄己從人的後果！當不為國人所樂見樂聞了。更希望這篇短文，能為西方的地理學者所見，改正他們好以臆斷的觀念。

四、朱舜水和後樂園

日本的園藝學者誇稱日本的園藝景觀是世界第一，能否得到世界一致的認可，當然大有問題，但他們對園藝的愛好和研究，極為普遍和深入，有相當高的水準，確係事實。影響所及，對古代庭園的保持和維護，盡到了極大的努力，如京都的平安神宮、御苑、東京的六義園和後樂園，都是極明顯的例證。前人的苦心經營，慧眼構締，沒有隨歲月泯沒，不但規模俱在，而且踵事增華，欣欣向榮，供後人的遊觀和憑弔，不但是後死者應為之事，而且係是一份道義責任。

我到東京的時候，遊觀了後樂園，這一所中國式的庭園，在東京的知名度並不甚高，因為名字被樂遊園所掩，同時後樂園的前面，就是有名的棒球場，大家不知道後

面另有洞天,而後樂園的得名,考其歷史,並不是由於棒球場,而是由於這一林園景觀,現在門前冷落車馬稀,而我這一異國旅人,卻慕名而來,主要的原因,是這林園的設計人,乃明末的大儒朱舜水先生。現代的美學家說,建築是凝聚了的音樂,音樂是流動的建築,如果這一說法能夠成立的話,則林園是山水畫的展開,山水畫是林園的縮影,當不為過。在細雨霏霏中,經過再三的尋訪,才找到後樂園的大門,購了入園券,步入園內,「拜讀」朱舜水先生在三百多年前為我們所留下的巨幅「山水畫」。

後樂園佔地頗廣,比霧峰的林家花園還要大一點,可是卻予人山環水複,藏湖蘊島之感。在園的入口處,頗為平坦。園中一個大湖,構成林園的中心,園內的林木山水,亭屋構造,環之而展開,四週儘是起伏不平的「山陵」,隨著山丘的高低起伏,闢有環湖而走的幽徑,又有形式各殊的石板小道,與湖的四週相通,所以園的本身,形成了與外界隔絕的天地,然後隨著地形的展開和隱蔽之處,有松坪,有梅林、有可供憩息的小亭,有園主人起居的屋宇,甚至有引來的潺潺流泉,有拱型的小橋,所以一園之內,有藏有露,有山重水複,藏蘊無窮,曲澗迴巒之後,景觀又復一新的感覺,加上林木扶疏,波光掩映,的確夠使人沈緬留連了。以園中的大湖而言,中央一島突起挺峙,上有花木,於是使湖面不致有一覽無餘之感,而島影映波,使湖的另一面掩藏半露,使整個的湖景露而又藏,最難得的,並沒有搭一道木橋,通到島上,也沒有遊艇,泛行其湖中,整個的湖和島,完全是眺望的景觀,朱舜水先生胸中的邱壑,大致於這幅立體現存的巨畫中,可以窺見一、二了。

朱舜水先生是明末的大儒,日本人尊之為亡命的學者,然而他的亡命,是為了逃官——被明朝通緝而逃抵日本長崎。時當明末,清兵已入關,弘光、隆武之際,馬士英當國,而薦朱舜水先生的,又是權將方國安,有二次的徵舉,最後一次就拜「江西提刑按察司副使兼兵部職方司郎中監鎮東伯方國安軍」。其職權如朱舜水先生所云:「釋褐而為四品道官兼京職,監軍四十八萬,與國公大將軍迭為賓主。」初入仕途而有這樣的權位,是難得異數,連朱舜水的家人都力主接受,可是舜水先生卻毅然不就,因為薦主是方國安、馬士英,如果接受了,而與二人狼狽為奸,自係姦臣同黨,如果「直行無私,是背義忘恩也,是薦主自伐也。」與出處做人的原則不合,而實際上朱舜水先生接受了任命,也難有作為,孤掌難鳴,既鬥不過擁有重兵的方國安,也打不倒植黨為奸的馬士英,根本扭轉不了大局,朱氏云:

　　僕素民物為懷，綏安念切，非敢以不隱為高，但一支之微，支人既傾之廈，近
　　則為他人任過，遠則使後之君子，執筆而譏之笑之，故忍死不為耳。（〈答小宅
　　生順書〉）

　　道出了他的苦衷，於是馬士英等大怒，以為無人臣禮，加以追捕，朱舜水先生乃
逃到日本的長崎，時年四十六歲。如果就此不問明代的事在他仍不足使人諒解和欽佩，
然而舜水先生，以愛國之心，在逃過追緝之後，再回國參與復明抗清的活動，到過安
南，被囚禁過，脅之以生死而不動，誘之以高官而不就，以後至鄭成功軍，並未為鄭
成功所重，他對鄭成功的軍紀和作為，也有不滿意之處，及鄭成功兵敗，再逃亡日本，
十四年之中，不但置妻子家人於不顧，而且出生入死，席不暇暖，證明了他的忠心為
國，而馬士英等的失敗，更可見他的辭官不就，是一種遠見，不然他縱然不與姦臣一
黨，也會代人受過。

　　舜水先生能留在日本，主要得力於他的日本弟子安東守約的奉養和懇留，以後才
有與水戶侯源光國氏的遇合。在舜水先生抵日本的時候，恰值日本為抵抗基督教勢力
侵入的「鎖國時代」，禁止唐人的停留已四十年，安東守約任官長崎，由於他的懇請
和央人關說，舜水先生才得以留居，而安東守約為了奉侍舜水先生，分其俸祿一半以
上以為資助，並時時饋遺，使自己的生活，到了「自奉敝衣，糲飯茶羹而已，或時豐
腴，魚蝦數枚耳。家止一唐鍋，經時無物烹調，壁封鐵繡，其宗親朋友咸共非笑之，
諫沮之，省菴（守約之字）恬然不顧，惟日夜讀書樂道而已。」等到受水戶侯的禮聘，
舜水先生已六十六歲了。當時日本的政局，是德川氏代豐臣氏而起，削平群雄，開幕
府於江戶，主制朝政，水戶侯源光國為六將軍德川家綱的叔父，輔理朝政。聞朱舜水
氏的學養節操，於是迎聘先生至江戶，特為建宅於駒籠，待以師賓之禮，然後興學校，
使儒學闡傳於日本，源光國氏不僅以事功顯名，成為日本史學家謳歌的對象，而且是
大日本史的撰作人，朱舜水先生的啟導，當然有極大的影響了。後樂園是舜水先生何
時設計的，則不得而知，梁啟超先生所編的年譜，也漏了這項記載，但在舜水先生七
十歲的時候，值永曆二十年十月十二日的那一天，源光國氏於後樂園行養老之禮，親
自奉授几杖，然則後樂園的設計和完成，當在舜水先生七十歲以前，六十六歲以後這
段期間，舜水先生是一位博學多能的通儒，他曾應水戶侯之請，作學宮圖，包涵了文

廟、啟聖宮、明倫堂，尊經閣、學舍、進賢樓、射圃等幾大部份，在施工之際，匠工不能通曉的，都由他加以指劃講解，無異是總工程師而兼施工技術指導，由此推論，他設計這所林園，應是牛刀小試了。我遊行全園，想找出水戶侯行養老禮的場所，可是其中的建築，由於烽火和火災的關係，毀滅了不少，僅留有標示，已無線索可供追尋了，緬想這異國白頭師弟的高尚情懷，當時感人的盛大場面，雖物是人非，但這兒畢竟是扮演的確切「舞臺」，流風餘韻，仍足使人感動。

　　遊畢全園，拍了不少的照片，可是整個上午，偌大的林園，只有我這唯一的遊客，在憑今弔古，我再回到出口處，在西湖堤之前，揀了一處平整的石塊，支頤靜坐，所謂西湖堤，不過周圍約三十丈的淺塘，一道土堤，橫貫其中，堤上鋪著碎石，池水清澈，水中的遊魚，見人驚逝，也許舜水先生是餘姚人的關係，整個的後樂園，據說是仿傚西湖的景物，那麼這所林園，也是舜水先生神馳故國，繫心家鄉的構締了，後樂園的命名，顯然是取義於范文正公的〈岳陽樓記〉：「先天下之憂而憂，後天下之樂而樂。」此一「先憂後樂」的心胸，正是儒家精神的顯示，所不同的，范文正公是以之勉故人滕子京，而舜水先生則以此論水戶侯，如果是舜水先生的話，根本不會興造此園，縱然興造了，以寄故園之思，大概會命名為不樂園吧！仔細尋思，後樂園仍寓有「不樂」的意義，因為真正做到「後天下之樂而樂」，一生難有可樂之時，恐怕這是舜水先生心意之一吧！

　　舜水先生的墓地，據說距此不遠，可惜卻無心情和時間去憑弔了。他臨終的時候，身患疥瘡，手足潰爛，當時的日本名醫奧山玄建，要為他把脈診視，舜水先生堅予拒絕，理由是恐傳染醫者之手，轉累多人，只許望聞而處方，仁者無私的胸懷，於茲可見，卒時享年八十三歲，日人依中國式作墳以葬，依照舜水先生的心志，題曰「明徵君朱先生墓。」依他的文章道德，上了水恭先生的謚號。舜水先生在臨終之際自製了一極為堅實的棺木，並不是厚葬，而是希望保全骸骨，等候情勢許可以後，朱家後世子孫的迎歸，可是這一心願，迄未達成，明亡以後，以迄民國成立，一方面是年代久遠，可能舜水先生的遠孫，已忘記了這一位懿祖；一方面是異域絕國的阻隔，異族的統治，戰亂相尋，故舜水先生的遺志未伸。園中細雨霏霏，怪鳥悲切地啼著，似乎是舜水先生無盡的哀淒。懷著對前哲的仰慕，憑弔和追思，無限依依，更無限感歎，離開了這所名園。

（七〇・四・十四青年戰士報副刊）

五、廉教授永英榮退紀念論文集序

　　夫世極亂離，陵夷板蕩之際，固風衰俗怨，不勝黍稷顛連之悲。而志士匡時，哲人淑世，以扶輪大雅，撥亂反正，樹風聲於當時，垂儀型於來葉，所謂無文王猶興者，此俗人所難，而傑士所以抗志而起者。吾儕俯首受書，聞道興起，挹其風誼，仰其教澤，化頑梗而樂儒雅，欽文采以進藝文，則莫不歸服景仰廉師永英之諄諄教誨也。

　　兵烽孔急，神州陸沈之際，志士競奔來臺，似水之赴壑，蓋猶三戶之抗秦，仲連之蹈海也。先生自白山黑水，間關萬里，輟長白師範之學業，轉徙而來，始則抗志班定遠之從戎，聞雞起舞，有擊楫中流之慷慨；旋大局粗定，生聚教訓是務，則入師範大學，如鄭玄之奔魯，陸機之蒞洛：既飽飫泰西教化作育之方，復潛心孔顏孟荀之道，兼及老莊，銳意文術，旁治段王，而從黃先生離明，楊先生亮功，孫先生侃爭，田先生伯蒼，錢先生竹聲，孫先生邦正，高先生笏之，方先生蔚東，高先生葆光，鄧先生文禮，鄭先生西谷，魯先生實先等魁儒習業。既傳正學，出振墜緒，首小試於師大附中，身教所及，莫不立狷化狂，琢玉成器，成德達材者，難更僕數也。逮分移教席於淡江中文系，授《論》、《孟》、《文選》、《文心雕龍》等課，化雨均霑，若馬融之設帳；春風廣被，似程子之揚風。蓋先生吐辭為經，舉足為法，而講文析句，譬喻多方，如玉屑之飄飛；貫綜大義，曲引旁通，使驪珠以畢現；又視材成就，退者揚之，狂者抑之，而臻中行彬彬之致。時夜間部學子，多飽經喪亂，青年失學，而興時過難成之歎，先生既溫辭獎掖，復嚴正督課，求其琅琅背誦，欲以立根基，通聲氣，通誠合莫而得古人之精義，成章之要道，衡鑒既懸，得失自見，範模既具，器用以成，教之啟之，琢之磨之，而斐然有以自立矣！又諸弟子懷學如不及之心而組三餘學社，敦請先生為指導。星期假日，飄然而來，主持講授，聆文背誦，質答疑難，蓋先生擇古文論說之精粹，與乎《論》、《孟》、《莊》、《老》、《荀子》、《禮記》之重要篇目，講討誦背畢，就其要義，限時命題為古文，逐一指授批改。當其刪削繁蕪，融凝大旨，如良冶之鍛錘，使之精光畢耀，而代字換句，因聲求氣，則點鐵成金，俾人日進而不苦其難，凡三年之久，無間寒暑風雨，可謂勞矣勤矣，誨人不倦矣。故裁成

者眾，僅三十餘人之班級，獲博、碩士者六人，高考題名者三人，國中教師甄試獲選者五人，門牆桃李，輔世牖民，均如斯之盛也。

當先生專設絳帳於臺北師院也，並接長其暑期部，時重修學子，輒以千計，乃展其槃槃之才，竟以工讀生為主軸，如韓信將兵，多多益善，綜理課務、教務、訓導，無芥纖之失，當人人之意，於是名震上庠，士益歸往，陶植裁成，難以計紀。學子受教彌久，感念彌殷，尤興短綆汲深，難窺際涯之歎，故復群聚而求先生，重敷講席，俾再側經筵而受教，於先生士林別墅，假週六、週日授《四子書》，蒙《莊》、《淮南》、《文心》等，逐句深說析論，已十餘年矣，拒弟子束脩之獻，得師友論討之樂，方之程門立雪，汾河授學，無多讓焉。復奮其餘暇，振其巨筆，平理若鏡，以論學談文，著作等身，刊行而見重士林者，則推《文心會箋》，《朱子學案》，《孟子學》等，蔚為學海之精萃、儒林之瑰寶，間而縱筆為書，得二王之雅正，古逸可珍，誠振世罕觀之師表，而學界之楷模也。

先生襟抱雅夷，尊其瞻視，望之儼然，而即之也溫，激進門人後學，一言之善、一藝之長，必舉必揚，與人久而愈敬，復量宏納廣，摯誠慷慨，兼濟推恩，厚往而薄來，故人咸樂之親之，惟門弟子尤甚，歲首趨賀，華誕稱觴，行之逾三十年矣。惜駒光如矢，歲月易得，先生丙子之二月，屆齡榮退，受業等黯然惜歎之餘，僉欲作涓埃之報。乃有紀念論文集之議，數請而後首肯，計得先生學友暨門人之作，詩文之外凡二十二篇，略分詩文與論文二類，稍依四庫暨學術分類之例而編次之。都數十萬言，文史之外，兼及醫術、科學，雖徵求未廣，而有以覘其裁成之眾矣。先生覽之，將曆指其名而憶之論之，或佳其專進而怡然笑許也。

長懷化雨，倍憶師恩，願先生稍分設帳之暇，几杖優遊，銜觴適志，風乎舞雩，得許從乎點也之後。而斯集之行，謹補束脩之獻。幸文史哲出版社彭兄正雄，聞而敬之，為之付梓，特致謝忱。

六、魯實先先生傳

魯實先（西元一九二三—一九七七年），譜名佑昌，亦字風行，晚號瀞廔，湖南寧鄉人。父渭平，陸軍少將，曾任炮兵旅長，北伐抗戰，轉戰各地，迭著功勳。母周氏。實先

於民國二年三月十二日生於邑之傅家灣。及成童入學，資秉卓異，讀書過目成誦，齠齔能文，震驚耆宿。十四年，先入長沙明德，旋轉大麓中學就讀，以高材逸足，不樂課業之淺易雜緩，瑣規之束羈，慨然謝退，參依梁任公國學入門書目、胡適之最低限度國學書目，搜購捆載而返，鍵戶自求，尤致力於四史，心領神悟，若夙所通習者。二十一年，浩然有遠遊之志，適族叔滌平任浙省主席，得周太夫人之資助，夫人陶氏之鼓舞，乃首之杭州，讀文瀾閣藏書凡三年，非秘藏絕世者率不閱也。後往北平，於北大等名館，朝夕恣覽，間詣黌宮聽碩儒講論，如是者數年，而以沈潛思索，遠搜旁求者為獨多。焚膏繼晷，兀兀窮年，極盡脩藏涵泳之功，非上庠諸生可比數也。後訪求公私秘笈於開封、洛陽，《二十四史》蕃已研閱畢，學殖大進，真積力久，神悟貫通，停蓄有得，遂抽筆著作矣。

民國二十六年，完成《史記會注考證駁議》。先是日人瀧川龜太郎成《史記會注考證》，號稱嚴整有法，且以之獲文學博士矣。實先既感於日本軍閥之逼侵，寇燄方張，復恥其學者之董治，遂發憤成篇，蓋已搜閱《史記》書類，凡千六百餘種，欲為《史記廣注》，至是遂蹈瑕抵隙，迹堅求通，諟正瀧書之訓解謬誤，體例乖舛，幾十餘萬言，一氣盤旋，精於考據訓釋，而人不之覺也。批論其七失：曰體例未精、曰校勘未善，曰采輯未備、曰無所發明、曰立說疵謬、曰多所剿竊、曰去取不明。瀧川之訛失，昭昭若揭。稿為長沙宿儒楊樹達所見，詫歎其精博宏通，大聳敬之，是為其著述之始。後益加修正，尤於史事年朔之差舛，指論特詳確，蓋非精於曆法籌算者，不能置一辭也。二十九年八月，高霽雲老人捐金萬餘，助其由湘芬書局梓行，不惟震驚士林，日本學者亦拱手緘口矣。

民國三十一年秋，實先應復旦大學之聘，執教於文史系，卜居重慶之北碚，楊樹達力薦之故也。實先遂奉樹達為見知師，三十餘年之後，序楊氏之《積微居叢書》，而梓行於臺北以報之云。實先居渝州凡四載，以《毛詩》、《楚辭》、《史記》、《漢書》、《文選》及歷代詩文課士，博徵旁引而斷以己意，疑難冰釋，詞暢理明，令人解頤敬受，捧書問義者遂競環其側矣。其專擅如《史記》等固無論，以淵明之〈飲酒詩二十首〉為例，逐句疏解，無不達之情，無難解之隱，可見其雅博矣。授業之餘，操觚不輟，撰劄記疏論若干篇，欲以成《史記廣注》也。間以曆術與時賢商榷，正譌矯謬，士林咸欽而知有魯氏矣。日寇敗降，於三十五年歸故里，即被推聘為靳江中學

校長，並兼任民國大學教授。翌年秋，應江西中正大學之聘，仍兼長靳江，三十七年回鄉專任靳江校長一年，整頓更張，為反對者所訐，憤而辭職，就魯氏宗祠所辦允山女職校長，未半年而遭世變，三湘易幟，遂隻身走香港，事勞役而力不勝，遂匿名鬻文以活，又迎養其父，隨侍至臺。當其困厄無以自存，欲死者數矣，郭沫若數以電邀，實先峻拒之，謂可南走千里，不能北移一步，可見其時窮執義之篤矣。

　　實先抵臺，初就聘於嘉義中學，繼移席於臺中農學院、東海大學，所至因材成就，備受學子敬欽。雖流移不定，典籍喪失，而撰作不輟。民國五十年，振鐸臺灣師範大學國文系，時甫有碩博士班，凡治曆術、金文、甲骨文字學、尚書者，幾無不敦請實先為指導師，益以經濟發皇，文獻日出，乃閉門索居，奉父之外，悉殫力於精研深究，左圖右史，堆几盈案，撰稿山積，既盡停蓄涵泳之功，又極思索貫通之效，曩之所攻習者，如海納淵貯，茫無涯涘，而今臻大成矣。其授《文選》也，根柢史公書，精擷歷代名家佳章，裁以文律，抉發原委，指陳優劣，以論成文立法之由，使學者如披輿圖而覽河嶽也，如奏金刀而切玉石也，於是旁聽者竟數百人，與選課之學生，競相爭座，以免向隅。即艱澀之文字學亦然，蓋以深明義例，精研六書指歸而確分其類別，不惟綱舉目張，而又援證古今，出入金甲，聽者興味盎然，而得其樂，覺其易矣。授課之際，必早至校，凝神端坐，鐘始鳴，即振衣急起，健步而前，率常餘音嫋嫋，已登臺矣，故諸生悚敬之，無敢遲後者。復以學術為天下之公器，不宜受執教院校之限，故於週末假師大開金文班，不惟臺北公私大學學子麕集，教授多有至者，即百里外亦慕名而來，雖寒風盛暑弗輟，如是者逾三載，於商周彝器之銘文，釐析字形，明其音讀，考其文義，出入百家，爐錘往哲，歸於至當，自名物訓詁以至史事典章，明白曉暢，雖句讀韻腳之微，無幽不燭；旁徵引文之細，有錄必徵，當理愜心，莫不敬服。臺員數十年講學之盛，莫能如也；而裁成多士，宣明國學，提升水平，復莫如也。

　　實先事父純孝，以妻、子均未偕隨，傭人僅備炊爨，偶逢尊翁怒，而欲斥退之，實先長跽溫辭解說方已。尊翁晚年臥疾，凡盥沐衣衾，無不親治，便溺在床，常夜數起侍其濯換。以體極清羸，且性厭俗瑣，殊未就醫檢驗，致罹高血壓而不自知，經此勞瘁，疾猝作而無救，於民國六十六年十二月十九日晚餐後以腦溢血仆倒，送台大醫院急救無及而逝世，享年六十有五。士林震驚，門弟子墨絰執紼，師大校園挽幛如雪，殯日不訃告而至者達數千人，報章雜誌競為報導其行誼，門弟子編為哀思錄，立紀念

亭南港墓園，春秋禮祀，至今不廢。實先妻曰陶先瑜，子曰君傳、君延，女曰曼君、麗君（早卒），均寓居長沙，離亂倉卒，致未來臺。

實先嘗自述其學之淵源曰：「余十七歲始志於學，竊以牢籠六合，含蓋百家，經義叢林，詞章淵海，莫過於《太史公書》。」故而專心致志，燭究淵幽，自《駁議》之後，用功尤為兢兢，雖展轉播遷，而寒暑未廢求索，雖敝脣課藝，而篝讀或至終宵。以天官律曆，冠冕百代，故據而精求，遂覃精曆術；究〈扁鵲傳〉而博讀醫書，其所徵引析說，名醫為之咋舌；研〈殷本紀〉，而治甲骨，竟為絕世之權威；求史實訓詁，而攻鐘鼎銘文，遠邁前修之境域；更精許氏《說文》，使其義例大明，缺誤悉見，上庠之授文字者，無不宗之，門人私謚曰：「功並史皇」，殊非誇言也。由史公義法，以探文苑玄珠，邃工古文，雖擯絕應酬之作，而顯其法度雅妍於論著疏箋，經指授者為文，悉有法度可觀。徐復觀氏以《史記》、文字學、曆算學為實先擅長之三絕。復曰：「文章典雅，可推為現代中國第一人而無愧。」故實先之根柢史學，而亹亹獨造，成就多方。門弟子私叩其治學之方，實先大言曰：「思之思之，鬼神通之！」復曰：「余不喜游談無根，而求言必有據，治歷數文字者以此也。」蓋以力學之功，旁搜遠紹，勤蒐例證，凝神冥索，洞明奧義，突破前賢，特多創闢而出新知，乍視之，令人駭絕，如雲中天馬，破空而至，不可仰視；細審之，則旁徵博引，理明證確，立說斥破，令人渙然冰釋，怡然心服。實先既具絕世之資，益以過人之恆誠，除眠食之外，幾無不伏案披卷，一義之引證，常遍搜宋唐周殷之作；一字之確詁，嘗出入《說文》金甲之中，韋編三絕，繼晷焚膏，惟實先益足以當之。晚年從徐復觀氏之言，治宋明理學，遍閱語錄學案竟，曰：「不足以當《論》、《孟》！」遂不復究。稍遊心釋氏，而未有發明論講，遂與世辭矣。

實先之卓犖特出者，厥推《史記》、曆術、文字等學，皆根源於《史記》，故於孔子外，最欽服太史公，門弟子有稱其名諱者，輒厲斥之，無所寬假，故其著述，始於《史記會注考證駁議》。復有《史記廣注》之作，楊樹達氏序《駁議》云：「將取史公全書，杷疏而剔抉之，蓋欲令後之治遷書者，不能不以君書為始事，嗚呼！何其偉也！」其為《廣注》也，積年二十，既發憤廣求前人之本，以校訂異文，博稽先儒疑蓋之說，以研思微旨，而專文剳記，待錄淨本者，稿盈篋案，而於前人若馬氏《繹史》，梁氏《志疑》，張氏《劄記》，瀧川《會注》之類，亦朱墨駢比，自謙「不寡

一得之愚」，可謂勞矣、勤矣、瘁於心力矣。三十九年春，土改禍作，為中共寧鄉縣
文教科長廖海廷並其藏書成稿悉取以去，其人亦下世矣，嗚呼惜哉！嗚呼痛哉！實先
曆術之學，首見於《駁議》，然僅吉光片羽，未足以見其深博閎通也。蓋以吾國之曆
法，溯源黃帝曆，其後有顓頊、夏、殷、周、魯之古六曆。或以紀元為名，漢之太初，
宋之乾興是也；或以法數置號，如三統、四分之類；或以曆元是稱，如北齊之甲寅元
曆，金之乙未元曆，至有以曆家名之者，如金之知微曆是也。雖散見六經，候簿紀錄，
具載諸史，然或不及曆法，或未明立法之由，致博浩而難詳，玄微而難通，搜羅而難
周，雖老師宿儒而不能知，皓首窮研而不能治。實先既驚天官曆術之冠冕百代，故由
此入手，專心致力，自漢迄清，曆法更變凡六十餘次，靡不究通，探賾索隱，修補罅
漏，曾略述其學云：「於曆術之書，凡宋槧元雕、明清鈔本，涉覽頗夥，於演紀法亦
頗能會心有得，以是能據法以推補諸數。」而其成篇則始於金乙未元曆朔實考，揭載
於《金陵學報》，時年二十八。先是金人入汴，遷宋之宗廟寶器於燕，金太祖天會五
年（一一二七），始作大明曆，至金世宗大定二十年（一一八〇），日食不驗，乃詔趙知
微重修而成是曆，《金史·曆志》，資料不詳，後儒多有考辨，清李尚之推補其歲實、
朔實，然氣朔不符，說多譌誤，乃考而正之，並謂其法本於宋乾道曆減分立秒之術而
成，鑿然當理，曆術可徵，世大推服之。其後應答時人，而續有〈辨誤〉、〈歲實朔
實考〉之篇。其梓行者，厥推《曆術卮言甲集》，共收論文十篇，然亦存其大略耳。
蓋實先此類論著，約三十三類篇，其極關重要者如〈五十八曆古史天象紀年表〉、〈古
黃帝、顓頊、殷、周、魯、太初、乾鑿度、三統、元和、乾象諸曆朔閏譜〉、〈漢太
初以來曆譜〉、〈漢鴻嘉以來氣朔表〉，雖為推步之作，而其籌算之精確，有以正歷
代曆家之誤失，竟片楮無存。其他如《十四史曆志疏證》、《曆術講疏》，乃治曆者
之基礎，亦無傳矣。至如《殷曆譜糾譑》、〈論卜辭八月乙酉日食〉、〈西周曆譜袪
疑〉，蓋以曆術之真知，糾時人之謬誤者。嘗自論云：「余所為論曆文字，亦肇端於
箋釋《史記·曆書》，厥後探源六曆，尋繹百家，於正史曆志有校注逾五十萬言。於
抉幽補漏，匡謬正妄，別為篇者，亦可數十百事。若夫不假運思，即能坐致者，如〈漢
太初以來氣朔表〉之屬，又不與焉。」時海內之言天算者，若高魯、李儼、錢寶琮、
張鈺哲、陳遵媯、李曉舫等，均推服無異詞，故陳子展氏云：「商周以降三百家，拜
此殿軍為大將。」信乎集其大成矣。來臺之後，以手稿星散，不遑重理舊業，益以

太初以來歷譜，可假手奏功，遂屬弟子，分代步算，以承前緒，終於明之永曆，逐年紀其氣朔，審定《史記》差謬，精確遠邁汪曰楨之《長術輯要》。再傳弟子陳廖安，竟能逐步董治追紹，而融會貫通，有以見實先之傳授啟牖矣。晚年究心文字，根源許書，出入金甲，深得六書義例，與乎文字蛻變運用之理，以《說文解字》為字書之祖，蓋能據中國文字形音義三要，以為釋說，《爾雅》、《方言》之屬，非其倫也。然未憭然形義相合之恉，故有釋形、釋義之誤，而滋生分部、類例與乎屬入之誤；復有闕其部、闕其字、闕其形、闕其音、闕其義之五闕；良由叔重沿襲經傳，所解多非初形本義之故。時鼎彝初出，所徵引僅二十餘字，為真古文，餘皆戰國俗體，誤闕由茲而生，不亦宜乎！於是成《說文正補》。許氏之釋六書，四文為句，義界難明，復以例證有失，故文字之學，蒙覆千載，而戴、段「四體二用」，學者奉為圭臬者，不足以明六書之真諦，故撰《假借遡原》、《轉注釋義》，主「四體六法」，四體者，所造之字為象形、指事、會意、形聲也；六法者六書皆為造字之法也。象形、指事、會意、形聲為造字之根本，轉注、假借為造字之輔助。由聲義同源之理，證成形聲之字，聲必兼義，其不示義者，曰狀聲之字、識音之字、方國之名、假借之文。進而析明用字之假借，形聲造字有形文假借、聲文假借、形聲皆假、會意亦有假借，且分有本字之假借、無本字之假借，轉注造字，則分音轉義轉，蓋本劉向以轉注為造字之本而論之曰：「其云『建類一首』者，謂造聲韻同類之字，出於一文。其云『同意相受』者，謂此聲韻同類之字，皆承一文之義而孳乳，轉謂轉迻，注謂注釋，故有因義轉而注者，有因音轉而注者，此所以名之曰轉注也。」許書之誤，千秋之蒙，實先抉而發之，理足而證確，文字之學，土宇大闢而一新矣。原欲炳炳烺烺，融萃斯義，以成《文字析義》，使學者資以悉究文字之初形本義，且以會通前修諸作，而建其統緒，惜乎全書未竟，遽歸道山矣。其甲骨之作則有《卜辭姓氏通釋》、《卜辭講疏》、《殷契新詮》，金文則有《周金疏證》、《彝銘通釋》等，此古文字之學，荒榛初闢，他人得數字之考明，即相標榜證慰，而實先則以千百計，「古聖倉頡今聖魯」，誠震鑠古今之宗師矣。雜著有《尚書講疏》、《荀子劄記》、《瀞廎纖議》等。

實先遭時差隆，值國多變，積稿初毀於兵燹，繼陷於大陸，寓居木柵，十年所業，大半飄沈於山洪，三經澌滅，刊布之外，鮮有存全，嘗慨然歎曰：「蓋於舉世泯昏之時，轉徙羈棲之地，乃欲奮其螳臂，以振前代之墜緒，發千古之屯蒙，其為造物所忌，

固其宜乎。」時年已五十，補綴舊稿，遽乎難期，賡益新知，斐然繼作，或未殺青，或箱櫝蘊藏，實先猝然逝世，以無片言之遺，十五年而後出，門弟子梓行有心，十年蒐理，仍未全周，僅能就其搜訪書記者，加以集結，篇目若干，並撰成遺著總目，兼見佚存，將行世云。

　　實先性剛正急烈，事之勿直勿平，必質言正論，而不肯含怨陰校，其始也人皆憚其方嚴峻烈，久而化其誠篤率直。其學皆無所師承而斐然大成，雖資稟天授，然其恆勤之力，學思之功，實有大過人者。衡山張智，得窺實先之《史記廣注》，歎而贊之曰：「自古學無師承，能自樹立，年少而有大成者，未有如君者也，或以王輔嗣方之，非其倫矣。」蓋豪傑之士，雖無文王猶興者也。其為民國以來之儒林冠首，專精孤詣，有遠邁段玉裁、汪曰楨、羅振玉而上之者，其學信有如楊樹達之言：「超越前儒，古今獨步。」敻乎不可及者也。

（《國史擬傳》第四集）

附錄三　所著書

　　用了上面的標題，自嫌「大膽」，但苦無通俗的現代名詞可採。乃依成書或出版的先後，略作介紹。並實事求是而略評說，不自飾掩其缺失。

　　一、宋朔閏考：乃碩士論文，推算出宋朝的「朔」——每月初一的干支和每日的干支，「閏」——無中氣的閏月和干支，作成宋代曆譜；再由宋代史書、文獻、文集中有「朔」、「閏」記錄的資料，以核對錯誤；並比對曆算的成書如「二十史朔閏表」等，辨正失誤；由以明白宋代曆術的全貌。因為二十四次改曆的計算「程式」，都經過了仔細的驗算。本書見刊於師大國研所集刊十六期。惜非個人性之所近，故無所發明，更不能進而貫通歷代曆術了。

　　二、中國現代史概要：教育部要求專上學校開這門課時，淡江大學的出版單位——驚聲公司的負責人，鼓勵我編寫這本書。依從斷代史的體例，融合材料，貫通事實，求作客觀的分析與綜合編撰而成篇，自嫌「大膽妄為、率爾操觚」而要引以為戒。僅在紀錄中有此一書而已。

　　三、禪學與唐宋詩學：乃博士論文。其經緯已見序言中。全書以唐宋二代的禪與詩，禪學與詩學為範圍，涉及其相互融合，相互影響及所產生的結果為內容。並依據此二者的內容和互涉性、影響性等形成六章及章下應有之各節。自認結構嚴謹。惜因依規定和慣例，以文言文寫成，影響了普及性，但也極為減縮了字數，有簡明雅潔的好處。

　　四、禪與詩：新生報副刊約稿的專欄，集結成書，先由弘道出版，後添加了些內容，為金林以「中國禪學」第五、六冊發行，被賣至大陸某出版社，以《開悟詩二百首》付梓。實係一書。乃《禪學與唐宋詩學》多餘資料的運用為主，形成另一系統與面貌。

　　五、禪是一盞燈：仍係《新生報》約稿的專欄，乃通禪於生活與文化等之作，力求大眾化。應張夢機先生之請，交由漢光出版，進入金石堂暢銷書排行榜，發行六版

以上，已逾萬冊。

六、**袁枚**：河洛主編欲出中國著名文學家評傳一類的套書，邀我執筆，因母氏姓袁，又青少年時大好袁枚的《隨園詩話》，故選為撰作對象。幾全係剌取袁枚的詩話、文集、詩集、尺牘、小說筆記等直接資料而寫成，頗通俗而有信證，有以見袁枚生活之全，惜校對未盡精確，析說有未深入者。後由河洛轉買版權於「國家」。

七、**國學治學方法**：係教授相關課程與研究之所得。多所大學院校之中文系，採為教本。此作由學術研究之源起，範圍、觀念等，至讀書方法、思想方法、治學方法而及寫論文之法，較有周密之規劃，形成較完整之系統。發行量頗大。赴美時由五南發行。雖被目為國學治學之方法論，但仍有不甚周延和誤漏者在。

八、**旅日隨筆**：乃赴日本京都大學研究時，應邀而撰作者，頗有結合紀遊、觀風覽俗、探求日本文化、學術、現代化成功等之事實報導，友人許為有可讀性。由新文豐發行，發行量有限。然頗多急就章，不免於欠詳實。

九、**蔣總統處變慎謀的歷史回顧**：因曾任職於總統府事略編纂室，並得觀大溪檔案。中華民國退出聯合國之際，人心浮動，蔣中正先生提出「處變不驚，慎謀能斷」之原則，以安定國人。於是就現代史及相關之文獻中，配合此二原則而融貫之以成本書。雖有若干效應，但於本人之專門研究，則有「雜家」之失了。

十、**詩與詩學**：曾於大學中文系講授古典詩，復就博士論文研究之大量詩話資料，以一詩聯為單位，探論詩之欣賞、批評、創作等，七年之後，集結成書。頗受論詩、讀詩者的歡迎，並曾選為海軍軍官之讀物。赴美時亦交五南出版。

十一、**禪詩三百首**：仿照唐詩三百首而選注的書，編排方式亦約略相同，除了注釋、介紹作者外，與每一聯的詩句，作了帶釋說的語譯，分上下兩欄對照比排，以便瞭解。由黎明出版，但排印成了近七百頁的大書，故訂價較高，未成為普及本。所選詩因盡了披沙揀金的工夫，所選全為禪師之作，而且務求禪理、詩趣的雙美。應為詩選中的甚佳「別調」。

十二、**知止齋禪學論文集**：係六十歲時結集單篇的禪學論文和講辭而成。由文史哲出版。乃博士後繼續禪學研究的總結集，頗有「懸岩撒手」，不再深求的用心，但仍未能全部放下。自嫌校勘欠精，有別誤字。

十三、**佛學思想綜述**：為歷時甚久，根據域內外學者對佛教研究單篇論文為基礎，

就思想問題、佛教的發展，各教派的教義別異之處，與重要名詞而產生的思想同異是非，求其通貫及解決。以單篇學術論文，形成頗為緊密的聯繫而有體系，又能當工具書，於此體例，用了很大的心思氣力。但難求周備，僅止於「提要鉤玄」而已，雖頗能宏觀，但難期精細。

　　十四、開悟與人生：由佛禪的主證悟，切入人生的各行各業，都不能背離，舉敘不同的個案，以見開悟的重要。人類有思得與悟得的大能力，一切文化與進步，均由此二者所創出。思得全然不同於悟得之處，特細加分別。而且除思得之外，即為悟得，悟得又能濟思得之所窮，故悟則眾生是佛、是聖、是偉大發明家、創造者。書在接洽排印中。

　　十五、論藝術原委與形象思維：形象思維乃文學和藝術的基本。本書參閱歐美美學與藝術概論，而由鄭板橋論畫竹：有「眼中之竹」、「胸中之竹」、「筆下之竹」切入。由唯識論的種子識解決了實有之竹，何以能來眼中？而又何以能重現？並何能構成胸中之竹的形象？由胸中之竹到手中之竹，則係如何以形象思維，完成構思而創作出作品等問題。中國文字，以象形為主，是形象思維的結果，更顯示了形象思維的一些方法。提出了形象思維的多項原則和具體方法。而且有以糾《文心雕龍·神思》的缺失，補其不足。本書由臺灣學生書局出版。

　　十六、論兩岸如何依中華文化建政：全書分上下篇，上篇由文化的發生，文化的定義，文化的內涵，進而探究四大文化古國的現況——除中華外無一不在衰敗之中；探得中華文化的優質精神有十六項，是中華民族不亡的基柱；分析世界各國文化之現狀，美國為新移民文化，一年以前即據此斷定美國不待聯合國之通過決議與否，必攻取伊拉克；其他旁支文化如日韓之於中華文化，歐洲諸國之於希臘文化等。下篇論兩岸應依中華文化，消除分歧，和平共進，經濟互補，以謀統一，並由中華文化中之政治文化批論兩岸施政之大缺失，建議如何依中華文化建構政治機體，俾能加入 WTO而能永續發展，保持其競爭力而完成為已開發國家。本書由讀冊出版社梓行。全書缺失在有政治忌諱，招致不見信則以係謗書的後果。然如漢朝賈誼之陳〈治安策〉，即不能見用於當世，亦可寄望於後世，或有偏失，而不妨其為全中國人建言之忠言讜論。

　　十七、禪學思想大系：本書體例同於《佛學思想綜述》。為全面性瞭解禪宗思想之作，於難解之禪公案，釋論達三百則以上。稿壓於出版者之手，已逾七年。「梓行

有心」，「虧本未印」。可以形容之。內容詳於唐宋，略於元明以後，蓋禪宗又佛教化，「死水浸殺」之餘，與教下各宗無異，不足多論矣。

十八、唐詩三百首鑑賞：蕭條非等編撰，杜松柏導讀。我作了約八萬字以上的導讀，綜述古典的發展，以及唐詩三百首選取及鑑賞等等的問題，有近乎全面的觀照與探論。在三百多首詩的析賞上，亦撰作了六十餘首，應可算編著的一種。

十九、佛慧與齊家：以禪人的智慧語、公案等為主幹，希望以佛禪的慧識和開悟的所得，解決難以解決的家庭問題。在綜觀了史實，得出了史冊治國有成的名君，如秦皇、漢武、唐太宗等的名君，而家事不治，甚多敗禍，因為有十九項齊家難於治國的困難，而借佛禪的出家智慧，提出對治。其方法為自古以來言齊家者所無。共計五十篇。

二十、智慧的禪公案：禪人的公案，是無解的有字天書。其實是求開悟物得道的根本和開示，其所得是智慧而非知識和學問，而且不能以世俗的經驗和邏輯思考等法則求通求解。本書有關禪宗的特性、公案的興起和參究的方法，都有了明白的分析和介紹，又無前例地將公案歸納分成十類，每類析明參透了十則公案，合計超過了百則公案，在現存約五百則公案之中，已超過五分之一了。每則又通其智慧於世俗，而全書約十萬字，因為每則公案都是極短篇，只三言兩語或百數十字。本書由臺灣學生書局出版。

合本書為二十一種。將來或提筆而有續編或外篇，則視存活的久暫，機緣的有無而定。在古稀屆滿而總結時，謹就此打住。不必說「欲知後事如何了」。

國家圖書館出版品預行編目資料

知止齋古稀學術論文自選集

杜松柏編. – 初版. – 臺北市：臺灣學生，2006[民95]

面；公分

ISBN 978-957-15-1327-0(精裝)

1. 禪宗 – 論文，講詞等
2. 中國文學 – 論文，講詞等
3. 儒家 – 論文，講詞等

226.607   95022065

知止齋古稀學術論文自選集（全一冊）

著　作　者：杜　　　　松　　　　柏
出　版　者：臺 灣 學 生 書 局 有 限 公 司
發　行　人：盧　　　　保　　　　宏
發　行　所：臺 灣 學 生 書 局 有 限 公 司
　　　　　　臺 北 市 和 平 東 路 一 段 一 九 八 號
　　　　　　郵 政 劃 撥 帳 號：00024668
　　　　　　電　話：(02)23634156
　　　　　　傳　眞：(02)23636334
　　　　　　E-mail：student.book@msa.hinet.net
　　　　　　http://www.studentbooks.com.tw
本書局登
記證字號　：行政院新聞局局版北市業字第玖捌壹號

印　刷　所：長 欣 印 刷 企 業 社
　　　　　　中 和 市 永 和 路 三 六 三 巷 四 二 號
　　　　　　電　話：(02)22268853

定價：精裝新臺幣七○○元

西 元 二 ○ ○ 六 年 十 一 月 初 版